引揚・追放・残留

戦後国際民族移動の比較研究

蘭 信三　川喜田敦子　松浦雄介 編
Shinzo Araragi　*Atsuko Kawakita*　*Yusuke Matsuura*

名古屋大学出版会

引揚・追放・残留

目　　次

ii

序　章　引揚・追放・残留の国際比較・関係史に向けて … 蘭　信三　1

はじめに──なぜいま引揚・追放・残留か　1

1　戦争と民族マイノリティ　6

2　東アジアにおける引揚研究の展開と限界　8

3　グローバル・スタディーズとしての引揚／追放研究　11

4　本書の構成　12

第 I 部　引揚・追放・残留の国際的起源

第 1 章　引揚・追放・残留と民族マイノリティ問題 …… 蘭　信三　18
　　　　　──戦後東アジアを手がかりに──

はじめに──民族マイノリティ問題としての引揚・追放・残留　18

1　民族マイノリティ問題の歴史的背景　20

2　ヨーロッパにおける民族マイノリティの保護と追放　23

3　ソ連における民族マイノリティの保護と追放　25

4　戦後東アジアにおける引揚／追放政策　28

5　戦後東アジアにおける二つの「残留」──中国朝鮮族と在日朝鮮人　34

おわりに──民族マイノリティ問題を考える指標　42

第 2 章　戦争と民族強制移動 ……………………………… 吉川　元　45
　　　　　──国際平和の処方としての民族移動の歴史──

はじめに　45

1　第一次世界大戦と民族自決による平和　48

2　第二次世界大戦と民族強制移動　55

3　戦後の民族強制移動　63

おわりに　69

目　次　iii

第3章　第二次世界大戦後の人口移動⋯⋯⋯⋯⋯⋯⋯⋯川喜田敦子　74
　　　　──連合国の構想にみるヨーロッパとアジアの連関──

　はじめに──敗戦国の戦後人口移動　74

　1　住民移動の決定過程　78

　2　住民移動の構想枠組とその変化　82

　3　米国の構想とその特徴──日独の事例の位置づけ　85

　おわりに　92

第II部　欧　　米

第4章　フランス植民地帝国崩壊と人の移動⋯⋯⋯⋯⋯松浦雄介　100
　　　　──最終局面としてのアルジェリア戦争──

　はじめに　100

　1　フランス植民地引揚史のなかのアルジェリア　103

　2　引揚・統合・記憶　108

　3　ディアスポラと残留──引揚以外の軌跡　121

　おわりに　124

第5章　ポルトガル帝国の崩壊と引揚⋯⋯⋯⋯⋯⋯⋯⋯西脇靖洋　128
　　　　──南部アフリカ植民地──

　はじめに　128

　1　アフリカ植民地への入植　129

　2　アフリカ植民地からの引揚　134

　3　引揚がポルトガル社会に及ぼした影響　139

　おわりに　142

iv

第6章　難民支援戦略の起源‥‥‥‥‥‥‥‥‥‥‥‥‥‥‥佐原彩子　146
──アメリカによるインドシナ介入──

はじめに　146

1　難民退避作戦が浮上する冷戦の文脈　149

2　フランス撤退にともなう難民退避　154

3　慈善団体の介入とヴェトナム・ロビーの設立　161

おわりに　165

第 III 部　日　　本

第7章　性暴力被害者の帰還‥‥‥‥‥‥‥‥‥‥‥‥‥‥‥‥山本めゆ　172
（サヴァイヴァー）
──「婦女子医療救護」と海港検疫のジェンダー化──

はじめに　172

1　先行研究と検疫という観点　174

2　引揚女性に対する検疫と医療　176

3　医療救護のアクターと活動内容　182

4　「児」の人種化　188

おわりに　192

第8章　引揚者と炭鉱‥‥‥‥‥‥‥‥‥‥‥‥‥‥‥‥‥‥‥坂田勝彦　196
──移動と再移動，定着をめぐって──

はじめに──引揚者にとって炭鉱はいかなる場所だったか　196

1　送還と引揚の交錯点としての炭鉱　198

2　炭鉱に集う引揚者──一時的に身を寄せる場所として　201

3　炭鉱に定着した引揚者──他者を包摂する機制　205

おわりに　211

第9章 「引揚エリート」とは誰か……………………野入直美 214
──沖縄台湾引揚者の事例から──

はじめに 214

1 「引揚エリート」研究の対象と方法 214

2 沖縄台湾引揚者と「引揚エリート」 219

3 引揚遅延と「引揚エリート」 223

4 川平朝申と二つの植民地 230

おわりに 239

第IV部 日本帝国圏

第10章 帝国後の人の移動と旧宗主国・植民地間の相互作用…崔徳孝 244
──日本とヨーロッパの事例の比較から──

はじめに 244

1 英語圏における研究動向 246

2 引揚研究──日本とヨーロッパの事例の比較 250

3 在朝日本人・在日朝鮮人の引揚問題と社会間の相互作用 252

4 米国の「戦後処理」政策における在朝日本人・在日朝鮮人の引揚問題 258

おわりに 265

第11章 韓国における戦後人口移動と引揚者の初期定着… 李淵植 270
──戦後日本との比較史の観点からの試論──

はじめに 270

1 日韓両国の差異と比較研究の問題 274

2 解放後の人口流入規模と流入者の集団的性格 279

3 帰還者の初期定着実態と米軍政の対策 285

おわりに 294

vi

第12章　残留の比較史……………………………………中山大将　300
——日ソ戦後のサハリンと満洲——

はじめに　300

1　日ソ戦争時の人の移動　301

2　占領から前期集団引揚へ　303

3　冷戦期からポスト冷戦期へ　308

おわりに　317

終　章　国際人口移動の新たな理解のために…………川喜田敦子　323

1　第二次世界大戦後という時代——歴史学的観点からの連関の解明　324

2　国民国家の語りをいかに相対化するか　325

3　脱植民地化の文脈のなかで考える——時代を超えた比較可能性　326

4　実証的な比較研究の深化に向けて　327

あとがき　331

索　引　335

序　章

引揚・追放・残留の国際比較・関係史に向けて

蘭　信三

はじめに——なぜいま引揚・追放・残留か

おわりのはじまり

　1945 年 5 月，ドイツが連合国に降伏し，同年 8 月，日本も連合国に無条件降伏して，第二次世界大戦が終結した。戦闘や空襲の恐怖からときはなたれ，戦勝国の人びとのもとには平和な日々が戻った。だが一方，敗戦国や解放されたはずの旧帝国圏では，敗戦や解放からはじまったものがあった。戦勝国による占領，旧植民地での解放後のガヴァナンスをめぐる争い，植民地独立を勝ちとるための新たな戦争，新体制への影響力をめぐる列強の覇権争い，等々である。

　同時に民間の人びとの間では，様々な形の暴力が発生した。敗戦国の人びとへの略奪のほか，女の闘いは戦争が終わってから始まるとの言葉に象徴されるような，敗戦国の女性たちへの凄まじい性暴力が生じ（上野ほか編 2018），また，「裏切り者」へのリンチ等が起こった（藤森 2016）。

　さらには，それまで住んでいた土地からの移動を強いられた人びとや民族がいた。それは，居住地（祖国）を追われて移動（流浪）を強いられ，安住の地を求めて難民化した無数の民族マイノリティ（少数民族）[1]の群れであった。同時に，戦後の国境線変更によって新たな国境の外側に住むことになった，かつ

ての植民地宗主国や支配的民族に属する人びとの強制的移動も発生した。それは，敗戦によって祖国から放り出されたいわゆる在外居留民が「祖国」[2]へと追い返されるという，難民とは逆方向の移動であった。その最たるものは，ドイツ人の東中欧からの「追放」であり，日本人の旧帝国圏からの遣送や朝鮮人などの日本内地および旧帝国圏からの送還（「引揚」）[3]であった。

ドイツ人の追放と日本人の引揚

日本帝国の崩壊によって，植民地や勢力圏に移り住んでいた植民者としての日本人が内地への「引揚」を余儀なくされたことは，ある意味当然かもしれない。だが，それにとどまらず，内地や満洲など帝国の勢力圏に移り住んでいた朝鮮や台湾人[4]などの植民地出身の人びとも，出身地等へと自力で帰還したり，「引揚」を強いられたりした。帝国崩壊後のわずか数年のうちに，帝国圏人口１億人の９％に当たる約900万人もの人びとが，様々な経路のもと，巨大な人の移動（還流）の渦に巻き込まれていった（浅野 2004；蘭編 2013）。

このような東アジアにおける人の還流は，「引揚」という言葉で言い表されてきた。そして，従来東アジアでは，「引揚」は日本帝国崩壊後の東アジアに独特なものと見なされ，日本帝国史や東アジア史の視点から研究されてきた。しかし当然ながら，東アジアにおける「引揚」は第二次世界大戦後の国際社会

1）国際連盟は，バルカン戦争や第一次世界大戦で問題となった各国民国家内のマイノリティを national minority と位置づけ，その保護を推進した。national minority は民族的少数者や少数民族とも訳されるが，ここでは吉川や川喜田に従い「民族マイノリティ」とする（吉川 2009；川喜田 2019）。ただし，中国の文脈においては少数民族と併記する。帝国から国民国家への体制移行の際に，民族マイノリティの権利，自治権ないしその保護をめぐる争いが，20世紀ヨーロッパ，とりわけバルカン半島で深刻化していった。そこで，国際連盟は国民国家内の民族マイノリティの権利を保護する方針を打ち出した。だが，それより以前に行われた住民交換も，住民虐殺を避けるためのもう一つの少数民族政策として国際的に承認されており（本章注５も参照），兼ね合いが問題となったほか，後のナチ・ドイツによる在外ドイツ人を利用した膨張主義など，難しい課題は残った。詳細は本書第２章を参照。

2）追放された人びとや引き揚げる人びとにとって「祖国」の意味は多様である。それは一つには入植期間の長さによって異なってくる。17世紀にドイツからポーランドに入植した民族ドイツ人にとってドイツは祖国であるとは簡単には言えないが，朝鮮に入植し

序　章　引揚・追放・残留の国際比較・関係史に向けて　　3

再編の一環として生じた出来事であり，ヨーロッパにおいても同様に様々な人
の還流があったことは言うまでもない。それどころか，古くから民族が複雑に
入り組んで混住してきたヨーロッパは，様々な住民の移動や難民化など，強制
的な人の移動の長い歴史を有している（川喜田 2019）。

　そもそも，米国が中心となって推進した東アジアにおける「引揚」政策は，
第二次世界大戦後の東中欧からのドイツ人の「追放」政策をモデルとして策定
されたものであった。そしてそのドイツ人の「追放」は，いっそうさかのぼっ
て，第一次世界大戦後に生じたギリシア＝トルコ戦争後の二国間の住民交換協
定（1923 年 1 月）およびその講和のためのローザンヌ条約（同年 7 月）によっ
て締結された両国間の住民交換協定[5]をモデルとしたものであった（ナイマー
ク 2001=2014；川喜田 2019；本書第 2 章）。そしてそれら三つの政策は，近代ヨ
ーロッパで行われてきた住民交換，ジェノサイドといった民族浄化[6]，民族マ
イノリティの難民化といった多様な民族問題の経験を踏まえたものであった
（ナイマーク 2001=2014）。東アジアにおける日本人等への「引揚」政策は，ド
イツ人への「追放」政策やギリシア＝トルコ間の住民交換を媒介として，ヨー
ロッパにおける民族マイノリティ問題の長い伝統へと連なる，世界史的な出来
事だったのである。しかし，このような 1 世紀にも及ぶグローバルな歴史的連
続性は，これまでの東アジア「引揚」研究において，明確には論じられてこな

　　　た日本人の二世にとって日本は祖国と言えよう。その意味で括弧を付している。
　3 ）日本では「引揚」と総称されているが，中国からの日本人の送還は「遣送」，朝鮮人の
　　　日本からの帰還／帰国は「送還」と呼ばれていた。ここでは，両方を含めて「引揚」と
　　　総称する。もっとも，これらの戦後の人の移動にあてられる多様な呼称──「遣送」／
　　　「引揚」／「帰国」，あるいは「残留」／「定住」，はたまた「密航」／「再帰還」──に象徴
　　　されるように，視点を日本に置くか，東アジアに置くかによって，同じ現象でも見え方
　　　が異なる点は留意すべきである。
　4 ）日本帝国期，台湾の人びとは内地人に対して「二等臣民」として位置づけられ，漢族は
　　　「本島人」，台湾先住民は「蕃人」と呼ばれて，同化政策の対象とされていた。だが，
　　　1923 年以降推進されていった台湾議会設置請願運動の過程で，植民地支配に対抗する
　　　漢族知識人を中心に「台湾人」としての主体的アイデンティティが形成されていった
　　　（若林 2008）。
　5 ）住民交換とは，二国間の協定によってそれぞれの領内の民族マイノリティ（時には宗教
　　　的マイノリティ）を強制的に入れ替えるかたちで移住させる政策である。バルカン戦争

4

かった。

民族マイノリティ問題としての引揚・追放・残留

　このような民族マイノリティ問題のグローバルな連関への着目こそが，本書のもととなった共同研究の出発点となっている。すなわち，本書は国際社会における帝国崩壊と民族マイノリティの強制的な移動における歴史的な連続性とグローバルな連関を踏まえた，「引揚」と「追放」の国際比較研究を目指すものである。もちろん，「引揚」と「追放」に関連するすべての地域と時代を網羅することはできない。本書が主な対象とする事例群は，第二次世界大戦後のナチ・ドイツの敗戦にともなう東中欧の在外ドイツ人の「追放」と，日本帝国崩壊後の帝国圏の日本人や朝鮮人，台湾人（台湾住民）や「琉球人」[7]等の「引揚」である。

　また，以上の第二次世界大戦後の事例とは時代状況も事情も異なる，1950年代以降に生起した植民地解放戦争に敗れた宗主国の植民地からの「引揚」があった。これらは，第二次世界大戦後の「引揚」と「追放」を踏まえたものであるが，第二次世界大戦の敗戦と帝国崩壊が重なったために引揚が脱植民地化のプロセスとして明確には意識されなかった日本の事例とは対照をなしている。たとえば，脱植民地化の苦渋をまざまざと味わったアルジェリアからのフラン

　　　後の 1913 年にオスマン帝国とブルガリアの間で最初の住民交換が行われたが，本文で示すようにギリシア＝トルコ戦争後（1923 年）の両国間の住民交換が最も有名である（川島 2005）。住民交換は，集団虐殺（ジェノサイド）や暴力的追放（民族浄化）などによって生じる犠牲を最小限に抑える方策としてヨーロッパで歓迎されたが，住民の意志を無視し，国家や政治を優先するという点では，民族浄化と類似の政策といえよう。
6 ）「民族浄化」とは，1992 年のボスニア戦争で有名になった用語である。それは同化・強制移住・大量虐殺による支配権の獲得と定義されることもある。だがナイマークは，民族浄化を近代以降に固有な現象としたうえで，ある領域の支配を掌握するために，そこから民族や宗教などの異なる社会集団（マイノリティ）を追放・排除し，痕跡を一掃することとして定義する。他方，「ジェノサイド」は 1944 年に初めて使用された語で，1948 年 12 月に国連においていわゆるジェノサイド条約が採択されている。ナイマークは，民族浄化とジェノサイドの違いを，前者がマイノリティの追放・排除であるのに対して，後者は集団虐殺等によってマイノリティを意図的に絶滅させることであると定義している（ナイマーク 2001=2014；山本 2014）。

ス人の引揚はその代表であり，また 70 年代という遅れた帝国崩壊後のゆるやかな脱植民地化にともなう「引揚」を経験したポルトガルの事例も独自性を有する。さらには，ヴェトナム戦争後にヴェトナムから脱出した難民も注目に値する。というのもヴェトナム難民の事例は，「引揚・追放・残留」の難民性と民族マイノリティ問題との連関を示唆する貴重な事例となっているからだ。

　なお，ここで忘れてならないのは「残留」の問題であろう（中山 2019）。「残留」は，民族の強制移動と異なる民族マイノリティの保護政策によってもたらされるケースもある。たとえば，中国朝鮮族のように旧来の居住地への「残留」を許された事例がその典型であろう。しかし，本書第 12 章で論じられるサハリン残留日本人や中国残留日本人のように「残留」を余儀なくされた場合もある。さらに，これらとはまた異なる事情によって，結果として多くの人びとが「残留」を余儀なくされた在日朝鮮人の事例もあり，これら東アジアの事例を見ただけでも「残留」という現象の多様性がうかがえる。それゆえ，これらの人の移動を検討するにあたっては，誰がなぜ「追放」され，誰がどういう根拠で「残留」を許され，誰がどういう経緯で「残留」を余儀なくされたのか，という視点が欠かせない。

　このように，本書は帝国崩壊や脱植民地化という新たな国民国家再編のなかで生じた「引揚」・「追放」・「残留」といった強制的な移動につき，地域と時代の異なる事例を縦横に比較し，民族マイノリティ問題にも連なる人の移動をめぐる連関を浮き彫りにすることを目指すものである（以下，「引揚」，「追放」，「残留」は括弧を省略する）。

7）米国は，沖縄が琉球処分によって日本に併合された植民地であったという解釈を根拠に，沖縄の呼称をかつての「琉球」に戻し，沖縄に固有の人びとを「琉球人」とした。これによって日本と沖縄を分離し，戦後アメリカの沖縄軍事占領を正当化したと言われる。その中では，琉球処分以降に本土から移住してきた「寄留者」は日本人とされ，沖縄から引き揚げるべき人たちと位置づけられた。

1　戦争と民族マイノリティ

　祖国を離れトランスナショナルな生活圏を生きるマイノリティにとって，国際平和はいつの時代も切実な問題である。国家間の対立やナショナリズムは排外主義を生み出し，ディアスポラとして暮らすマイノリティの生きづらさを増幅する。しかも戦争ともなれば，祖国と母国の間で引き裂かれたり，居住地から祖国へと追放されたり，祖国から追われて難民化したりと，様々な苦難に遭遇しかねない。

ディアスポラと戦争

　第二次世界大戦後，長らく「単一民族」神話と「平和」に浸り，過去の「大日本帝国」や植民地支配の歴史を「忘却」してきた日本社会にとっても，それらは重要な歴史的経験である。日本社会（および東アジア社会）も戦争や民族マイノリティ問題とは深い関連があった。というのも，19 世紀末から 67 万人が北米・南米やアジアへ移住し，植民地帝国時代には 360 万人もの人びとを移植民として台湾や朝鮮をはじめとする帝国の勢力圏へ送出していた日本には，アジア・太平洋戦争下でディアスポラとして生きる宿命を背負わされた人びとが多数いたからだ。

　たとえば，1941 年 12 月の真珠湾攻撃によって始まった太平洋戦争は，翌年からの日系アメリカ人の強制収容をもたらし，母国アメリカか祖国日本かという究極の選択を強いた。日系二世たちは自身がアメリカ市民であることを証明するため米軍に志願し，西部戦線で多大の犠牲を払ったほか（竹沢 1994=2017），アジア戦線でもアメリカと日本という二つの帝国のはざまで苦悩した（佐藤2015）。

　帝国の勢力圏以外のアジアに移り住んだ日本人移民も，同じような経験をした。フィリピンへの移民たちは，1941 年末に始まるマニラ侵攻等の太平洋戦争における戦線拡大にともない戦争に巻き込まれていき，その結果，多くが敗戦後は軍人・軍属として日本に送還された。こうしたフィリピン移民や，ある

いはニューカレドニアへの移民の一部は現地の女性と結婚し定住化していたが，彼らが祖国へと送還された後に残された妻子は戦後，貧困と差別の苦しみを強いられることとなった（大野 1991；津田 2009）。

植民地の帝国臣民と帝国崩壊後

このようなディアスポラの中でも，戦争に強く規定されていたのが，故郷を離れて帝国圏に移り住んでいた「帝国臣民」たちだった。台湾や朝鮮，満洲といった帝国の植民地や勢力圏（外地[8]）へと移り住んでいた日本人移植民たちは，「大日本帝国」の植民地支配と結びついた植民（colonial settler）[9]と見なされ，帝国崩壊後は日本内地への送還／遣送事業によって引揚を強いられた。じつに350万を超える民間の日本人たちが外地から引揚／追放された（若槻 1991＝1995）。

その代表的存在は在満日本人であり，とりわけ満蒙開拓団として満洲の奥地農村に入植していた開拓民たちであった。終戦直前にソ連軍が参戦し地上戦が戦われた「満洲国」では，戦乱からの避難の過程で，開拓民を中心とする多くの人びとが難民的状況に陥り，半年間で17万人（開拓民はその半分の7万6,000人）もの人びとが亡くなった。しかも，日本人のほとんどが引き揚げた後も，約1万3,000人にものぼる人びとが，残留孤児や残留婦人として長らく中国に残らざるをえなかった（蘭編 2009）[10]。

8）日本は西欧の覇権主義的な植民地主義を批判し，植民地ではなく外地という呼び方をした。内地法が適用される領域を内地と称したのに対し，外地法が適用される地域を外地といった。具体的には台湾，関東州，樺太（後に内地に変更された），南洋などを指していたが，より広く外国一般を指して用いられる場合もあった。

9）農業労働者としての移民を migrant，宗主国から植民地への植民を settler とするのが一般的な用法である。しかし，ハワイの場合，原住民から見れば農業労働力である日系移民も settler として理解されることがあったという。帝国圏における日本人移民は文字通り settler であり，英国の海峡植民地において settler とみなされた華僑と同様に，植民地支配のミドルマンとして中間層の役割を果たしていた。

10）中国に残留した日本人孤児や残留婦人は，祖国から「隔離」された生活を強いられ，1972年の日中国交正常化後も，日本への帰国はそう簡単に実現しなかった。そのうえ，日本へ帰国したとしてもその後に適応問題などが山積しており，長い苦難の人生を強いられた（蘭編 2009）。このため，敗戦直後の日本人の引揚にまつわる物語の中心は満洲

8

　しかしながら，帝国崩壊後の東アジアで最も強くその崩壊の影響を受けたディアスポラ（民族マイノリティ）は，内地や満洲などの帝国圏や勢力圏に移り住んでいた植民地出身の人びとだった。400万人をはるかに超える，出郷を強いられた朝鮮人，それに台湾人や「琉球人」，樺太アイヌ[11]といった人びとである。彼女ら彼らは，帝国崩壊によって単純に植民地支配から「解放」されただけではなく，居住地からの引揚やそこへの残留（ないし定住）といった，複雑で困難な状況に直面した。戦前の居住地であった内地や外地，旧勢力圏から故郷へと自力で帰還したり，送還事業によって送還／遣送されたり，あるいは残留（や定住）を許可されて定着したり，帰還を期待されながらも様々な事情から残留したり，さらには一度帰還した後に再入国（「密航」[12]）したりと，その移動は一筋縄ではいかない複雑なものであった（蘭編 2013）。

2　東アジアにおける引揚研究の展開と限界

東アジア引揚研究の展開

　このように，東アジアにおける引揚，残留（あるいは定住）の過程では，戦前の帝国支配と大規模な人の移動，そして戦後東アジアの再編・新秩序成立のプロセスが複雑に絡み合っていた。しかし，問題はそれだけにとどまらない。それは，東アジアをめぐる戦後の冷戦構造を反映するなど，東アジア地域の諸要因と国際社会の諸要因とが組み合わさっていたという意味でも，複雑かつ多様なものであった。

　　引揚者に占められてきたほか，高度成長を経て日本経済が円熟期を迎えた80年代以降も，新たに「遅れて帰国」してきた中国残留孤児にまつわる物語が戦後引揚を代表するものとして悲劇的に語られてきた。
11）樺太アイヌは，樺太に住む先住民であり，戦後も樺太に住む権利を有していた。だが，近隣の日本人との社会関係が深く，共産主義ソ連を恐れたこともあり，その多くが日本人とともに北海道に引き揚げたという（田村 2008）。
12）GHQ の非日本人の引揚についての方針と，当時の法制度において，再入国は「密航」と見なされたが，大韓民国政府やそれ以外の右翼勢力からの迫害を受ける恐れがあって逃亡した人たちは，今日的視点からすれば，難民に分類されるであろう。

序　章　引揚・追放・残留の国際比較・関係史に向けて　　9

　第二次世界大戦後の東アジアにおいて，引揚，残留（あるいは定住）という歴史的出来事は，各国家・地域の人びとの生活にとってきわめて重要なものだったため，東アジアにおける引揚に関する研究は，多くの引揚者を出した日本を中心として相当数蓄積され[13]，韓国や台湾においても少なくない研究が積み上げられてきた[14]。引揚研究の初期の段階では，引揚の全体像も十分に明らかにされていなかったという研究状況から，まずは満洲・朝鮮・台湾・樺太・南洋などから日本内地への引揚や，満洲や内地から韓国や北朝鮮への引揚の実態が解明された。それらの研究は往々にして，二国間における引揚を一国史的文脈において扱うものであった。

　その後，東アジアの引揚研究は，これらの初期の研究を踏まえつつ，旧帝国圏をめぐるより複雑な移動の歴史（帝国史）や，戦後共産圏における移動の歴史をも踏まえた東アジアの歴史（東アジア史）という広い文脈のなかで行われるようになっていった（蘭編 2008；加藤 2009；蘭編 2013；今泉ほか編 2016；中山 2019）。たとえば，満洲で活動していた台湾人の台湾への引揚を扱った研究をはじめとして，済州島四・三事件後の南朝鮮から日本への再渡航（密航）の研究，中国残留日本人研究，旧満洲における中国朝鮮族の定住化に関する研究，サハリンに残留した朝鮮人や日本人に関する研究などへと多様化し，引揚研究は一国史的文脈から帝国史あるいは東アジア史の文脈へとその位置付けを転換していったと言えよう。

東アジア引揚研究の限界

　だが，東アジアにおける引揚研究は，質量ともに相当の研究が蓄積されなが

13）日本における引揚研究の蓄積には分厚いものがある。本文で取り上げた以外でも，森田（1964）は早い段階で事実関係を踏まえた基礎的な研究の嚆矢であった。本格的研究が蓄積されていくのは 1990 年代以降である。たとえば，蘭（1994），柳沢（1999），山本編（2007），蘭編（2008），坂部（2008），玉野井編（2008），加藤聖文の一連の研究，李（2009），蘭編（2011）などが挙げられよう。ついで，増田編（2012），島村編（2013），安岡（2014），南（2016），そして鈴木（2017）と枚挙にいとまがないほどである。

14）とりわけ韓国において引揚研究は盛んである。たとえば，李（2015）など。韓国における一連の引揚研究については宮本（2016）に詳しい。なお，ヨーロッパにおける引揚の比較研究としては Smith, ed.（2003）が挙げられる。本書第 10 章も参照。

らも，引揚政策がどのような世界史的背景から実施されたのか，それは第二次世界大戦後の東アジアに固有なものであったのか，という根本的な疑問は残されたままであった。

　もちろん，従来の研究が東アジア以外の引揚等について無関心であったわけではない。引揚という研究視角を提示した若槻泰雄（1991=1995）は，引揚に類似する世界中の事例を早い段階で紹介していた。ただし，若槻の視点の先進性は高く評価すべきだが，それは事例の紹介にすぎず，各事例の相互の歴史的連関や背後の論理を探るものではなかった。

　筆者が編者を務めた論集においても，帝国圏の人の移動を中心としながらも，松浦雄介がフランスのピエ・ノワールやアルキ研究を（松浦 2009；同 2013），エヴェリナ・ブッハイムがインドネシアとオランダに関連する詳細な事例の紹介を行い（ブッハイム 2013），引揚研究における比較という観点をはっきりと意識していた。にもかかわらず，ヨーロッパと東アジアに通底する歴史的背景や，双方に連関する政策，民族マイノリティに関する論理および規範に関する知見も問題意識も十分ではなかった。

　東アジアにおける引揚研究の牽引者である加藤聖文は，帝国圏・東アジアにおける引揚について大きな枠組みと比較史的視点を提示しただけでなく（加藤 2009），ドイツの追放と東アジアの引揚の比較研究の必要性を示唆している[15]。しかし，加藤ですらドイツと東アジアの歴史的な連関を明確に意識した本格的な研究はいまだ提示していない。また，今泉裕美子らは，環太平洋地域の日系の移植民に関する部厚い研究蓄積や従来の引揚研究を踏まえて，環太平洋における日本をめぐる引揚研究のひとつの到達点を打ち立てた（今泉ほか編 2016）。しかし，それはあくまでも日本および日本帝国圏内の移植民の引揚についての比較研究であって，帝国史の枠を超えるものではなかった。

15）加藤（2016）は世界史的な視点から日本人の引揚を位置づけようと試みている。また，佐藤（2018）はドイツ人の「追放」と日本人の「引揚」の戦後における語られ方を比較している。

3 グローバル・スタディーズとしての引揚／追放研究

　このような東アジアにおける引揚研究に見られる限界にはいくつかの理由が考えられよう。まず何よりも，引揚研究は冷戦崩壊前後の1980年代後半以降に一国史的な研究から始まり，2000年代になってようやく帝国圏や東アジアを展望する視点が導入されたばかりで，いまだ完成の域には達していない。さらに，東アジアにおける引揚政策は戦後の国際秩序の再編と冷戦が絡む複雑なものであり，その後の生活適応のありようも多様であった。帝国化のなかでの国策移民や総力戦期の強制的な動員なども含め，様々な経緯から移動していった植民地出身の人びとまでもが引揚対象とされたり，その残留（あるいは定住）が許可されたりと，個々の実態を究明すること自体が難しかったのである。しかも，引揚政策は米国の戦後東アジア戦略のなかから生じたものとして，いわば「所与の政策」と位置づけられてきた。それゆえ，植民地支配と結びついていた外地の日本人の引揚は，戦後日本社会では敗戦がもたらした因果応報，あるいは仕方がないことと受けとめられ，十分に考察されてこなかった。

　こうした背景から，引揚政策の多様性や，その政策形成の歴史的背景，国際的な比較の重要性は今日まで意識されてこなかった。そもそも，なぜ東アジアで引揚と呼ばれる送還政策が実施されたのか，それはどのような政策モデルや国際的な規範のもとで行われたのか，というグローバルな視点にたった問題意識は，長らく生じなかったのである。

　繰り返すが，東アジアの引揚は単独のものではなく，グローバルな連関のなかで遂行されたものであった。第二次世界大戦後のヨーロッパでは，ギリシア＝トルコ間の住民交換を政策モデルに，ドイツ人をめぐる追放が行われていた。ドイツの敗戦の結果，東欧での国境線の変更とともに，チェコスロヴァキア，ポーランド，ソ連などから1500万人を超えるドイツ人が追放された。そして，その過程で200万人が犠牲となり，100万人が消息不明になったという（川喜田 2019）。驚くべきは，それが東アジアにおける「引揚」の規模をはるかに上回るだけでなく，ナチ・ドイツの勢力圏の膨張によって新たに移り住んだ人た

ち（colonial settler）をこえて，古くは 12 世紀から数世紀にわたる入植の歴史を
もち東中欧やロシアですでに十二分に「現地化」されたと思われていたドイツ
系の人びとをもその対象としていたことである（川喜田 2019）。

　これに加えて大きなインパクトを与えたのが，欧米圏での東アジアにおける
引揚研究の第一人者であるローリー・ワットの研究であった（Watt 2017）。早
い段階からヨーロッパと東アジアの追放／引揚政策の連関に注目し，自身の研
究の前提としていたワットは（Watt 2009），米国国務省における在外日本人の
引揚政策の策定過程を明らかにした最新の研究において，それがヨーロッパに
おけるドイツ人の追放政策を参照しつつ検討されていったことを詳細に示した
（Watt 2017）。ワットは，ドイツ人の追放と日本人の引揚の比較研究から，後
者が前者を参照していたという歴史的連関を明確にしたのである。本書は，こ
れをふまえた第 3 章を基点として，新たな〈引揚・追放・残留〉の枠組みと歴
史像を提示するものである。

4　本書の構成

　このような目的から，本書は以下のような 4 部構成をとっている。まず，第
Ⅰ部は本書の原論であり，第 1 章は，民族マイノリティ問題の系譜が東アジア
にどのように継承されたかを手がかりに，戦後の強制的な民族移動の国際比較
に関連する課題を論じる。ついで第 2 章では，20 世紀において，東中欧での
国際平和と民族マイノリティ問題の処方として，住民交換などの民族移動が行
われてきたことを政治学の視点で解き明かす。第 3 章では，ヨーロッパとアジ
アで展開された民族の強制移動が連合国側の思惑に基づくものであったことを
実証的に明らかにする。以上をもって本書の導入とする。

　第Ⅱ部以降では第Ⅰ部での原論をふまえて，欧米，日本，日本帝国圏での興
味深い事例についての研究を新たな視点で展開する。まず第Ⅱ部では，第 4 章
でヨーロッパにおける引揚の代表であるフランス人のアルジェリアからの引揚
を，第 5 章ではポルトガル人のアンゴラ等南部アフリカからの引揚を，そして

第6章ではアメリカのインドシナ介入で生じたインドシナ難民への支援政策を明らかにする。

　第Ⅲ部では日本人の引揚の諸相として，第7章で引揚時の性暴力被害者とその検疫体制のジェンダー化を，また第8章で炭鉱という場における帰還する朝鮮人と日本人引揚者の交錯を，そして第9章では沖縄における戦後復興のアクターとしての台湾引揚者を「引揚エリート」というキーワードからクローズアップする。

　第Ⅳ部では，朝鮮や樺太といった旧日本帝国圏での引揚・残留を扱う。第10章では帝国崩壊後の人の移動が旧宗主国と植民地における引揚・送還政策を規定したことを国際比較から明らかにする。第11章では韓国における引揚者の定着につき日本との比較から解明し，第12章ではソ連軍が「解放」したサハリンと満洲における残留のあり方についての比較から，戦後の国民国家のありようと民族マイノリティの関連を解き明かす。最後に，終章では，引揚・追放・残留の国際比較の残された課題について論じる。

　このように，本書は戦後東アジアで生じた日本人や朝鮮人等の引揚と残留（定住）を問題の出発点としつつ，第二次世界大戦後の東アジアで生じた諸事例とヨーロッパで生じたドイツ人の追放，フランス人やポルトガル人の引揚等の事例の連関を明確に意識しつつ比較する。このことによって，戦争と民族マイノリティの強制移動[16]および残留（定住）の関わりについて時代と地域をこえて全体像を描き出すことを目指すものである。

参考文献

浅野慎一・佟岩（2016）『中国残留日本人孤児の研究——ポスト・コロニアルの東アジアを生きる』御茶の水書房

16）ドイツ人の追放政策や日本人などの引揚政策を「民族強制移動」の文脈で論じることは，民族マイノリティに対してとられる暴力的手段としての強制移動（民族浄化）との違いを曖昧化しかねない。その点には十分に注意しつつも，その強制性を明確にするため，ここではこの語をあえて用いる。

　＊本書の全体を通して，引用中の中略は（…）で，引用者による補足の挿入は〔　〕で示した。

浅野豊美（2004）「折りたたまれた帝国——戦後日本における「引揚」の記憶と戦後的価値」細谷千博・入江昭・大芝亮編『記憶としてのパールハーバー』ミネルヴァ書房

阿部安成・江竜美子（2007）「満洲引揚スタディーズの試み」滋賀大学ワーキング・ペーパー・シリーズ

阿部安成・加藤聖文（2004）「引揚という歴史の問い方（上・下）」『彦根論叢』第348・349号

蘭信三（1994）『「満州移民」の歴史社会学』行路社

蘭信三編（2008）『日本帝国をめぐる人口移動の国際社会学』不二出版

蘭信三編（2009）『中国残留日本人という経験——「満洲」と日本を問い続けて』勉誠出版

蘭信三編（2011）『帝国崩壊とひとの再移動（アジア遊学145）』勉誠出版

蘭信三編（2013）『帝国以後の人の移動——ポストコロニアリズムとグローバリズムの交錯点』勉誠出版

今泉裕美子・柳沢遊・木村健二編（2016）『日本帝国崩壊期「引揚げ」の比較研究——国際関係と地域の視点から』日本経済評論社

上野千鶴子・蘭信三・平井和子編（2018）『戦争と性暴力の比較史に向けて』岩波書店

呉万虹（2004）『中国残留日本人の研究——移住・漂流・定着の国際関係論』日本図書センター

王柯（2006）「「漢奸」考」『思想』第981号

大野俊（1991）『ハポン——フィリピン日系人の長い戦後』第三書館

加藤聖文（2009）『「大日本帝国」崩壊——東アジアの1945年』中公新書

加藤聖文（2012）「大日本帝国の崩壊と残留日本人引揚問題——国際関係のなかの海外引揚」増田弘編『大日本帝国の崩壊と引揚・復員』慶應義塾大学出版会

加藤聖文（2013）「引揚者をめぐる境界——忘却された「大日本帝国」」安田常雄編『シリーズ戦後日本社会の歴史 4 社会の境界を生きる人びと』岩波書店

加藤聖文（2016）「海外引き揚げ70周年——体験の継承」2016年9月12日日本記者クラブでの講演録

川喜田敦子（2019）『東欧からのドイツ人の「追放」——20世紀の住民移動の歴史のなかで』白水社

川島陽子（2005）「近現代におけるギリシャとトルコとの住民交換」『プロピリア』第17号

吉川元（2009）『民族自決の果てに——マイノリティをめぐる国際安全保障』有信堂高文社

権香淑（2011）『移動する朝鮮族——エスニック・マイノリティの自己統治』彩流社

坂部晶子（2008）『満洲経験の社会学——植民地の記憶のかたち』世界思想社

佐藤けあき（2015）「忠誠と苦悩の語り——日系アメリカ人二世語学兵の従軍・進駐経験」『日本オーラル・ヒストリー研究』第11号

佐藤成基（2018）「ドイツ人の「追放」，日本人の「引揚げ」——その戦後における語られ方をめぐって」『立命館言語文化研究』第29巻第3号

佐藤量（2013）「戦後中国における日本人の引揚げと遣送」『立命館言語文化研究』第25巻第1号

篠原初枝（2015）「国際連盟と小民族問題——なぜ，誰が，誰を，誰から，どのようにして，

保護するのか」『アジア太平洋討究』No. 24

島村恭則編（2013）『引揚者の戦後』新曜社

鈴木久美（2017）『在日朝鮮人の「帰国」政策――1945年〜1946年』緑蔭書房

竹沢泰子（1994=2017）『新装版 日系アメリカ人のエスニシティ』東京大学出版会

玉野井麻利子編（2008）『満洲――交錯する歴史』藤原書店

田村将人（2008）「樺太アイヌの〈引揚げ〉」蘭信三編『日本帝国をめぐる人口移動の国際社
　会学』不二出版

張嵐（2011）『「中国残留孤児」の社会学――日本と中国を生きる三世代のライフストーリ
　ー』青弓社

趙彦民（2016）『「満洲移民」の歴史と記憶――開拓団内のライフストーリーからみるその
　多声性』明石書店

津田睦美（2009）『マブイの往来――ニューカレドニア - 日本 引き裂かれた家族と戦争の
　記憶』人文書院

ナイマーク，ノーマン・M.（2001=2014）『民族浄化のヨーロッパ史――憎しみの連鎖の20
　世紀』山本明代訳，刀水書房

中山大将（2019）『サハリン残留日本人と戦後日本――樺太住民の境界地域史』国際書院

成田龍一（2003）「「引揚げ」という問い方」『思想』第955号

藤森晶子（2016）『丸刈りにされた女たち――「ドイツ兵の恋人」の戦後を辿る旅』岩波書
　店

ブッハイム，エヴェリナ（2013）「厄介な恋愛と不都合な再会――太平洋戦争下における日
　蘭「フラタナイゼーション」」今野裕子訳，蘭信三編『帝国以後の人の移動――ポスト
　コロニアリズムとグローバリズムの交錯点』勉誠出版

増田弘編（2012）『大日本帝国の崩壊と引揚・復員』慶應義塾大学出版会

松浦雄介（2009）「ピエ・ノワールとは誰か」蘭信三編『中国残留日本人という経験――
　「満洲」と日本を問い続けて』勉誠出版

松浦雄介（2013）「アルキ あるいは見知らぬ祖国への帰還――フランスにおけるアルジェ
　リア戦争の記憶」蘭信三編『帝国後の人の移動――ポストコロニアリズムとグローバ
　リズムの交錯点』勉誠出版

丸山邦雄（1970）『なぜコロ島を開いたか――在満邦人の引揚秘録』永田書房

南誠（2016）『中国帰国者の包摂と排除の歴史社会学――境界文化の生成とそのポリティク
　ス』明石書店

宮本正明（2016）「韓国における朝鮮人「帰還」研究」今泉裕美子・柳沢遊・木村健二編
　『日本帝国崩壊期「引揚げ」の比較研究――国際関係と地域の視点から』日本経済評論
　社

森田芳夫（1964）『朝鮮終戦の記録――米ソ両軍の進駐と日本人の引揚』巌南堂書店

安岡健一（2014）『他者たちの農業史――在日朝鮮人・疎開者・開拓農民・海外移民』京都
　大学学術出版会

柳沢遊（1999）『日本人の植民地経験――大連日本人商工業者の歴史』青木書店

山本明代（2014）「解説Ⅱ　民族浄化・ジェノサイド研究の現状と課題」ノーマン・M. ナイ

マーク『民族浄化のヨーロッパ史──憎しみの連鎖の 20 世紀』山本明代訳，刀水書房

山本有造編（2007）『満洲──記憶と歴史』京都大学学術出版会

李海燕（2009）『戦後の「満州」と朝鮮人社会──越境・周縁・アイデンティティ』御茶の水書房

李海燕（2002）「第二次世界大戦における中国東北地区居住朝鮮人の引揚の実態について」『一橋研究』第 27 巻第 2 号

李淵植（2015）『朝鮮引揚と日本人──加害と被害の記憶を超えて』館野晳訳，明石書店

若槻泰雄（1991=1995）『新版 戦後引揚げの記録』時事通信社

若林正丈（2008）「台湾ナショナリズムの現在」若林正丈編『台湾総合研究 II ──民主化後の政治』アジア経済研究所 2008 年調査報告書

Smith, Andrea, ed. (2003) *Europe's Invisible Migrants*, American University Press.

Watt, Lori (2009) *When Empire Comes Home : Repatriation and Reintegration in Postwar Japan*, Harvard University Press.

Watt, Lori (2017) "The 'Disposition of Japanese Civilians' : American Wartime Planning for the Colonial Japanese," *Diplomatic History*, Vol. 41, No. 2.

第 I 部

引揚・追放・残留の国際的起源

第1章

引揚・追放・残留と民族マイノリティ問題
──戦後東アジアを手がかりに──

蘭　信三

はじめに──民族マイノリティ問題としての引揚・追放・残留

　第二次世界大戦終結後，ヨーロッパとアジアで一連の戦後処理が実施された。そのひとつが在外ドイツ人1500万人の追放であり，在外日本人350万人の引揚であった。戦後の新秩序形成のためには，各地に在留する在外ドイツ人，在外日本人の「祖国」への強制的な追放（引揚）が欠かせないという判断によるものだった。

　東アジアにとってこの追放（引揚）は初めての経験だったが，ヨーロッパにとっては歴史上珍しいことではなかった。というのも，近代ヨーロッパでは帝国が崩壊して国民国家システムに漸次移行していく過程において，様々な地域でいくつもの戦争や民族問題が生じ，ヨーロッパ社会は多様な紛争処理や戦後処理を経験していたからである。そして，在外ドイツ人の追放も在外日本人の引揚も，このようなヨーロッパにおける民族マイノリティ問題の系譜の延長線上にあった。

　東アジアにおける引揚政策は，本書の序章および第3章で示すように，米国によって主導された。しかも，その引揚政策は米国が独自に策定したものというより，同時期に検討・実施された在外ドイツ人の追放政策，さらには1923年に締結されたギリシア＝トルコ間の住民交換協定を政策モデルとするものだ

った。そのため，ヨーロッパと東アジアにおける戦後の人の移動（住民移動）は強い共通性を有していた。それらは，川喜田（2019）や本書第2章・第3章が詳述するように，19世紀末からのヨーロッパにおける民族問題や民族マイノリティ問題を起源とし，その後国際社会で蓄積されてきた民族マイノリティへの対応を共通の政策モデルとしていたのである。

　他方で，そのような追放政策とは対照的な保護政策が中国共産党によって実施された。それは中国東北部（旧満洲）に在留していた朝鮮人（以下，「中国朝鮮族」と表記）を対象とした政策であり，朝鮮人を少数民族（民族マイノリティ）と認定し，その自治や朝鮮語と文化の尊重などを柱とする「中国朝鮮族自治区（後に州）」の形成をはかるものであった。この政策は，ロシア革命以降のソ連共産党の民族政策を継承したものであり，ヨーロッパからロシアで展開された「民族自決」を規範とする，民族マイノリティ政策のもうひとつの系譜に連なるものであった（佐々木 1988）。

　このように，東アジアにおける戦後の日本人の追放（引揚）と中国東北（旧満洲）での朝鮮人の保護という二つの政策は，20世紀初頭からヨーロッパを中心とする国際社会で規範化していた「民族自決」や民族マイノリティの保護という国際規範から派生した，二つの異なる系譜に連なっていると考えることができる。

　近代における民族マイノリティ問題への対処法を広範に検討した吉川元は，それらの対処法を大まかに，(a)民族マイノリティの存在を物理的に排除すること（民族浄化），(b)民族マイノリティの権利を定めその保護のための国際保護制度を確立すること，(c)民族自治制度などの国内制度を確立すること，という三つに分類した（詳細は本書第2章）。この分類にしたがえば，本書の対象とするドイツ人や日本人の追放（引揚）政策は(a)タイプに属し，中国朝鮮族への保護政策は(c)タイプに属すると言えよう。

　しかしながら，東アジアの民族マイノリティ問題において最も難解な事例は，日本内地に居留していた朝鮮人（以下，「在日朝鮮人」と表記）の「結果としての」日本への残留であった。それは，吉川のどの分類にもすっきりとは位置づけられないもので，いわば(a)に限りなく近いが(b)の影響も否定できないとい

ったものであった。というのも，在日朝鮮人の日本への残留は，明確な残留政策や送還（＝追放）政策に基づいた結果というよりも，むしろ送還（＝追放）政策を実施する過程で，帰還先の南朝鮮社会の混乱や朝鮮戦争によって，結果として発生したものだからである。

　このような在外日本人の追放（引揚），中国東北の朝鮮人の保護（残留），在日朝鮮人の結果としての残留，という戦後東アジアにおける三つの異なる民族政策およびそれをめぐる現象は，ドイツ人の追放政策に遡るだけでは説明できない事柄であった。とりわけ前二者は，ヨーロッパで展開された民族政策と，ソ連の社会主義革命に付随して展開された民族政策というそれぞれ異なる二つの系譜に連なると考えうるものであり，本書にとって貴重な事例となっている。

　そこで，本章では，これらの三つの事例を手がかりとして，引揚・追放・残留を民族マイノリティ問題の視角から論じたい。すなわち，(1)三つの事例が19世紀末から続く国際社会における民族マイノリティの追放と保護という二つの政策の系譜とどのように関連しているのか，また，(2)それらの政策は実施にあたって当該地域の戦後の状況（関連するアクターの政策・方針・思惑）によってどのように規定されたのか，を明らかにしていきたい。そして最後に，(3)引揚・追放・残留に関する国際比較研究の基本的視点を提示したい。

1　民族マイノリティ問題の歴史的背景

ヨーロッパにおける民族の複雑な混在

　ヨーロッパから中東という広範な地域には，中世から20世紀初頭までハプスブルク帝国とオスマン帝国という巨大な多民族帝国が長らく君臨し，そこには多くの民族が包摂されていた。そしてそれらの帝国が19世紀後半から20世紀の初めにかけて衰退し崩壊していったことで，この地域の国家形態は多民族帝国から多数の国民国家へと移行していった。そのなかで，広範な版図をもつ帝国のなかでもとりわけ古くから多様な民族により構成されていた東中欧地域やバルカン半島では，多民族からなる国民国家，しかもそのマジョリティが過

半数を占めているわけではないという微妙な民族構成を抱える国家がしばしば形成された。その結果，国民国家の国境線と民族の居住圏が複雑にいりくみ，建国時からいたるところに民族マイノリティを含む難しい民族関係，民族問題が顕在／潜在することになった。

　加えて，19世紀の産業化のなかで，農村から都市への移住だけでなく，労働力不足を補うためのヨーロッパ内でのトランスナショナルな労働力移動が活発化していた。産業化によって人の移動が自由になったことで，ヨーロッパ社会ではより複雑な民族の混在が生じていた。たとえばドイツは，それまで新大陸に移民を送出していたが，19世紀末からの産業化によってポーランド系やユダヤ系の移民が流入する移民受け入れ国家になっていた（相馬 2008）。他方で，この時期には国民国家システムが整い始め，パスポートによる管理に象徴されるような入国管理システムが制度化されていった（トーピー 2000=2008）。国民国家による人の移動に関する管理が次第に厳格化していくと，産業化が促進してきたトランスナショナルな移動や帝国圏内の移動は，それまでのように自由ではなくなっていった。トーピーは，それを国家による「移動手段の独占化」と呼ぶが，人の移動への国家管理が強まると，人びとがそれまでのように国境を自由に越えて移動することは難しくなっていった。二国間の移民契約等に基づく許可された移動か，帝国圏内の移動がもっぱら公式なものとして認められ，それ以外は非合法なものとみなされるようになったのである。

民族マイノリティへの迫害と保護

　国民国家システムのプロトタイプは，単一の言語・文化・宗教，同じ歴史を有する国民を創出（想像）し，その過程で生み出されたナショナリズムによって，ある民族を中心とする同質的な国家が目指されるという発想である。そのため国民国家は本質的に，民族マイノリティの同化かその排除，あるいは追放へとむかう傾向を有していた。新たに独立した国民国家においては，国内に混在する多様な民族間の融和や国としてのまとまりを妨げる動きが起こったり，民族同士の対立や敵対が生じたりした場合，往々にして民族マイノリティへの排外主義が高まった。しかも，当該国家どうしが対立したり戦争に突入した場

22　第 I 部　引揚・追放・残留の国際的起源

合には，外部の敵と内通する内部の敵（いわゆる「第五列」[1]）となりうる民族
マイノリティへの敵意や憎悪が高まり，それらの人びとの強制収容や，その追
放をはかる強制移動，集団虐殺（ジェノサイド），さらには戦火を交える国家間
での互いの民族マイノリティ同士の住民交換といった民族浄化が行われていた
（ナイマーク　2001=2014）。

　19 世紀以降，ヨーロッパからロシアにいたる広い範囲で繰り返される戦争
のなかで，民族マイノリティはしばしば厄介な問題を引き起こし，混住する多
様な民族間の対立はときに紛争や戦争の火種ともなった。たとえば，第一次世
界大戦の引き金となったサライェヴォ事件は，中欧の複雑な民族の混在状況下
で起こった，19 世紀半ば以降の国家ガヴァナンスの変遷と民族主義の軋みか
ら派生したものとされる。バルカン戦争，そして第一次世界大戦によりハプス
ブルク帝国やオスマン帝国が崩壊する過程で，民族マイノリティに対する様々
な民族浄化が行われ，その結果移動を強いられた多数の人びとが難民化したと
いう歴史があった。本書第 2 章で詳述するように，「戦争と民族問題」という
課題は 20 世紀から今日にいたるまで最も困難で重要なテーマであり続けた。

　このような民族問題，民族マイノリティ問題に対しては，第一次世界大戦の
さなかに W. ウィルソン大統領が提唱した 14ヶ条の原則や，階級と民族の解放
を目指すレーニン主導のロシア革命によって，「民族自決」が帝国崩壊後の戦
後国際社会での新国民国家成立における基本原則となっていった[2]。同時に，
戦勝国と敗戦国，戦勝国と新国家との間で結ばれたマイノリティ条項に関する
個別の取り決めは，国際連盟または国際司法裁判所という国際機関によって保
障されることとなった（第 2 章参照）。民族マイノリティ問題は国際社会におい
て人道上の重要な課題として扱われるようになり，国際連盟の発足時からそれ
は主要な課題として位置づけられた。各国・各地から訴えられる民族問題など

---

1 ）第五列とは，対敵協力者やスパイのことを指す。1936 年からのスペイン内戦時から用
　いられ始めた用語で，第二次世界大戦時に広く使用された。
2 ）ただ，国際連盟は民族マイノリティなどのマイノリティ保護には乗り出したものの，そ
　れは所属する国家からの独立や分離のような民族自決を促すものではなかったという点
　は留意すべきであろう（篠原 2015）。

のマイノリティ問題は，1920 年代には 350 件の請願が寄せられ，その半数が三人のメンバーからなる「少数者委員会」で検討されたことからもわかるように，国際連盟にとってきわめて重要な課題であった（篠原 2015）。これは，吉川の分類にそくせば，(b) 民族マイノリティの権利を定めその保護のための国際保護制度の確立を目指したものといえよう。

2　ヨーロッパにおける民族マイノリティの保護と追放

国際社会にとっての「ギリシア＝トルコ間住民交換」の意義

　ここで，ドイツ人の追放や日本人の引揚の政策モデルとなったギリシア＝トルコ間の住民交換の経緯と意味について概観してみよう。

　オスマン帝国は，最盛期の 16 世紀にはアジア，ヨーロッパそしてアフリカまで覇権を拡げていたが，漸次その勢力は停滞して衰えを見せ始め，近代になると西欧諸国やロシアによる圧迫を受けて衰退の一途をたどった。第一次世界大戦時には，ドイツとの軍事同盟にもとづきその陣営の一員として参戦して大敗を喫しただけでなく，その間に約 90 万人にものぼるアルメニア人の虐殺などを行った（松村 2002）。さらに，敗戦後の講和をめぐる不満からギリシア＝トルコ戦争が勃発したが，1922 年 8 月にはギリシア人の大虐殺事件などを引き起こしていた。翌月にはギリシア軍が敗れ，トルコ領内から避難する大量のギリシア人難民が発生し，これが国際問題となった。

　1923 年のローザンヌでの講和会議において，トルコは連合国側と講和したが，それに先立って，ギリシア難民を救済する案として小アジアに住む 100 万人のギリシア人（キリスト教徒）とギリシア本土に住む 50 万人のムスリム（じつは民族的にはギリシア人が多かったが）との住民交換がギリシアから提案され，住民交換協定が合意された（川島 2005）。この住民交換は，国際的人道主義者として有名なフリチョフ・ナンセン（Fridtjof Nansen）によってその実施が見守られ，赤十字社などの国際機関や米国などにも支援された。その結果，それは，移動開始前の難民期には多くの犠牲を出したものの，それまでの住民交換と比

較すると最小の犠牲のもとに実施された最初のものであった。

　この結果，ギリシア＝トルコ住民交換は，民族マイノリティの国外への住民移動によって国民国家の同質化を達成した「成功例」として，その後様々なケースにおいて参照されていった。たとえば，1930年代のスターリンによる民族マイノリティの追放政策（沿海州の朝鮮人の中央アジアへの強制移動など）で参照されたほか，第二次世界大戦時や終戦後にドイツ系住民を追放する際，チェコ政府やポーランド政府，イギリス首相チャーチルによって参考とされた。とりわけ後者では，チェコやポーランド領内のドイツ系住民を徹底的に追放するという政策がとられた（ナイマーク 2001=2014；本書第3章も参照）。

　第一次世界大戦後のパリ講和会議において民族マイノリティの保護が重視され，国際連盟において規範化されたにもかかわらず，1923年にギリシア＝トルコ間の住民交換が実施されたことは，国際連盟による民族マイノリティ保護政策の本質的な脆弱さを象徴的に示していた（ナイマーク 2001=2014）。それと同時に，国際的な枠組みの下で住民交換を実施して大虐殺や難民の発生を避けるという手法は，被追放民族の被害を最小限に抑えるための保護政策の系譜に連なる方策とも考えられていた。それゆえ住民交換は，追放的な住民移動という手段を介した民族浄化によって国民統合を促進したいという国民国家の意図と，民族マイノリティの安全を守りたいとする国際社会の関心（保護政策）という双方の利害を調整し折衷した，ある種の「成功例」とも見なされ，たびたび参照されていったのである。この意味で住民交換は，吉川のいう(a)追放と，(b)国際機関による管理の中間に位置づけられる，折衷的な民族マイノリティ政策といえよう。

「ミュンヘンの教訓」とドイツ人の追放

　1930年代，ナチ・ドイツが台頭し，その挑戦を受けるなかで，第一次世界大戦後のヨーロッパの国際秩序は再構成され，それにともない民族マイノリティ問題についての国際世論が変化していった。たとえば，本書第2章・第3章で詳述されるように，ナチ・ドイツがチェコのズデーテン地方におけるドイツ系住民の保護という名目を逆手にとって勢力圏を拡大すると，ドイツ系住民も

それに呼応して「住民投票による民族自決権」を主張し，ドイツ軍の手先としてその勢力拡大に協力していった。そして，ポーランドをはじめ東欧諸国はナチ・ドイツに併合されるなど，勢力圏におさめられていった。

　加えてその過程においては，東中欧で民族の強制移動が玉突き的に行われ，その究極の結果としてユダヤ人の大量虐殺＝ホロコーストが実行された。これらの経緯によって，ヨーロッパ社会，とりわけ東中欧において民族マイノリティへの保護規範の脆さがより強く意識され，この問題への寛容性が失われていった。そして，1938年のミュンヘン会談においてドイツ系住民によるズデーテン地方などでの民族自決権の実施を容認し，宥和主義的な態度をとったゆえにドイツの勢力圏およびナチの勢力拡大を許すことになったという反省がなされ，それ以降のヨーロッパでの民族政策に対する教訓として刻まれた。いわゆる「ミュンヘンの教訓」である。

　これ以降，ヨーロッパ社会を中心とする国際世論は，第一次世界大戦後に多数成立した国民国家における民族マイノリティの保護や民族自決権の尊重から，国民国家の統合や国際社会の安定・平和へと軸足を移していった。戦争への不安から，同質的な国民国家が追求され，民族マイノリティの浄化や追放が主流となっていったのである。その代表的なものが，第二次世界大戦中からロンドンのポーランド亡命政府やチェコ亡命政府がイギリスのチャーチル首相と検討を行い，領域内のドイツ人の徹底的追放を準備した「ドイツ人の追放政策」であった。国民国家の統合・国際社会の安定と民族マイノリティの保護はゼロサム的な二項対立と見なされ，民族マイノリティの保護政策は弱点や矛盾をはらむものとして後景に退くこととなった。「ミュンヘンの教訓」は，ヨーロッパ社会における民族マイノリティ政策の転換点となったと言えよう（第2章）。

3　ソ連における民族マイノリティの保護と追放

社会主義革命，民族解放，反帝国主義

　以上のような国際連盟を中心とする民族マイノリティ政策の系譜とは別の，

もうひとつの系譜があった。ソ連の民族政策である。「ロシア革命とソヴィエト連邦が同時代の世界に対してもった影響力の源泉は，社会主義だけでなく，民族解放と反帝国主義のスローガンにもあった」（宇山 2017：1）と言われるように，ロシア革命以降のソ連における民族政策は，戦後世界の体制変革期に多数生まれた社会主義政権を通じて広範な影響力をもった。

池田義郎の議論によれば，第一次世界大戦は，海洋帝国（英・仏［・米］）と大陸帝国（ハプスブルク帝国・オスマン帝国・ロシア帝国）の衝突から生じ，大陸帝国の敗退によって東欧や中欧は国民国家体制へと移行したが，同時期に生じたロシア革命によってロシアは「共和制の帝国」へと移行したという。しかも，ロシア革命後の政治的ヘゲモニーをめぐり，ソ連共産党は民族政府との共闘によって「共和制の帝国」樹立に成功しており，そのために各民族政府の自治を踏まえた連邦制をとった（池田 2012）。つまり，ソ連の民族保護政策は，第一次世界大戦後のパリ講和会議での「少数者の保護」規範，およびそれを担った国際連盟を中心とした国際社会の民族マイノリティ政策の展開よりも，社会主義革命を主導するソ連共産党の国内政治的要因により強く規定されたものであった（池田 2012）。

ソ連の少数民族保護政策

そもそも，ソ連は 100 以上の民族を抱える多民族国家であったが，民族自決とそれに基づく国民国家づくりを軸とする 20 世紀の時代潮流のなかにあって，ひとつの国民国家として国民統合を図りながら多民族を統治するのは容易なことではなく，民族政策は難しい政策課題のひとつだった（半谷 2017: 69）。

ロシア帝国時代には多数の民族がロシア人によって抑圧されており，W. ウィルソンとともに「民族自決」という理念を提唱していたレーニンは，ロシア革命によって民衆を階級支配から解放すると同時に，諸民族をロシア人の民族支配から解放していくというスローガンを掲げた。社会主義化という階級革命を行ったロシア革命後のソ連は，中東欧以上に錯綜した多民族環境にあり，民族問題は避けて通れないものだった。レーニンの考えを継承したスターリンは，有名な『マルクス主義と民族問題』（1913 年）で，民族自決権と母語教育の重

要性を述べ，ソ連創成期の民族政策の座標軸を提示した（半谷 2017: 70-71）。

　ソ連の民族政策は 1923 年から本格始動したが，その核は各公認民族の自治領域を形成し，言語・人材・文化を保護育成する，後に「コレニザーツィヤ」[3]と呼ばれる政策であった。この政策の柱は，民族語を重視し民族エリートを登用育成することで，ソヴィエト権力を民衆に根付かせることであった。また，民族籍から民族コルホーズ・民族村ソヴィエト・民族地区・民族管区・自治州・自治共和国（ある民族を主とする疑似的国民国家）へと積み上げられるある種の民族ピラミッドを形成した点に特色があった。

　もっとも，これらは諸民族によって下から打ち出された民族自決運動に基づくものではなく，上から演出されたものであった。半谷史郎はこうした民族政策を，「抑圧からの解放という社会主義の理念からして民族自決の要求に頗被りはできないが，さりとて民族自決が国の解体につながったハプスブルクやオスマンの二の舞は回避したい。そのため上から民族自決の装いを整え，ナショナリズムが暴走しないように機先を制した」ものであったと喝破する（半谷 2017: 72-73）。これは，解放としての民族自決が限りない分裂や国家解体をもたらしうるリスクにどう対応するか，という根本問題へのひとつの解答であった。

ソ連における少数民族の保護と追放

　このようなソ連の民族政策は 1930 年代に変化した。世界恐慌，ブロック経済化，日独の軍事大国化という流れを受けて，ロシア（人）を中心とする統合政策が強まり，「国境の向こうに同胞がいて，外国の浸透工作を受けやすいディアスポラ諸民族は，排除の対象」となった（半谷 2017: 85）。たとえば，極東の朝鮮人は満洲国＝日本帝国と連携して敵対的な工作を行うことを危惧されて，中央アジアに強制移住させられた。また，1941 年に始まるドイツとの大祖国戦争を通じて，ロシア中心を前提とした多民族性とともに，敵対的な外国とつながりをもちうる人びと（いわゆる第五列）に対する敵視およびそれに基づく

　3）コレニザーツィヤは現地化，土着化という意味の言葉である。ソ連の民族政策が民族の現地人指導者によって現地社会にいっそう根付くことを目指すものであったことから，この呼称があてられた（半谷 2017）。

政策が強化された。戦争はロシア・ナショナリズムの肥大化をもたらし，そしてそれはソ連への愛国主義に接木されていった。開戦直後にドイツ人の強制移住が実施され，ヴォルガ・ドイツ人自治国が廃止されたことをはじめ，北カフカスの諸民族も同様に追放されていった（半谷 2017: 86-88）。

　ソ連の民族政策は基本的には少数民族を優遇する民族政策であり，吉川の
(c)民族自治制度などの国内制度を最もよく確立したケースとみなせる。その反面，敵対的な外国とのつながりをもちうるいわゆる「第五列」に対しては
(a)強制移住政策を用いており，硬軟織り交ぜた民族政策を併用していたと言えよう。宇山智彦が指摘するように，民族運動と社会主義革命は相乗効果を生み出すこともあるが，逆にある民族が社会主義革命と矛盾・対立する場合もあり，後者の場合には容赦なく追放や弾圧の対象となった（宇山 2017）。このように，ソ連の民族政策においては，その規範が重要な役割を果たしながらも，実際の政策のあり方は現実の民族間の関係，国内の統合問題，国際関係など，絡み合う多様な要素によって規定されていた。この意味で，民族マイノリティの保護政策を前面に据えたソ連も，実際には民族マイノリティ問題とその政策において多くの国々と共通性を有していた。

　ここまで，19 世紀から第二次世界大戦期までを中心に，ヨーロッパの民族マイノリティ問題およびその政策をめぐる系譜を簡単に通覧した。この展開をふまえて，次の二つの節では，第二次世界大戦後の日本を中心とする東アジアで生じた諸事例について，引揚（追放）と残留とに分けて検討してみたい。

4　戦後東アジアにおける引揚／追放政策

日本人の引揚

　1945 年夏，連合国は，アジア・太平洋の戦場にいた 310 万人を超える日本兵の即時帰還（復員）を命じた。ついで，カイロ会談における取り決めに基づき，350 万を超える在外の民間日本人を旧帝国圏から切り離して，内地へと送還することが命じられた。

第二次世界大戦後の東アジアにおける占領政策・戦後政策を主導する米国政府は，先述したように，東アジアにおける在外日本人の引揚政策を戦時中から検討し，その策定過程ではドイツ人の追放政策を参照していた（Watt 2017；本書第 3 章）。米国は，戦後の東アジアの政局や，新たに建国が予想される各国民国家にとって不安定要因となりうる在外日本人などを追放するという方針をたてた。だが，米国は在外日本人の追放＝引揚を基本としながらも，当初の構想では，⑴追放＝引揚が国際社会（連合国側）の管理下で計画的かつ安全裡に行われること，⑵人びとの「自由意志を尊重」すること，といった保護政策的な理念からする留保をつけていた。また，⑶日本人が引き揚げた後の現地社会への技術移転を効率的に進めるために，国家や産業システムの中核にあった日本人の一部の「留用」を推奨していた。加えて，⑷帝国の尖兵（植民者）とは異なる長期の滞在者には，その残留権を認める方針だったという。従来の追放政策では，当該地域の政治的安定化，民族マイノリティによるリスクの軽減，国家間の民族マイノリティ問題への対策が優先され，「住民の意志」は尊重されなかった。これに対し米国の当初の構想は，住民の安全とその「自由意志」を尊重し，長期滞在者の残留を許可する可能性をも残す人道主義的な案であった（本書第 3 章参照）。

　日本人の引揚をめぐるアクターは，米国（米軍），現地政府・社会，現地日本人，そして日本政府であったが，引揚初期においては米国と現地社会が主要な役割を果たした。だが，各地域には新たな政治勢力と，それぞれの事情や考え方があり，米国と現地社会との交渉過程で政策の内容を調整しながら具体的な遣送（引揚）政策が実施されていった。たとえば朝鮮に在留する日本人への引揚政策の策定過程においては，日本から帰国した朝鮮人同胞への送還政策やその実態が参考とされ，相互規定的であったという（本書第 10 章）。また，旧満洲など中国からの日本人引揚については，1945 年 10 月の上海会議での調整を踏まえたうえで，遣送が実施に移されていった（佐藤 2013）。

　これに比べて，旧樺太からの日本人の送還は，少し遅れて実施された。というのも，ソ連が引揚政策に消極的で，米国の再三の督促によってようやく実施されたからである。米国の意向と異なり，ソ連は戦後の極東開発に少しでも多

30 　第 I 部　引揚・追放・残留の国際的起源

くの労働力を確保したいという，保護主義的な観点とは異なる思惑から，朝鮮
人はもちろん日本人の引揚に対しても消極的であった（本書第 12 章）。

　中国国民党および中国共産党も，新中国再建のために，旧満洲や台湾に日本
人技術者や医療従事者，その他専門職の人びとを留め置いて，中国人の若手へ
の技術移転を図る「留用」政策をとった。これに反して，南朝鮮では「留用」
政策は採用されなかった。朝鮮への日本人の入植は 1872 年に始まりその歴史
は長く，朝鮮で資産を形成したり，朝鮮生まれで内地を知らない人もあり，
「朝鮮残留」を希望する日本人も少なくなかった。終戦時に日本政府が現地定
着方針[4]を出したことによって，米国はその残留意思を認めるのではないかと
いう希望的観測も生まれ，終戦後に在朝日本人の間では「朝鮮語学習熱」が高
まったという。だが，朝鮮社会はそれを許さなかった。父系血統主義的な見地
から，朝鮮人男性と結婚していた日本人女性とその子どもは朝鮮籍に入籍され
ていたために残留できたが，それらをのぞいては，中国や台湾で実施された留
用が行われることもなく，日本人の総引揚が遂行されたのである。

　この結果，台湾・朝鮮・満洲・南洋・樺太などの在外日本人約 350 万人は，
1945 年末から数年のうちにほとんどが内地に引き揚げた。植民地や勢力圏か
らの日本人の引揚は，現地社会の混乱などのなかで 20 数万人におよぶ犠牲を
出すなど悲惨なものだったが，それは「帝国主義の尖兵」の追放として一括り
にできるという意味で単純なものではあった。残留や留用という選択の問題や
ソ連の思惑をともないはしたものの，結局のところ，そう複雑なものではなか
ったといえる[5]。

---

4 ）敗戦直後に日本政府は，在外日本人を引き揚げさせるのではなく，そのまま現地に定着
　　させる方針をたてていた。これに対しては，旧植民地に日本人が残り現地社会に根を張
　　っていれば，将来的に機を見て失地回復できるという深慮遠謀にもとづく海外膨張政策
　　が基底にあったという批判もあったが，残留孤児裁判の際には棄民政策としてこの点が
　　厳しく指弾された。
5 ）矢内原忠雄は，旧勢力圏の在外日本人を追放したのは民族マイノリティ規範の後退だと
　　批判した。しかし，先に指摘したように，「ミュンヘンの教訓」以降，ヨーロッパ社会
　　においてすでにその規範は後退していた。無条件降伏を受諾した後に日本政府が出した
　　「現地定着方針」は厳しく批判されてきたが，この方針も矢内原の理解の延長上にある
　　ともいえよう（浅野 2004）。

「非日本人」の引揚と多様な人の移動

戦後の東アジアでは，旧帝国圏や旧勢力圏，日本内地に在留する約 300 万人にも及ぶ朝鮮人，台湾人，「琉球人」の，本来の出身地への送還や帰還もまた行われた。19 世紀末からの日本帝国の膨張にともない，帝国圏・勢力圏においては，外地と内地の間，あるいは外地間での人びとの大規模な移動が生じていた。たとえば，「満洲国」や中国華北，日本内地に居留していた朝鮮人は実に 400 万人を超える。そのため，以下に述べるように，こうした朝鮮人の祖国（朝鮮半島）への自力での帰国，遣送や送還は，多様で複雑な経緯をともなうものとなった。

その一方で，戦後の中国東北への朝鮮人の定住（中国朝鮮族化）と日本内地での朝鮮人の「残留」（あるいは定住＝在日朝鮮人化）も生じたが（宮本 2016），それらは戦後のそれぞれの国でのシティズンシップ，国民としての地位において好対照をなしていた（李 2013；権 2011）。また，済州島での四・三事件[6]後の日本への「密航」[7]は，朝鮮人の帰還と再帰還，残留や定住といったものが，戦後東アジアの再編をめぐる複雑な歴史の縮図であることを象徴的に示しているといえよう（福本 2013）。

①台湾人の引揚と残留

満洲国における台湾人の位置づけは，帝国臣民として，中国人でありながら

---

6) 「四・三事件」とは，1948 年 4 月前後から，済州島の民主勢力を弾圧するために右派勢力が引き起こした白色テロで，3〜4 万人にのぼる民衆が虐殺されたといわれる。戦後の南朝鮮は，社会主義勢力がすぐに権力を握った北朝鮮とは異なり，社会主義的勢力からリベラル，保守，そして保守強硬派まで幅広い政治勢力が混在し，建国にあたって住民による南北統一選挙を実施すべきか，南朝鮮での単独選挙を行うべきかをめぐって激しくぶつかり合っていた。こうした状況下で，48 年 4 月前後，保守強硬派によって民衆の虐殺が遂行された。しかし，この事件の責任は民主勢力の側が負わされ，しかも連座制がとられるなど関係者も含めた弾圧が展開されたために，日本の家族・親族を頼って再渡航する人が多く発生した。

7) 日本政府・GHQ は，いったん帰国した朝鮮人が再度日本に渡航することを禁止していた。四・三事件前後に日本の家族・親族を頼って再渡航してきた朝鮮人は，現在の難民条約の規定からすると政治難民であるが，日本政府はその再渡航を「密航」として厳しく摘発し，発見すると朝鮮半島に強制送還した。

満洲国での二等国民という民族ヒエラルキーの上位に位置し，しかも時には五族協和の中国人を代表する存在であったというその独特の存在にくわえ，各個人の活動によって左右されるデリケートなものだった。たとえば，満洲国の銀幕のスターであった日本人の李香蘭が，中国人でありながら日本帝国に協力した「漢奸」[8]と見なされて危うく処刑されそうになったように[9]，台湾人（中国人）でありながら「偽満洲国」の協力者（＝コラボレーター）であったとみなされれば，中国を裏切った「漢奸」として極刑になりかねなかった。在満台湾人の帰還（あるいは「脱出」）は，一歩間違えば満洲国へ協力した中国人コラボレーターと見なされかねないという危険と背中合わせのものだったのである。そのため，台湾人のなかには「日本人として」内地への引揚を希望する者もいたが，彼らは連合国の引揚政策の対象にはならなかった。その結果，在満台湾人の帰還（あるいは「脱出」）はリスクを避けるため，自力によって密かに動乱の中国社会を南下する，いわば「逃避行」に近いものであった。

　戦後もなお旧満洲に「残留」した人びとも少数いたが，彼らは自らを中国南部からの出稼者と偽るなど，台湾出身という出自を隠して生き延びた。中国大陸を横切る台湾までの逃避行に劣らず，居住地への残留もリスクが高かった。このように，在満台湾人は日本帝国内の最も複雑な関係性を示していた。さらに，台湾への帰還後も1947年の二・二八事件[10]の粛清の対象となるリスクが大きく，その経歴は隠され続けた。実際に難を逃れて日本へと移り住んだ人もおり，在満台湾人という経験には，戦前から戦後の旧日本帝国の矛盾が圧縮されていたといえよう（許 2002；坂部 2008）。

8）日中戦争時に中国を裏切って敵（日本）に味方した者をさして漢奸と称した。つまり民族の裏切り者という意味であるが，この漢奸については王（2006）に詳しい。

9）李香蘭をめぐる一連の顚末については山口・藤原（1987）に詳しい。

10）二・二八事件は，台湾で生じた国民党軍による白色テロである。戦後台湾は中華民国に取り込まれ，そのガヴァナンスは台湾総督府から中華民国・国民党軍に移った。当初は長い植民地支配からの解放が喜ばれたが，次第に台湾民衆の間で国民党軍への批判が強まると，国民党軍は民衆を弾圧し，多くの人びとを虐殺した。この結果，台湾から北京や日本，米国などに新天地を求めて逃げる人びともいた。

② 「琉球人」，樺太アイヌの引揚と残留

「琉球人」への引揚政策には，米国や中華民国による戦後の東アジア戦略が色濃く反映されていた（浅野 2004；中村 2018）。先述したように，米国は沖縄を占領し，日本内地から分離して軍政を敷いたが，それを正当化するために，「琉球」が日本の内国植民地であり，本来両者は別のものであるとする論理を打ち出した。沖縄を近代以前の「琉球」という名称で呼び，沖縄の人びとを「琉球人」と位置づけなおそうとした意図はそこにあった[11]。台湾の中華民国政府も，米国同様に戦後の世界戦略の一環として，「琉球」を日本から切り離して自らとの連携強化を図るために，日本人の台湾からの送遣に際して「琉球人」を日本人と分離し，少し遅れたタイミングで送遣するという政策をとった（中村 2018）。米国や中華民国から新たに「琉球人」と名付けられた沖縄出身者たちの，台湾や南洋，満洲，内地からの引揚や定住化もまた，戦後東アジア社会の再編のなかで，米国政府の対日政策・対琉球政策，中華民国の世界戦略上の思惑が絡む複雑なものであった。

転じて北海道では，本来解放されたはずの樺太アイヌが日本人とともに道内へと引き揚げるなど予想外の引揚も生じた。ほかにも，中国残留日本人だけでなくサハリン残留朝鮮人とその家族として残ったサハリン残留日本人などの問題も発生した（中山 2019；詳細は本書第 12 章参照）。

このように，東アジアにおける引揚と残留は，戦前の帝国支配と大規模な人の移動，戦後の東アジア再編が複雑に絡み合うだけでなく，南朝鮮の事例にみられたように，冷戦構造をも先取りした多様で複雑なものであった。

---

11) あまり知られていないが，南洋からの引揚の場合でも，琉球人には現地への定住が許可されていた。しかし，人びとは沖縄戦の惨状を聞いており，一度故郷の状況を確認するために引き揚げた。その後，戦後の沖縄での生活苦から再び南洋への帰還を目指したが（南洋再移民論），それはかなえられなかった（蘭 2013）。

5　戦後東アジアにおける二つの「残留」──中国朝鮮族と在日朝鮮人

公定少数民族としての保護──中国朝鮮族の創出

①朝鮮人保護政策の系譜

　日本の植民地帝国化に後押しされて近代東アジア内を移動した多くの人びとの運命は（蘭編 2008），帝国崩壊によって，大きく引揚／追放か残留（定住）のいずれかに分かれていった。先述したように，旧帝国圏に居留していた日本人等への米国による追放政策とはまったく異なる原則に立って，中国共産党による在満朝鮮人への保護主義的な少数民族政策がとられ，多くの朝鮮人が中国東北に残留（定着）した。民族マイノリティ政策の系譜から見れば，日本人の追放＝引揚政策はドイツ人の追放政策の系譜に，在満朝鮮人への保護的な政策はソ連共産党の民族政策の系譜に位置づけうるものだった。

　中国の民族政策を体系的に記した佐々木（1988）によれば，中国共産党による在満朝鮮人への保護政策は，中国共産党に独自な政策というより，ソ連共産党の初期の民族政策の系譜と孫文以来の「五族共和」主義を継承した政策であった[12]。それは，在満朝鮮人の残留（定着）を許すだけでなく，少数民族として位置づけたうえで自治区を設け，独自の文化を尊重し，母語教育を奨励するという積極的な保護政策であった（佐々木 1988）。

②満洲国崩壊後の朝鮮人への迫害

　もっとも，満洲国崩壊後，216〜230 万と言われていた在満朝鮮人が最初から中国において保護されていたわけではなかった（李 2002）。満洲国崩壊後の

12）中国の辛亥革命を主導した孫文は有名な三民主義を唱えただけでなく，「五族共和」という多民族政策も掲げており，毛沢東はその影響も受けたと言われるが，より強い影響力をもったのはソ連の民族政策であったという（佐々木 1988）。ハワイのミッション・スクールで学んだ孫文は欧米の民主主義の影響を強く受けており，三民主義や「五族共和」という理念は西欧民主主義的な色合いを濃く含むものであった。これに加え，多民族を包摂する前近代帝国としての清王朝の伝統を批判的に継承したものであったことも忘れるべきではないだろう。

旧満洲＝中国東北地区にはソ連軍が八ヶ月ほど駐屯していたが，都市部では一応の治安が維持されていたものの，朝鮮人が多く住む農村部は無政府状態に陥っていた。そこでは「土匪」[13]と呼ばれる私的武装勢力が活発化しており，日本人への襲撃や迫害のみでなく，日本人の協力者（「二鬼子」[14]）とみなされていた多数の朝鮮人に対する迫害・虐殺が発生していた。その結果，日本人開拓民同様に朝鮮人の入植者も，ハルビン等の大都市や朝鮮人の集住地区である延辺に避難したり，自力で朝鮮へ帰還したりした。1946年春にソ連軍が撤退すると，中国国民党と中国共産党の内戦が勃発し，そこに土匪が交わることで不安定な状況が生じた。在満朝鮮人たちは，そうした刻々と変化する社会状況のなかを生きざるをえなかったのである[15]。

1947年末に中国共産党軍が土匪を撃退したことで，朝鮮人の生存／生活に対する不安は多少やわらいだものの，南満洲では，土匪のみでなく，正規の政府軍である国民党軍による迫害も絶えず，人びとはやはり延辺に避難するか，自力で帰国していった。その結果，解放直後の1年間で約70万人が自力で帰還しており，最終的には約100万人が主として南朝鮮に帰還していった（李2002）。

③少数民族としての中国朝鮮族の創出

ソ連共産党の民族政策に影響を受けていた中国共産党は1931年の中華ソヴィエト共和国憲法大綱において，延辺の朝鮮居留民に対して少数民族としての

---

13) 土匪とは，中国東北の武装した民間人を指す言葉である。中国東北は警察力も村の自治力も弱い広大な地域であるために，土匪の活躍の場が多く，収穫期などの季節に農村を襲撃して収穫物を奪っていった。満洲国時代の日本軍や関係当局者が共産党関係者を共匪と呼んだことから判断すると，匪とは武装して社会の秩序を乱す人びととということもできよう。

14) 中国民衆は，植民地支配・民族支配を行っていた日本人を指して「日本鬼子」と言い，それを助けていた朝鮮人を指して「二鬼子」と称していた（李2009）。

15) たとえば，南満洲で起きた「長春「五・二三」惨事」と「吉林「五・二八惨事」」が朝鮮人虐殺事件として有名である（李2002：43）。1946年3月にソ連軍が中国東北から撤退し，その後のガヴァナンスをめぐって国民党軍と共産党軍が鋭く対立するなか，朝鮮人部隊の活躍に対する国民党軍の敵意が一般朝鮮人へと向かい，虐殺へと至った（李2002：43）。

地位と自治権を認めていたが，中国の公式政権は依然として国民党にあり，それは民族連合戦線結成を目指すスローガンでしかなかった。

　解放後，中国東北をめぐり内戦が激化する 1946 年末になって，中国共産党の東北地区有力指導者が中国東北に居住する朝鮮人の「国籍問題」を取りあげ，これが朝鮮人居留民の地位をめぐる転機となった。中国東北の朝鮮人には反満抗日闘争で中国共産党と共闘していた勢力が多く，早くから共産主義に影響を受けており，解放後の国民党との内戦においても重要な戦力として位置づけられていた。しかしこの時点では，少数民族としての地位はいまだ明確ではなかった。

　1947 年末になり，東北地区の戦局が共産党有利となると，土地配分がはじまったが，そこで朝鮮人の処遇が再び懸案となった。有力な政治的支持基盤である朝鮮人の定着をめざした東北での土地配分は，同時に東北地域の兵力の供給源として朝鮮人を確保する意図をも含むものであった。しかし，郷里への愛着の強い朝鮮人を新中国の国民とすることには朝鮮人の側からの抵抗感があった。そこで中国共産党は，二重国籍を承認することでこの問題を切り抜けた（李 2013）。

　1948 年秋に朝鮮民主主義人民共和国（北朝鮮）が成立すると，中国共産党も中国東北に居留する朝鮮民族を「延辺朝鮮族」という少数民族（中国公民）として公式に認定し，12 月には正式に「朝鮮少数民族」と呼び始めた。中国政府は民族平等の原則にしたがい，土地取得権・人権（参政権）・財産権という公民権の中核的権利を認めた。宇山智彦は，民族運動と社会主義革命は，力を与え合う場合もあれば矛盾・対立する場合もあったというが（宇山 2017），中国共産党の社会主義革命において朝鮮人は重要な戦力であったし，懸案もうまく処理されていた。中国朝鮮族創出は，両者の利害がうまくかみ合い，力を与え合った事例といえよう。

　このような中国共産党の保護政策にもかかわらず，祖国への帰還を希望する朝鮮人は多く，約半数が帰国し，約半数が残ったと言われる。とりわけ人口の8 割を朝鮮人が占めたとされる延辺では，満洲事変以前に入植している人が多く，大半がすでに定着していた。延辺は朝鮮人の集住拠点として，支え合うネ

ットワークも強く，迫害も少なく安全で，残留がしやすかったと言われている。他方，黒竜江省などの北満では，「土匪」からの襲撃も多かったものの，交通網が遮断され，また帰国資金が準備できないなどの事情で現地から避難ができず，帰国を待っている間に中国共産党による保護政策が始まり，残留にいたったケースが多かったという（李 2002）。

　第二次世界大戦後，「血の同盟」と呼ばれる中国と北朝鮮を結びつけたのは中国朝鮮族であったといえる。朝鮮戦争の犠牲者で最も多くを占めたのが朝鮮人義勇軍であったことは，このことを象徴するものであろう。第二次世界大戦下では国境沿いの民族マイノリティは強制送還の犠牲になりがちであり，戦前期の在満朝鮮人も万宝山事件（1931 年）に象徴されるように，日中対立のしわ寄せを一身に背負わされたが，戦後は一転して中朝を結び合わせる紐帯となった。国境沿いにある中国朝鮮人集住地は，まさに戦前と戦後で民族マイノリティとしてのその立場が真逆の状況に置かれたケースである。しかも，戦後の中国朝鮮族自治区は，中国共産党の少数民族政策の理念を実現しようとする上からの公定少数民族政策の賜物であると同時に，朝鮮戦争，ひいては冷戦という国際関係に規定されたものであったといえよう。

在日朝鮮人の日本「残留」の経緯──その存在の脆弱さ
①戦前期の内地の朝鮮人とその帰還（帰国）

　満洲同様，日本内地にも 200 万人を超える朝鮮人が在住していた。1910 年の韓国併合後から始まった朝鮮人の内地移住は，戦間期の戦時景気で産業化が本格化し，1923 年には君が代丸が大阪－済州島間で就航したことで急増していった。ついで，総力戦を遂行するため 1938 年に国家総動員法が公布され，39 年に国民徴用令が施行されて，40 年代に強制的な動員が本格化したことで「集団移入労務者」が急増し，内地の朝鮮人は 200 万人を超えた。そのうち 3 分の 2 を占めたのは，それ以前からの移民や戦時下での移民である「一般既往朝鮮人」で，彼らは家族を伴ったり親族や近隣などの縁故者を呼び寄せたりして生計をたて，民族コミュニティの拠点を大阪，東京，川崎，福岡など全国各地に形成し，生活を支え合っていた。残りの 3 分の 1 が動員によって強制的に

連行された「集団移入労務者」として算定されていた。

朝鮮人送還のアクターは，日本政府，GHQ，朝鮮人民族団体，そして一般の朝鮮人であった。戦争末期になると，戦災を逃れて朝鮮半島への自力による渡航（帰国）を試みる人びとが徐々に現れたが，終戦を迎えると自力渡航による帰国は急増していった。その後，朝鮮人の帰国／送還は，このような自力での帰国から，日本政府やGHQによって推進された「計画輸送」政策にもとづく送還へと次第に推移していき，1946年末までにはその約7割の140万人前後が内地から朝鮮に帰国／送還され，60余万人が日本内地に「残留」した（宮本 2016）。

②日本政府の朝鮮人送還についての意向

日本政府は対朝鮮人政策の初発として，終戦処理の一連の政策のなかで「移入朝鮮人」の送還計画を，敗戦直後・GHQの占領前の8月21日に決定していた。日本政府にとってそれは総力戦下で強制的に動員された朝鮮人労働者を主たるターゲットとした送還政策であり，すべての内地在住の朝鮮人労働者に対する方針ではなかった。同年12月の「帰還朝鮮人輸送計画概要」では，帰還見込者104万3,700人，日本残留者99万8,000人と想定されていた（鄭 2013）。日本政府もGHQも労働力としての朝鮮人の残留・就業継続を希望していたほか（宮本 2016），戦後復興のための重要なエネルギー源である炭鉱でも，労働者不足から朝鮮人の残留は強く期待されていた（本書第8章）。

終戦後の早い段階で立案された政策は，内地に生活基盤を築いた定住性の高い「一般既往朝鮮人」の残留を見越したものであり，完全な追放政策ではなかった。実際，1946年の時点では，政府・外務省は在日朝鮮人の送還と国籍選択をセットで考えており，在日朝鮮人には国籍選択権を与え，朝鮮国籍を選択した者には「退去を命じる権利」を有するとしていた（松本 1988；鄭 2013）。すなわち，日本の行政組織は朝鮮人の日本国籍取得も想定しており，戦後の日本社会の構成メンバーから朝鮮人を完全に排除できるとは考えていなかった。

しかし，戦後に解放民族として日本の治安当局のコントロールを無視したり，闇市で暗躍したり，労働争議を起こしたことで共産主義革命の尖兵として「治

安」を乱す存在と見なされるようになるにつれ，国内の政治指導者も GHQ も
「朝鮮人の存在を可能な限り日本からなくしたい」と考え方を変え，朝鮮人の
送還を積極的に推進する方針へと転換していった。すべての朝鮮人を送還した
いと伝える吉田茂首相のマッカーサーへの書簡はあまりにも有名である（袖井
2012）。日本政府は，日本人の引揚が当事者の都合や個人的意志とは関係なく
完全に遂行されたように，朝鮮人についても完全な送還計画（＝追放）の遂行
を目指すべきと見たのである。

③GHQ の朝鮮人送還についての意向

　GHQ の朝鮮人政策は，朝鮮人を「解放民族であると同時に敵国人」と位置
づけたうえで立案・展開された。GHQ の占領当初の政策は，朝鮮人を解放民
族と位置づけ，帰国か日本への残留かに関しては朝鮮人の「自由意志」を尊重
するとしていた。追放の先行モデルを検討するなかで，米国は新たな政治秩序
形成のためには日本人の勢力圏からの一掃は欠かせないとしながらも，その安
全な実施と当事者の「自由意志」を重んじるというのが基本姿勢であり，まし
て解放された民族マイノリティである朝鮮人の自由意志はいっそう重要な要素
であった。朝鮮人の帰還が一段落した 1946 年 3 月に帰還希望登録調査が実施
されると，60 余万人のうち 79％にあたる 51 万人が帰還を希望した。

　占領の過程で日本内地の「治安」維持を優先した GHQ は，上記のように，
当初は朝鮮人を解放民族として認識していたものの，次第に「治安」を乱し占
領政策を不安定化する人びと，さらには共産主義の尖兵と見なすようになって
いく。その結果として，日本政府の対朝鮮人政策を追認し，送還政策において
も日本政府の送還政策案と近い折衷案を採用し，基本的には朝鮮人をできるだ
け送還させるという方針をとった。解放の理念と現実の占領政策との間で妥協
が図られたのである。

　しかし，ほとんどの朝鮮人の送還を目指していた日本政府に対して，GHQ
は南朝鮮の政情不安から「強制送還」が被送還者の生命を脅かしかねないと判
断して，最終的には人道主義的な立場から強制的な送還の実施を許さなかった。
この GHQ の人道主義的方針のために，日本政府は朝鮮人の送還を自由に決定

できず，強い不満を残すこととなったという（宮本 2016）。

④朝鮮人の意向と結果としての残留

　当事者である朝鮮人の意向はいかなるものだったのだろうか。当初，朝鮮人の民族団体は朝鮮への帰還（帰国）を促進していた。とりわけ在日本朝鮮人連盟（朝連）は，朝鮮への帰国の援助をその綱領のひとつとして，鉄道による荷物輸送，出航地の宿舎管理，釜山港での朝連の連絡所によるサポート，帰還事務の一部委託などを請け負い，帰還業務における朝連の役割は主体的と表現されるほどだった（宮本 2016）。しかし，1946 年の「計画輸送」が本格化すると，帰還業務の主体は次第に日本政府側に移っていった。

　一般の朝鮮人の間では，それぞれの立場や日本社会との関係性によって，帰国と残留についての受け止め方は一様ではなかった。そもそも，GHQ が朝鮮人の自由意志を尊重すると言いながら，帰国日程を決める自由も与えず，持帰金も制限し，しかもいったん帰国したら再入国が禁じられるという状況は，解放民族でありながら帰国か残留かの二者択一を迫られているに等しいという不満が強かった。加えて，政治的にも経済的にも混乱する南朝鮮への帰国の決断は難しく，早期に帰国した人びとの苦境を伝える情報もあって，帰国の決定に躊躇する人びとが多かった。とりわけ，早い段階に日本に渡航し生活基盤を築いていた人びとにとって，帰還するかどうかの選択はきわめて困難であった。家族の安否を案じて一時帰国を希望しても，日本への再帰還は許されないという条件は，決定をますます難しくした。このような GHQ や日本政府の対応は，敗戦国民である日本人の引揚におけるそれと違いはなく，帰国という選択は結局のところ個人の自由意志によって決定できる状況になかった，という強い不満が一般の朝鮮人側にはあった（宮本 2016）。

　このように，内地からの朝鮮人の帰国／送還は，その政策にかかわったアクターの四者ともに不満の残るもので，「未完」の事業であったといえよう。残されたわだかまりは，その後残留した在日朝鮮人への日本政府の抑圧的な政策に反映され，在日朝鮮人団体の日本政府への対決姿勢／運動や，1959 年からの北朝鮮への 9 万人にも及ぶ帰国事業へと繋がっていった。これらは在日朝

鮮人総連合会と朝鮮民主主義人民共和国が主役に見えるが，日本政府は陰の主役としての役割も少なくなく，未完の送還事業のひとつの着地点となった（モーリス゠スズキ 2007）。

⑤在日朝鮮人の残留とシティズンシップ

　最後に，結果的に多数が残留した一般の在日朝鮮人への政策につき，そのシティズンシップに着目して振り返りたい。GHQ による憲法草案には朝鮮人の基本的人権の尊重も含まれており，それは朝鮮人を民族マイノリティとして「保護」する政策とも読めるものであった。しかし翌 1946 年に発布された日本国憲法において基本的人権は日本国民のみに限定されており，しかも 1947 年には外国人登録令によって在日朝鮮人は外国人と位置づけられ，さらにはサンフランシスコ講和後の 1952 年 4 月には日本国籍も剥奪されてほぼ無国籍状態となり，在日朝鮮人の市民権は大きく後退した。これらの政策は保護政策とはほど遠く，むしろ国内追放政策とも称せる，抑圧的なものであった[16]。当初朝鮮人に対して保護的であった GHQ も，1948 年の阪神教育闘争での非常事態宣言等を契機として，朝鮮人を占領政策の攪乱因子と見なし，次第に日本政府同様の認識を共有するにいたった。この背景には，1948 年 8 月以降の朝鮮半島における大韓民国と朝鮮民主主義人民共和国の建国，本格的冷戦の幕開けがあり，1950 年 6 月に始まる朝鮮戦争等の過程を通じ，GHQ の方針は決定的に変化していった。GHQ は公職追放されていた日本の保守勢力を，政治的に妥協して呼び戻し，日本を防共の砦とするという政策転換のなかで，日本政府寄りのアクターとなっていった。この結果，GHQ は，朝鮮人の自由意志を尊重すると言いながらも，内地への定住を希望する朝鮮人に対して積極的な保護政策をとることはなく，日本政府の抑圧的な政策を追認していったのであった。

---

16) 日本政府は共産主義への不安から在日朝鮮人共産党員の一掃を目論み，在日朝鮮人を完全に追放すべく市民権を剥奪していったが，その追放政策の根底には単一民族国家への志向性があった（第 10 章参照）。他方で，脱植民地化過程にあった南朝鮮でとられた日本人の「完全」な追放という措置もまた民族国家建設への志向をはらんでいたといえる。こうした動きが，ヨーロッパの新国家等を中心とする民族国家推進政策（第 2 章）とどのような連関を有したかは興味深い論点であり，今後の検討が俟たれる。

42　第Ⅰ部　引揚・追放・残留の国際的起源

おわりに――民族マイノリティ問題を考える指標

　以上，民族マイノリティという視角から，ヨーロッパにおける同問題をめぐる歴史的な系譜をふまえつつ，戦後東アジアにおける追放／引揚と残留を重点的に検討してきたが，そこから明らかとなった点を簡潔に確認していきたい。

　まず，東アジア，とくに日本人の引揚は米国による一方的な政策と見なされてきたが，それは20世紀国際社会が蓄積してきた経験の延長上にあり，国際政治のなかで規定されたものであったことが明らかとなった。

　ついで，戦後東アジアにおいて展開された，日本人の追放＝引揚政策，中国朝鮮族の保護（残留）政策は，前者がドイツ人の追放政策を経由しつつヨーロッパが蓄積してきた民族マイノリティ政策に連なり，後者がソ連共産党の蓄積してきた少数民族保護政策の系譜上にあることが確認された。しかし，その反面，在日朝鮮人の結果としての残留は，保護政策と追放政策のどちらとしても完遂されなかった日本政府およびGHQの政策の結果，東アジア情勢・国際情勢も相まって生じたものであり，シティズンシップという観点からいえばそれは国内追放的な残留であった。

　ところで，ソ連共産党による少数民族政策がヨーロッパの追放を主とした政策よりも優れていると手放しに評価することはできない。宇山智彦が喝破するように，社会主義革命に資する限りにおいて少数民族は保護されるのであり，そうでない場合は強制追放が冷酷に実施された。こうした性格は，今日の中国政府による少数民族への抑圧政策にも見てとることができる。中国共産党による中国朝鮮族保護のキーワードは，中国の社会主義革命における同志的つながりであった。中国朝鮮族を中朝の紐帯たらしめたのも，社会主義革命であり，朝鮮戦争であり，冷戦下の東西対立であった。同時に他方で，在日朝鮮人と日本政府・GHQを離反させたのも社会主義，朝鮮戦争，冷戦であった。社会主義と冷戦が第二次世界大戦後の民族マイノリティ政策を強く規定し，国民統合や地域統合を強める場合もあれば，弱める場合もあったといえよう。

　以上のように，民族マイノリティ政策は，単に当該国（ホスト国）の政策お

よびそれらと民族マイノリティとの相互作用で説明できるような単純なものではなかった。民族マイノリティ問題とその対応策という問題は，ホスト国と民族マイノリティの関係そのものから，民族自決という国際規範，社会主義革命，地域紛争，東西冷戦という国際関係まで，幾重ものレヴェルの利害や規範が密接に絡む問題と言えよう。

参考文献

浅野豊美（2004）「折りたたまれた帝国——戦後日本における「引揚」の記憶と戦後的価値」細谷千博・入江昭・大芝亮編『記憶としてのパールハーバー』ミネルヴァ書房

蘭信三編（2008）『日本帝国をめぐる人口移動の国際社会学』不二出版

蘭信三編（2009）『中国残留日本人という経験』勉誠出版

蘭信三編（2011）『帝国崩壊とひとの再移動（アジア遊学 145）』勉誠出版

蘭信三編（2013）『帝国以後の人の移動——ポストコロニアリズムとグローバリズムの交錯点』勉誠出版

蘭信三（2013）「戦後日本をめぐる人の移動の特質——沖縄と本土の比較から」安田常雄編『シリーズ戦後日本社会の歴史 4 社会の境界を生きる人びと』岩波書店

池田義郎（2012）「帝国，国民国家，そして共和制の帝国」『Quandrante』第 14 号

今泉裕美子・柳沢遊・木村健二編（2016）『日本帝国崩壊期「引揚げ」の比較研究——国際関係と地域の視点から』日本経済評論社

宇山智彦（2017）「総説 ユーラシア多民族帝国史の中でのソ連」宇山智彦ほか編『越境する革命と民族（ロシア革命とソ連の世紀 第 5 巻）』岩波書店

王柯（2006）「「漢奸」考」『思想』第 981 号

岡田浩樹（2013）「マイノリティとしての朝鮮半島系住民——朝鮮人から在日コリアンへ」『国際文化研究』第 40 号

川喜田敦子（2019）『東欧からのドイツ人の「追放」——20 世紀の住民移動の歴史のなかで』白水社

権香淑（2011）『移動する朝鮮族——エスニック・マイノリティの自己統治』彩流社

川島陽子（2005）「近現代におけるギリシャとトルコとの住民交換」『プロピリア』第 17 号

許雪姫（2002）「台湾人の「満洲」体験 1905〜45」『植民地文化研究』第 1 号

坂部晶子（2008）「重層的被支配の狭間の経験——台湾から満洲へ」蘭信三編『日本帝国をめぐる人口移動の国際社会学』不二出版

佐々木信彰（1988）『多民族国家中国の基礎構造——もうひとつの南北問題』世界思想社

佐藤量（2013）「戦後中国における日本人の引揚げと遣送」『立命館言語文化研究』第 25 巻第 1 号

篠原初枝（2015）「国際連盟と小民族問題——なぜ，誰が，誰を，誰から，どのようにして，保護するのか」『アジア太平洋討究』No. 24

鈴木久美（2017）『在日朝鮮人の「帰国」政策——1945年〜1946年』緑蔭書房

相馬保夫（2008）「戦間期ドイツ・中欧におけるマイノリティ問題の射程——研究の現状」『東京外国語大学論集』第76号

袖井林二郎（2012）『吉田茂＝マッカーサー往復書簡集』講談社（編訳。なお，初版は2000年に法政大学出版局刊）

田村将人（2008）「樺太アイヌの〈引揚げ〉」蘭信三編『日本帝国をめぐる人口移動の国際社会学』不二出版

鄭栄垣（2013）「植民地の独立と人権——在日朝鮮人の「国籍選択権」をめぐって」『PRIME』（紀要）第36号（特集：国際平和における人権の可能性と困難性）

半谷史郎（2017）「ソ連の民族政策の多面性——「民族自決」から強制移住まで」宇山智彦ほか編『越境する革命と民族（ロシア革命とソ連の世紀 第5巻）』岩波書店

トーピー，ジョン（2000=2008）『パスポートの発明——監視・シティズンシップ・国家』藤川隆男訳，法政大学出版局

ナイマーク，ノーマン・M.（2001=2014）『民族浄化のヨーロッパ史——憎しみの連鎖の20世紀』山本明代訳，刀水書房

中村春菜（2018）『戦後台湾における「沖縄籍民」の引揚げの諸相』琉球大学博士請求論文

中山大将（2019）『サハリン残留日本人と戦後日本——樺太住民の境界地域史』国際書院

福本拓（2013）「アメリカ占領期における「密航」朝鮮人の取締と植民地主義の継続——佐世保引揚援護局における「密航者」収容所に着目して」蘭信三編『帝国以後の人の移動——ポストコロニアリズムとグローバリズムの交錯点』勉誠出版

松村高夫（2002）「アルメニア人虐殺1915〜16年」『三田学会雑誌』第94巻第4号

松本邦彦（1988）「在日朝鮮人の日本国籍剥奪——日本政府による平和条約対策研究の検討」『法学』第52巻第4号

宮本正明（2016）「韓国における朝鮮人帰還研究」今泉裕美子・柳沢遊・木村健二編『日本帝国崩壊期「引揚げ」の比較研究——国際関係と地域の視点から』日本経済評論社

モーリス＝スズキ，テッサ（2007）『北朝鮮へのエクソダス——「帰国事業」の影をたどる』田代泰子訳，朝日新聞社

矢内原忠雄（1964）「民族の価値と平和の価値」『矢内原忠雄全集 第20巻』岩波書店

山口淑子・藤原作弥（1987）『李香蘭——私の半生』新潮社

李海燕（2002）「第二次世界大戦における中国東北地区居住朝鮮人の引揚の実態について」『一橋研究』第27巻第2号

李海燕（2009）『戦後の「満州」と朝鮮人社会——越境・周縁・アイデンティティ』御茶の水書房

李海燕（2013）「中華人民共和国の建国と「中国朝鮮族」の創出」蘭信三編『帝国以後の人の移動——ポストコロニアリズムとグローバリズムの交錯点』勉誠出版

Watt, Lori (2017) "The 'Disposition of Japanese Civilians': American Wartime Planning for the Colonial Japanese," *Diplomatic History*, Vol. 41, No. 2.

第2章

戦争と民族強制移動
——国際平和の処方としての民族移動の歴史——

吉 川 　 元

はじめに

　国家が国民統合を進める過程で民族マイノリティ（少数民族）を強制的に同化させようとすると，あるいは民族マイノリティが分離独立の動きを見せると，民族問題が生起する。国家が他国の民族問題に関与し，民族同胞の安全確保に向けて干渉しようとすると民族問題は国際紛争に転化し，それが時に戦争へ発展する。それに戦争前夜，戦争のさなか，あるいは戦争直後には大規模な民族強制移動が生起し，特に戦争のさなかには民族の大量殺戮（ジェノサイド）が発生することがある。

　19世紀後半から20世紀末にかけて欧州では民族強制移動の三つの大きな波があった。第一次世界大戦を挟んで発生した第一の波は，オスマン帝国，ロシア帝国，およびオーストリア・ハンガリー帝国という三つの帝国の崩壊と関連している。オスマン帝国から独立したキリスト教徒を多数派とする国とオスマン帝国との間で，あるいはかつて旧オスマン帝国支配下にあった諸国間で，民族マイノリティの追放や「住民交換」と呼ばれる二国間の民族マイノリティ交換が行われ，そして大戦中にはトルコ領内でアルメニア人の大量殺戮が行われた。第二次世界大戦を挟んで発生した第二の波は，ナチ・ドイツとスターリン・ソ連という二つの全体主義国家の民族政策と関連している。大戦前夜のソ

連では，対立関係の深まる敵対国と民族的な絆を有する民族マイノリティの追放が行われ，ドイツではユダヤ人の迫害が行われた。戦中にはドイツ占領統治下でユダヤ人やスラヴ系民族の迫害と追放が行われ，一方，ソ連領内ではドイツ系およびドイツと協力関係にあったとみなされた民族マイノリティの国内強制移動が行われた。そして戦後には，主としてチェコスロヴァキアとポーランドを中心に欧州各地で民族マイノリティの強制移動が行われている。冷戦の終結の前後に発生した第三の波は，ソ連とユーゴスラヴィアという二つの社会主義連邦国家の崩壊と関連している。ソ連とユーゴスラヴィアの崩壊にともない分離独立した国々の間で，自主的または強制的な民族移動が発生し，民族浄化[1]が繰り返された。

　戦争の主要原因の一つに民族問題があり，しかも戦争前夜，戦中，戦争終結直後にかけて民族マイノリティの強制移動が行われてきたことから，民族マイノリティ問題の扱いは国家安全保障上，重要な課題とみなされるようになる。また，民族マイノリティ問題は国際平和への脅威になると認識されるようになったことから，国際紛争の予防の観点より，国際社会はさまざまな民族マイノリティ対策を講じてきた。これまで講じられてきた民族紛争の予防策は，およそ次の三つに対策に大別されよう。第一は，民族マイノリティの存在を物理的に排除する策（民族浄化）である。それには，特定民族の国内または国外への強制移動，ジェノサイド（特定民族集団の大量殺戮），住民交換（二国間で行われる民族マイノリティの交換），民族境界線に合わせた国境変更といった，特定の民族集団を自国領土から「浄化」する策が含まれる。第二は，民族マイノリティの権利を定めて民族マイノリティ保護のための国際保護制度を確立し，国際社会で協力して民族問題の発生を予防しようとする策である。第三は，民族自

---

1 ）「民族浄化（ethnic cleansing）」の用語の起源は，シャバスが指摘するように，第二次世界大戦後，ポーランド人とチェコ人がそれぞれ自国からドイツ人とウクライナ人を追放し浄化したことを指す語として使用されたことにある。民族浄化の語は，1981 年，「（コソヴォの）民族的に浄化された領土の構築」という意味でユーゴスラヴィアのメディアにおいて復活し，続くユーゴスラヴィア戦争においては，敵対民族の大量殺戮を含む強制的手段によって民族的に浄化された単一民族の領域支配の樹立という意味で使用された（Schabas 2009 : 221）。

治制度，多文化主義，権力分掌といった民族共生のための制度を国内に確立することによって民族紛争を予防しようとする策である。

　民族強制移動の三つの波は，国際秩序の変動期であった二つの世界大戦および冷戦の終結の時期と重なる。民族紛争の予防こそ国際平和秩序の鍵を握る重要な案件であると考えられればこそ，国際社会において戦争後に民族マイノリティ問題に関する具体的な方策の検討がなされてきたのである。第一次世界大戦後には，民族自決が国家の分離独立または国境画定の政治原則になったことから，住民交換，民族境界線に合わせた国境変更といった民族浄化策が講じられる一方で，民族紛争の予防策として民族マイノリティの国際保護制度が確立された。第二次世界大戦後には，住民交換，民族強制移動といった民族浄化策が試みられる一方で，国際社会は民族問題を封印し，人権尊重と人民の自決の原則に基づく国際平和秩序を構想した。そして冷戦の終結後には，欧州・大西洋地域を中心に人権，民主主義，法の支配，民族マイノリティの権利保障がグッド・ガヴァナンスの基準として確立されるとともに，民族マイノリティ国際保護制度が復活した。

　本章では，第一次世界大戦および第二次世界大戦という二つの国際秩序の大変動期に焦点を当てて，主として次の二つの疑問の解明に努める。第一に，戦前から戦中，および大戦の終結直後にかけて，なぜ民族強制移動，住民交換，ジェノサイドといった民族浄化が発生したのか。第二に，戦後の国際平和秩序構想において，なぜ民族問題が国際平和の鍵を握る重要な問題だと考えられてきたのか。特に民族マイノリティ問題への対策として，民族マイノリティ保護の当否が国際平和秩序との関連でどのように論じられてきたのか。さらには欧州の大戦後に行われた民族強制移動は，太平洋戦争直後の日本人の引揚と比べてどのような特徴をもつのか。こうした疑問を念頭に置きつつ，二つの世界大戦を機に行われた民族強制移動の政治的・歴史的背景を探る。

48　第 I 部　引揚・追放・残留の国際的起源

1　第一次世界大戦と民族自決による平和

大戦前夜の民族移動

　1832 年のギリシアの独立を皮切りに，バルカン半島でのオスマン帝国の勢
力は衰退の一途をたどり，特に 19 世紀後半になるとバルカン半島各地で民族
の独立が発生し，それに続き，各地で民族の迫害，民族浄化，住民交換，民族
移動が起きた。これら民族の独立は，事実上，キリスト教徒を多数派とする諸
民族の独立であったため，多数派のキリスト教徒系民族と少数派のムスリムの
対立が民族対立の基本構図となる。特にベルリン条約（1878 年）で，モンテネ
グロ，セルビア，ルーマニアの独立，およびブルガリアの自治が認められ，ま
たボスニア・ヘルツェゴヴィナのオーストリア併合が認められたが，その際に
独立が認められた 4 ヶ国およびオスマン帝国に対して，英仏露など欧州の大国
はマイノリティ保護および信仰の自由・市民的政治的権利の保障を義務づけた
（Fink 2004 : 28-30）。

　ところが実際にはベルリン条約での取決めに反し，これらの地域でトルコ系
住民（ムスリム）に対する迫害や殺戮が相次ぎ，対してオスマン帝国領内では
キリスト教徒を中心に非トルコ系住民に対する迫害や殺戮が繰り返された。一
方，ロシア帝国の南下政策が始まる 1850 年代から 70 年代にかけてコーカサス
地方でも民族浄化が始まり，主としてトルコ系住民 200 万人が追放されていっ
た（Werth 2010 : 388-389）。大戦前の数十年間に東中欧諸国からのキリスト教徒
の難民は 500 万人を数え，さらに，ユダヤ人の関与が疑われたアレクサンドル
2 世暗殺事件（1881 年）を機にロシアおよび東中欧各地でユダヤ人に対する迫
害（ポグロム）が始まり，ポグロムを逃れた 300 万人近くのユダヤ人難民が西
欧諸国やアメリカへ押し寄せた（Bloxham 2009 : 180）。

　ところで，すでに第一次世界大戦前夜には，特にオスマン帝国領内において，
外部勢力の失地回復主義（民族統一主義）運動が民族マイノリティ保護を口実
に領土拡張を企てるものであるとの人道的干渉の脅威論が浸透していた。民族
マイノリティが外部勢力に保護を訴えて国際干渉を招来することが懸念される

ようになったからである。そのきっかけは先述のベルリン会議で採択されたマイノリティ保護の取決めにある。欧州の民族主義者の間で，同取決めに基づいて外部勢力がユダヤ人保護を名目に人道的干渉を行うとの認識が共有されるようになり（Fink 2004：特に36-38, 360），また歴代のオスマン帝国の指導者の間では，ベルリン条約におけるマイノリティ保護の取決めは国内外のキリスト教徒の謀略の結果であるとの見方が共有されるようになっていたからである（Bloxham 2005：62-68）。オスマン帝国ではキリスト教徒のギリシア人はギリシア政府の反ムスリム活動を支持しているとみなされ，またキリスト教徒のアルメニア人は隣国ロシア帝国と共謀して併合を企んでいると疑われていたのである（Naimark 2001：27）。

戦争と民族浄化

　世界大戦が勃発すると，特に多民族国家であるロシアとオスマンの両帝国政府は，外部からの失地回復主義運動に呼応した国内の民族マイノリティの分離独立に向けた動きを警戒した。ロシア帝国政府は西部国境周辺に定住するユダヤ人，ポーランド人，ドイツ人，ラトヴィア人，リトアニア人を追放し，コーカサス地方のムスリム，さらには中国人，朝鮮人など南部国境周辺の民族を追放した（Bloxham 2009：181）。一方，オスマン帝国領内では，大戦さなかの1915〜16年にかけておよそ100万人のアルメニア人に対するジェノサイドが行われ，多数のアルメニア人が難民となって国外に避難した[2]。

　アルメニア人ジェノサイドの背景としては，ロシア帝国領内のアルメニア人の側から煽り立てられるアルメニア人脅威論が存在していた。先述のベルリン条約においてオスマン帝国政府は領内のアルメニア人にマイノリティとしての権利を保障することに合意し，定期的に改善策を報告することになっていた。

　2）ジェノサイドの犠牲者数には諸説ある。オスマン史研究者の中庸な見解では，60〜80万人だとされ（澤江 2017：66），親アルメニア的研究者の主張によれば，100万人以上，200万人未満だと言われる（吉村 2011：167-173）。ジェノサイドは英仏占領軍の撤退後も断続的に行われ，1922年時点で生存が確認されたアルメニア人は1914年時点で存在していたアルメニア人の10％に過ぎない（Mann 2005：140）。

50　第 I 部　引揚・追放・残留の国際的起源

しかし，アルメニア人に対する迫害はその後も止まなかった。特にバルカン戦
争（1912～13年）でオスマン帝国は領土を失い，その地から数万人のムスリム
が追放されるにいたったことから，オスマン帝国の民族主義者の間ではキリス
ト教徒のアルメニア人とギリシア人への憎しみが増幅され，それぞれがロシア
とギリシアに通ずる国家の潜在的な裏切り者とみなされるようになり，アルメ
ニア人とギリシア人に対する不信感が強まった。しかも，バルカン戦争の直後
からオスマン帝国は欧州各国とアルメニア人自治権拡大問題について協議を続
けており，大戦勃発のおよそ半年前の1914年2月，オスマン帝国はロシアと
の協議の上でアルメニア人の自治拡大に関する「アルメニア人改革合意」を結
び，二つのアルメニア人自治州を創設すること，その履行監視のための英仏露
から構成される国際監視団を受け入れることに合意した。しかし監視団の受け
入れはアルメニア人の分離独立を助長しかねないだけに，オスマン帝国の指導
者のアルメニア人に対する不信感と怒りが増幅されていった。そこに第一次世
界大戦が勃発したために，オスマン帝国は同合意を破棄すると同時に，アルメ
ニア人ジェノサイドを計画したとされる（Naimark 2001 : 27-28）。

マイノリティ国際保護

　世界大戦は国際政治秩序の大変動期である。戦争で国際政治の覇権争いに勝
利した大国は，旧ライヴァル国が衰退した結果，戦後処理において自らに都合
のよい国際秩序の建設に取り組むことができるからである。第一次世界大戦後
にパリで開催された講和会議は，その開催時期がロシア帝国，ドイツ帝国，オ
ーストリア・ハンガリー帝国の三つの帝国の崩壊直後であっただけに，民族自
決の勝利，民主主義の勝利に沸くなかで開催された。同講和会議では，初の国
際平和機構である国際連盟の創設，集団安全保障体制の確立，および民族マイ
ノリティの国際保護が重要な議題であった。なかでも民族問題の予防対策が平
和の鍵を握るとの認識が，戦勝国の指導者の間で共有されていたことは注目す
べきである。民族問題の扱いは，国際政治の観点からは民族紛争予防の成否を
左右するものとして，国内政治の観点からは国民統合の行く末を占うものとし
て，民族マイノリティの観点からは民族の存亡と深くかかわるものとして，重

要なテーマだと認識されたのである。

　大戦の後段で米英仏の連合国は，民族の自決原則を対戦国の分断を図るための戦術として打ち出した。実際のところ戦争を勝利に導く術として民族自決の約束は確かに奏功した。オーストリア・ハンガリー帝国内の国民の士気はそがれ，戦争の終結時には国民の一体性はばらばらになっていた。連合国と勝利とともに迎えた終戦後，ポーランド，チェコスロヴァキア，ハンガリーなどいくつもの民族国家が誕生した。欧州ではおよそ1億人が新たに独立した民族国家の主権者になったが，民族の自決原則に則って独立したそれらすべての国の中におよそ2500万人の民族マイノリティが置き去りにされた（Jenne 2005：11）。独立してまもなく国民統合の日が浅い東中欧諸国の場合，民族マイノリティは平均して総人口の4分の1から5分の1を占め，特にポーランドとチェコスロヴァキアの民族マイノリティの割合は比較的大きく，人口のおよそ3分の1を占めた[3]。国際社会がマイノリティ保護を戦争の予防策として採用したことから，将来，活動的な民族マイノリティが民族自決の動きに打って出ることが十分に予測された。戦勝国は敗戦国や新たに誕生した民族国家に対して民族マイノリティの保護を強く求めたが，保護を押し付けられた国の立場は複雑である。国際平和のためとはいえ民族マイノリティを保護すれば，それが同化政策の妨げとなり，国民統合の障害になりかねないし，国の領土的一体性を脅かすおそれもある。パリ講和会議に出席した英国の首相ロイド・ジョージ（David Lloyd George）の回想録によれば，中小国の中でもルーマニアを筆頭にポーランド，ユーゴスラヴィアなど政治的に活動的な民族マイノリティを抱える国は，民族マイノリティ保護の主張に対して，それは大国の高圧的な内政干渉であると反発したという（Lloyd George 1938：1363-1392）。

　戦争予防という観点では，マイノリティ保護問題は，最終的にマイノリティ

　3）チェコスロヴァキアの1930年の人口調査では，全人口1448万人のうち，民族マイノリティは，ドイツ人323万人（22.3％），マジャール人69万人，その他である（『世界民族問題事典』の「チェコスロヴァキア」の項目，666頁）。ポーランドの民族マイノリティは，1931年の国勢調査では，ウクライナ人14％，ユダヤ人9％，ベラルーシ人3％，ドイツ人2％，その他3％である（『世界民族問題事典』の「ポーランド」の項目，1058頁）。

国際保護制度を構築することで決着した。戦勝国と敗戦国との間で結ばれた講和条約に挿入されたマイノリティ条項において，また戦勝国と民族自決により新しく独立した国との間で結ばれたマイノリティ保護条約において，マイノリティの権利が具体的に規定され，その履行を国際連盟が保障するという，マイノリティ国際保護制度が確立されたのである[4]。マイノリティ保護条約（条項）で規定されたマイノリティの権利およびその保障義務とは，国籍取得の自由，宗教・社会・慈善目的の施設および協会を設立する権利，民族独自の言語を使用する権利，民族マイノリティの人口割合が大きい地域では当該民族の言語による初等教育を保障する国家義務，教育・宗教・慈善目的の活動のために公的資金援助を行う国家義務などを意味する（Robinson et al. 1943 : 36-39）。条約上の義務不履行に関しては個人が国際連盟に提訴する権利が認められ，連盟事務局マイノリティ課が提訴の受理に当たることとされた。また，条約の解釈や適用をめぐる関係国間の紛争に関して，当事者から常設国際司法裁判所へ付託する権利が認められた。

国境の変更と住民交換

　マイノリティ国際保護制度が確立されたほかに，民族自決の原則に基づく民族紛争の予防策として，ドイツおよびオーストリアと周辺国との係争中の国境は住民投票によって確定されることになった。国境を民族境界線に合わせるという原則は，すでに大戦中に英米の指導者が公言していたものである。たとえば，当時の英国首相ロイド・ジョージはウィルソンの14ヶ条演説の3日前の1918年1月5日，閣議において「戦争後の領土画定は被治者の同意を旨とす

　4）「マイノリティ」が意味する集団は，時代の変遷とともに変容している。ベルリン会議（1878年）のころまでは「マイノリティ」は，主として宗教的マイノリティを意味したが，1919年ごろには主として民族（national）マイノリティを意味するようになった。パリ講和会議で採択されたヴェルサイユ条約では，さらなる民族自決を刺激しないようにとの政治的な配慮から，「民族マイノリティ」を避けて，人種，言語，宗教のすべてのマイノリティを包摂する「マイノリティ」を使用したという（Fink 2004 : xvii）。しかしながら，両大戦期間に確立されたマイノリティ国際保護制度におけるマイノリティとは，事実上，民族マイノリティを意味した。

る」との発言を行っている（Lloyd George 1938 : 757）。そしてパリ講和会議でアメリカ大統領ウィルソンは，1919 年 4 月，マイノリティ保護をめぐる審議の中で「世界平和の妨げとなるような不安定要因を放置したまま領土確定を行うわけにはいかない」と述べ，民族境界線に沿った公正な国境線の画定を提案していた（Lloyd George 1938 : 1377-1378）。

　加えて，事実上，民族マイノリティの交換を意味する住民交換も，民族自決の原則に則って戦後に実施された。住民交換は，すでに 19 世紀前半から実施されていたが，「住民交換」という用語が外交文書で最初に使用されたのは第二次バルカン戦争直後に締結されたオスマン帝国とブルガリア間の住民交換協定（1913 年 11 月）においてのことである[5]。大戦後にはブルガリアとギリシア間で住民交換協定（1920 年 11 月 27 日）が結ばれ，同協定に基づき両国および中立国から構成される委員会の主導で住民交換が行われている[6]。ギリシアとトルコの間では，合計 160 万人にも上る，歴史上最大規模の住民交換協定が結ばれている。その背景には戦後復興をにらんだ両国の一致した経済的思惑があった。20 世紀初頭にはギリシア人とオスマン帝国領内のギリシア系住民との統合を目指す大ギリシア主義（メガリ・イデア）の動きが活発化し，第一次世界大戦前夜にはオスマン帝国とギリシア両国間で住民交換交渉が進められていた。ところが第一次世界大戦が勃発したことから交渉は中断し，大戦後に交渉は再開されたものの，その直後の 1919 年 5 月，ギリシア＝トルコ戦争が勃発し交渉は再び中断した。しかし，トルコ軍の反撃を受けて 1922 年夏にギリシアが敗北し，翌 23 年 1 月 30 日，連合国と新生トルコの間でローザンヌ講和会議が開催されると，そのさなかにギリシアとトルコ両政府間でローザンヌ条約

　5）同協定に基づき，両国国境から 15 キロメートル以内に居住する民族マイノリティを交換することが取り決められ，ブルガリアのおよそ 4 万 9,000 人のムスリムと，オスマン帝国領トラキアのおよそ 4 万 5,000 人のブルガリア人が交換されることになった。しかしその後，第一次世界大戦が勃発したために，同協定の取決めが実行に移されることはなかった（Schechtman 1946 : 12）。

　6）同協定に基づきギリシアのブルガリア人 12 万人以上がブルガリアへ，ブルガリア黒海沿岸地方のギリシア人およそ 4 万 6,000 人がギリシアへ移動させられ，住民交換は 1930 年に完了する（Kulischer 1948 : 150）。

の一環として住民交換協定が結ばれ，両国政府はトルコのギリシア正教徒とギリシアのムスリムの交換に合意した。実はこの時点でアナトリアのギリシア正教徒およそ 80 万人，および東トラキアのギリシア正教徒 20 万人がすでにギリシアへ避難しており，上述の住民交換協定ではアナトリアに残る 19 万人のギリシア系住民をギリシアへ，ギリシアのムスリム 38 万 8,000 人をトルコへ移動させることが新たに取り決められたのであった（Kulischer 1948：150）。

　住民交換協定に基づいて行われたおよそ 60 万人の住民交換は国際監視下で実施され，しかも欧州の大国が難民の再定住について経済支援を行うことで実現した。この住民交換を提案したのは，国際連盟の設立と捕虜の帰還および難民の救済に貢献したフリチョフ・ナンセンである。ナンセンはすでにトルコ国外へ避難しているギリシア難民の帰還をトルコ政府が認めることはありえないと考えて，両国政府に住民交換を提案したのである。事実，トルコ側はギリシア難民の帰還に同意しないどころか，いまだにトルコ領に残るギリシア系住民を一掃することを考えていた。しかしながら，ギリシア系住民が避難した後の東部アナトリアは荒廃し，各地で村落は農業経営の人手不足に悩まされていたために，この人手不足問題を解決するためにトルコ政府はムスリムのギリシアからの移住を求めたのである。一方，大量のギリシア難民の受入れのために緊急に収容施設の増設を必要としていたギリシア政府は，ムスリムを追放することでその急場をしのごうと考えた。ここに両国政府の利害が一致し，上述の住民交換協定が成立したのである（Naimark 2001：54）。後述するように第二次世界大戦後，チェコスロヴァキアとポーランド両政府がドイツ人住民の国外強制移動を行う際に，このギリシア＝トルコ間の強制移動は「ローザンヌ精神」と呼ばれ，民族強制移動の成功例として連合国にしばしば引き合いに出されることになる。

2　第二次世界大戦と民族強制移動

マイノリティ国際保護の蹉跌

　マイノリティ国際保護制度は 1920 年代には比較的順調に機能していた。国際連盟はおよそ 900 件の請願を受けつけているが，それは主としてポーランドとチェコスロヴァキアのドイツ系住民，およびルーマニアのハンガリー系住民からの請願であったという（Lauren 1988 : 120）。請願は 1930 年から 31 年にかけて山場を迎える。それはドイツが国際連盟に加盟し，理事国に就任したことにともない，民族同胞国ドイツへの期待の高まりからドイツ系住民による請願が急増したためである。しかし，ドイツが連盟を脱退した後，マイノリティ国際保護制度そのものが信頼を失ったことも手伝い，同制度は次第に機能停止に陥っていった（Robinson et al. 1943 : 248-260）。実際のところ，オーストリアを除くすべての条約締約国がマイノリティの迫害，法的な差別，行政への参加制限，宗教弾圧などさまざまなかたちで，条約（条項）の義務違反を犯した。そして 1934 年にはポーランドがマイノリティ保護条約を正式に破棄し，以後，マイノリティ問題での協力を一切拒みはじめたのを皮切りに，他の条約もことごとく破棄された（Fink 2004 : 349-350）。その結果，国際連盟時代を通して破棄されずに残ったマイノリティ保護条約（規定）はフィンランド＝スウェーデン条約だけというありさまであった（Gal 1999 : 74）。国際連盟事務局マイノリティ課は 1935 年から活動を事実上停止し，マイノリティ国際保護制度そのものは 1939 年 1 月に正式に廃止された。

　なぜマイノリティ国際保護制度は機能停止に陥ったのだろうか。もともとマイノリティ条約（条項）の不平等性に問題があることは早くから指摘されていた。マイノリティ保護義務は戦勝国の側には課せられてはおらず，保護義務国からすれば，マイノリティ問題での他国からの干渉は主権侵害と映り，またそうした干渉は侮辱的でしかも劣等国の汚名を着せられるに等しいことから主権平等に反すると反発した。加えて，マイノリティ保護はマイノリティの独自性を永続化することに貢献し，そのことは国内同化政策の妨げになる，さらにマ

イノリティの保護は，民族同胞国の利益を擁護し国家の転覆をはかる勢力の温存につながる等々，保護義務国には不満であった（Claude 1955 : 32-36）。その結果，当初より不平等条約を改めてすべての連盟加盟国がマイノリティ保護義務を負うとの一般原則の確立せよとの声があり，また保護義務の課せられた国とそうでない国との二重基準を廃止すべきとの議論もあった（吉川 2015 : 94）。しかし，そうした改革は叶わなかった。それに加え，東中欧諸国ならではの国内事情と 1930 年代特有の国際関係情勢が影響した。19 世紀末から台頭した自由民主主義の思想は，第一次世界大戦後に三つの帝国が崩壊したことを受けて力をもつようになり，その結果，大戦直後の 1920 年にはソ連を除き欧州すべての国が立憲主義国家となっていた。しかし，東中欧諸国はかつて一体であった帝国の経済圏が分断されたことから独自の経済発展が見込めないばかりか，政治的に活動的な民族マイノリティを国内に抱えた統治基盤の安定しない脆弱な国々であった。反共主義を掲げて発足した中東欧諸国は民族解放と労働者の蜂起を呼びかける共産主義イデオロギーの脅威によって国民統合の危機に直面し，統治能力を失っていった（Hobsbawm 1992 : 138-140）。その結果，分離主義を抑え，反政府勢力を抑えるために，チェコスロヴァキアを除くすべての国が独裁体制化していき，マイノリティの保護義務に違反していったのである。

　一方，国際社会の側にもマイノリティ保護責任を放棄せざるを得ない事情があった。義務違反国を国際連盟に訴えれば二国間関係を緊張させることになりかねないことから，連盟理事国は次第に民族問題で影響力を行使することを控えるようになったためである。1930 年代にソ連に共産主義，イタリアにファシズム，ドイツにナチズムが台頭し，国際関係にイデオロギー対立が持ち込まれると，英仏両国の政府は東中欧諸国との友好関係を優先させるあまり，民族問題で影響力を行使することに消極的になったのである（吉川 2015 : 88-95）。

ミュンヘンの教訓

　ドイツにナチ政権が誕生するころにはマイノリティ国際保護制度は機能停止に陥っている。それどころか，民族紛争の予防策であったはずのマイノリティ国際保護の理念が，民族統合の口実という思わぬかたちで利用されていったの

である。第一次世界大戦後，ドイツ国内では国外のドイツ人が同化の危機にさらされているとの意識から彼らを支援する動きがあった。特にヒトラー（Adolf Hitler）政権は，ポーランドとチェコスロヴァキアの一部をドイツに併合して南東欧・中東欧のドイツ人を「帰還」させようとする，「帝国へ帰ろう」と称する民族移住政策を打ち出していた（川喜田 2019：36-37）。

　ヒトラー政権が誕生してまもない 1933 年 3 月 23 日，ヒトラーは次のような演説を行っている。「われわれと言語，文化，習慣を分かち合い，それを維持しようと戦っている国外在住のドイツ人の運命にわれわれは無関心ではいられない。ドイツ政府は国際的に保障されているドイツ民族の権利を擁護するためにあらゆる手段を尽くす用意がある」[7]。同年，チェコスロヴァキアのズデーテン地方にドイツとの統合を掲げるズデーテン・ドイツ郷土戦線を名乗る民族団体が設立されている（1935 年に「ズデーテン・ドイツ党」へ改称）。後に「第五列」（同調者，または敵への内通者）と呼ばれることになる民族団体である。コンラート・ヘンライン（Konrad Ernst Eduard Henlein）を指導者とするズデーテン・ドイツ党はナチ・ドイツの親衛隊から資金援助を得てドイツへの統合運動を展開していった。

　ドイツは，1933 年 10 月には国際連盟を脱退し，軍拡に取りかかるとともに，領土拡張に乗り出す。その標的はヴェルサイユ条約で失ったザールラント，ラインラントなど旧ドイツ領の併合，すなわち失地回復にあり，またポーランドやチェコスロヴァキアなど周辺国のドイツ系住民の居住地域の併合にあった。ドイツは 1934 年 1 月にポーランドと不可侵条約を締結し，東部国境の安定化に努める一方，同年 3 月には再軍備宣言を行い，ロカルノ条約で非武装地帯に定められたラインラントへ進駐，さらに 1938 年 4 月，ヴェルサイユ条約で禁じられていたオーストリアの併合を行った。そしてヒトラーの領土拡張の矛先はついにチェコスロヴァキアに向けられた。

　ヒトラーは 1936 年 11 月からプラハへ密使を派遣し，ドイツ人問題についてチェコスロヴァキア政府と交渉を始めていたが，1938 年 9 月 7 日，自治権を

---

7 ）Berlin, Reichstag—Speech of March 23, 1933. http://www.hitler.org/speeches/03-23-33.html
　（2013 年 9 月 16 日アクセス）

58　第 I 部　引揚・追放・残留の国際的起源

要求していた先述のズデーテン・ドイツ党がチェコスロヴァキア政府との交渉の打ち切りを宣言したことからズデーテン問題は山場を迎える。9 月 15 日，仲介に入ったイギリス首相チェンバレン（Arthur Neville Chamberlain）はドイツのベルヒテスガーデンでヒトラーと会談し，9 月 19 日にはチェコスロヴァキア政府は英仏両国政府からズデーテンのドイツ割譲を勧告する共同覚書を受け取るが，チェコスロヴァキア政府がこれを拒否した。9 月 21 日，英仏両国政府はチェコスロヴァキア政府に最後通牒を送り，その中で，ズデーテンの割譲を認めないならば，チェコスロヴァキアの運命はチェコスロヴァキア自身の手に任せざるを得ず，両国政府は「ズデーテン・ドイツ系住民をチェコスロヴァキアに留めるために両国がドイツと戦争を行うことはない」との意思を伝えた（Beneš 1954 : 42-43）。

　一方，ヒトラーが英首相チェンバレンに宛てた 1938 年 9 月 23 日付書簡にはズデーテン割譲を求める理由として，チェコスロヴァキア政府によるドイツ系住民に対する社会的・経済的に不当な待遇を指摘し，ズデーテン・ドイツ人に民族自決を保障するために住民投票の実施を提案している[8]。ミュンヘン会談直前の 9 月 26 日，ヒトラーは「最後の領土要求」演説として知られるズデーテン割譲に関する演説を行い，その中で次のように主張している。民族自決の原則によって中欧はばらばらに解体され，しかも民族自決の原則とは無関係に国家の独立が認められた結果，チェコ人はスロヴァキア人を併合し，さらにドイツ人を併合している。それゆえに，ドイツはズデーテン・ドイツ人の民族自決を要求する。チェコスロヴァキアのベネシュ（Edvard Beneš）政権がドイツ人の民族自決を保障しないのであれば，ドイツ政府が自らの手で彼らを解放するしかない。「平和，さもなければ戦争」の選択はすべてベネシュの手にある，と[9]。

　イタリアのムッソリーニ（Benito Mussolini）首相の提案によって 1938 年 9 月

---

8) Adolf Hitler-letter in response to Chamberlain—September 23, 1938. http://der-fuehrer.org/reden/english/38-09-23.htm（2012 年 11 月 10 日アクセス）

9) Hitler Speech—September 26, 1938. http://comicism. Tripod.com/380926.html（2013 年 9 月 16 日アクセス）

29 日から 30 日にかけてドイツのミュンヘンでイギリスのチェンバレン首相，フランスのダラディエ（Edouard Daladier）首相，イタリアのムッソリーニ首相，そしてヒトラーの 4 ヶ国首脳会談が開催され，その場で 4 ヶ国首脳はミュンヘン協定を締結し，ズデーテンのドイツへの割譲を承認した。もっとも，この会談にはチェコスロヴァキア政府代表は招かれておらず，当事国抜きの領土割譲に関する国際協定であった。ミュンヘン協定後，11 月にズデーテンがドイツに併合されると，当該地方の 15 万人のチェコ系およびスロヴァキア系住民がチェコスロヴァキアの他地域へと強制的に移住させられた。翌 1939 年 3 月，ドイツは，ボヘミアおよびモラヴィアへ侵攻してこれを併合し，チェコスロヴァキアは解体され，スロヴァキアにはナチ・ドイツの傀儡政権が樹立された。チェコスロヴァキアのドイツ系住民は武装自警団を結成し，「第五列」（同調者）となってドイツ軍の侵略の手引きをし，ドイツ占領下のズデーテンでは 50 万人ものズデーテン・ドイツ人がドイツ軍へ入隊するなどドイツ軍の占領政策に積極的に協力した（Kulischer 1948：282）。ヒトラーの野望はついでポーランドに向けられる。ヒトラーはポーランドに対してもドイツ系住民の保護を求めるとともに，ポーランド回廊，ダンツィヒなど失地の返還を要求したが，ポーランドはそれを拒否した。1939 年 9 月，ドイツ人保護の名目でドイツはポーランドに侵攻し，第二次世界大戦の火蓋が切って落とされたのである。

　英仏の対独宥和政策の象徴的な出来事として語り継がれるミュンヘン会談は，民族マイノリティ国際保護に関して重大な教訓を残した。本来，戦争予防の目的でマイノリティ保護に取り組んだ国際連盟であったが，ナチ・ドイツは民族マイノリティの国際保護を逆手に取り，マイノリティ保護を口実に領土拡張を行ったのである。このことは，後に「ミュンヘンの教訓」として語り継がれ，この教訓が第二次世界大戦後の，民族問題を封印するという国連の国際平和秩序の基本方針を決定づけることになった。

戦争と民族浄化

　第二次世界大戦前夜，ミュンヘン危機で欧州国際関係が緊張した時期，国内で大粛清が行われていた大戦前夜のソ連では「敵性民族」の国外追放も行われ

た。スターリン指導部は 1937 年から 38 年にかけてソ連 = ポーランド国境付近，なかでも国際都市レニングラードにおいて，国外に「歴史的祖国」を有するドイツ系，ポーランド系，フィンランド系，バルト系住民の「敵性民族」の浄化に取り組み始めた（Snyder 2011 : 89-118）。一方，東部国境では日本や満洲国との内通を疑われた極東の朝鮮人 17 万人が 1937 年 9 月から 10 月にかけてカザフスタンへ移動させられ，その劣悪な移動環境の下で少なくとも 2 万人の朝鮮人が犠牲になった（木村 1993 : 259-274；半谷・岡 2006 : 30-34）。

　1939 年 9 月，ドイツがポーランドへ侵攻し，欧州で世界大戦が始まるとドイツの民族移住政策が着手される。ドイツ占領下のポーランド西部では 30 万人のユダヤ人を含むポーランド人 150 万人の組織的追放が行われるとともに，空いた家屋にポーランド各地および東欧各地のドイツ人 40 万人を移住させる計画に着手したのである（Brandes 2009 : 283；Kulischer 1948 : 256）。ドイツ人の移住にあたっては，各国との間で協定が結ばれ，ソ連・東欧各地から「帰還」したドイツ人は，1943 年半ばまでに 54 万余にのぼる（川喜田 2019 : 36-39）。ドイツ占領下のポーランドではユダヤ人を除くおよそ 200〜300 万人のポーランド知識人・政治エリートに対する組織的大量殺戮が行われた（Mann 2005 : 186；Bloxham 2009 : 189）。一方，ポーランド東部に侵攻したソ連は旧ロシア領に集住していたポーランド人の民族浄化に取り掛かり，占領下のポーランド人を殺戮し，200 万人近くのポーランド人をシベリアへ強制移動させている（Gellaltely 2003 : 253）。

　ヒトラーが政権の座についた 1933 年から戦争が終結する 1945 年までの間のドイツ占領下で行われた民族浄化の最大の犠牲者はユダヤ人である。1942 年初頭から大戦終結までに 500 万人から 600 万人のユダヤ人がジェノサイドの犠牲になったとされる[10]。ユダヤ人以外にも，特にスラヴ系住民が民族浄化の犠牲になった。1941 年 6 月に独ソ戦が始まり，ドイツがソ連領に侵攻すると，その占領下でスラヴ系住民も民族浄化の対象となり，およそ 400 万人近くのウ

10）ユダヤ人の犠牲者数については諸説ある。ニュルンベルク裁判で提出された数字は 572 万人である。さまざまなデータを分析し，中間値をとったランメルの数値は 530 万人である（Rummel 1994 : 119）。

クライナ人，200万人近くのベラルーシ人，150万近くのロシア人の合計 600〜700万人のスラヴ系住民が殺戮されている。それに加えて330万人のソ連軍の戦争捕虜が殺害されている（Mann 2005：186-187）。その後，大戦末期にはソ連の反攻が始まり，西からドイツ，東からソ連に侵略されたポーランド，ウクライナ，ベラルーシ，バルト諸国は「流血地帯」と化し，ユダヤ人，ポーランド人，エストニア人，ラトヴィア人，リトアニア人，ウクライナ人，ベラルーシ人合計1400万人が殺戮されたとされ，そのうち，およそ3分の1の殺戮はソ連によってなされたものであった（Snyder 2011：383-386）。

　それではなぜユダヤ人とスラヴ人がジェノサイドや強制移動の対象になったのだろうか。もともとドイツ人の間にはポーランド人に対する根深い民族憎悪があった。ドイツではポーランド人はヴェルサイユ講和会議でドイツ領を奪って独立したとの歴史認識が育まれ，特にヒトラーを含めナチ・ドイツの高官はポーランド人を抹殺したいとの考えにとらわれていたという（Gellately 2003：253；Snyder 2011：121）。加えてドイツの政治指導者の間では反ユダヤ主義とスラヴ人脅威論が共有されていた。というのも，ロシア革命のボルシェヴィキ指導者の中にはロシア人とともにユダヤ人が多く含まれており，しかも1918年から19年にかけてドイツ，オーストリア，ハンガリーで共産主義者が蜂起した際に，その指導者の中にユダヤ人が多数含まれていたからである。それに加え，ドイツの民族主義者の間にはマイノリティ国際保護とは，事実上，ユダヤ人保護を口実に行われる国際干渉に他ならないとのユダヤ人脅威論が浸透していた。欧州から北アメリカにかけてトランスナショナルなネットワークを有し，しかも資本家であるユダヤ人は，世界制覇を企んでいるとのユダヤ人陰謀説も広く浸透していた（Bloxham 2009：188-189；Mann 2005：182-183）。このようにスラヴ人とユダヤ人が共同してドイツを内部から脅かしているとの見方が，ナチ・ドイツによるスラヴ人とユダヤ人のジェノサイドの背景にあった（Mann 2005：182-183）。一方，ソ連指導部にも同様に反ポーランド主義，反ユダヤ主義的な脅威認識が共有されていた。ロシア帝国時代からの根深い反ユダヤ主義がソ連の指導部に受け継がれ，かつてロシア帝国領から独立したポーランドをスターリン指導部は「敵性民族」とみなしていたからである。

予防と懲罰としての国内民族強制移動

ところで第二次世界大戦中にも，対敵協力の可能性がある（とみなされた）敵性民族の大規模な強制移動が各地で行われている。太平洋戦争が始まると，アメリカとカナダでは日系人が強制収容の対象となった。アメリカのフランクリン・ローズヴェルト（Franklin Delano Roosevelt）大統領は破壊活動に対する予防措置として，アメリカ国籍を有する日系二世，三世も含めた日系アメリカ市民 12 万人の財産を没収し，彼らを内陸部に設けた強制収容所に隔離した。カナダでも同様に日系カナダ市民およそ 2 万人が中西部やオンタリオ州の内陸部に収容された。

ソ連国内では，近年明らかになったように大規模かつ過酷な民族強制移動が行われた。先述の通り，大戦前夜から敵性民族の浄化が始まっていたが，独ソ戦が始まるとドイツ系住民を標的にした国内民族強制移動の第一波が襲う。1942 年 3 月までにヴォルガ・ドイツ人をはじめソ連のドイツ系住民 150 万人の 80％に相当する 120 万人以上のドイツ系住民が中央アジアやシベリアへ移動させられ，ヴォルガ・ドイツ自治共和国そのものが廃止された（Kulischer 1948 : 297-299）。ドイツ系住民の強制移動は大戦さなかに行われた単一の民族強制移動としては最大規模のものである。この時点までの民族強制移動は，安全保障上の予防的措置として位置づけられていた。

1943 年 11 月から 44 年 6 月にかけて民族強制移動の第二波が始まる。クリミア半島は，一時，ドイツ軍の占領下に入ったが，その後，ソ連軍の反撃によってコーカサス地方やクリミア半島が解放された直後の 1944 年 2 月，対独協力の疑いでチェチェン人とイングーシ人 49 万 6,460 人がカザフスタンとキルギスタンへ移動させられた。同年 4 月にはカバルダ＝バルカル自治共和国のすべてのバルカル人が，5 月にはすべてのクリミア・タタール人およそ 18 万5,000 人がウズベキスタンとタジキスタンへ移動させられた。その民族移動の過程で，また劣悪な再定住先の環境のもとで，クリミア・タタール人の全人口のおよそ 45％が亡くなっている（Naimark 2001 : 103）。こうしてコーカサスの非スラヴ系の 6 民族 90 万人以上が遠く中央アジアおよびサハリンへ追放された。そして民族強制移動の第三波（1944 年 7 月から 11 月）では，黒海沿岸また

はイラン＝トルコ国境周辺の住民 20 万人近くが移動させられている（Werth 2010：403-404）。この時期のソ連国内における大規模な民族強制移動はドイツ軍が撤退した後に行われたものであり，それは対独協力に対する懲罰であると同時に，かつてソヴィエト化に抵抗した民族に対して対独協力を口実に懲罰を下す目的の民族強制移動でもあった。

　ドイツとソ連とが入れ替わり侵略し，懲罰的民族浄化が繰り返し行われたバルト三国の事例は惨劇そのものである。バルト三国はまず 1940 年 8 月にソ連に併合されたが，1941 年 6 月にドイツが入れ替わり侵攻して 1944 年までドイツ占領下に置かれた。その間，バルト三国でユダヤ人 35 万人がジェノサイドの犠牲になった。そして，1944 年から再びバルト三国がソ連占領下に置かれると対独協力者に対する懲罰としておよそ 60 万人のバルト三国の人々がシベリアや中央アジアへ追放され，強制労働に就かされたのである（Snyder 2011：190-223, 339-377）。

3　戦後の民族強制移動

戦争予防と民族浄化

　第二次世界大戦もまた国際政治秩序の大変動期であった。特に第二次世界大戦後は，国際秩序の再編を訴えていた枢軸国側が敗れた結果，国際平和秩序に向けて国際関係を律する規範と原則は連合国を中心に確立された。こうした戦後の状況下にあって，国際平和秩序との関連で民族問題はどのように扱われたのであろうか。

　すでに大戦中からマイノリティ国際保護制度の存続を望む声は少数派になっていた。民族マイノリティ保護の訴えが失地回復の口実に利用されたミュンヘンの教訓がいまだ生々しく，民族マイノリティ保護による国際平和の見立ては根本から挑戦を受けるようになったからである。しかも，民族統一，失地回復主義とそれに呼応する第五列の暗躍が平和への脅威となったが，そうした脅威はいずれも民族浄化の不徹底に起因するとの見方が一般化していた。

64　第 I 部　引揚・追放・残留の国際的起源

　大戦中，平和秩序の構築に向けて戦後の民族強制移動の必要性をしきりに主
張したのがチェコスロヴァキアとポーランドの両亡命政府である。民族マイノ
リティとの共存は不可能であるとみなす両亡命政府は，しばしばギリシアとト
ルコ間の住民交換協定（ローザンヌ条約）の例を引き合いに出し，「ローザンヌ
精神」に基づきドイツ人をドイツへ追放することをしきりに訴えた。特にチェ
コスロヴァキア政府は，英仏からズデーテン割譲に同意するように迫られた経
緯があることから，英仏両国政府に対してミュンヘン協定の無効を強く訴え，
両国政府はこれに合意した。チェコスロヴァキア大統領ベネシュは，自身の回
想録において，ミュンヘン協定を導いたヴェルサイユ体制下のマイノリティ国
際保護制度の愚行を繰り返さないよう，また平和の創造に向けて可能な限り民
族マイノリティの強制移動を徹底するよう主張し，それでも国内に残った民族
マイノリティは同化させるか，さもなければ自由意志で彼らが望む国へ出国さ
せるよう，英米ソ仏の政府要人に働きかけたことを記している（Beneš 1954：
222）。

　実際のところ，大戦末期にはチェコスロヴァキアとポーランドの両亡命政府
の働きかけによって，チャーチル，ローズヴェルト，およびスターリンの英米
ソ三首脳は「ローザンヌ精神」に基づいて東中欧各地からドイツ系住民を追放
することに同意している（Beneš 1954：197-238；Snyder 2011：141-142；川喜田
2019：43-45）。特にチャーチル英首相は，1944 年 2 月 15 日，戦後ポーランド
の領土変更に備え，新たな獲得領土を含めポーランドからドイツ人を一掃する
ことに初めて全面的な支持を表明した議会演説の中で，ギリシア＝トルコ間で
行われた住民交換を成功例として称え，ポーランドの民族問題を引き起こすよ
うな「民族混住地」をなくすためには数百万人の住民を強制的に移動させねば
ならないと主張した。そしてドイツ人を完全に追放することは平和のための
「抜本的，かつ恒久的な解決法」であると説き，「きれいさっぱり〔ドイツ人を〕
一掃する」ことを約束した[11]。

　国連憲章が最終的に採択されたサンフランシスコ会議において，民族マイノ

11）https://api.parliament.uk/historic-hansard/commons/1944/dec/15/poland（2019 年 3 月 21
　　日アクセス）

リティ国際保護は分離主義や失地回復主義の口実になるとの理由で受け入れられなかった。同化政策による国民統合を優先する国が圧倒的に多数を占めていたからである。特に移民国家のアメリカとラテンアメリカ諸国は，民族マイノリティの国際保護は同化政策の妨げになり，国民統合に対する深刻な脅威となるとの理由から民族マイノリティ国際保護に強く反対した（Jackson Preece 1998 : 109）。その結果，国連は人民の自決および人権と基本的自由の尊重に基づく国際平和を構想することになる一方で，民族問題には関与せず，民族紛争は関係当事国で解決するというのが国連の基本方針となったのである。

懲罰としての国外強制移動

それでは「民族混住地」の問題はどのように解決されたのであろうか。大戦の初期段階から連合国は戦後の平和秩序の基本原則に領土不拡張，人権・自由の尊重，人民の解放，さらには人民の政体選択の自由を掲げていたことから，国境と国家体制（政体）に関する限り原状回復が戦後処理の基本方針となった。その結果，民族境界線に基づく唯一の国境変更はユーゴスラヴィアとイタリア間のトリエステ周辺の若干の境界線変更にとどまった。

戦争に勝利した連合国の間では，国境は不変のままに旧枢軸国の民族マイノリティを民族同胞国へ強制的に移動させるというのが民族問題の解決の基本原則となった。米英ソ首脳のポツダム会談（1945 年 7 月 17 日〜8 月 1 日）で，連合国の対ドイツ占領政策を取り決めたポツダム協定が合意され，同協定に基づきオーデル・ナイセ線東部がポーランドとソ連の管理下に置かれることになった結果，ドイツの領土は戦前のおよそ 4 分の 3 に縮小されるとともに，旧ドイツ領に取り残されたドイツ人の強制移動が連合国主導で進められることになった。加えてポーランド，チェコスロヴァキア，ハンガリー各国からもドイツ系住民を追放することが取り決められた（Potsdam Protocol XII）。

ポツダム協定に基づき 1945 年 11 月 20 日，連合国管理理事会はポーランドから 350 万人，チェコスロヴァキアから 250 万人，ハンガリーから 50 万人，オーストリアから 15 万人の，計およそ 665 万人のドイツ系住民を連合国占領下のドイツへ移動させ，定住させる計画を発表した（Kulischer 1948 : 282）。特

にチェコスロヴァキアとポーランドのドイツ系住民の追放はナチ・ドイツに協力したドイツ系住民に対する懲罰的措置であったが，それは同時に民族マイノリティの存在が将来，国家安全保障上の脅威にならないようにすることを目的とする戦争予防策でもあった。各地から強制移動の対象となったドイツ系住民の数は 1500 万人に及び，そのうち，東西ドイツとして独立する 1950 年までにドイツへ移動させられたドイツ人は，西独へ 810 万人，東独へ 410 万人，合わせて 1220 万人に上る（川喜田 2019：71-74）。その結果，1950 年の西ドイツの総人口は戦前に比べ 20％増加している。なお，ドイツ連邦統計局の当時の調べでは，強制移動の対象となったドイツ系住民のうち，211 万人以上が移動中の混乱状態の中，病気や暴力が原因で死亡したとされた（White 2012：424）。

民族国家建設のための国外強制移動

　第二次世界大戦後に行われた民族強制移動の背景には，単一の民族国家建設というもう一つの目的があったことに注目したい。チェコスロヴァキアとポーランド両政府の代表は，大戦の終結時に機会あるごとに，ドイツ系住民を中心とする民族マイノリティの追放は国家安全保障上の必要性に基づく措置であると述べるとともに，それは民族国家の建設に向けた措置であるとも公言していた（Brandes 2009：294-295）。チェコスロヴァキア亡命政府のベネシュ大統領は，亡命初期段階でミュンヘン協定を無効にする案を英国政府に持ちかけた際に，イーデン（Anthony Eden）英外相からの提案の中に，戦争の勝利の暁にチェコ人とスロヴァキア人を中心とした「可能な限り民族的に単一な民族国家の形成に向けて」ドイツ人の民族強制移動を実施することに反対しない趣旨が盛り込まれていたことを回想している（Beneš 1954：206）。

　事実，大戦の終結直後の混乱期は民族国家の建設のまたとない好機であった。なかでもチェコスロヴァキアは，民族国家の建設に積極的に取り組んだ国であった。12 世紀からズデーテンに定住していたおよそ 250 万人のドイツ系住民の財産を没収し，彼らをドイツへ追放する一方，180 万人のチェコ人とスロヴァキア人をズデーテンに入植させた。それでも足りない労働力を補うために，フランス，ベルギー，ドイツなど国外在住のチェコ人とスロヴァキア人をズデ

ーテンへ受け入れている（Kulischer 1948 : 287）。

　チェコスロヴァキアは，ドイツ系住民以外の民族マイノリティも積極的に追放し，それと引き替えにチェコ人とスロヴァキア人を受け入れた。たとえばソ連との間では二つの住民交換協定を結び，1945 年 6 月 29 日の協定ではカルパト・ウクライナのチェコ人とスロヴァキア人 3 万人をチェコスロヴァキアへ，またカルパト・ウクライナ以外の地のウクライナ人をソ連へ移動させることに合意した。1946 年 7 月 10 日には二つ目の協定が結ばれ，ボルニン州に居住するチェコ人とスロヴァキア人 3 万 3000 人をチェコスロヴァキアへ，一方，チェコスロヴァキアに居住するロシア人，ウクライナ人，ベラルーシ人をソ連へ移動させることに合意した。チェコスロヴァキアは，1946 年 7 月 10 日にルーマニアとの間で，ルーマニアのチェコ人とスロヴァキア人 3 万人をチェコスロヴァキアへ移動させる協定を結び，またユーゴスラヴィアとの間では，ボスニア・ヘルツェゴヴィナのチェコ人とスロヴァキア人 10 万人を受け入れることに合意した[12]。

　民族国家の建設に向けてチェコスロヴァキア政府は，ハンガリー系住民の強制移動も計画した。チェコスロヴァキア政府は，戦中から終戦直後にかけてドイツ人に加えハンガリー系住民のハンガリーへの追放をも宣言していた。チェコスロヴァキアとハンガリー両国政府は 1946 年 2 月 27 日，同数の住民を交換することを前提にした住民交換協定を結んだ。しかし，問題はチェコスロヴァキアに留まるハンガリー系住民（マジャール人）の人口がハンガリーのスロヴァキア人の人口を大幅に上回ることにあった。チェコスロヴァキア政府は，ハンガリーから 10 万人のスロヴァキア人を受け入れるのに対して，ハンガリーにはチェコスロヴァキアから 40 万人のマジャール人を受け入れるよう求めたが，ハンガリー政府は大量のマジャール人の受け入れは経済破綻を招来するとの理由で，その要求を拒んだ（Claude 1955 : 120-123）。結局，同計画は，停止，再開を経て 1948 年夏までに部分的に実行された[13]。

---

12) これらの住民交換を含め，大戦直後の住民交換について，詳しくは Kulischer（1948 : 274-311）を参照されたい。

13) 当時，ハンガリーにはおよそ 10 万人のスロヴァキア人が存在し，一方，チェコスロヴ

68　第 I 部　引揚・追放・残留の国際的起源

　ポーランドも民族国家の建設に積極的に取り組んだ。先述の通り，第二次世界大戦後の連合国の戦後処理の基本方針は国境と国家体制（政体）の原状回復にあったが，ドイツ＝ポーランド国境が大幅に西方へ移動するとともに，ソ連の西部国境も大幅に西方へと移動し，戦前のポーランド領土のおよそ半分がソ連のウクライナ西部，ベラルーシ西部，およびリトアニアに併合された。こうした大規模な国境変更がなされた地域では住民交換が行われた。これらの国境変更はソ連の領土拡張目的から力ずくでなされたものであり，新たにソ連領に組み込まれた地域の民族浄化は過酷を極めた。ソ連領に組み込まれた旧ポーランド領からポーランド人，ユダヤ人を追放するために，ソヴィエト・ウクライナ，ソヴィエト・ベラルーシ，ソヴィエト・リトアニアとポーランド（共産党政権）との間で住民交換協定が結ばれた（1945 年 7 月 6 日）。同協定に基づき1946 年 12 月末までの住民移動期間に，ウクライナ領へ併合された旧ポーランド東部地域からポーランド人およそ 100 万人をポーランドへ移動させ，ポーランドのウクライナ人，ベラルーシ人，およびリトアニア人合計 51 万 8,000 人をソ連へ移動させた（Kulischer 1948 : 291-292）。一方，ポーランド国境がオーデル・ナイセ線まで西方へと移動し，旧ドイツ領を併合することになった結果，この地でもドイツ人の組織的追放が行われ，1947 年末までにおよそ 760 万人のドイツ人がポーランドから追放されたのである（Snyder 2011 : 323）。

　民族国家建設の試みは，チェコスロヴァキアとポーランド両国に限られたことではない。戦中から戦後直後にかけてユーゴスラヴィア，イタリア，バルト諸国とそれぞれの周辺国との間で，またルーマニア，ブルガリアなど東中欧諸国の間で住民交換が進められ，民族国家建設が進められていったのである（Kulischer 1948 : 特に 302-303 の表 20 を参照）。

───────────────

ァキアにはチェコスロヴァキア政府によれば 50 万人，ハンガリー政府によれば 65 万2,000 人のハンガリー系住民（マジャール人）が存在していた。最終的には，1948 年までにチェコスロヴァキアから 8 万 9,660 人のハンガリー系住民がハンガリーへ，またハンガリーから 7 万 1,787 人のスロヴァキア住民がスロヴァキアへ移動させられた（川喜田 2019 : 57-58）。

おわりに

　20世紀には二つの世界大戦が勃発した。欧州では，大戦前夜から大戦中にかけて民族浄化策の一環としてジェノサイドや民族強制移動が行われた。それは国家の指導者の側からすれば，国家安全保障上の必要措置であったと正当化されよう。一方，戦争の終結時に行われた民族強制移動と住民交換は，戦争予防の観点から，また懲罰的観点からなされたものであるが，同時に戦後の混乱に乗じた民族国家建設の一環に位置づけられる民族浄化の試みでもあった。

　戦争の陰で行われた大規模なジェノサイド，民族強制移動，住民交換は，民族マイノリティ保護による戦争予防策の破綻の帰結であるとともに，国民統合を所与とする国家安全保障政策の限界を示すものであった。君主制から民主制への移行期にあたる19世紀末から20世紀前半にかけて国民主権（人民主権）論が台頭するが，多民族から成る東中欧では国民（人民）とは民族であるとの定義が力をもつようになる。それゆえ民族主義の芽生えは，民族自決主義の台頭につながり，それは一方で，国際民族統合の動きに発展し，他方で，民族マイノリティの分離独立の動きに発展する。そのことは，領土保全を脅かすのは外国からの軍事侵略であるのみならず，失地回復主義を掲げる外部の民族統合論者もまた脅威であり，同時に失地回復主義に呼応する国内の分離独立主義者も然りであることを意味し，それゆえに国家安全保障上の措置として，また戦争の予防措置として，ジェノサイド，住民交換，民族強制移動など民族浄化策が講じられてきたのである。

　戦争予防を目的として民族マイノリティ問題に対処する方法は，第一次世界大戦後と第二次世界大戦後とでは対照的である。第一次世界大戦後には人道的干渉を予防することに主眼を置いた民族マイノリティ国際保護制度が樹立されたが，その理念が領土併合の口実となったことから，第二次世界大戦後には民族浄化を徹底することで戦争予防の策とする方針に転換した。つまり，第二次世界大戦後に実施された住民交換や民族強制移動は，民族共生の限界を認識し，民族国家の再建と国家安全保障政策を重視する戦争予防策への転換であったと

いえよう。戦前から戦中にかけて利敵行為に走った第五列（民族マイノリティ）の存在は，国家，否，多数派民族に対する裏切り行為であり，それゆえに戦争の終結後には戦前の民族共生への回帰の道は閉ざされたのである。そのことは第二次世界大戦初期にアメリカ元大統領 H. フーヴァーが著した『恒久平和の諸問題』の中で端的に表現されている。すなわち，長年，「失地回復主義」が戦争原因の一つであった。「今次の大戦の原因の一つに第一次世界大戦後に行われた住民交換が不十分であった」ことが挙げられるゆえに，平和のためにフーヴァーは「徹底した民族国家への再編とそのための住民交換」を勧めている。その根拠としてフーヴァーは次のように論じる。「住民交換がいかに難儀な大事業であろうとも，戦争予防のために行われる住民交換の経費は戦争の惨禍に比べようもなく安上がりにつく」からである（Hoover and Gibson 1942 : 233）。

　第二次世界大戦後の欧州で主としてドイツ人に対して行われた強制移動は，強制移動の対象となったドイツ人の多くが中世以来，東中欧に定住していた民族であり，決して近年の移住者や海外ディアスポラではなかった点で，戦後日本人の引揚と異なる。日本人の引揚は実際には日本への「帰還」であったが，ドイツ系住民の移動は「引揚」ではなく，事実上，難民化を意味した。同時に，戦後欧州の民族強制移動が国家安全保障上の必要性からのみならず，限りなく単一の民族から形成される民族国家建設をも目的としたものであった点でも，移動の性質は日本のそれと異なる。民族マイノリティ保護の戦争予防策としての運用が破綻した後だったからこそこうした大規模な強制民族移動が可能であったことも付言したい。

　ところで，第二次世界大戦後の国連システムでは人権尊重による平和，および人民の自決の原則に基づく友好協力による平和が構想される一方で，国際社会は民族問題を封印した。それは，ナチ・ドイツが民族マイノリティ保護を侵略戦争の口実に利用した苦い教訓（ミュンヘンの教訓）に基づくものである。同時に，冷戦期を通して国際社会が民族問題を封印し続けたのは，大戦前の欧州における国際平和を脅かしてきた二つの深刻な民族マイノリティ問題，すなわちドイツ人問題とユダヤ人問題が解決されたと考えられたからでもある。それまで欧州の国際関係において最も同情を集めていたユダヤ人問題はイスラエ

ルの建国によって解決したものとされ，また最も恐れられていたドイツ人問題はドイツ系住民のドイツへの強制移動によって解決されたとみなされたことから，国際社会はもはや民族マイノリティ保護に関与する必要性がなくなったと考えられるようになったのである。同時に，各国政府指導者からすれば，国民国家の体裁を繕うために，また国民統合を進める上で同化政策を正当化するためにも，民族マイノリティ保護は容認しがたいし，なによりも国際干渉は受け入れがたい。とりわけ冷戦期に人権の国際基準とその伸長を審議する過程で，しばしば民族マイノリティ保護にかかわる提案がなされたにもかかわらず，そのたびに多数の国々が同化政策の妨げになるとの理由で反対したのは，国際社会が国民統合を民族マイノリティ保護よりも優先した証左である（吉川 2015：186-190）。

参考文献

川喜田敦子（2019）『東欧からのドイツ人の「追放」――20世紀の住民移動の歴史のなかで』白水社

吉川元（2015）『国際平和とは何か――人間の安全を脅かす平和秩序の逆説』中央公論新社

木村英亮（1993）『スターリン民族政策の研究』有信堂

澤江史子（2017）「未完の東方問題」納家政嗣・永野隆行編『帝国の遺産と現代国際関係』勁草書房

半谷史郎・岡奈津子（2006）『中央アジアの朝鮮人――父祖の地を遠く離れて』東洋書店

吉村貴之（2011）「「アルメニア人虐殺」をめぐる一考察」石田勇治・武内進一編『ジェノサイドと現代世界』勉誠出版

Beneš, Eduard（1954）*Memoirs of Dr Eduard Beneš: From Munich to New War and New Victory*, George Allen and Unwin Ltd.

Bloxham, Donald（2005）*The Great Game of Genocide: Imperialism, Nationalism, and the Destruction of the Ottoman Armenians*, Oxford University Press.

Bloxham, Donald（2009）"The Great Unweaving: The Removal of Peoples in Europe, 1875-1949," in Richard Bessel and Claudia B. Haake, eds., *Removing Peoples: Forced Removal in the Modern World*, Oxford University Press.

Brandes, Detlef（2009）"National and International Planning of the 'Transfer' of Germans from Czechoslovakia and Poland," in Richard Bessel and Claudia B. Haake, eds., *Removing Peoples: Forced Removal in the Modern World*, Oxford University Press.

Claude, Inis L.（1955）*National Minorities: An International Problems*, Harvard University Press.

Fink, Carole（2004）*Defending the Rights of Others: The Great Powers, the Jews, and International*

Minority Protection, 1878-1938, Cambridge University Press.

Frank, Mattews (2008) *Expelling the Germans : British Opinion and Post-1945 Population Transfer in Context*, Oxford University Press.

Gal, Kinga (1999) "The Role of Bilateral Treaties in the Protection of National Minorities in Central and Eastern Europe," *Helsinki Monitor*, Vol. 10, No. 3.

Gellately, Robert (2003) "The Third Reich, the Holocaust, and Visions of Serial Genocide, in Gellately," in Robert and Ben Kiernan, eds., *The Specter of Genocide, Mass Murder in Historical Perspective*, Cambridge University Press.

Gellately, Robert and Ben Kiernan (2003) "The Study of Mass Murder and Genocide," in Gellately, Robert and Ben Kiernan, eds., *The Specter of Genocide, Mass Murder in Historical Perspective*, Cambridge University Press.

Hobsbawm, E. J. (1992) *Nations and Nationalism since 1780 : Programme, Myth, Reality*, Cambridge University Press (2nd ed.).

Hoover, Herbert and Hugh Gibson (1942) *The Problems of Lasting Peace*, Doran and Company.

Jackson Preece, Jennifer (1998) *National Minorities and the European Nation-States System*, Clarendon Press.

Jenne, Erin (2005) "National Self-Determination : Deadly Mobilizing Device," in Hurst Hannum and Eileen F. Babbitt, eds., *Negotiating Self-Determination*, Lexington Books.

Kaiser, Hilmar (2010) "Genocide at the Twilight of the Ottoman Empire," in Donald Bloxham and A. Dirk Moses, eds., *The Oxford Handbook of Genocide Studies*, Oxford University Press.

Kulischer, Eugene (1948) *Europe on the Move : War and Population Changes, 1917-47*, Columbia University Press.

Lauren, Paul Gordon (1988) *Power and Prejudice : The Politics and Diplomacy of Racial Discrimination*, Boulder, Colorado : Westview Press. (ポール・ゴードン・ローレン『国家と人種偏見』TBS ブリタニカ, 1995 年)

Lloyd George, David (1938) *The Truth about the Peace Treaties*, Vol. I, II, Victor Gollancz.

Mann, Michael (2005) *The Dark Side of Democracy : Explaining Ethnic Cleansing*, Cambridge University Press.

Naimark, Norman M. (2001) *Fires of Hatred : Ethnic Cleansing in Twentieth Century Europe*, Harvard University Press.

Robinson, Jacob et al. (1943) *Were the Minorities Treaties a Failure ?* Antin Press.

Rummel, Rudolph J. (1994) *Death by Government*, Transaction Publishers.

Schabas, William A. (2009) *Genocide in International Law : The Crime of Crimes*, Cambridge University Press.

Schechtman, Joseph B. (1946) *European Population Transfer 1939-1945*, Oxford University Press.

Snyder, Timothy (2011) *Bloodlands : Europe Between Hitler and Stalin*, Vintage.

Werth, Nicolas (2010) "Mass Deportations, Ethnic Cleansing, and Genocidal Politics in the Later Russian Empire and the USSR," in Donald Bloxham and A. Dirk Moses, eds., *The Oxford Handbook of Genocide Studies*, Oxford University Press.

White, Matthew (2012) *The Great Big Book of Horrible Things : The Definitive Chronicle of History's 100 Worst Atrocities*, W. W. Norton.

第3章

第二次世界大戦後の人口移動
——連合国の構想にみるヨーロッパとアジアの連関——

川喜田敦子

はじめに——敗戦国の戦後人口移動

ドイツ系住民の「追放」

　アジア各地から日本人の「引揚」が行われた時期には，ドイツでも大きな人口移動があった。ドイツ東部からの住民の大規模な避難は，1944 年末，赤軍の侵攻とともに始まった。迫りくる戦線から逃れようとして，住民は馬車や徒歩で列をなして西に向かった。戦闘が終息すると，今度は，ナチ占領下での抑圧，搾取によって鬱積した憎悪や報復感情に導かれて，ドイツ系住民の無差別な追放が東欧各地で発生した。さらに，ドイツが無条件降伏した後，1945 年 8 月のポツダム協定では，暫定国境とされたオーデル・ナイセ線以東のドイツ東部領をポーランドおよびソ連に割譲すること，ポーランド，チェコスロヴァキア，ハンガリーに残留するドイツ系住民を大量移住させることが定められた。

　ドイツ系住民の移住は，ポツダム協定で想定された規模をはるかに超えて東欧全域で実施され，1950 年代初頭までに約 1200 万人が居住地を離れて戦後ドイツの領域内にたどり着いた。恣意的殺害，略奪，虐待，報復，性暴力をともなう過酷な条件の下で行われた住民移動は，その過程で少なくとも約 50〜60 万人に上る犠牲者を出したと考えられている（Haar 2009 参照）。この一連の経過はドイツでは逃亡と「追放」と呼ばれる[1]。

第3章　第二次世界大戦後の人口移動　　**75**

　近年，ドイツ人の「追放」をめぐる研究は大きく進展した。大きな変化の一つは，この強制移住が，同時期に東欧一帯で展開された住民移動の横の連関の中で理解されるようになったことである。第二次世界大戦後には，ソ連，ポーランド，チェコスロヴァキア，ハンガリーなどの諸国で複数の住民移動が同時並行的に実行に移された。これによって生じた東欧全域にまたがる民族秩序の再編の文脈に位置づけられることで，第二次世界大戦におけるドイツ人の被害の象徴として長らくドイツ中心的な視点から扱われてきた「追放」は，ヨーロッパという地域全体の歴史の中で理解されるようになりつつある[2]。

　この議論にまだ不足があるとすれば，それは同時期のアジアへの視点が欠けていることだろう。日本人の引揚をめぐる第二次世界大戦期の米国内の構想を扱ったワットの論考（Watt 2017）が出されたことで，ヨーロッパの同時期の諸事例とアジアの事例が結びつけられる見通しがようやく立った。しかし，強制移住をめぐるヨーロッパ史の認識枠組みの中に日本人の引揚を位置づけていくことの必要性と重要性がどこまで認識されているかについては，日本研究の分野を除けば，欧米の研究においては今も定かではない。この状況を踏まえて，本章では，第二次世界大戦後に東欧で生じた住民移動とアジアにおける日本人の引揚の関係を明らかにすることを課題としたい。

1）かつてドイツが東西に分断されていた時期には，西ドイツでは，「追放」は第二次世界大戦中にドイツ人が受けた被害体験として，ナチ時代のドイツの加害を相殺するかのような語られ方をすることがあった。また，「追放」被害者が西ドイツで結成した組織は，ドイツの旧東部領回復要求の急先鋒となった。「追放」をめぐる研究もこうした政治的文脈から逃れられるものではなかった。研究書・証言集・回想録など，「追放」について出されたドイツの刊行物はその点に注意して読まれる必要がある。ドイツ人の東欧からの「追放」と逃亡については，邦語では，川喜田（2019），永岑（2001），吉岡（1997），コスチャショーフ（2019）等を参照されたい。なお，逃亡と「追放」の全経過を総称する中立的な概念として，本章では「住民移動」もしくは「強制移住」という語をあてる。ドイツで使われる「追放」という語は，ポツダム協定以前の自然発生的で暴力的な追放行為を指す語としてはある程度認められているが，それ以外の時期にこの語を用いることには批判も多い点を考慮し，鉤括弧に入れて使用する。

2）ドイツ人の「追放」も含めて，他の東欧諸国の状況にも目配りをしながら，ヨーロッパ史における住民移動・強制移住をとらえようとする試みは2000年代に入って大きく進

76　第I部　引揚・追放・残留の国際的起源

「追放」と引揚──相違と重なり

　ドイツ人の「追放」と日本人の引揚はともに，第二次世界大戦の戦後処理の
一環として戦勝国の合意の下にとられた措置である。敗戦国の影響力を減殺す
るために，旧領土，旧勢力圏に居住する敗戦国に帰属する人々が民間人を含め
て「本国」とみなされる国へと移住させられた。その意味で両者は，それらが
生起した時期，契機，決定者という点で共通している。この両者は，構想段階
では連合国のあいだで同種の措置とみなされ，関連づけて論じられることもあ
った。1943年3月に米国務省のアサートン（Ray Atherton）が，イギリス政府
の顧問を務める英外交官ストラング（William Strang）と意見交換した際に，個
人的にはすべてのドイツ人のドイツへの帰国のみならずすべての日本人の極東
諸国から日本への帰国にも賛成だと述べたのはその一例である（Brandes 1988
参照）。

　しかし，両者のあいだの違いは小さくはない。根本的な相違の一つは，住民
移動が行われた地域と本国とのあいだの歴史的関係の長さと深さをめぐる違い
である。ドイツの場合，割譲された東部領からの移住者が全体の6割弱を占め，
領土割譲にともなう強制移住としての側面が強い。しかも強制移住が行われた
地域の一部には，中世のいわゆる「東方植民」以来，ドイツ語話者が居住して
きた地域が含まれ，その歴史的関係は引揚が行われた地域と日本のあいだのそ
れとは長さも深さも異なっていた。

　これに対応して，米国の外交文書では用いられる用語が異なり，日本人の移
動には "repatriation" もしくは "return" という言葉があてられたのに対して，ド
イツ人の移動には，主として "population transfer" もしくは "move" という表現
が用いられた。しかし，ドイツの場合も，占領関係者，占領地域の産業労働者
など，「追放」が行われた地域へと開戦後に移住した人々は存在した。これら
の人々の移動は，米国の構想の中でも "repatriation" として把握された[3]。この

　　展した。具体的には，Sienkiewicz and Hryciuk, eds. (2009)，Bingen et al., eds. (2003) な
　　どが挙げられる。
　3）NF, 483-13, pp. 3-4. *Post World War II Foreign Policy Planning. State Department Records of
　　Harley A. Notter, 1939-1945*（本書では NF と表記）は，第二次世界大戦中の米国の戦後

うち特に注目すべきは，開戦後，ドイツが占領した地域に国策として移住した
ドイツ系の人々である。

　ナチ体制下のドイツが，国外に居住するドイツ系の人々に強い関心を抱いて
いたことは第2章でも論じられた通りである。ドイツは，独ソ秘密議定書での
取り決めにしたがってポーランドを侵略・分割した後，併合した地域（東部編
入地域）に，東欧・南東欧の各地で民族マイノリティとして暮らす非ドイツ国
籍のドイツ系住民（「民族ドイツ人」[4]）を移住させた。彼らを迎え入れる土地を
確保するため，受け入れ先となる地域に居住していたドイツ系以外の住民（ユ
ダヤ人，ポーランド人など）は強制収容所や強制労働に送られた。開戦とほぼ時
を同じくして始まり，最終的にはユダヤ人大量虐殺にいたるまでに急進化した
この民族移住政策は，今日では，ナチ体制犯罪の中核に関わる政策とみなされ
ている（アリー 1998）。

　民族ドイツ人の植民と非ドイツ系住民の追放による占領・併合地域の「ドイ
ツ化」を前提としたナチ・ドイツの東欧開発計画は，「東部総合計画（General-
plan Ost）」として知られる。ドイツ民族強化全権委員に任命されたヒムラー
（Heinrich Himmler）の下，立案の軸となったマイアー（Konrad Meyer）が 1941 年
6 月の独ソ開戦から半年後に立てた計画では，ドイツに編入されたポーランド
西部地域に加えて，総督府領および独ソ開戦後に制圧したポーランド東部地域
の「ドイツ化」が予定されていた[5]。東部総合計画に携わった専門家らは，自

　　計画立案に関する史料を網羅的に収蔵したものである。本章では，そのうち特に，米国
　　務省内の対外経済政策委員会（テイラー委員会）に設けられた「移民再定住特別委員会
　　（SCMR）」，および「部局間国と地域委員会（CAC）」の活動に関わる史料を参照した。
4 ）「民族ドイツ人（Volksdeutsche）」という概念は，1920 年代後半以降に使用されはじめ，
　　38 年にナチ党国外組織によって，ドイツ国外に居住するドイツ人のうちドイツ国籍を
　　もたない者を指すと規定された。「民族ドイツ人」という用語はナチ時代に用いられた
　　特有の概念といえるが，煩瑣であるため，本章では鉤括弧には入れずに使用する。
5 ）2008 年 3 月 19 日に東京大学にて行われた国際シンポジウム「市民と市民社会を問う
　　──過去・現在・未来」での P. ヴァーグナー氏の講演 “Volkswerdung durch Volksfor-
　　schung : Die DFG und die wissenschaftliche Konstruktion eines deutschen nationalen Selbst
　　zwischen 1920 und 1960” より。同講演は，「入植と大量虐殺による「ドイツ民族」の創
　　造──東部総合計画と民族研究」として，石田勇治・川喜田敦子編『ナチズム・ホロ
　　コーストと戦後ドイツ』（勉誠出版より 2020 年刊行予定）に収録される予定である。

78　第Ⅰ部　引揚・追放・残留の国際的起源

らの計画する植民政策・開発政策の前例として，東アフリカ植民地におけるイタリアの植民政策に関心を示したことが知られるが（Bernhard 2010 参照），ドイツの地理学者，地政学者の間では，満蒙開拓団の入植政策にも――非ヨーロッパ地域としては注目に値する――関心が向けられていた[6]。国策としての植民政策とその終焉としての引揚という流れを考えると，大きく相違する日独の事例のあいだにも部分的に重なりがあることが見えてくる。

　この前提を踏まえて，以下では，敗戦国の住民移動をめぐる連合国の構想の中で，ナチの移住政策とその対象となった民族ドイツ人がどのように位置づけられて議論されたかに特に着目しながら，ドイツの「追放」と日本の引揚のあいだにいかなる連関を見ることができるのか，その連関を明らかにすることで20世紀中葉の国家と国民をめぐる観念のどのような問題性が浮かび上がってくるのかを考えたい。

1　住民移動の決定過程

ドイツ系住民の「追放」の決定過程

　まずは，敗戦国の住民移動をめぐる決定過程について概略を押さえるところから始めよう。ドイツ系住民の強制移住が計画されるにいたったのは，そもそもは，ポーランドとチェコスロヴァキアの亡命政府が，第二次世界大戦後に再建される自国の領域からドイツ人を追放する計画を立て，米英ソの三大国に働きかけたことによる。ポーランド亡命政府大統領ラチキエヴィチ（Władysław

---

6）マイアーが編集に携わった『空間研究と空間計画（*Raumforschung und Raumordnung*）』
　　誌では，第4巻第3/4号の「外国」の項目の中で，満洲における日本の植民政策が1頁
　　を割いて紹介された。日本に関する情報の取り扱いとしては破格の大きさであり，日本
　　関係のトピックの中ではこの問題への関心が相対的に高かったことがわかる。満洲にお
　　ける日本の植民政策について扱った報告，論文としては，そのほかにも，Newel（1939），
　　Schwind（1940）等がある。また，朝鮮半島における日本の植民政策を論じたものとし
　　ては，地理学者ラウテンザッハ（Hermann Lautensach）が Lautensach（1942）をはじめと
　　する論文を出し，後に著書にまとめている。

Raczkiewicz）は，第二次世界大戦開戦後，1939 年 11 月末には，大戦後のポーランド領からドイツ人を国外移住させると発言していた。また，チェコスロヴァキア亡命政府大統領ベネシュは，ズデーテン・ドイツ人が多く居住する国境地域のドイツへの割譲と，さらなるドイツ系住民の国外退去の構想をミュンヘン会談以前から温めていた（Brandes 2005；川喜田 2019 参照）。

　第 2 章で詳しく論じられたように，民族マイノリティの強制移住という発想にすでになじみのあったソ連は，ポーランド東部領をソ連に割譲させるかわりに，ポーランドにはドイツ東部領を与え，その地のドイツ人は強制移住させるという構想を 1941 年 12 月にイギリスに伝えた。この後，イギリスのチャーチル戦時内閣は，1942 年 7 月 6 日，ドイツ系マイノリティの東欧・南東欧からの移住に賛同する決定を行った[7]。またソ連は，ズデーテン・ドイツ人の追放については，チェコスロヴァキアの国内問題であって干渉しないとの立場を1942 年 6 月にベネシュに示した（Novotny 2009 参照）。

　英ソの動きを受けて，ポーランド，チェコスロヴァキアの亡命政府は米国への働きかけを強めた。ポーランド領となることが想定される東プロイセンからのドイツ人の移住について米大統領ローズヴェルトが英外相イーデンに賛同の意を伝えたのは 1943 年 3 月だった[8]。また，チェコスロヴァキアのズデーテン・ドイツ人の移住については，同年 6 月にソ連があらためて賛同したことを受けて，訪米中のベネシュがローズヴェルトからこれに同意する旨の発言を引き出した（Brandes 1988；川喜田 2019 参照）。

　したがって，1943 年 11 月末にテヘラン会談が始まるまでには，第二次世界大戦後の中東欧の秩序再編が大規模な住民移動をともなうことについて，米英ソの三大国はいずれも原則として合意していたことになる。テヘラン会談では，カーゾンラインを新たにソ連＝ポーランド国境とすることによって失われる領土を補塡するために，ドイツ東部領の一部をポーランドに割譲することについ

---

7 ）The National Archives, The Cabinet Papers, 65/27, "War Cabinet Conclusions," WP（42）86, 6 July 1942, p. 120.

8 ）Memorandum by Mr. Harry L. Hopkins, Special Assistant to President Roosevelt, in *FRUS*（1943a : 15）.

ても三大国間に合意が成立した[9]。その後，ヤルタ会談，ポツダム会談にて，ポーランドに割譲されるドイツ東部領の範囲とドイツ人の強制移住の規模をめぐって三大国のあいだで交渉がなされた後，1945 年 8 月のポツダム協定でドイツ系住民の移住措置が公式に言及されることになった。

ヨーロッパからアジアへ──日本人の引揚をめぐる構想

　大戦終結後に発生すると予想される人口移動をめぐる検討が米国で始まったのは，東欧におけるドイツ人の強制移住に合意する立場をローズヴェルトが明らかにした直後だった。1943 年 6 月下旬，米国務省内の対外経済政策委員会（テイラー委員会）に「移民再定住特別委員会（SCMR : Special Committee on Migration and Resettlement）」が設置された[10]。この委員会では，ヨーロッパにおける人口移動について優先的に検討された後，同年 9 月の第 6 回会議にて，アジアについても同様の資料を作成するようにとの指示が出され[11]，台湾，南洋委任統治領，フィリピン，日本，朝鮮，オランダ領東インドの各地に関する提言がまとめられた。この資料が戦後計画委員会に送られ，米国の基本方針となった[12]。

　在外日本人の扱いについて政策提言にあたった部署としては，「部局間国と地域委員会（CAC : Inter-Divisional Country and Area Comittees）」の一つとして 1943 年 9 月に設置された「部局間極東地域委員会（IDACFE : Inter-Divisional Area Committee on the Far East）」もある。SCMR にも関与したヒルドリング少将（John Henry Hilldring），ペンス大尉（H. L. Pence）の両名が 1944 年春に米国務次官補ダン（James C. Dunn）に宛てて 2 度にわたって送付した日本占領に関する質問状[13]に対して IDACFE が回答を作成し，それが同年 5 月にペンスに送付され

---

9 ）Tripartite political meeting, December 1, 1943, Bohlen Minutes, in *FRUS* (1943b : 603-604).

10）SCMR，および「部局間極東地域委員会（IDACFE）」における日本人の引揚をめぐる構想については Watt（2017）に詳しい。

11）NF 483-6, p. 5.

12）NF 483-15, p. 2.

13）Japan : military government planning, correspondence from J. H. Hilldring and H. L. Pence to James C. Dunn（1944/ 2/18），NF, 1411-PWC-106.

た。この回答が送られた段階では，米国は台湾からの大多数の日本人の帰還と，南洋委任統治領からの一定程度の帰還を見込んでいたが，台湾からの引揚について中国の意志は確認していなかったため，これらの地域に在住する「日本人民間人に対する戦後の扱いをめぐる決定の自由を拘束するような行動をとらないように」との指示がペンスに与えられた[14]。

　大戦末期には米国の対日政策は，国務・陸軍・海軍調整委員会（SWNCC：State-War-Navy Coordinating Committee）に置かれた極東小委員会（SFE：Subcommittee for the Far East）が作成した文書が統合参謀本部の了解を得たうえでSWNCC文書として決定され，それが米国の公式の対日政策となるというかたちで策定されていった（宮崎 1982 参照）。1944 年 12 月に統合参謀本部統合戦後委員会のストロング少将（George V. Strong）が米国国務次官グルー（Joseph Clark Grew）に送った覚書に，同委員会がまとめた戦後対日構想案が添付されている[15]。そこでは，日本の全軍の構成者および民間の支援者を，日本占領下の中国，樺太，朝鮮，千島，北海道，台湾・澎湖諸島，仏領インドシナ，タイ，ビルマ，英領マラヤ，蘭領東インド，フィリピン諸島，南洋委任統治領および，上記以外の北緯 30 度以南のすべての陸海域から立ち退かせることとならんで，当該の領域から日本の民間人も立ち退かせることが考慮されていた。ただし，このうち民間人の立ち退きについては，1945 年 2 月 7 日に極東小委員会から出された報告書に添付された修正版では記述が削除された[16]。

　この後，米国からの文書で在留日本人の引揚について公式に言及されるのは1945 年 10 月 2 日の SCAPIN 89 であり[17]，これを受けてさらに 10 月 16 日に

14）The Adviser on Liberated Areas for the Far East（Moffat）to Captain H. L. Pence of the Occupied Areas Section, Navy Department, in *FRUS*（1944：1242-1246）; Japan：Mandated Islands and Formosa：Segregation of Japanese Civilians, NF, 1411-PWC-198, p. 2. Watt（2017：405）も参照のこと。

15）Memorandum by Major General George V. Strong, Joint Post-War Committee of the Joint Chiefs of Staff, to the Under Secretary of State（Grew）, 28 December, 1944, in *FRUS*（1945a：499-500）.

16）Report by the State-War-Navy Coordinating Committee's Subcommittee for the Pacific and Far East, SWNCC 21, 7 February, 1945, Appendix "E", General Order, in *FRUS*（1945a：528-529）.

17）SCAPIN 89, October 2, 1945, Repatriation of Japanese Nationals,『GHQ 指令総集成』

82　第 I 部　引揚・追放・残留の国際的起源

SCAPIN 148 が出された[18]。地域別に見ると，たとえば朝鮮半島については，同月 13 日に SWNCC 176/8 として承認された朝鮮初期基本指令で，民間人も含めた日本人の日本への帰還について詳細な言及がなされることになった[19]。

2　住民移動の構想枠組とその変化

構想の初期段階──モデルとしてのギリシア＝トルコ間の住民交換

　第二次世界大戦後に再建される領土からドイツ人を退去させることを強く希望して働きかけたのは，後に「追放」を執行することになるポーランド，チェコスロヴァキア両国の亡命政府だった。米英ソがこれに同意したのは，住民移動によって東欧の民族問題を解決することの有効性と必要性を認めたためだった。この認識の背後には，戦間期のヨーロッパで，国民国家を創出するために国内に居住する民族マイノリティを国外に移動させることが民族問題を解決する有効な手段として広く認められるようになっていたという事情があった。バルカン戦争後のブルガリア＝オスマン帝国間の住民交換にはじまる 20 世紀ヨーロッパの住民移動の歴史の中でも，ローザンヌ会議で結ばれた協定に基づいて 1920 年代にギリシア＝トルコ間で実施された住民交換を連合国が最大の成功例とみなし，ドイツ系住民の移動を構想する際に繰り返し引き合いに出したことは，多くの史料から確認できる。

　たとえば，イギリスで 1942 年 7 月 6 日にチャーチル戦時内閣が東欧からのドイツ系マイノリティの移住に賛同する決定を行った際，この決定の土台となった同年 7 月 2 日の外相イーデンの覚書では，「成功した住民交換」の事例としてギリシア＝トルコ間の住民交換が挙げられた。1943 年 3 月，東プロイセ

　（1993-94）第 2 巻。

18）SCAPIN 148, October 16, 1945, Policies Governing Repatriation of Japanese Nationals in Conquered Territory, 『GHQ 指令総集成』（1993-94）第 2 巻。

19）Basic Initial Directive to the Commander in Chief, U. S. Army Forces, Pacific, for the Administration of Civil Affairs in Those Areas of Korea Occupied by U. S. Forces, SWNCC 176/8, in *FRUS*（1945a : 1080）. 宮崎（1982 : 74）も参照のこと。

ンからのドイツ系住民の移住にローズヴェルトが賛同した際の発言でも，第一次世界大戦後に行われたギリシア＝トルコ間の住民交換にならうとの言及があった。また，チャーチルは 1944 年 12 月の下院演説でギリシア＝トルコ間の住民交換の例を引いてドイツ系住民の移住を正当化し，1945 年 2 月のヤルタ会談の席上でもギリシア＝トルコ間の住民交換は「大いなる成功」だったと述べた。

　第二次世界大戦後，イタリア，ルーマニア，ハンガリー等の旧枢軸国に対するパリ講和会議（1946 年）の席上で，チェコスロヴァキアが国内のハンガリー系マイノリティの追放を希望し，賛否が分かれて議論になった際にも，双方の側がギリシア＝トルコ間の住民交換の前例を引き合いに出しつつハンガリー系マイノリティの追放の是非を論じた。第二次世界大戦後の東欧における民族秩序の再編を構想する際，ドイツ人の強制移住に限らず，ギリシア＝トルコ間の住民交換が重要なモデルになっていたことがわかる（川喜田 2019 参照）。

　住民移動の構想にあたり，このモデルが適用されたのは，東欧の住民移動だけではなかった。先にふれた 1944 年 5 月のペンスに対する IDACFE の回答では，在留日本人に関する米国の全体方針が決定されていないなか，現地の日系人の隔離が軍事的に必要とされる場合には，ギリシア＝トルコ間の住民交換を参考にするようにとの言及があり，この経験について情報を集めるよう指示が出された。このことは，米国が，日本植民地・委任統治領における在留日本人の扱いを，ドイツ人の強制移住と同じくギリシア＝トルコ間の住民交換の先例に連なるものとして位置づけようとしたことを示している[20]。

計画の具体化──ディスプレイスト・パーソンへの対応

　しかし，戦後人口移動が，戦局の変化とともに構想から実施を見据えた局面へと進んでいくにしたがって，住民交換に立脚した人口移動のモデルは──少なくとも米国の議論では──いったん後景に退くことになった。Watt（2017）も指摘するように，1943 年 6 月に開催された SCMR の初回会議では，

20）The Adviser on Liberated Areas for the Far East (Moffat) to Captain H. L. Pence, in *FRUS*（1944 : 1244-1245）.

長期的な目標として住民移動，短期的な目標として戦争捕虜・強制労働従事者・難民等の帰国が課題として想定されていた[21]。しかし，計画が具体化していくなかで，SCMR の議論の重点は後者に移動していった。SCMR は，戦争に関連して戦前の居住地から（主として国外に）移動した人々をすべてディスプレイスト・パーソン（DP）として区分し，それを元の居住地に戻すという枠組で，移動させるべき対象を把握した。移動の対象とみなされたのは敗戦国の国民だけではなく，むしろ連合国側の国民の帰国が重要な目的だった。大戦終結直後に移動が必要になる人々として SCMR が視野に入れていた戦争捕虜，強制労働従事者，強制収容所の生存者，疎開者，植民者などの多様な集団を合わせれば，全体で 800 万から 1000 万人の規模になることが予想された[22]。

SCMR の初期の関心は地域的にはヨーロッパに置かれた。最大数のディスプレイスト・パーソンを国内外に抱えるドイツを意識しながら構想が始まり，ヨーロッパ戦線で解放が近づくイタリア，ギリシアを手始めに，ノルウェー，ユーゴスラヴィアなどについて，順次，国別に報告と提言がまとめられ，続いてアジアについても検討が進んでいった。大戦後に生じると予想される戦争捕虜・強制労働従事者らの帰国に加えて，そのうえさらに民族秩序を再編するような大規模な人の流れを統制することは困難と考えられたため，長期的目標として設定されていた民族マイノリティの移動は検討が進むにしたがって SCMR の視野から外れ，具体的な計画の中で取り上げられることはなかった[23]。

長期居住者を含めた住民移動の構想が復活してくるのは 1944 年 12 月以降のことだった。戦後計画委員会の求めに応じて「部局間国と地域委員会（CAC）」がチェコスロヴァキア，ポーランド，ルーマニア，ユーゴスラヴィアにおけるドイツ系およびハンガリー系マイノリティの扱いについて検討し，SWNCC に提言を送付した[24]。ここでは，SCMR で作られた議論の枠組みを引き継ぎつつ，

---

21) NF, 483-1. Watt (2017 : 397) も参照のこと。
22) ここには，国境変更にともなって生じると予想される住民移動の対象者は含まれていない。それもすべて合わせれば 2000 万人になるというのがイギリスの予想だった。NF, 483-1, pp. 1-2.
23) NF, 483-13, pp. 3-4.
24) NF, 1090-CAC-338, 2.

SCMR が検討しきれなかった長期目標としての住民移動があらためて取り上げられることになった。

3　米国の構想とその特徴——日独の事例の位置づけ

ディスプレイスト・パーソンの「帰国」——植民者への対応を中心に

　構想から実施に向かうこの流れの中で，米国による敗戦国の戦後人口移動の構想にはどのような特徴があったのか。以下，それを三つの観点から見ていきたい。

　まず注目したいのは，構想が具体化するなかで SCMR の計画の中心となったディスプレイスト・パーソンである。SCMR の構想では，開戦後に移住した「一時居住者」とそれ以前から居住する「長期居住者」（民族マイノリティ）を分け，一時居住者を移動させるための計画立案が優先された[25]。一時居住者に分類された集団の重要な一角を形成したのが国策による植民者だった。ドイツの場合，民族ドイツ人の移住政策は第二次世界大戦の開戦とほぼ同時に開始された。一時居住者とみなされるかどうかの判断は開戦が基準点となったため，ナチの民族移住政策によって東欧の占領地域に移住した民族ドイツ人は，SCMR の議論では一時居住者の枠に入れられた[26]。日本の場合にはドイツほどは明確に区別されなかったが，朝鮮半島であれば 1930 年頃を基準とし，移住の時期がそれ以前であるか以後であるかによって，帰国させる集団と帰国を希望しない場合に残留を認める集団に分けられた[27]。国策による植民を通じて開戦後に領土外に移住した人々は，日独いずれのケースにおいても，帰国が前提とされる一時居住者に区分されたという点で共通していたといえる。

　日独の植民者の扱いに違いが生じたとすれば，その原因は，彼らをどこに帰国させるかという点で，東欧ではアジアよりもはるかに状況が複雑だったこと

25）NF, 483-13, pp. 3-4.

26）NF, 481-39, pp. 6-7.

27）NF, 481-58, p. 9.

にあった。すなわち，日本の植民者は――少数の例外を除き――日本国籍者が日本国内から移住したケースだった。これについては戦後の日本の領土内に帰還させるという方針は明確だった。これに対して，元の居住地が戦後ドイツの国境外にあった民族ドイツ人の場合，どこを本来の居住地とみなして「帰国」させるかは難しい問題だった。

　米国にとって最も優先度が高いのは，連合国側のディスプレイスト・パーソンの帰国だった。ナチの民族移住政策によって玉突きの移住が行われた東欧では，ドイツに強制連行された連合国側のディスプレイスト・パーソンが帰国する空間を確保するため，そこに植民した民族ドイツ人を動かす必要があった。米国はディスプレイスト・パーソンの本来の居住地を民族的帰属だけで判断したわけではなく，民族ドイツ人が旧国籍を回復し，戦前の居住国に帰国することも想定されてはいた[28]。しかし，元の居住国でどのように扱われるかを考えれば，対独協力した人々は戻りたがらない可能性があった[29]。移住先としてはドイツも想定できたが，元の居住地ではないドイツに「帰国」させることになった場合，占領国にとって受け入れは大きな負担であり，無条件に受け入れることは躊躇われた。ドイツの受け入れ能力を考えて，たとえばチェコスロヴァキアの場合には住民交換と組み合わせる必要性も SCMR では議論された[30]。他方，枢軸国間で住民移動が重層化したケースとしては，イタリア＝ドイツ間の二国間協定に基づいてドイツ系住民が国外移住した後，イタリア南部からイタリア人を植民させる政策がとられた南ティロールがある。米国の分類からするとこのイタリア人植民者もディスプレイスト・パーソンに含まれた。ここでは，南ティロールがイタリア，ドイツ，オーストリアのいずれに帰属することになるかによって，イタリア人入植者を残すのかドイツ系住民を帰還させるのかが決まるというのが SCMR の見解だった[31]。

28）NF, 1090-CAC-337, 3, p. 15. ナチ体制下では，民族移住政策の枠内でドイツ領内に移住しようとする民族ドイツ人に対して，ドイツ国籍の取得を容易にする措置がとられていた。

29）NF, 481-50, p. 5.

30）NF, 481-1, p. 3.

31）NF, 481-10, pp. 1-4.

ナチの民族移住政策の枠内で移住した民族ドイツ人は，東欧諸国から見れば，侵略とともに植民してきたディスプレイスト・パーソンだが，ドイツ本国から占領地域に移住した占領関係者や産業労働者と同列には論じられないところも確かにあり，CAC でより詳しく検討された際には，これらの人々は一時居住者と長期居住者の中間的存在として位置づけられることになった[32]。ナチの民族移住政策による植民者の存在が，戦後の東欧における秩序再編構想を複雑にしたことがわかる。

長期居住者の移動──領土割譲と民族秩序再編

　長期居住者の移住をめぐる米国の立場についても見ておきたい。構想段階における米国の議論から読みとれる原則を整理するならば，第一に，戦争によって本来の居住地から移動させられたとみなされるディスプレイスト・パーソンについては帰国を前提とした計画が立てられたのに対して，開戦以前からの居住者については移動の強制は考えられていなかったことが指摘できる。米国は，全住民の無差別な強制移住には反対する立場を原則として取りつづけ，長期居住者には移動における自由意志を担保しようとした。ポーランドに割譲される地域からのドイツ人の移住をめぐって，自由意志による移動は可能かとテヘラン会談でローズヴェルトがスターリンに尋ねる一幕があったのは，米国のこの姿勢を示す一例といえよう[33]。東アフリカ植民地からのイタリア人の引揚についても同様だった。SCMR の報告では，イタリアからの支援なしに生活を維持するのは困難であること，イタリア人の帰国がエチオピア政府の意向であることに鑑みて，部分的には引揚が必要になるだろうとの見通しが示されたが，強制的な引揚を絶対の前提とする議論ではなかった[34]。日本人の引揚についても，1944 年 5 月のペンスへの指令では，委任統治領と台湾に居住する民間人が日本への帰国を希望しない場合には移住を強制しないとされた[35]。SCMR が

32）NF, 1090-CAC-329, pp. 11–12 ; NF, 1090-CAC-337, 3, p. 15.

33）Tripartite political meeting, December 1, 1943, Bohlen Minutes, in *FRUS*（1943b : 600）.

34）NF, 481–10, p. 10.

35）The Adviser on Liberated Areas for the Far East（Moffat）to Captain H. L. Pence, in *FRUS*

88 第Ⅰ部 引揚・追放・残留の国際的起源

アジアについて作成した一連の報告でも，朝鮮半島であれば1930年頃よりも前，委任統治領およびフィリピンであれば開戦前から居住していた住民が残留を希望した場合，それらの住民に帰国を強制することは想定されていなかった[36]。1945年8月に米国戦略情報局（OSS：Office of Strategic Services）の研究分析部門で作成された在留日本人に関する報告でも，朝鮮半島や台湾に日本人が残留する可能性が検討されていたことをWatt（2017）が指摘しているが，戦争終結直前まで残留の可能性が検討されていたことは興味深い[37]。

第二に，長期移住者の移動における自由意志の尊重は，領土変更の性格と強く関連していた。米国は，国境は民族の居住実態に合わせて引かれるべきだと考えていた。これに関連して，ルーマニアにおけるハンガリー系マイノリティをめぐる構想で目を引くのは，マイノリティ集団全体を包含する強制移住の実施をCACが推奨したことである[38]。20世紀前半のヨーロッパで締結された住民移動をめぐる協定のうち，強制性をともなうことが明記されたのは，ギリシア＝トルコ間の住民交換のほかには，1940年9月に締結されたブルガリア＝ルーマニア間の住民交換だけだった（Schechtman 1946参照）。その他はすべて――実効性は別として――対象となる住民に移住するか否かを選択する余地を残していた。それを考えると，ここで強制移住が推奨されたことは特殊である。民族問題の解決が地域の安定につながると判断されるときには，米国が住民移動の有効性を高く評価していたことを示す事例といえよう。逆に，東欧各地のドイツ系マイノリティの移動については，基準を設けて対象者を選別し，選択的に行うことが推奨された。これは，ドイツの国境変更が純粋に民族問題を解決するための措置とは認識されていなかったことを反映している。CACの報告が作成された1944年末の段階では，オーデル・ナイセ川以東の地域を

(1944：1246)．

36）NF, 481-51, p. 9；NF, 481-54, p. 7；NF, 481-58, p. 9.

37）Watt（2017）で言及されている史料は，United States, Office of Strategic Services, Research and Analysis Branch（1945）*Japanese Civilians Overseas*, No. 2691, [Washington]．ただし，占領政策の具体的方針の立案にあたり，この報告書がどの程度の影響力をもつものであったかについては，別途検討が必要と考えられる。

38）NF, 1090-CAC-337, 3, p. 6.

ドイツからポーランドに割譲させることを希望するソ連・ポーランドとそれに反対する米英のあいだで交渉が決着していなかった。民族の居住実態ではなく権力政治の力学によって領土が決まり，国境に居住実態を合わせるべく大規模な住民移動が生じる事態を米国が危惧していたことは CAC の報告からも見て取れる[39]。

　第三に，執行国が自国の判断で一方的にマイノリティを追放するのではなく，実施前に関係国間で合意が結ばれる必要があることは，すべての地域のすべての住民移動について米国が求めた前提条件だった。たとえば，チェコスロヴァキアからのハンガリー系住民の追放をめぐるパリ講和会議での議論では，ハンガリー系マイノリティの追放を求めるチェコスロヴァキアに対して，米国はイギリスと手を結んで反対した。米英の後ろ盾を得たハンガリーの主張が通り，ハンガリー系住民の追放は講和条約には書き入れられなかったが，これは住民交換そのものに対する米英の反対姿勢を示すものではない。パリ講和会議の議論の中で，米英はともに，民族的に同質な国家の創設という理念には共感を示した。米国が反対したのは，チェコスロヴァキアがハンガリー系マイノリティを一方的に追放しようとしたことに対してだった。米国は，両国の相互合意という点でギリシア＝トルコ間の住民交換の例にならうべきだとしてチェコスロヴァキアに反論した[40]。関係国双方の合意に基づく二国間協定が住民移動の前提とされたのは CAC の報告でも同じだった。先に挙げたルーマニア＝ハンガリー間の強制移住についても，実施する場合には事前に両国が合意することが

---

39) NF, 1090-CAC-329, p. 13 からもわかるように，米国が全ドイツ人の移住に反対したのは，国家と民族（Volkstum）を同一視するナチの思想がドイツ人のあいだで強まることを危惧したためでもあった。本書第 2 章でも述べられたように，戦間期から第二次世界大戦にかけての時期は，民族自決の原則に基づく国民国家の実現が重視されると同時に，マイノリティの保護も取り入れられようとしていた時期にあたる。このことが，国民国家原理を絶対視し，望ましくない者の人権を無視して排除しようとするナチズムのような思想への反論に反映されるとともに，敗戦国に民族的に帰属する者であろうとも現地に長期的に居住している場合にはその残留を認めようとする米国の発想にも影響を与えていたと考えられる。

40) Ninth meeting of the political and territorial commission for Hungary, September 9, 1946, in *FRUS* (1946 : 410).

90 第Ⅰ部 引揚・追放・残留の国際的起源

必要だとされた[41]。

第四に，長期移住者の移住への対応として，受け入れ国の受け入れ能力を重視したのも米国の特徴の一つだった。特に受け入れの規模が占領国の負担に直結するドイツの場合，ソ連との交渉において米英が過大な領土割譲に反対したことが知られている。住民移動の規模は，占領下ドイツが受け入れ可能な範囲内に抑制されなければならなかった[42]。また，受け入れ能力に著しく欠けると判断されたハンガリーの場合，ハンガリー系マイノリティを受け入れる前提として，米国は，周辺諸国からハンガリーへの領土割譲を検討した。ルーマニア＝ハンガリー間の場合には，相応の領土をルーマニアが割譲することを住民交換の前提とする議論が CAC の報告で検討され，チェコスロヴァキアのハンガリー系マイノリティの扱いをめぐるパリ講和会議での交渉でも，住民移動をハンガリーへの領土割譲と組み合わせることが検討された（Szarka 1999 参照）。

秩序ある移住の理想

これらの条件からわかるのは，米国が秩序だった人道的な住民移動の実施を重視したことである。この点では，同時期に進んでいたナチ体制下の民族移住政策が連合国にとっていかに反モデルとして機能したのかを見ておく必要がある。

ナチの民族移住政策については，米国務省の戦後対外政策諮問委員会の法務特別小委員会が 1943 年 4 月に詳細な報告を作成しており，米国がこの問題に関心をもっていたことがわかる[43]。この報告の関心はナチが進めた民族ドイツ人の帰還政策に向けられており，占領地域でのユダヤ人の移送，ポーランド人の強制労働についての言及は少ない。この報告では，民族ドイツ人の帰還は東欧の民族問題を複雑化させるだけだと結論づけられており，政策としての有効性が疑問視されてはいたが，違法性については論じられなかった。

しかし，無論，非ドイツ系住民に対するナチ・ドイツの非道な扱いが問題視

41）NF, 1090-CAC-337, 3, p. 6.

42）NF, 1090-CAC-338, p. 2.

43）NF, 742-2.

第 3 章　第二次世界大戦後の人口移動　　91

されていなかったわけではない。1942 年 7 月の英外相イーデンの覚書は，東欧におけるドイツ人の移住はナチ・ドイツの移住政策，ソ連の移住政策に匹敵する規模になると指摘しつつ，この二つの事例を「移住の対象となる住民への配慮を欠く」として断罪し，「秩序だった平和な方法」での移住措置が必要だと述べた（川喜田 2019 参照）。ポツダム会談でもチャーチルは，占領下のドイツにとって受け入れ可能な範囲を上回る人間が東部から流入して食糧が不足すれば，「ドイツの強制収容所をさらに大規模にしたかのような状況」に直面することになるとして，強制移住の規模を縮小するようにスターリンに求めた[44]。米国の場合，1944 年 5 月のペンスへの回答に，「ドイツで行われている大量移住は，強制労働，地域経済の変更，人種的嫌悪の発露を目的としている」との言及があり，それとは異なり，日本の民間人をハーグ陸戦規定に則って扱うようにとの指令が出された。軍事目的での民間人の隔離・収容が国際法に反する可能性があることが認識されていたため，国際法違反の謗りを受けた場合に，不適切と考えられるナチ・ドイツの政策とは動機が異なることを示して抗弁しようとしたという事情がこの背景にはあった[45]。CAC の報告でも，長期居住者の移動においては，受け入れ側の能力に応じた規模とタイミング，占領国と執行国のあいだの合意が必要とされることに加えて，国際監視の下で秩序だった移住が行われる必要があると論じられた[46]。

　こうした認識と議論を反映して，ドイツ人の強制移住について定めたポツダム協定（第 13 条）と，民間人を含むすべての日本人の朝鮮半島からの引揚に初めて言及した SWNCC 176/8 はともに，移住は「秩序だった人道的な方法で行われるべきである」という同一の文言を含むことになった。また，かねて危惧されたとおり，戦闘行為が終了した後，東欧各地では報復の色彩の濃いいわゆる「野蛮な追放」が始まっていたため，これに対してポツダム協定第 13 条には，チェコスロヴァキア，ポーランド，ハンガリーの暫定政府にそうした行為の停止を求め，占領下ドイツの受け入れ状況を見極めたうえで今後の移動の

44）Fifth Plenary Meeting, Saturday, July 21, 1945, 5 P. M., in *FRUS* (1945b : 212).

45）NF, 1411-PWC-106, p. 1.

46）1090-CAC-338, p. 2.

時期と速度の見通しを示す報告の提出を待つとも記された。SWNCC 176/8 に
も，日本人の送還は日本の受け入れ状況の整備に応じてその速度を決定するよ
うにとの米太平洋陸軍総司令官マッカーサーに対する指令が含まれた[47]。これ
も秩序ある受け入れを可能にするための方針と見ることができる。

おわりに

日独の事例の接点――長期的視点の確保に向けて

　本章では，戦後人口移動をめぐる連合国の構想について，特に米国の計画に
着目しながら論じてきた。戦後秩序とそれを実現するための人の移動をめぐる
米国の構想を整理することでわかるのは，想定されていた人の移動の複合性で
ある。国境外に居住する敗戦国の住民の取り扱いについては，ディスプレイス
ト・パーソンへの対応という形で検討が進んだ。米国は，国境外に存在する国
籍者をディスプレイスト・パーソンとして把握し，開戦前から現地に居住し，
居住の意志が尊重されるべき存在としての長期居住者（民族マイノリティ）と，
開戦後に現地に移住し，可及的速やかに帰国すべき存在として位置づけられる
一時居住者に区分した。米国の短期的な計画の対象は，開戦後に移動した集団
にまずは集約されていった。

　ここにおいて，日本とドイツが国策として国際法上認められた国境外の地域
に植民させた移住者は，ディスプレイスト・パーソンの中でも優先的に帰国さ
せられるべき一時居住者の扱いで本国に戻されることになった。1930 年代か
ら大戦期にかけての勢力圏拡大と植民政策を軸とする地域開発，敗戦によるそ
の崩壊と植民者の帰還という流れを考えたときに，ドイツ人の「追放」は
――歴史的背景と文脈の大きな相違の中にも――その一部において日本の引
揚と重なる側面を含んでいたということができる。ただし，日本人植民者の大

---

47) XIII : Orderly Transfer of German Population, in *FRUS*（1945b : 1495）; SWNCC 176/8, Part I :
General and Political, 8 Prisoners of War, United Nations Nationals, Neutrals, and Other Persons,
j（1）;（3）, in *FRUS*（1945a : 1080）.

多数は一時居住者だが，民族ドイツ人の植民者は一時居住者であると同時に民族マイノリティとしての性格を有しており，二つのカテゴリーの中間に位置する存在だった。その意味で，ドイツにおける人口移動のほうが日本よりも複雑な性格を有していたともいえる。

　大戦後，西ドイツでは，保守派は「追放」の経験をナチによる加害行為を相対化する過去として領土回復要求と結びつけて強調し，リベラル勢力は逆にこのテーマを忌避する傾向があった。日本では引揚というテーマは西ドイツほど政治化することはなかったが，被害体験としては原爆の陰に隠れつつも戦後の苦労体験の一つに数えられ，結果として，戦後ドイツと似通った語りのパターンが作り出された。その大きな特徴の一つは，個人の苦労体験が，先行する歴史的文脈——ドイツであればナチ体制下の民族移住政策とその急進化であり，日本であれば植民地支配と侵略——から切り離され，戦後の苦労体験の一部としてのみ国民に共有されたことである。近年，ナチの民族移住政策と「追放」の関連を考えることでドイツはこの語りを乗り越えつつある。引揚の構想段階における移住者のカテゴライズが移住の性質と不可分であったことを考えれば，日本の事例についても前史を含めた長期的な視点を確保する必要性が見えてこよう。

国民国家イデオロギーと住民移動の時代

　20世紀中葉には，領土内における住民の構成を単一化することが必要かつ有効と考えられており，それを実現するために居住者を動かすことについて広い合意が存在した。本章で確認したように，国外居住者を国内に戻すという枠組で戦後人口移動を計画し，地域秩序を安定させるために国境線と民族の居住圏をできうる限り一致させようとした米国の発想は明らかにこの時代の文脈の中にある。しかし同じことは，ドイツ系住民の国外退去を提案したポーランド，チェコスロヴァキアの亡命政府，彼らに対して米国に先んじて合意を与えた英ソについても指摘できる。特に，ポーランド，チェコスロヴァキアは，第二次世界大戦後，ソ連やハンガリーとの間でも住民交換を実施した。これらの諸国がこぞって参照したギリシア＝トルコ間の住民交換というモデルと，それを通

94　第 I 部　引揚・追放・残留の国際的起源

じて語られる国民国家原理への信頼と共感がなければ，戦後処理と領土変更に
ともなってこれだけの規模の移住措置が計画・実施されることはなかっただろ
う。その意味で，第二次世界大戦後の住民移動はアジアの事例も含めて，20
世紀ヨーロッパの住民移動の縦の歴史の中で理解されるべきものとしてある。

　戦後人口移動が構想されるなかで，第二次世界大戦期には，モデルとしての
ギリシア＝トルコ間の住民交換と反モデルとしてのナチの民族移住政策を両極
として，正当な住民移動と不当な住民移動の弁別が進んだ。すなわち，住民移
動への幅広い合意の中にあっても方法には制約がつけられ，特に米英において
は，関係国の相互合意に基づく事前の協定，当事者の自由意志の尊重，実施に
おける秩序と人道性といった条件が事前の議論や交渉の中で繰り返し言及され
た。ただし，正当な住民移動として引き合いに出されたギリシア＝トルコ間の
住民交換は，確かに二国間協定で取り決められたものではあったが，協定に
は――米国が無条件でよしとしたわけではない――強制性をともなう移住で
あることが明記されていたうえに，ギリシア＝トルコ戦争の過程で小アジアの
ギリシア人の大半が逃亡したという意味で実態としての住民移動が住民交換協
定に先行しており，移動の条件も苛酷だった。掲げられた住民移動の理想と，
歴史的事実としてのギリシア＝トルコ間の住民交換の実態のあいだには見過ご
しえない乖離があった[48]。その意味で，ギリシア＝トルコ間の住民交換は，実
施における実質的な指針というよりは，民族的に同質な国家の創設という理念，
その国境内に人間を移動させるという行為の正しさへの確信，その実施にあた
り正当な方法がとられる必要性などを含意した，正当な住民移動の理想を表す
イコンとして機能したと見るべきなのだろう。他方，ナチの住民移動について
は，第二次世界大戦終結後に行われたニュルンベルク継続裁判で，占領下で行
われた強制移住の関係者も訴追された[49]。さらに 1949 年のジュネーヴ条約第

48）逆に，ナチの民族移住政策の中でも各国との住民交換協定に基づく民族ドイツ人の呼び
　戻しは正当な住民移動の条件を満たしている。米英のいう「ナチの民族移住政策」でイ
　メージされていたのは，民族ドイツ人の帰還政策の裏面であった非ドイツ系住民の移
　送・追放だったと考えられる。

49）東部総合計画に携わったマイアーらも訴追の対象となった。ただし，刑罰は全体的に軽
　かった。Heinemann（2013）参照。

4 条約（戦時における民間人の保護）第 49 条では，個人または集団を占領地域から強制移送すること，追放することは理由を問わず禁止された。ナチの民族移住政策を断罪し，そこから距離をとろうとする大戦中の動きは，これをもって国際法上も明確に規定されることになった。

　第二次世界大戦中に形をとり始めた正当な住民移動の理想は，敗戦国の処遇を定めた規定の中でも明文化された。しかし，「追放」においても引揚においても，歴史上，それまでに行われた多くの住民移動と同じく，連合国——特に米国——の構想段階では存在していた相互性，自由意志，秩序と人道性という原則を実施局面において担保することはできなかった。自由意志による残留という選択肢が長く検討されたにもかかわらず，共生が不可能になる状況がなぜ生まれたのか。秩序と人道性をともなう住民移動はなぜ実現しなかったのか。これは，そもそも民族的に同質な国家という価値がその裏面においていかに排除の論理を構築するか，構築された他者排除の感情を制御することがいかに困難か，植民地化も征服も含めて他者による支配がいかに民族的感情を刺激し，戦争がいかに共存できないほどに人が憎みあうレトリックを広げ，対立がたやすく暴力に転化する状況を生み出すかを教えているといってよいだろう。

　しかし，構想局面の理想と実施局面の現実の大きな乖離を考えるうえでは，米国内の各部署間の調整，連合国と現地勢力の調整，ソ連側の論理など，実施において大きな影響を及ぼした諸要素に注目して実証的に検証する必要がある。その際，たとえば移住の執行局面で占領国が果たした役割をめぐる比較実証研究という点では，朝鮮半島やポーランドに加えて，大部分はソ連，一部が米軍の統治下に置かれたチェコスロヴァキアが興味深い事例になるだろう。また，ユーゴスラヴィア領イストリアからのイタリア人の流出のように，今は目が届いていない事例も多くの示唆を与えてくれるはずである。本章は構想局面に限定して議論したが，実施局面については稿を改めて検討する必要があろう[50]。

50）本章は，『ヨーロッパ研究』第 17 号に掲載された拙稿「第二次世界大戦後の人口移動——連合国の構想にみるヨーロッパとアジアの連関」（2017）を加筆修正して再録したものである。本章では一部割愛したが，参照文献・史料等の詳細については，同論文をあわせて参照されたい。

参考文献

アリー，G.（1998）『最終解決』山本尤・三島憲一訳，法政大学出版局

川喜田敦子（2019）『東欧からのドイツ人の「追放」――20世紀の住民移動の歴史のなかで』白水社

コスチャショーフ，Y.（2019）『創造された「故郷」――ケーニヒスベルクからカリーニングラードへ』橋本伸也・立石洋子訳，岩波書店

『GHQ指令総集成』（1993-94）（第2巻）エムティ出版

永岑三千輝（2001）『独ソ戦とホロコースト』日本経済評論社

宮崎章（1982）「アメリカの対朝鮮政策1941-1945」『史苑』第41巻第2号

吉岡潤（1997）「ポーランド「人民政権」の支配確立と民族的再編――戦後農地改革をめぐる政治状況を軸に」『史林』第80巻第1号

Bernhard, Patrick (2010) "Die «Kolonialachse». Die NS-Staat und Italienisch-Afrika 1935 bis 1943," in L. Klinkhammer, A. O. Guerrazzi and Th. Schlemmer, eds., *Die "Achse" im Krieg. Politik, Ideologie und Kriegführung 1939-1945*, Schöningh.

Bingen, Dieter et al., eds. (2003) *Vertreibungen europäisch erinnern ? Historische Erfahrungen-Vergangenheitspolitik-Zukunftskonzeptionen*, Harrassowitz Verlag.

Brandes, Detlef (1988) *Großbritannien und seine osteuropäischen Alliierten 1939-1943. Die Regierungen Polens, der Tschechoslowakei und Jugoslawiens im Londoner Exil vom Kriegsausbruch bis zur Konferenz von Teheran*, Oldenbourg Wissenschaftsverlag.

Brandes, Detlef (2005) *Der Weg zur Vertreibung 1938-1945. Pläne und Entscheidungen zum "Transfer" der Deutschen aus der Tschechoslowakei und aus Polen*, 2. überarbeitete und erweiterte Auflage, Oldenbourg Wissenschaftsverlag.

Foreign Relations of the United States.（FRUSと表記）

(1943a) *diplomatic papers. The Conferences at Cairo and Tehran, 1943.*

(1943b) *diplomatic papers, 1943. The British Commonwealth, Eastern Europe, the Far East*, Vol. III.

(1944) *diplomatic papers, 1944. The Near East, South Asia, and Africa, the Far East*, Vol. V.

(1945a) *diplomatic papers, 1945. The British Commonwealth, the Far East*, Vol. VI.

(1945b) *diplomatic papers : the Conference of Berlin (the Potsdam Conference), 1945*, Vol. II.

(1946) 1946, *Paris Peace Conference : proceedings*, Vol. III.

Haar, Ingo (2009) "Die deutschen «Vertreibungsverluste»," in R. Mackensen et al., eds., *Ursprünge, Arten und Folgen des Konstrukts "Bevölkerung" vor, im und nach dem "Dritten Reich". Zur Geschichte der deutschen Bevölkerungswissenschaft*, Verlag für Sozialwissenschaften.

Heinemann, Isabel (2013) "Rasse, Lebensraum, Genozid," in K. C. Priemel and A. Stiller, eds., *NMT. Die Nürnberger Militärtribunale zwischen Geschichte, Gerechtigkeit und Rechtschöpfung*, Hamburger Edition.

Lautensach, Hermann (1942) "Das japanische Bevölkerungselement in Korea," *Geographische Anzeiger*, Vol. 43.

Newel, Johann (1939) "Japanische Siedlungspläne in der Mandschurei," *Internationale Agrarrund-*

schau, No. 1939/3.

Novotny, Lukas（2009）*Vergangenheitsdiskurse zwischen Deutschen und Tschechen. Untersuchung zur Perzeption der Geschichte nach 1945*, Nomos.

Post World War II Foreign Policy Planning. State Department Records of Harley A. Notter, 1939-1945.（NF と表記）

Schechtman, Joseph B.（1946 ; reissued in 1971）*European Population Transfers 1939-1945*, Russell & Russell.

Schwind, Martin（1940）"Schwierigkeiten und Erfolge japanischer Kolonisation in Mandschuko," *Geographische Zeitschrift*, Vol. 46, No. 2.

Sienkiewicz, Witold and Hryciuk, Grzegorz, eds.（2009）*Zwangsumsiedlung, Flucht und Vertreibung 1939-1959. Atlas zur Geschichte Ostmitteleuropas*, Bundeszentrale für politische Bildung.

Szarka, László（1999）"Die Frage der Aussiedlung der Ungarn aus der Slowakei auf der Pariser Friedenskonferenz 1946," in D. Brandes, E. Ivaničková and J. Pešek, eds., *Erzwungene Trennung. Vertreibungen und Aussiedlungen in und aus der Tschechoslowakei 1938-1947 im Vergleich mit Polen, Ungarn und Jugoslawien*, Klartext.

Watt, Lori（2017）"The 'Disposition of Japanese Civilians' : American Wartime Planning for the Colonial Japanese," *Diplomatic History*, Vol. 41, No. 2.

第II部

欧　米

第 4 章

フランス植民地帝国崩壊と人の移動
―― 最終局面としてのアルジェリア戦争 ――

松浦雄介

はじめに

　かつて植民地を有し，その後失ったヨーロッパの国々には，それぞれ引揚の歴史がある。それらは基本的に，本国と植民地との関係の変化によって生じた人の移動であるが，その実態を細かく見ればかなりの差異がある。それらを概括するうえで，二つの指標がとりわけ重要である。

　第一に，引揚の持続期間である。引揚の実態は，ある程度長期間にわたって漸次的に引揚が行われるか，植民地の独立後に短期間でなされるかで大きく異なる。漸次的引揚は，新政府との話し合いにもとづき，比較的平和裏に権力の移譲がなされる場合や，植民地状況が段階的に悪化する場合に生じる。前者の例としてイギリス（ただしエジプトからの引揚を除く）が，後者の例としてイタリアがある。対照的に，短期的引揚は，脱植民地化の過程で激しい紛争が生じ，引揚が混乱した社会状況の中で行われる場合に生じる。フランスやオランダ，ポルトガルの引揚がこれに当たる。

　第二に，引揚者の数と本国人口に占めるその比率である。表4-1は，ヨーロッパ諸国の引揚者数と，その人口比を概数で示したものである[1]。イギリスや

　1）人口比は，各項目の高位推計値を，各国の最も主要な植民地からの引揚が行われた年の本国の人口で除して算出した。括弧内は，その引揚が起こった年を表している。国連の

表 4-1 ヨーロッパ諸国における引揚者数（1945～1990年代初頭）

(千人)

	ヨーロッパ系			非ヨーロッパ系			計			
	低位推計	高位推計	人口比(%)	低位推計	高位推計	人口比(%)	低位推計	高位推計	人口(千人)	人口比(%)
フランス	1,400	1,700	3.6	350	500	1.0	1,750	2,200	47,121 (1962)	4.7
ポルトガル	500	600	6.5	75	150	1.6	575	750	9,224 (1975)	8.1
オランダ	270	300	3.0	250	280	2.8	520	580	10,042 (1950)	5.8
イギリス	380	500	1.0	1,350	1,750	3.5	1,730	2,250	50,616 (1950)	4.4
ベルギー	90	120	1.3	15	20	0.2	105	140	9,167 (1960)	1.5
イタリア	480	580	1.2	20	50	0.1	500	630	47,022 (1951)	1.3
スペイン	170	200	0.6	10	20	0.05	180	220	36,373 (1976)	0.6
計	3,290	4,000		2,070	2,770		5,360	6,770		

出所）引揚者数：Smith, ed. (2003 : 32)　人口：Population Division of the Department of Economic and Social Affairs of the United Nations Secretariat (2017).

ベルギー，イタリアでは，人口比で見れば引揚者はそれほど多くなかった。イギリスの場合，38～50万人であり，1950年当時の人口比で1％である[2]。それにたいしてフランスやポルトガル，オランダは，多くの引揚者を受け入れた。フランスの場合，全植民地から本国に引き揚げたヨーロッパ系住民の数は140～170万人と見積もられている。これはヨーロッパ諸国の中で最多であり，二番目に多いポルトガルが50～60万人だから，その多さは際立っている。そしてこの数字は1962年当時のフランスの人口のうち3.6％を占める。また，

　　人口データが1950年以降しかなく，イギリスとオランダの主要植民地（インド，インドネシア）の独立はそれ以前（1947年，1949年）であるため，1950年の人口で計算している。ただし，これらの人口比はあくまで参考値にすぎない。引揚者数が推計値であるうえに，引揚の過程も，長期にわたって漸次的に進行する場合（イギリス）や，独立前に引揚が始まる場合（リビアからイタリアへ）などがあるからである。

2）ただし，非ヨーロッパ系住民の本国移住で見ると，最も多いのはイギリスであり，135～175万人と見積もられている。フランスはそれに続いて35～50万人である。このなかには後述するアルキも含まれている。

102　第II部　欧　米

オランダやポルトガルの場合，数ではフランスに及ばないが，人口比ではオランダが3％，ポルトガルに至っては6.5％である。こういった高い人口圧のために，本国はその受け入れに多大な労力を要した。

　これら二つの指標を組み合わせると，少数の人々が漸次的に，そして比較的平和裏に引き揚げたイギリスと，数から見ても人口比から見ても大量の引揚者が短期間で引き揚げ，本国に大きな影響をもたらしたフランスやポルトガルとが両極に位置するスペクトラムを設定することができる。この線上のどこかに，二つの変数の違いに応じて，その他の国が位置づけられる（Dubois 1994 : 7 ; Droz 2006 : 315-321）。この類型化は，あくまでヨーロッパ諸国における植民地引揚の諸事例を概括するための便宜的なものにすぎず，個々の引揚を取り巻く政治的・経済的・社会的要因をすべて省略している点で，限界は明白である。今後さまざまに修正されなければならないだろうが，比較の端緒として，ここではこのモデルを用いることとする。

　この類型化により，ヨーロッパの植民地引揚史の中にフランスの事例を位置づけることができる。短期間での大量引揚は，本国に甚大な影響をもたらした。近年，日本でもフランスにおける植民地引揚や植民地主義の記憶について研究が積み重ねられてきた。それらの中で，引揚に関わる政策や法，言説，あるいは引揚当事者（特にピエ・ノワールやアルキ：詳細は後述）の体験や記憶について論じられている（平野 2001；同 2002；高山 2006；松沼 2007；同 2013；小山田 2008；松浦 2009b；同 2013）。これらの研究をふまえて本章で目指すのは，アルジェリア独立戦争後に現地フランス人たちが辿った軌跡について，可能なかぎりその多様性を損なうことなく論じることである。アルジェリアからの引揚は，その過程においても，それがその後のフランス社会にもたらした影響においても，フランス（のみならず，おそらくはヨーロッパ）の植民地引揚史の中で最も劇的な事例の一つであり，それゆえこれまでのフランスの植民地引揚についての研究は，日本のみならずフランスでも，かなりの程度この事例に焦点を当ててきた。けれども，フランスの数ある海外領土からの引揚がすべてこれと同じ特徴を示すわけではなく，地域ごとの違いもかなりある。また，アルジェリアに限ってみてもディアスポラや残留など，本国への引揚とは異なる選択

をした人々がいた。そこで以下では，これらの多様性に可能なかぎり留意しながら，フランスの植民地引揚について論じる[3]。

1 フランス植民地引揚史のなかのアルジェリア

フランスの植民地における独立運動は第二次世界大戦前から始まっていたが，それが本格化するのは大戦後である[4]。大戦中の 1944 年，ド・ゴール（Charles de Gaulle）派の政治家は各植民地の高官をアフリカのブラザヴィル（現在のコンゴ共和国の首都）に集めた会議（ブラザヴィル会議）で，ド・ゴールへの協力と引き換えに現地住民の権利の向上を認めていた。戦後，ド・ゴールはフランスをふたたび大国とするためには植民地の維持が不可欠と考え，1946 年に制定された第四共和制憲法にもとづき「フランス連合（Union française）」を創設した。この連合の中で各植民地は，本国との関係に応じて「海外県」「海外領土」「協同領土」「協同国家」に分類されたが，基本的には植民地主義を衣替えしたにすぎなかった。

フランス植民地主義に対する全面的な抵抗は，インドシナから起こった。日本の降伏直後の 1945 年 9 月，ヴェトナムは新政府樹立を宣言するが，それを認めないフランスとの間で 1946 年に戦争（インドシナ戦争）が始まった。1954 年のジュネーヴ協定によりこの戦争は終結し，ヴェトナムの北部にはホー・チ・ミン（Ho Chi Minh）率いるヴェトナム民主共和国が，南部にはヴェトナム国（翌年ヴェトナム共和国）が樹立された。

1950 年の時点でインドシナには 2100 万人の現地住民がいたが，それに対してフランス人は 4.5 万人だった。その大半は軍人か行政官であり，商人や農園主，技術者，ビジネスマンなどの民間人の数よりも多かった。北ヴェトナムでは国家による私有財産の没収が行われたため，多くの人々は即時的な引揚を選

3）前掲表 4-1 が示すとおり，ポルトガルもフランスと同様に独立戦争を経て大量の引揚を経験した国である。ポルトガルの事例については第 5 章を参照。

4）以下の地域別の引揚についての記述は，Dubois（1994：85-89）に拠っている。

んだ。南ヴェトナムでは，フランスとの関係が一定程度維持されたため，入植者たちはジュネーヴ協定後も残留したが，1956年10月の政令により100ヘクタール以上の水田が政府に収用されることになり，しかも財産補償の規定がなかったため，多くが引揚を選んだ。フランス政府は彼らに対し，1958年9月の協定により部分的な補償を決定した。

北アフリカは，フランスにとって最も重要な植民地であった。アルジェリアについては後述するので，ここではその両隣にあるチュニジアとモロッコについて見ておこう。保護領という位置づけであった両国では，アルジェリアやインドシナのような独立戦争はなく，大衆運動やゲリラ的抵抗活動の結果として，1956年に独立が実現した。それにともない，両国に住むフランス人の半数近くが引き揚げた。残りの人々は残留して生活を継続することを望んだが，その後の新政府の経済政策は，次第にそれを難しくしていった。たとえばチュニジアでは，1960年10月にフランスとチュニジア両政府間で協定が結ばれ，フランス人が所有していた畑10万ヘクタールをチュニジアに返還することが決められた。チュニジア政府は1ヘクタール当たり10ディナールを支払うことになったが，これは当時の相場の10分の1の価格であり，価格の20～50％分をフランス政府が補塡した。また，1961年8月の法令によりフランス人が商業活動を行うために行政の許可が必要となり，チュニジア人以外が商売から締め出されることになった。こうした新政府の経済政策により活動上の制約が増えるにつれて，引き揚げる人が増えていった。ただしその引揚は，アルジェリアのように即時的ではなく，漸進的であった。

エジプトはフランスの植民地ではなかったが，スエズ運河会社の社員を中心に約9,000人のフランス人がいた。1956年にナセル大統領が運河を国有化したことに端を発するスエズ動乱（第二次中東戦争）が起こり，続けて行われた行政，学校，銀行，企業などの国有化やフランス人の滞在許可証の更新停止などのために，7,000人が本国に帰還した。

サハラ以南アフリカやマダガスカルの場合，ギニアとそれ以外とで大きく状況が異なる。すでに独立の機運がこの地域にも高まりつつあるなかで，なお植民地をフランスにつなぎ止めるべく，1958年10月にド・ゴールは先述のフラ

ンス連合を改変して「共同体（Communauté）」を創設した。これは，フランス大統領が外交・防衛・経済・財政・通貨・司法・戦略資源・高等教育・運輸などの共通政策を担う共同体大統領を兼任するという制度であった。その時点でまだ独立していなかった海外領土は，この共同体に加盟するか，独立するかの選択を迫られた。このとき，サハラ以南アフリカの中で唯一独立を選んだのが，セク・トゥーレ（Sékou Touré）率いるギニアであった。フランスはギニアへの一切の援助を打ち切るなどしたため，両国の関係は急速に悪化し，現地フランス人は直ちに引き揚げざるをえなくなった。

　それ以外の 11 の地域は共同体に加盟することを選択したが，1960 年に次々に独立へと傾き，共同体はなし崩し的に形骸化した。独立にともない，植民地で働いていた公務員と軍人は失職したために引き揚げたが，1962 年に技術・軍事協定がフランスとの間に結ばれて以降，これらの国は行政官や軍人を再度受け入れた。民間企業に働くフランス人は，独立後も現地に残留して勤務を続けた。とりわけセネガルでは，長い植民地支配のあいだに現地の土着エリート層やフランスで教育を受けた新興エリート層（その代表は後に初代セネガル大統領となるサンゴール［Léopold Sédar Senghor］である）が，フランスとの良好な関係を築いていたため，独立にともなう政権移譲も平和裏に行われた（Chafer 2012）。

　このように，フランスの植民地引揚の過程は地域によって多様であった。にもかかわらず，学術研究や世論の関心はかなりの程度，アルジェリアの事例に偏ってきた。その理由として，以下のような点が挙げられる。

　第一に，植民地支配の期間の長さがある。1830 年のアルジェ征服に始まり，独立戦争が終結する 1962 年まで，フランスによるアルジェリア支配は 132 年に及び，4〜6 世代にわたって同地に住み続けたフランス人もいる。近代フランスの植民地帝国はアルジェリアに始まり，アルジェリアに終わったとも言われるほど（ベッツ 2004：141），その長さの点で，アルジェリアの事例は際立っていた。

　第二に，本国との制度的な結びつきの強さである。フランスにとって，アルジェリアは植民地以上の存在であった。1848 年に第二共和制が成立して制定

106　第 II 部　欧　米

された憲法では，アルジェリアはフランスの「不可分の一部」と謳われ，「ア
ルジェリアと植民地」のように，他の植民地と区別して表記された。また，領
土は 3 つに分割されて「県」とされた。このように，アルジェリアは本国の行
政システムに直接的に組み込まれていたのである。

　第三に，現地フランス人口の多さがある。表 4-2 が示すように，フランスの
全植民地からの引揚者数（アルキなど非ヨーロッパ系を含む）は，175 万から
220 万人と見積もられる（Smith, ed. 2003 : 32）。これはフランスの総人口 4712
万人（1962 年）の 3.7〜4.7％に相当する。このうちアルジェリアの引揚者数は
125〜140 万人，総人口比で約 3％と，引揚者のかなりの部分を占めている。
この大規模集団の存在がアルジェリアの脱植民地化の過程を規定する大きな要
因となった。独立運動を抑えてアルジェリア支配を継続するために，本国政府
が現地のアラブ人やベルベル人の権利向上を図る改革案を提示したとき，それ
は悉く現地フランス人の反対にあった。そのため独立運動家たちは，暴力以外
に独立を実現する手段はないという考えに，次第に傾いていったのである。

　第四に，独立戦争の長さと激しさがある。戦争は，インドシナ戦争が終結し
て数ヶ月後の 1954 年 11 月から 62 年 3 月まで続いた。多くの戦争の場合と同
様に，アルジェリア戦争の犠牲者を正確に把握することは難しい。それでも，
フランス側の犠牲者数については記録が残されているため，ある程度確実な数
字を示すことができる。軍人の死者が約 2.5 万人（うち事故死が 8,000〜9,000
人），民間人が 3,000〜4,500 人，行方不明者が数千人である。戦争時，フラン
ス軍側に従軍した現地のアラブ・ベルベル人（アルキ：詳細は後述）について
は，正確な数字は不明であり，1〜14 万人とかなりの開きがある。

　アルジェリア人の犠牲者数については，フランスとアルジェリアとで大きく
数値が異なる。アルジェリア政府が主張する 100 万人や 150 万人という数字に
ついては，フランスの歴史家のあいだでは一様にありえないとして退けられ，
民族解放戦線（FLN : Front de Libération Nationale；民間人と兵士）の死者が 15 万
人，一般市民が 25〜45 万人と推計されている。高位推計された数値で見た場
合，これは当時のアルジェリア人口の 3％に相当する（Stora 2005；Pervillé
2007=2012）。

第4章　フランス植民地帝国崩壊と人の移動　　107

表 4-2　フランスの植民地から本国への引揚者数（1945〜1990 年代初頭）

（万人）

	ヨーロッパ系		非ヨーロッパ系		計	
	低位推計	高位推計	低位推計	高位推計	低位推計	高位推計
アルジェリア	100	110	25	30	125	140
チュニジア	15	20	4.5	6	19.5	26
モロッコ	20	25	2	3	22	28
インドシナ	2.5	3	1	1.5	3.5	4.5
サハラ以南アフリカ	0.5	1	1.5	3.5	2	4.5
その他	2	11	1	6	3	17
計	140	170	35	50	175	220

出所）Smith, ed.（2003 : 32）をもとに筆者作成。

　第五に，独立戦争の本国社会への甚大な影響があった。1958 年にアルジェリアに駐留するフランス軍が現地政府を掌握し，コルシカ島を占拠したうえで，パリへの侵攻を表明した。本国政府はもはや軍を統制できず，世論はアルジェリア独立をめぐって分裂するなか，内乱の危険性さえ生じていた。解決のために，すでに政界を引退していたド・ゴールが呼び戻され，ド・ゴールは新たな憲法のもと第五共和制を確立してみずから大統領に就任した。当初，軍や現地フランス人たちは，ド・ゴールなら「フランスのアルジェリア」を守ってくれると期待して彼を熱狂的に支持したが，ド・ゴール自身は情勢をふまえて独立容認へと傾いていった。それを知った何人かの退役将軍や極右団体「秘密軍事組織（OAS : Organisation de l'Armée Secrète）」は，クーデターやド・ゴールの暗殺を試みたが，どちらも失敗した。

　このように，フランスとアルジェリアとの結びつきはきわめて強く，それゆえ独立は多くの混乱や痛みを経てようやく実現した。こうした経緯から，アルジェリア戦争についてはその後しばらくフランス国内で一種の忘却，というより否認が続いた。独立戦争後長らく，この出来事が「アルジェリア事変」と呼ばれ，「戦争」という言葉の使用が国会で正式に認められたのが 1999 年であったという事実だけでも，そのことをうかがい知ることができる。フランスの脱植民地化に関する研究や議論の中で，しばしばアルジェリアの事例が中心とされてきたことは，一見この否認と矛盾しているように見える。しかし，それら

108 第II部 欧 米

はどちらも関心の強さゆえの反応であり，実際には矛盾するものではない。

2 引揚・統合・記憶

引揚──見知らぬ祖国への帰還

①アルジェリアのフランス人からピエ・ノワールへ

　アルジェリアのフランス人を特徴づけるのは，その出自の多様性である。彼らはフランス本国以外に，スペイン，イタリア，マルタなどの国や地域から来た。また，ヨーロッパ人やアラブ人たちがこの地にやってくる以前から，現地に暮らしていたユダヤ人もいた。ヨーロッパ系住民のうちに占める非フランス人の割合が増え続けたため，フランス政府は 1889 年に本国で国籍法が血統主義から出生地主義に変わったのに合わせて，アルジェリアでも現地生まれの外国人に自動的にフランス国籍を与えるようにした。

　1962 年 3 月のエヴィアン協定により，アルジェリア戦争は終結した。この協定により，アルジェリアのフランス人に対し，以下のことが定められた。すなわち，アルジェリアのフランス人は向後 3 年間にわたって二重国籍を保持することができ，その後フランスかアルジェリアの国籍を選択すること。市民権と人数に応じた代表選出権が保障されること。ヨーロッパ人が特に多いアルジェとオランは特別政令都市となること。結社の自由および彼ら自身の裁判所を有すること。外国人の身分で居住するフランス国籍保持者には市民権は認められないが，同等の権利が保障されること。事前に定められた公正な補償金なしには，既得の財産・利益・権利を奪われないこと。これらに加えて，アルジェリアのフランス人の安全を守るため，8 万人のフランス軍を 3 年間駐留させることや，サハラの複数の空港を 5 年間保持することなども定められた（アージュロン 1990=2002 : 148）。

　要するに，長年にわたる暴力的な戦争の後，現地フランス人の安全を守りつつ権力の移譲を行うための取り決めが，この協定で明文化されたのである。フランス政府は，この協定が一定の安全を保障することにより，引揚を選択する

表 4-3　アルジェリア独立前後におけるフランス人の移動

(人)

	フランスへ (①)	アルジェリアへ (②)	引揚者数 (①−②)	アルジェリア 残留フランス人	累積引揚者数
1960 年				1,021,000	
1961 年 12 月末まで			150,000	871,000	150,000
1962 年 1～4 月	173,816	105,510	68,306	802,694	218,306
5～8 月	672,762	160,820	511,942	289,752	730,248
9～12 月	217,439	146,422	71,017	218,735	801,265
1963 年			76,600	142,135	877,865
1964 年			32,300	109,835	910,165

出所）Jordi（2003 : 64）および Daum（2012 : 44）をもとに筆者作成。

のは 40 万人ほどに収まると見積もっていた。しかし現実には，テロや拉致などが相次ぐ混乱した社会状況の中で，現地フランス人の多くが引揚を選択した。表 4-3 は，独立前後の時期に本国とアルジェリア間を移動したフランス人の数をまとめたものである。この表が示すとおり，引揚の半分以上がエヴィアン協定による停戦後の 4 ヶ月（1962 年 5～8 月）に集中しており，また 1964 年の時点で 90 万人以上が引き揚げている。この表は，短期間での大量移住というアルジェリアからの引揚の特徴をたしかに裏付けている。しかし，次の二点についても留意しなければならない。第一に，協定後の大量引揚の時期にアルジェリアに残留していたフランス人が約 30 万人，1964 年時点でも 11 万人いたこと。第二に，アルジェリアから本国への移動のみならず，逆方向，すなわち本国からアルジェリアへの移動も，かなりあったこと。これらのことは，「停戦後も続く緊張状態の中で，命からがらの脱出が全引揚者にとって唯一の選択肢であった」という一般的イメージが，実態といくらか乖離している，あるいは少なくともそのイメージからこぼれ落ちる現実があった可能性を示唆している。この点については後述する。

　引揚者たちのほとんどは，船で地中海の対岸にあるマルセイユに向かった。1953 年のインドシナからの引揚者受け入れに始まり，スエズ，モロッコ，チュニジアなど，さまざまな地域からの引揚者を受け入れてきたマルセイユ市当

局は，アルジェリアからの引揚者についても当初は協力的だったが，あまりに短期間に大量の引揚者が押し寄せたことで，住宅や就労先の不足が問題になるにつれ，次第に受け入れに消極的になった。地方紙『メリディオナル＝ラフランス』は，早くも 1962 年 6 月 13 日に，「多すぎる到着者にマルセイユなす術なし」との記事を掲載した。その 8 日後の 21 日には，知事がマルセイユでこれ以上の受け入れは不可能であるとの表明を行った（Jordi 1993 : 12-40）。その後，引揚者たちは南部を中心として，フランス各地に移り住んでいった。

アルジェリアからのフランス人引揚者を指す俗称「ピエ・ノワール」（「黒い足」の意味）は，本国人から彼らに向けて用いられる蔑称として，アルジェリア戦争中に散発的に使用されていたが，大量引揚後に彼らの存在が本国内で可視的になるにともない，一般化していった。当初蔑称であったはずのこの言葉は，今日では彼らにとっては不適切と感じられる「引揚者」という言葉に替え，彼らのユニークなアイデンティティを表す唯一無二の言葉として，彼ら自身によって受け入れられている（松浦 2009b）。

② 「原住民」の引揚

一般に植民地体制下の本国人と現地住民との関係は，支配者と被支配者との対立関係として理解されがちである。しかし，現実にはそれほど単純に分けられない場合がある。植民地体制が大規模に，かつある程度以上の期間にわたって存在するところでは，しばしば仕事や結婚などをつうじて支配者層の人間と密接な関係を築いた現地住民がいる。独立後，彼ら彼女らの中に本国への移住を選択する人が現れる。この移動を「引揚」（英語で repatriation，フランス語で rapatriement）と呼ぶことの不適切さは明らかである。彼らにとって，本国はいかなる意味においても「祖国（patrie）」ではないからである。しかし現実には，彼ら彼女らの移動は「引揚」に関連する政治的・法的枠組みの中で処理されることが多い。

この特殊な引揚は大別して，軍人軍属や官吏等として植民地体制下で働いた現地住民とその家族の場合と，支配者側の人間と結婚した現地住民およびその子供（“混血児”）の場合とに分けられる。前者の例としてアルキがいる[5]。ア

ルジェリア戦争時，フランスの軍や機動隊，警察などで補助的な業務を担うために現地のアラブ・ベルベル人が雇用され，5種類の補充部隊として編成された。アルキとは，厳密にはそのうちの一つである補充兵の名称であるが，今日ではすべての補充部隊，またはそれらの部隊で働いたアラブ・ベルベル人の総称とされることもあるし，時には正規軍人や，あるいは政治家や高級官僚などの「親仏名士」を含める場合もある。1962年3月のエヴィアン協定締結後に提出された資料によれば，「親仏イスラム教徒」の数は，補充兵のみで6万人，補充部隊全体で15万人，軍人や親仏名士を含めれば26.3万人になる。本章では，補充部隊全体をアルキと呼ぶことにする。

　新たに樹立されたアルジェリア政府は当初，戦争に責任があるのはフランス政府であって，アルキはその犠牲者であると表明していた。しかし，1962年7月末から，何の前触れもなく，突然アルキたちに対する虐殺が始まった。この虐殺による死者の数を正確に把握することは難しく，いくつかの説があるが，低位推計で1〜2万人，高位推計で7〜14万人と見積もられている。また，殺されないまでも刑務所に入れられ，拷問されたり，強制労働を課せられた人もいた。これらの暴力に対し，その時点でまだアルジェリアに駐留していたフランス軍は，一切の武器使用行為の停止をとり決めたエヴィアン協定に拘束され，不介入の立場を取った。

　このような状況下で，多くのアルキたちが本国に渡った。フランス政府はできる限りアルキの入国を制限しようとした。アルジェリア問題担当相であったルイ・ジョックス（Louis Joxe）は，1962年5月12日に在アルジェリアの共和国高等弁務官のクリスティアン・フーシェ（Christian Fouchet）に宛てた極秘電

5）日本の事例でアルキに相当するのは第二次世界大戦下における朝鮮半島出身の軍人軍属だろう。日本以外では，インドネシアの対オランダ独立戦争時（1945〜49年），モルッカ諸島のキリスト教徒たちが「オランダ王国東インド軍（KNIL）」を結成し，南モルッカの分離を目指してオランダ軍側について戦った事例がある。この試みは挫折し，部隊のメンバーたちはオランダに移住した。KNILの場合，メンバーは地理的・宗教的に他のインドネシア人と区別された人々であり，彼らの行動はイスラム教にもとづく独立後のインドネシアの中での自治を求めてのものだった。対してアルキや朝鮮半島出身の軍人軍属の場合，彼らを同胞から区別する地理的・宗教的・民族的その他の属性的特徴はなかった。

報の中で，「引揚の一般計画」の枠外で移住したアルキをアルジェリアに送還すると伝えた。この一般計画に沿って移住できたアルキはおよそ2万人であり，それをはるかに上回るアルキが，政府の指示に背いて彼らを船に同乗させたフランス軍関係者たちの支援により海を渡った。本国に渡ったアルキとその家族は約20万人と見積もられている（松浦 2013）。

　支配者側の人間と結婚した現地住民およびその子どもの引揚は，インドシナからの引揚において顕著に見られた。約3.5万人のインドシナからの引揚者のうち，15％がユーラシアン（Eurasian），すなわちフランス人と現地住民とを両親とする子どもであった。多くの場合，それはフランス人男性（軍人，官吏，商人など）と現地女性との組み合わせだったが，その逆の場合もあった。ユーラシアンの子どもたちは，フランス人の親に正式に認知されればフランス国籍を得ることができたが，認知がない場合はそうではなかった。多くのユーラシアンが，植民地政府で働くか，あるいは現地で小規模ブルジョワジーとなるなど，支配者と被支配者の中間的な位置にあった（Dubois 1994 : 85）。

　アルジェリアにおいても，フランス人と現地住民のカップルとその子どもがいたが，全体像を正確に把握することは難しい。ある研究によれば，1940年代に正式な結婚届を提出した通婚カップルは年平均75組であり，それ以外に内縁関係のカップルとその子どもも，例外とは言えない程度にいたようである（Streiff-Fenart 1990）。しかし，彼らがアルジェリア独立後にどのような選択をしたかについては不明である[6]。

統合──「栄光の30年」とその後

　先述のとおり，アルジェリアの引揚者数125〜140万人は，当時のフランスの総人口の約3％に相当する。これだけの移動が短期間に行われたのだから，その人口学的・経済的・社会的影響は大きかった。住宅の不足のためにマルセ

6）オランダ領インド（現在のインドネシア）にも，オランダ人と現地住民のカップルの子ども（「インディッシュ（Indisch）」と呼ばれる）がいた。また，日本軍兵士とオランダ人女性の子どももいた。そのなかには，母親と一緒に本国に引き揚げた人もいれば，インドネシアに残留した人もいた。これらについてはブッハイム（2013）を参照。

イユ当局が次第に受け入れに消極的になったことはすでに見たが，住宅問題が落ち着きを見た後も，雇用問題が残った。アルジェリアの引揚者たちの多くは，彼らの故郷との地理的な近さや自然環境の類似性から南フランスに住居を定めたが，その頃当該地域は雇用不足に悩まされており，約30万人の現役世代の引揚者たちが新たに仕事を見つけることは困難だった。そこで政府は1963年に，北フランスに彼らのための雇用を創出したが，実際に北部への移住を選択した人々はわずかであり，そのわずかな人々も，しばらく経つと南部に再移住した。1970年代までに，マルセイユ市はフランス各地に散らばっていたアルジェリア引揚者を，毎年3,000人受け入れた（Baillet 1975 : 304-305, 309, cited in Jordi 2003 : 73）。

　海外領土から引き揚げたフランス人の受け入れに関する制度は，1939年以来，何度か創設と改変が繰り返されてきたが，本格的に制度化されたのは1961年である。同年，「海外フランス人の受け入れと再定住に関する法律」（通称ブーラン法）が制定され，引揚者の定義と生活支援の方針が示されるとともに，内務省内に新たに設置された引揚庁が，同法にもとづき引揚者の援護業務を担うこととなった。引揚庁は翌1962年からは引揚省に格上げされるも，引揚問題を早期に終わらせたいという政府の思惑もあり，1964年には廃止され，その後，引揚者にかんする業務は内務省（1964～66年），社会問題省（1966～67年），労働省（1967～76年）へと移された。ジスカール・デスタン（Giscard d'Estaing）政権のもと，1976年には引揚庁が復活し，1988年まで存続した（Dubois 1994 : 106）。

　アルジェリア革命国民評議会（CNRA : Conseil National la Révolution Algérienne）は，1962年5月から「国家の富の回収」政策によって財産を没収した（Pervillé 2007=2012 : 145）。他方で，フランス軍やOASが，アルジェリア人の手に渡らないようにとフランス人の財産や土地をみずから破壊する場合（焦土作戦）もあった。多くの財産を失った引揚者たちは本国政府にその補償を求めるが，政府は長らく応じなかった。その理由は二つあった。第一に，政府はエヴィアン協定の規定に従い，補償請求は第一義的には財産を没収したアルジェリア政府に対してなされるべきだと考えていたからである（Cohen 2003 : 131）。第二に，

財産補償の意志がないわけではなかったけれども,「補償と統合を同時に行うことはできない」(引揚庁が創設された 1961 年当時のドブレ [Michel Debré] 首相の言葉)として,統合を優先させたからである (Dubois 1994 : 100)。引揚者たちの度重なる要求を受けて,政府が初めて財産補償の法律を定めたのは,ド・ゴールが死去した 1970 年であり,その後何度か同種の法律が制定されてきた。

こうした過程をへて,引揚者のフランス社会への統合は完遂されたのだろうか[7]。多くの先行研究は,引揚の時期が「栄光の 30 年」と呼ばれる高度経済成長期 (1945〜73 年) と重なっていたため,引揚者の統合はおおむね 1960 年代末頃には完了したとしている。引揚当初は難題視されていた雇用問題も次第に解決し,1964 年からは失業率も下がり始めていた。彼らは,農業・漁業,ホテル業,商業,運輸業などの分野で職を見つけていった (Dubois 1994 : 260)。1968 年から 69 年にかけて,モンペリエとアヴィニョンで行政がおこなった調査によれば,引揚者の 49 % が本国の待遇について「良い」または「とても良い」と答え,本国住民の 61 % が引揚者の態度が良くなったと答えている (Rowley 1990 : 351)。

ただし注意しなければならないのは,これらの研究が射程に入れているのは,ほぼ 1960 年代末までということである。1968 年には,公式統計から「引揚者」の項目がなくなったため,それ以降の実態を知ることができなくなったからである。それゆえ,それ以降の統合の実態については,実は不明な部分が多い。クトの研究は,その欠落を埋める貴重な試みである (Couto 2013)。クトは,1968 年から 5 回にわたって国立統計経済研究所 (INSEE : Institut National de la Statistique et des Études Économiques) が行ったサンプリング調査 (1968 年,1975 年,1982 年,1990 年,1999 年) のデータをもとに,70 年代以降のピエ・ノワールの社会経済的統合に関する長期的推移を推計し,さらに同時期の移民の失業率

---

7) 統合は多義的・多面的な概念であり,ある個人や集団の社会への統合をどのような基準によって判断するかは多くの議論を要する問題であるけれども,ここでその議論に立ち入ることはできないので,さしあたり就労をつうじた経済的自立を統合と考え,失業率を指標とする。もちろん,就労に限ったとしても,統合の程度を十分に把握するためには仕事の種類や実態(賃金や雇用形態など)の検討も必要であるので,失業率のみを指標としたここでの分析の妥当性は,きわめて限定的なものである。

表 4-4　ピエ・ノワールの失業率の推移

(%)

	1968	1975	1982	1990	1999
ピエ・ノワール	5.2	3.3	5.2	7.3	12.3
移　民	2.8	2.8	7.2	10	15
全　国	2	2.4	4.7	7.3	8.7

出所）Couto（2013）.

との比較も行った。その結果をまとめたのが表 4-4 である。ここから読み取れることは，1968 年から 90 年まで，ピエ・ノワールの失業率は全国平均よりも一貫して高いこと，しかしその差は一貫して縮まり続けたことである。完全に差がなくなっているのが 1990 年であることから，統合が 1960 年代末に完了したとする先行研究と異なり，実際にはその後も時間を要した可能性がある。ただし，この未完の統合が大きな社会問題とならなかったのも確かである。これは，全国平均との差が顕著だった高度経済成長期はそもそも失業率が低く，オイルショック後に失業率が上昇し始めた頃には全国平均との差がなくなっていたからと考えられる。1999 年になると，ピエ・ノワールの失業率が 12.3％であるのに対して全国の失業率が 8.7％と，明確な違いが見られる。これについてクトは，ピエ・ノワールをめぐる社会経済状況が悪化したからというよりも，ピエ・ノワールの多くが定年を迎え，現役世代が減少したからであり，実際には全国平均と大差はないと推測している。

　今日なお，ピエ・ノワールの少なくとも一部に，故郷喪失や自分たちの存在への社会的無理解に対する失望感があり，心理的な統合（というものを語るとすれば）は，完全にはなされていない。これらの心情ゆえに，彼らは（人種的・民族的属性などから見ればそうできたにもかかわらず）「ふつうのフランス人」として同化し，みずからのルーツを忘却にゆだねるかわりに，集団を組織して「ピエ・ノワール」という独自の集合的アイデンティティを形成することになる。

　事実，統合は受け入れ社会（政府や産業界）からの働きかけによってのみなされてきたわけではない。引揚者自身が，自分たちの生活や権利，名誉のために，さまざまな団体をつくって活動を行ってきた。それらは，目的や活動内容，

創設時期から三つのタイプに分けることができる。

　第一のタイプは，植民地からの引揚が本格化し始めた 1950 年代後半以降に創設された引揚者支援型の団体である。このタイプの代表例は，「北アフリカおよび海外フランス人の全国協会（ANFANOMA）」であり，失った財産の政府への補償要求や離散者の調査，高齢者や退職者の生活支援，引揚者の再就職の斡旋などを行った。70 年代以降，高度経済成長をつうじて引揚者の統合が進んだこと，また補償法も少しずつ整備されていったことから，このタイプの団体は影響力を次第に低下させていった。

　第二のタイプは，70 年代以降に現れるようになった生活交流型の団体である。アルジェリアで地域や職業，学校を同じくした人々が，交流や親睦を目的として結成したのがこのタイプである。とりわけオラン出身の人々の結束力は強く，この地方の同郷者団体だけで 17 ある。

　第三のタイプは，80 年代，特に後半から増え始めたアイデンティティ形成型の団体である。先述のとおり，これらの団体は，70 年代をつうじて社会経済的統合が進んだ後もなお残る心理的な喪失感情や自分たちの境遇に対する社会的無理解を克服すべく，「フランスのアルジェリア」の歴史と記憶を継承し，引揚者としてのアイデンティティに対する社会的承認を求めて文化活動を行っている。このタイプの代表的な例は，1973 年創設の「セルクル・アルジェリアニスト（Cercle Algérianiste）」である。

記憶──過ぎ去ろうとしない過去

　1990 年代以降のフランスでは，負の歴史的出来事の記憶をめぐる議論がたびたび起こった。その中心にあったのはヴィシー政府の対独協力，とりわけショア（ホロコースト）への協力である。1970 年代以降に事実の掘り起こしが進み，90 年代にはこの出来事について「記憶の義務」が盛んに語られた。しかしショアに焦点が集まるにつれ，他の集団が経験した悲劇的出来事についても同様に記憶の義務や，やはりショアに関して語られることの多い「人道に対する罪」の適用が求められるようになり，それらを国家として記憶することを定めた法律（通称「記憶法」）が制定されるにいたった。人種差別的・反ユダヤ主

義的行為（ショアを否定する発言も含まれる）を禁止する法律（通称「ゲソ法」，1990 年）を皮切りに，アルメニア虐殺（2001 年），奴隷制（2001 年），そして植民地主義を記憶する法律（2005 年）が制定された。これらの歴史的出来事のうち，どれが優先的に記憶されるべきかをめぐる「犠牲者間の競争」（ジャン゠ミシェル・ショーモン［Jean-Michel Chaumont］が同名の著作で用いた表現）を危惧する議論も起こったが，このような 2000 年代の社会状況の中で，長らくタブーとして抑圧されてきたアルジェリア戦争の過去にも目が向けられるようになったのである[8]。

　想起の直接的な契機となったのは，日刊紙『ル・モンド』の 2000 年 6 月 20 日の一面に掲載された，FLN の元女性兵士ルイゼット・イギラリーズ（Louisette Ighilahriz）へのインタヴュー記事である。このインタヴューの中でイギラリーズは，同名の映画でも知られるアルジェの戦い（1957 年）で捕らえられた後にフランス軍から受けた拷問について証言した。この記事の大きな反響を受け，『ル・モンド』はアルジェリア戦争における拷問の被害者と加害者の双方に取材を重ね，精力的に事実を掘り起こしていき，他の新聞やラジオ，テレビもまた，このテーマを盛んに取り上げた。とりわけ大きな反響を呼んだのが，拷問を命じたポール・オサレス（Paul Aussaresses）への『ル・モンド』のインタヴュー記事（2000 年 11 月 23 日）である。そのインタヴューの中でオサレスは拷問への関与を認め，さらにそのことに良心の呵責を感じていないと言い放った。オサレスは 4 ヶ月後に『特殊任務　アルジェリア 1955〜1957』を出版し，拷問について詳述した。アルジェの戦いを指揮したマシュ将軍へのインタヴュー——その中でマシュ自身は拷問を行ったことへの後悔を語っている——なども発表され，フランス軍による拷問をはじめとする暴力について知られるようになった[9]。

　これ以降，明るみに出されたこの不都合な過去を上書きしようとするかのよ

---

8 ）この社会状況について平野（2001）および松沼（2007）を参照。

9 ）フロランス・ボジェによる『ル・モンド』紙の二つの記事 "Torturée par l'armée française en Algérie, «Lila» recherche l'homme qui l'a sauvée"（2000 年 6 月 20 日）および "Comment 'Le Monde' a relancé le débat sur la torture en Algérie"（2012 年 3 月 17 日）を参照。

118 第II部 欧 米

うに，アルジェリア戦争や引揚を中心に，フランス海外領土の歴史の記念・保存・継承を目的とする事業が相次ぐことになる。2002年12月5日にはセーヌ川沿いに，アルジェリア戦争およびモロッコ・チュニジアの紛争で命を落としたフランス人兵士を追悼する記念碑が建てられた。戦争終結40周年を記念して「フランスにおけるアルジェリア年」とされた翌2003年には，「アルジェリア戦争およびモロッコ・チュニジア紛争の間，フランスのために亡くなった人々への敬意を捧げる国民的記念日」が定められ，12月5日がその日とされた。当初，この記念日をエヴィアン協定が締結された3月19日とする案が左派内閣から提出されたが，この案はピエ・ノワールからの多くの反発を引き起こした。彼らにとって，この日付は戦争の終結ではなく，新たな苦難の始まりを意味したからである。そこで前年に成立した右派内閣は，混乱を避けるため，先述の記念碑が落成した12月5日を記念日とした。また，同年には9月5日がアルキのフランス国家への犠牲と貢献を顕彰する記念日とされ，以来，毎年同日には記念式典が行われている。また，この時期には記念館や博物館の建設計画がフランス各地（おもに南部と北部）で相次いだ[10]。

さらに2005年には，「フランス人引揚者への国民の感謝および国民的負担に関する法律」が制定された。この法律は，植民地主義を正当化するような条項を含んでいたため大きな論争を巻き起こしたことでつとに知られるが，実態としてはこれまで何度か制定されてきた引揚者（とりわけ北アフリカからの）とアルキに対する援護法の一つでもあった。この法律の特徴は，名前に含まれる「国民の感謝（reconnaissance de la Nation）」という言葉に表れている。同様に名前に含まれる「国民的負担（contribution nationale）」という言葉は，引揚者への援護や財産補償を国民の税金で行うことを意味しており，先述した1970年の財産補償法でも用いられていた。それに対して「感謝」という言葉は，兵士に向けて用いられることはすでにあったが[11]，引揚者に向けて用いられたのは

---

10) 例を挙げれば，「アルジェリアにおけるフランス史博物館」（モンペリエ，後に廃案のため実現せず），「アルジェリア戦争とモロッコ・チュニジアの紛争博物館」（モントルドン＝ラベソニエ），「フランス海外領土国立記念館」（マルセイユ，2006年に廃案のため実現せず）などである。

1994 年のアルキに対する援護法が初めてであり，それが 2005 年の法律で全引揚者に向けられた。このことは，植民地主義の加害と被害をめぐる議論の中で微妙な位置に置かれる引揚者を，国家が明確に肯定的なものとして位置づけ，承認したことを意味している。事実，2005 年の法律においては，問題とされた第 4 条第 2 項に限らず，植民地主義の肯定的側面を強調する文言が少なからず散見される。その点を明確にするために，第 1 条から見てみよう。

> 国家はフランス領アルジェリアの旧県やモロッコ，チュニジア，インドシナにおいて，さらにかつてフランスの主権下にあった領土において，フランスによって成し遂げられた功績に関わった女性と男性に感謝を表明する。

> 国家は引揚者，補充部隊のかつてのメンバー〔アルキのこと〕および同種の人々，行方不明者，これらかつての県や領土の独立の過程に関連して起こった出来事の犠牲となった民間人や軍人が受けた苦しみと耐え忍んだ犠牲を認め，彼らおよび彼らの家族に対して厳粛な敬意を捧げる[12]。

このように，植民地におけるフランスの功績と，「フランスのアルジェリア」の支持者たちが独立の前後で被った犠牲とを国家として承認することが，この法律の目的なのである。続く第 2 条では，北アフリカ三国の独立時に苦難を被った引揚者に対して国家として敬意を示す旨が，第 3 条ではアルジェリア戦争やモロッコ・チュニジアの紛争の記憶に関する財団を国家の援助のもとで創設することが，そして第 4 条第 1 項では大学の研究プログラムで海外領土，とりわけフランス統治時代の北アフリカの歴史を取り上げることが，それぞれ謳われている。それに続いて，問題となった第 4 条第 2 項は以下のように定める。

> 学校教育のプログラムは海外領土，とりわけ北アフリカでフランスの存在

---

11) たとえば 1968 年予算法 77 条では，北アフリカの秩序維持作戦に参加した兵士に「感謝証明書（titre de reconnaissance）」を発行することが定められた（高山 2006 : 94-95）。

12) フランス政府による法令等の公式データベースサイト「レジフランス」https://www.legifrance.gouv.fr/affichTexte.do?cidTexte=JORFTEXT000000444898 （2017 年 8 月 4 日最終アクセス）

120　第II部　欧　米

　　が果たした肯定的な役割について特に認識し，これらの地域におけるフラ
　　ンス軍兵士の歴史と犠牲に対して然るべき位置を与える。

この条項に寄せられた批判の一つは，「肯定的な役割」という文言に対するも
のであり，もう一つの批判は，植民地主義の是非はさておき，学校の教育内容
を国家が押しつけることに対するものであった。多くの批判を浴びた結果，翌
年にこの条項は削除された。第4条に続いて第5条ではアルキに対するヘイト
スピーチが禁止され，第6条以降では引揚者やアルキへの手当支給の規定が続
く。

　このように，第4条第2項に限らず，この法律自体が，2000年代に入って
記念碑，記念日，記念館などのかたちで具現化されてきた公的記憶，すなわち
アルジェリアにおけるフランスの功績に対する感謝と，アルジェリア戦争に関
わった引揚者や軍人，アルキたちの犠牲に対する敬意を，法律というかたちで
あらためて具現化し，国家として承認する性格をもつものであったことがわか
る。

　アルジェリア戦争後のフランスとアルジェリアとの関係は，政治・経済・文
化など各方面で紆余曲折を経ながら再構築されていったが，戦争の記憶をめぐ
る問題にふれられることは稀だった。フランスでは忘却政策が，他方のアルジ
ェリアでは国民統合のために「民族解放戦争」の記憶を最大限に強調する政策
が続いていたからである。この状況に変化の兆しが見えたのは，2000年代以
降である。先述のとおり，1999年に正式に忘却政策が廃止されたこと，さら
にはフランス側でショアや奴隷制など自国の加害の歴史をめぐる記憶が大きな
社会問題となっていたことなどを背景に，フランス国内でアルジェリア戦争の
記憶を想起する機運が高まった。しかしこの想起の試みは，しばしば和解より
も新たな相克をもたらすことになった。それは両国の政府間においても同様で
ある。2000年6月にアルジェリアのブーテフリカ大統領がパリを訪問し，国
会で演説を行ったが，右派の議員の半数が，大統領が独立戦争時にテロ活動に
関わっていたことを理由にボイコットした（Cooper 2003 : 171）。また，この滞
在中にブーテフリカはテレビカメラの前でアルキを「コラボ」（対ナチ協力者）

になぞらえ，アルキたちに衝撃を与えた。戦争終結40周年を記念して，先述のように2003年は「フランスにおけるアルジェリア年」とされ，シラク大統領がアルジェを訪問してブーテフリカと友好条約の締結について語るなど，関係改善のムードが高まったが，2005年に先述の法律が制定されると，アルジェリア政府はこれを歴史修正主義と呼んで非難し，フランス政府の「改悛（repentance）」を求める声が上がって友好条約締結の可能性は遠のいた。

　民間レヴェルでは，独立後から一定程度の人の移動は続いていた。フランスからアルジェリアには技術者・協力者が派遣され，石油や建設などの分野の民間企業の経営に携わった。他方でアルジェリアからフランスへは，高度経済成長を担う労働力として，多くのアルジェリア人が移民として地中海を渡った。また，近年では故郷訪問のために旅行でアルジェリアを訪れるピエ・ノワールたちもいる。

　当事者たちがアイデンティティ形成のための活動をさかんに行うなかで，記憶の想起もなされるようになった。その記憶の中で前景化するのはノスタルジーの感情である。「ノスタルジェリー（nostalgérie）」という，「ノスタルジー」と「アルジェリア」とを合わせた造語もつくられたが，この場合のアルジェリアとは，フランスが統治していたアルジェリアを意味した。アラブ・ベルベル人の知人と一緒にクリスマスを祝ったこと，彼らにホームパーティーに呼ばれたことなど，日常の中で現地住民と和やかに交流し，平和的に共存していた様子を示すエピソードがさかんに語られ，まるで支配―被支配という関係が存在しなかったかのように表象されることもある（Cohen 2003 : 132；Droz 2006 : 327）。

3　ディアスポラと残留——引揚以外の軌跡

　先に見たように，アルジェリア戦争の終結後，約100万人の現地フランス人の多くが，短期間のうちに本国に引き揚げた。しかし，独立後の彼らの軌跡は，はるかに複雑なものだった。ここでは特徴的な軌跡として，ディアスポラと残

122　第Ⅱ部　欧　米

留を見ることにしよう[13]。

　アルジェリア（またはモロッコ，チュニジア）の独立後，フランス本国を経由して，または経由せずに，第三の国・地域に移住した現地フランス人を，ディアスポラのピエ・ノワールと呼ぶことにしよう。前述の引揚者団体「セルクル・アルジェリアニスト」のニューカレドニア支部が出版した『ニューカレドニアのピエ・ノワール』によれば，本国以外の移住先として，スペイン，カナダ，アメリカ，アルゼンチンといった国々や，フランスの海外県・海外領土（レユニオン，ニューカレドニア）などがあった（Cercle algérianiste de Nouvelle-Calédonie 2012[14]）。また，ユダヤ人に関して言えば，アルジェリアとチュニジアのユダヤ人はフランス本国に向かったのに対し，モロッコのユダヤ人の80％は——これをディアスポラと呼ぶことは不適切かもしれないが——イスラエルに移住した（Droz 2006 : 319）。

　アルジェリアからの引揚の一般的イメージを表す言葉として，「スーツケースか棺桶か」というものがある。とるものもとりあえず，スーツケースに荷物をまとめてただちに本国へ引き揚げるか，さもなければ憎悪に駆られた現地住民に殺されて棺桶に入るか，という意味である。エヴィアン協定による停戦がなされた後に起こった虐殺事件[15]などにより，現地フランス人は一種の集団的パニックの状況にあったため，協定が3年間の残留を保証したにもかかわらず，ほとんどの人が短期間のうちに引揚を選び，事実上，残留という選択肢はなかった——アルジェリアからの引揚については長らくこのように語られてきた。筆者自身，2005年にフランスでピエ・ノワールへのインタヴュー調査を行ったとき，中国残留日本人との比較を念頭にアルジェリア残留フランス人の有無

13）これら二つ以外に，戦争終結後の混乱の中で行方不明になった人がいた。ストラ（Stora 2005 : 240）によれば，その数は3,000〜2万5000人である。

14）ただし，本書は当事者によるディアスポラ体験の証言と総括の本であり，ディアスポラの過程についての学問的説明はなく，全貌は不明である。また，本書以外に，ピエ・ノワールのディアスポラについて論じた文献は，管見の限り存在しない。

15）エヴィアン協定から8日後の3月26日には，アルジェのイスリー通りで銃撃戦が起こり46人のフランス人が死亡した。同年7月5日にはオランで虐殺事件が起こり，150〜400人のフランス人が死亡した。

第 4 章　フランス植民地帝国崩壊と人の移動　**123**

表 4-5　アルジェリアにおけるフランス人人口の推移

年	1960	1962.5	1962.8	1963	1972	1990
人数	1,021,000	719,334	289,752	142,135	50,000	数千人

出所）Daum（2012：44）.

について尋ねたが，返ってきたのは「本国に身寄りのない高齢者やFLNを支持する極左主義者（「ピエ・ルージュ［赤い足］」という俗称で呼ばれる）など一部の例外だけ」という答えであった（松浦 2009b）。

　アルジェリアのフランス人人口は，表4-5の通りである。これを見ると，独立から1年後に14万人，1972年に5万人，1990年の時点でもなお数千人がいることがわかる（ただしこの中には，独立後に商用などで新たに赴任した人も含まれる）。これを見ると，「ほとんどのフランス人が短期間で引き揚げた」という認識は間違いではないものの，残留を選択した人も例外的とまでは言えないことがわかる。

　このテーマについての初のまとまった著作『スーツケースでも棺桶でもなく――独立後アルジェリアに残留したピエ・ノワール』をものしたジャーナリストのダウムによれば，残留フランス人たちの職業は教師，旋盤工，仕立屋，アルジェリア航空パイロット，レストラン経営などであり，「身寄りのない高齢者や極左主義者だけ」が残留したわけではないことがわかる（Daum 2012）。「スーツケースか棺桶か」というフレーズに象徴される引揚理解は，引揚体験の恐怖や苦しみを最大級に表現するものであり，このフレーズによって引揚者は，みずからを故郷喪失という悲劇的な出来事の被害者として，自他に向けて表象することができる。残留フランス人の存在は，この表象の確かさをいくらか揺るがすものであり，それゆえ「例外」として目を向けられてこなかったと言えるかもしれない。

　アルジェリア独立後の現地フランス人の軌跡については，植民地から本国への引揚というベクトルが本流とされてきた。引揚者数の多寡で判断するかぎり，その認識は間違いではない。けれども，ディアスポラや残留を選択した人々の存在は，この本流から外れる多様な軌跡があったことを示している。

おわりに

　本章ではフランスの脱植民地化にともなう引揚について，主にアルジェリアの事例に焦点を当てつつ記述してきた。ここで論じることのできなかったテーマは多い。そのなかで，特に重要と思われる四つの論点を示すことにしよう。

　第一に，フランス帝国の脱植民地化過程に関する研究はこれまでもなされており，その中で地域間の違いについても論じられている。しかし引揚に絞った場合，先述のとおり，研究にせよ世論にせよ関心は圧倒的にアルジェリアに偏ってきた。その理由は本章で述べたとおりである。本章も，アルジェリア以外の事例については限られた記述しかできなかった。今後，さまざまな地域を対象とした研究を進め，フランス帝国崩壊にともなう人の移動の全貌を明らかにすることが重要だろう。

　第二に，アルジェリアの事例に関しても，引揚・統合・記憶の三局面のそれぞれについて，さらに研究を深める余地は多く残されている。とりわけ統合については，1960年代に完了したとする見解がほぼ疑われることがなかったため，最も研究が手薄である。多角的な検証を試みる必要があるだろう。他方，記憶というテーマは，政治問題化したこともあって日本でも比較的多くの注目を集めてきたが，筆者自身の論稿も含めて，それらはフランス側の諸文献のみを参照したものである。植民地主義や戦争の記憶がしばしばそうであるように，フランスとアルジェリアのあいだでも，これらの認識は今なお大きく異なっている。両国の歴史認識の実態を把握し，この問題に複眼的に迫る研究としてストラの研究（Stora 1998）があるが，日本でもアルジェリア地域研究者の協力も得ながら，そのような研究を展開することが必要だろう。

　第三に，本章ではディアスポラや残留など，本国への引揚以外の軌跡を提示したが，その記述はきわめて限定的である。これらの軌跡の詳細を解明し，それらが一部の人々の数奇な人生を示すにとどまるのか，それとも従来のアルジェリアからの引揚の一般的な認識枠組み（「スーツケースか棺桶か」）の，ひいては植民地引揚そのものの一般的な認識枠組み（「帝国崩壊後，国民国家への収縮

過程で生じる本国への人口還流」）の変更・修正を迫るものなのかが，問われなければならないだろう。

　最後に，本章でほとんど言及しなかった，もう一つの人の移動の大きな流れがある。それはアルジェリアからフランスへと就労のために渡ったアラブ・ベルベル人，すなわち移民である。この二国間での労働移民は19世紀末に始まっているが，第二次世界大戦後の復興期から高度経済成長期にかけて，労働力需要が増すにつれてその数は増え，アルジェリア戦争さえもその流れを止めることはなかった。戦争期間中の1954年から62年の間，いくつかの年を除いて毎年新たに2〜3万人がフランスに移り住み，戦争終結の時点で約40万人のアラブ・ベルベル人が在住していた（Gallissot 1990）。1970年代に高度経済成長が終わると移民は高失業率の原因とされ，90年代以降はスカーフ問題や暴動などが発生して移民二・三世の統合が大きな社会問題となった（松浦 2009a）。それら（特に暴動）は直接的には雇用や教育など社会生活の面で移民の若者が直面する困難に関連しているが，根底には人種差別が，そしてその人種差別の背景には植民地主義の歴史がある。これらの複雑な関連を解明することは，今後の課題である。

　他にも残された論点は多いが，植民地引揚に関する今後の本格的な国際比較研究のために，一つの参照点としてフランスの事例を提示できたとすれば，さしあたり本章の目的は果たしたことになるだろう。

参考文献

アージュロン，シャルル＝ロベール（2002）『アルジェリア近現代史』私市正年・中島節子訳，白水社

小山田紀子（2008）「人の移動からみるフランス・アルジェリア関係史——脱植民地化と「引揚者」を中心に」『歴史学研究』第846号

高山直也（2006）「フランスの植民地支配を肯定する法律とその第4条第2項の廃止について」『外国の立法』第229号

平野千果子（2001）「フランス人の植民地問題をめぐる記憶——「大江・シモン論争」を手がかりに」三浦信孝編『普遍性か差異か——共和主義の臨界，フランス』藤原書店

平野千果子（2002）『フランス植民地主義の歴史——奴隷制廃止から植民地帝国の崩壊まで』人文書院

ブッハイム，エヴィリナ（2013）「厄介な恋愛と不都合な再会——太平洋戦争下における日蘭「フラタナイゼーション」のゆくえ」蘭信三編『帝国以後の人の移動——ポストコロニアリズムとグローバリズムの交錯点』勉誠出版

ベッツ，レイモンド・F.（2004）『フランスと脱植民地化』今林直樹・加茂省三訳，晃洋書房

松浦雄介（2009a）「社会運動から都市暴動へ——フランス郊外における集合行為の変容について」『日仏社会学会年報』第 19 号

松浦雄介（2009b）「ピエ・ノワールとは誰か？——フランスの植民地引揚者のアイデンティティ形成」蘭信三編『中国残留日本人という経験——「満洲」と日本を問い続けて』勉誠出版

松浦雄介（2013）「アルキあるいは見知らぬ祖国への帰還——フランスにおけるアルジェリア戦争の記憶」蘭信三編『帝国以後の人の移動——ポストコロニアリズムとグローバリズムの交錯点』勉誠出版

松沼美穂（2007）「植民地支配の過去と歴史・記憶・法——近年のフランスでの論争から」『ヨーロッパ研究』第 6 号

松沼美穂（2013）「脱植民地化と国民の境界——アルジェリアからの引揚者に対するフランスの受け入れ政策」『ヨーロッパ研究』第 12 号

Besnaci-Lancou, Fatima et Manceron, Gilles（2008）*Les Harkis dans la colonisation et ses suites*, les Editions des ateliers.

Cercle algérianiste de Nouvelle-Calédonie（2012）*Pieds-Noirs en Nouvelle-Calédonie : Témoignages et analyses*, L'Harmattan.

Chafer, Tony（2012）"Décoloniser pour mieux rester : le cas de Sénegal," dans Jean Fremigacci et al., ed., *Démontage d'empires*, Riveneuve.

Cohen, William B.（2003）"Pied-Noir Memory, History, and the Algerian War," in Andrea Smith, *Europe's Invisible Migrants*, Amsterdam University Press.

Cooper, Frederick（2003）"Postcolonial Peoples : A Commentary," in Andrea Smith, *Europe's Invisible Migrants*, Amsterdam University Press.

Couto, Marie-Paule（2013）"L'intégration socio-économique des pieds-noirs en France métropolitaine : le lien de citoyenneté à l'épreuve," *Revue Européenne des migrations internationales*, Vol. 29, No. 3.

Daum, Pierre（2012）*Ni valise ni cercueil : Les Pieds-Noirs restés en Algérie après l'indépendance,* ACT SUD.

Droz, Bernard（2006）*Histoire de la décolonisation au XXe siècle*, Seuil.

Dubois, Colette（1994）"La Nation et les Français d'outre-mer : rapatriés ou sinistrés de la décolonisation ?" dans Jean-Louis Miège et Colette Dubois, ed., *L' Europe retrouvée : les Migrations de la décolonization*, L'Harmattan.

Gallissot, René（1990）"La guerre et l'immigration algérienne en France," Jean-Pierre Rioux, ed., *La Guerre d'Algérie et les Français*, Fayard.

Hamoumou, Mohand（1993）*Et ils sont devenus harkis*, Fayard.

Jansen, Jan（2010）"Politics of Remembrance, Colonialism and the Algerian War of Independence in France," in Malgorzata Pakier et al., ed., *A European Memory？: Contested Histories and Politics of Remembrance*, Berghahn, Books.

Jordi, Jean-Jacques（1993）*De l'exode à l'exil : Rapatriés et pieds-noirs en France : l'exemple marseillais 1954-1992*, L'Harmattan.

Jordi, Jean-Jacques（2003）"The Creation of Pieds-Noirs : Arrival and Settlement in Marseilles, 1962," in Andrea Smith, *Europe's Invisible Migrants*, Amsterdam University Press.

Jordi, Jean-Jacques（2011）*Un silence d'Etat : Les disparus civils européens de la Guerre d'Algérie*, SOTECA.

Pervillé, Guy（2007）"La guerre d'Algérie : combien de morts？," dans Mohammed Harbi et Benjamin Stora, eds., *La Guerre d'Algérie*, Robert Laffont.

Population Division of the Department of Economic and Social Affairs of the United Nations Secretariat（2017）*World Population Prospects*. https://esa.un.org/unpd/wpp/（2019 年 5 月 10 日最終アクセス）

Rowley, Anthony（1990）"La Réinsertion économique des rapatriés," dans Jean-Pierre Rioux, ed., *La Guerre d'Algérie et les Français*, Fayard.

Smith, Andrea, ed.（2003）*Europe's Invisible Migrants*, Amsterdam University Press.

Stora, Benjamin（1998）*La Gangrène et l'Oubli : La Mémoire de la Guerre d'Algérie*, La Découverte & Syrps.

Stora,Benjamin（2005）*Les Mots de la Guerre d'Algérie*, Presses universitaires du Miral.

Streiff-Fenart, Jocelyne（1990）"Le «Metissage» franco-algérien : Catégories politiques et imaginaires à propos des mariages mixtes." *Annuaire de l'Afrique du Nord*, CNRS Editions, XXXIX.

第5章

ポルトガル帝国の崩壊と引揚
――南部アフリカ植民地――

西脇靖洋

はじめに

　15世紀以来，長らくアフリカ大陸に植民地を保持していたポルトガル帝国
では，多くの人々が宗主国からアフリカ植民地へと移住した。最盛期の1970
年代前半には，当時のポルトガルの総人口の6％以上に相当する50万人超の
宗主国出身者が滞在していたと言われている[1]。しかし，40年以上にわたり存
続した独裁体制が1974年に倒壊すると，ポルトガル領アフリカ植民地がアン
ゴラ，モザンビーク，ギニアビサウ，カボヴェルデ，サントメ・プリンシペと
いう国家として新たに独立することとなった。それと同時に，植民地に移住し
ていた者やその家族の大部分の宗主国への大規模な引揚が見られた。本章の目
的は，ポルトガルにおいて「帰還者（Retornados）」と呼ばれたそれらの人々が
帝国崩壊後のポルトガル社会に及ぼした影響を詳らかにすることにある。

　とりわけ本章では，人の移動をめぐる同国の歴史との関連性に着目したい。
ポルトガルは移民送り出し国として長い歴史を有する。特に20世紀中盤に大

---

1 ）本章における宗主国からアフリカ植民地への入植者の統計はCastelo（2012）に基づく。
　　また，引揚者数についてはPires（2003）を出典としている。なお，同書でもふれられて
　　いるように，50万人という数字は帰還支援院に登録された者の総数であり，実際には
　　それよりも多くの引揚者が存在していたと考えられている。

規模な移住が見られ，1930 年代から 70 年代にかけての期間だけでも，南米の
ブラジルや，欧州のフランス，ドイツを主要な行き先として 200 万人以上のポ
ルトガル人が外国へと渡っている。

　ところが，1980 年代以降になると，反対に多数の外国人がポルトガルに入
国し始め，1990 年代に入る頃には欧州における移民受け入れ国の一つとして
認識されるようになった。2019 年現在，同国に合法的に滞在する外国人の総
数は 40 万人弱と見積もられている。1980 年代初頭には 5 万人程度であったこ
とや，ポルトガルが総人口 1000 万人に満たない小国であることに鑑みれば，
驚くべき上昇率であろう。同国に多くの移民が滞在するようになって以来，出
身国別の統計においてつねに高い割合を占めてきたのは，カボヴェルデ，アン
ゴラ等，旧植民地諸国の出身者である[2]。

　本章では，すべてのポルトガル領アフリカ植民地の中で最多の入植者数を記
録した南部アフリカ（現在のアンゴラ，モザンビーク）の事例に焦点を当て，宗
主国から同地域への大規模な人口移動が生じた経緯，ならびに植民地帝国崩壊
後の同地域から旧宗主国への引揚の状況について，同国をめぐる人の国際移動
との関連性に注意を払いつつ概観する[3]。そのうえで，同地域からのポルトガ
ル人の引揚が帝国崩壊後の旧宗主国の社会にいかなる影響を及ぼしたのかにつ
いて検討を加えたい。

1　アフリカ植民地への入植

入植の開始

　ポルトガルの海外進出は 1415 年以降，北アフリカに位置するセウタの占領

---

2 ）20 世紀後半以降のポルトガルにおける移民の増加およびそれに伴う社会の変容につい
　てはたとえば Rocha-Trindade（2015）を参照。なお，本章で掲げるポルトガルに滞在す
　る外国人数は，ポルトガル国立統計局統計に依拠している。

3 ）ポルトガル領アフリカ植民地からの引揚に関する主要な先行研究の一つに，Peralta et al,
　eds.（2017）がある。本章は，それら先行研究において十分に調査が行われていないポ
　ルトガル軍事史料館（Arquivo Histórico Militar）の資料にも基づき執筆されている。

130　第II部　欧　米

を皮切りに展開された。その後，同世紀末にアジアや南米に到達するまでの間に，サハラ以南アフリカにおいて，航海や通商の中継点となりうる沿岸部を占有した。だが，ポルトガル宗主国政府が長らく最重要視していた植民地はブラジルであり，アフリカ植民地に対する関心は相対的に低かった。ゆえに同地域への移住についても，ポルトガル人が安全な生活を送るには過酷であるとの理由等から促されることはなく，移住者は行政官や罪人といった特殊な職業や身分の人々に限定されていた[4]。

　ところが，19世紀後半に他の欧州諸国がアフリカの全域的な植民地化を進めるようになると，それまでアフリカ大陸南部，西部の沿岸地域および島嶼部のみを領有していたポルトガル政府も内陸部への支配地域の拡大に乗り出し，最終的に現在のアンゴラ，モザンビーク，ギニアビサウ，カボヴェルデ，サントメ・プリンシペに該当する地域を支配するにいたった[5]。そうした領土政策の転換とともに，宗主国からアンゴラ，モザンビークといった南部アフリカを中心としたアフリカ植民地への移住の活性化が図られた。たとえば1896年には，宗主国からアフリカ植民地への渡航のための手続きが簡素化された。その結果，1900年の時点で1万5,000人程度の宗主国出身者がアフリカ植民地で生活するようになった。

　しかしながら，20世紀に入るとポルトガル国内において大きな政治変化が生じ，そのことが宗主国からアフリカ植民地への人の移動にも影響を及ぼした。まず1910年，12世紀の建国以来維持されてきた君主制が終焉を迎えた。さらに1926年，軍部によるクーデターが決行されると，やがてアントニオ・オリヴェイラ・サラザール（António Oliveira Salazar）首相による独裁体制が発足した。社会の急激な変化を嫌うサラザールは，ポルトガル人が宗主国から植民地へと自由に移動することにも消極的であった[6]。それゆえ，20世紀前半におけ

4）海外進出から現代に至るまでのポルトガル人の移住の全般的な流れについてはNewitt (2015) を参照。

5）ポルトガル領アフリカ植民地の全般的な歴史の流れについてはOliveira e Costa, ed. (2014) を参照。

6）とはいえ，宗主国のポルトガル人がアフリカ植民地に入植することに対してサラザール政権が否定的であったわけではなかった。Castelo (2012) は，確立直後のサラザール体

る宗主国からアフリカ植民地への移住者数は緩やかな増加を示すにとどまった。砂糖，ダイヤモンド等の分野の企業が南部アフリカ植民地において設立されたことにより，1940 年には 4 万 4,000 人の宗主国系ポルトガル人がアンゴラで生活するようになっていた。また，モザンビークにおいても宗主国系ポルトガル人の滞在者数は 2 万 7,000 人に増加した。しかし，イギリス領やフランス領のアフリカ植民地と比較すると，入植者数ははるかに小規模であった。

　その傾向は第二次世界大戦後にも引き継がれた。フランスや西ドイツ等では 1950 年代から 70 年代にかけて移民の著しい増加が見られたが，同時期のポルトガルでは反対に多くの人々が諸外国へと移住していた。統計によると，1940 年代前半と 1990 年代中盤以降を除く 20 世紀のすべての年に，年間 5,000 人以上のポルトガル人が外国に移住している。長い期間，ポルトガル人の移住先において圧倒的な割合を占めていたのはブラジルであった。1886 年から 1950 年にかけて 120 万人以上のポルトガル人が同国へと移住している（Nunes 2000）。宗主国内の移住希望者の多くは，アフリカ植民地への帝国内における移住よりも，旧帝国領であるブラジルへの国際移住を選択していたのである。

入植者の増加

　ところが，第二次世界大戦後の国際情勢の変化が，アフリカ植民地に関するポルトガル政府の方針に変更を迫ることとなった。民族自決原則の浸透とともに，植民地主義に対する批判が世界的な規模で巻き起こり，そうした反植民地主義の波がポルトガル帝国にも押し寄せたのである。アジア，アフリカに植民地を有する西欧諸国の多くは，それら植民地の独立を相次いで承認した。だが，植民地帝国の防衛を一つの根拠として独裁体制を確立したサラザールにとって，アフリカ植民地の放棄は自政権の存続理由を失うことを意味していた。ゆえにサラザール政権は，1951 年 7 月，憲法改正により「植民地（Colónia）」という呼称を「海外県（Província Ultramarina）」に変更し，一定の自治権を付与した。また，植民地の非欧州系住民に対して，限定的なものではあったが市民権を付

制内部において合意が形成されていなかったため，明確な方向性が打ち出されなかったと指摘している。

132　第II部　欧　米

与し，反植民地主義の高揚を緩和させようとした。

　さらにサラザール政権は，ブラジルの人類学者ジルベルト・フレイレ（Gilberto Freyre）が考案した「ポルトガル熱帯主義（luso-tropicalismo）」の概念を称賛し，自らの体制の教義として取り入れた。先住民との混血に立脚した文化を伸張することに長けたポルトガル人は，他の欧州諸国とは異なり，先住民との間に協調的な植民地世界の創出が可能であるとするこのポルトガル熱帯主義の議論を用い，ポルトガル政府は自国が「多人種・単一民族国家」であると国際社会に対して反駁したのである[7]。

　アフリカ植民地に関する上記方針は人の移動に関する政策にも反映された。ポルトガル政府は，宗主国と植民地との間の一体性や平等性を高めるためには欧州系のポルトガル人が植民地に居住していることが望ましいと考えるようになった。そのような理由から，1951年，「移住評議所（Junta da Emigração）」と称する機関を設置し，植民地への入植を斡旋するようになった[8]。

　ポルトガル政府の方針転換により，1950年代を通し，毎年1万人を超える人々が宗主国から南部アフリカ植民地へと渡った。1960年の時点で，アンゴラ，モザンビークにおける宗主国出身者は，それぞれ17万2,000人，9万7,000人を数えるまでに増加した[9]。他方，ポルトガル領ギニア（現在のギニアビサウ）等，他のポルトガル領アフリカ植民地は開発の対象としてさほど重きが置かれなかったことから，宗主国からの移住者数に顕著な変化は見られなかった。

　1961年2月，アンゴラにおいて，現地出身のエリートが中心となって，独

7）「ポルトガル熱帯主義」については，フレイレ（2005）より知ることができる。また，この議論をポルトガル政府の植民地政策に取り込む過程については，Castelo（1998）の中で詳しく分析されている。

8）Santos（2004）によると，発足当初のサラザール政権は，工業製品を生産する宗主国と一次産品を生産する植民地からなる閉鎖経済体制の確立を目指していた。だが，第二次世界大戦後になると，高度経済成長を実現させることにより，独裁に対する国内社会からの批判の緩和を画策するようになった。宗主国出身者をアフリカ植民地へと送り出し，同地域の開発を推進することは，そのための手段の一つとして理解された。

9）Penvenne（2005）は，このような入植促進政策は欧州系ポルトガル人が持ち込んだ制度や文化への同化をアフリカ系住民に強いることを意味していたから，ポルトガル政府が掲げていたアフリカ系住民への自治権の付与というもう一つの「目的」とは矛盾するものであったと述べている。

立を求める戦争が開始された。その後，紛争は他の植民地にも拡散した。植民地戦争の勃発は軍事費の大幅な増加をもたらし，宗主国政府の財政を圧迫した。だが，そうした変化ののちもサラザール政権はアフリカ植民地の独立を承認せず，いっそう開発に注力した（Pinto 2001）。それに合わせ，1962 年，政府は法令第 44016 条の制定により，「ポルトガル経済圏（Espaço Económico Português）」と呼ばれる概念を創出し，帝国域内の「モノ」，「カネ」の移動を大幅に自由化する方針を打ち出した。その一環として，「ヒト」に関しても，「自由化」という表現は用いられなかったものの，「推奨される場合にはつねに領土間または地域間の労働者および技術者の移動を奨励する」と言及された[10]。

　1968 年，サラザールが引退し，カエタノ（Marcello Neves Caetano）が新たに首相に就任したが，上記の立場は政権交代後も維持された。1960 年代に入ると，それまで圧倒的な比重を占めていたブラジルへの移住者が数を減らし，かわって欧州諸国への移住が急増した。1950 年代には 2 万 9,000 人に留まっていた欧州への移民の数が，1960 年代には 69 万 7,000 人へと増加した。1962 年には数字のうえでフランスがブラジルを上回り，ポルトガル人の最大の移住先となった。カエタノ政権はそれら新たな移住先諸国と協定を締結することにより，国際移住の抑制を試みるとともに，アフリカ植民地への帝国内移住を促進し，移住評議所を通じた広報戦略に力を入れた。そうした政府による移住促進戦略もあり，植民地戦争が激化するなかでも，アンゴラ，モザンビークへの入植が途絶えることはなかった[11]。

　1950 年代以降，南米諸国や欧州諸国へと移住していたポルトガル人の多くがさほど高い学歴を有していなかったのに対し，アフリカ植民地に入植した宗主国出身者の多くは比較的高学歴であった。1981 年に実施された調査によれば，ポルトガル全体の非識字率は 25 ％を超えていたのに対し，植民地から帰

---

10) ポルトガル経済圏はジョゼ・コレイア・デ・オリヴェイラが 1958 年に提唱した内容にもとづき，フランス，西ドイツ等の西欧 6 ヶ国により創設された欧州経済共同体を意識しつつ構想された（Oliveira 1961）。

11) ただし，1960 年代後半より，年ごとの移住者数は減少し，また，少数ではあるが宗主国に帰還する人々も見られるようになった。

134 第II部 欧　米

還した者の非識字率は 10％以下であった。また，南部アフリカ植民地では，多くの入植者は行政官，教師，技術者といったいわゆる専門職に就いていた。加えて，欧州諸国への移住が主として一時的な「出稼ぎ」と捉えられていたのに対し，アフリカ植民地の場合，ポルトガル領土内の移動であったこともあり，より永続的な性質を有する移動として捉えられることが多かった（Kalter 2017）。これらのことに示されるように，当時の宗主国のポルトガル人にとって，アフリカ植民地は必ずしも南米や欧州の移民受け入れ国の代替地とみなされていたわけではなかった。

　それでも，当時のポルトガルの総人口が減少を記録するほどの規模で展開された国際移住が，宗主国からアフリカ植民地への帝国内移住の増加を促していたことに疑問の余地はない。国際移住の興隆が宗主国社会において移住全般に対する心理的障壁を緩和させていたのである。実際，1960 年代，アフリカ植民地戦争の勃発以降も南部アフリカ地域への移住は堅調な増加を示し，海外移住は一つの最盛期を迎えた。1970 年の時点で，アンゴラにおける宗主国出身者の数は約 32 万人に達していた。同年のモザンビークにおける宗主国出身者も約 19 万人を記録している。このほか，本格的な開発が行われなかったポルトガル領西アフリカ植民地でも微増を記録しており，1973 年の時点で 3 万人余りの宗主国出身者が同地域に滞在していたものと見積もられている。

　他方，1960 年代以降，ポルトガル経済の成長にともない，安価な労働力に対する需要が宗主国において高まったことから，カボヴェルデから 3 万人余りが宗主国へと移住していた（Keese 2012）。しかし，同時期に宗主国からアフリカ植民地に入植した者の数と比較すると僅少であった。

2　アフリカ植民地からの引揚

引揚の開始

　以上のように，1950 年代以降，アフリカ植民地へのポルトガル人の帝国内移住は隆盛を極めた。しかしながら，1970 年代中盤に生じた政治体制の変容

がそうした状況に劇的な変化をもたらした。1961 年に勃発したアフリカ植民地戦争が長期化すると，植民地の維持は自国にとって利益にならないとの世論が宗主国において次第に高まった。事実，1950 年の時点で植民地との貿易は同国の貿易全体の 20％近くを占めていたが，1973 年になると約 10％にまで落ち込んだ（Rosas 1994）。それでも，カエタノ政権は植民地帝国の維持に固執したため，軍部を中心とした国内の社会各層は不満を募らせた。

　1974 年 4 月 25 日，軍部によりクーデターが決行され，独裁体制が幕を下ろすと，かわって軍部が中心となり政治運営を行う暫定体制が発足した。同体制のもと，首相に就任したゴンサルヴェス（Vasco Gonçalves）は，アフリカ植民地の独立を例外なく承認し，1974 年 8 月にギニアビサウ，9 月にモザンビーク，11 月にサントメ・プリンシペ，12 月にカボヴェルデの各解放勢力との間に独立協定を締結した。他方，アンゴラについては，解放勢力間の対立が激化していたことから，独立協定の調印は翌 1975 年 1 月まで遅れた[12]。

　これら旧植民地諸国の独立は，その地で生まれた，または生活する人々の国籍に関する規則を設ける必要性をもたらした。暫定政権は 1975 年に法令第 308-a/75 号を制定し，ポルトガル国籍の維持および喪失の条件を定めた。同法令では，独立前のポルトガル統治下の海外領において出生した者やその配偶者はもちろん，それらの地で生まれた父親または母親をもち，外国で出生した者もポルトガル国籍を有すると規定された。そのうえで，条件に当てはまるにもかかわらずポルトガル国籍を保有することを希望しない者は，独立から 2 年以内に申告しなければならないと定められた[13]。

　宗主国から南部アフリカへの大規模な入植が行われたのが 1950 年以降であったため，引揚者の大部分はいわゆる「第一世代」の移住者であった。1974 年 4 月のクーデターの直後，割合については定かではないものの，引き続き植

---

12) ポルトガルにおける独裁体制の終焉と旧ポルトガル領アフリカ諸国の脱植民地化プロセスについては Ferreira (1994) を参照。

13) ポルトガルの国籍制度では長らく生地主義原則が優先されてきたが，同法令によって血統主義の性質も強く持ち合わせることとなった。さらにその後に制定された法律によって，同国の国籍制度は血統主義を優先するものへと変更が加えられた。この点を含む近年のポルトガルの国籍制度の特徴については，西脇（2012）を参照。

136 第II部 欧　米

民地に留まることを希望する者も少なからず存在した。独裁体制が終焉しても
植民地帝国が存続すると信じていたためである（Dacosta 2013）。特にアンゴラ
では，植民地解放勢力間の協力が停滞していたこともあり，4月25日のクー
デターの時点では，ポルトガル軍が戦況において優勢を保っていた。ゆえに，
ポルトガル政府が同地域の支配権を放棄することを予測していた入植者はわず
かであった（Pimenta 2008）。

　しかし，植民地解放勢力とポルトガル政府との間で独立協定が締結されると，
新たに権力を掌握したアンゴラ解放人民運動（MPLA : Movimento Popular de
Libertação de Angola）やモザンビーク解放戦線（FRELIMO : Frente de Libertação de
Moçambique）といった解放勢力は，基幹産業の国有化や大規模私有財産の没収
といった「革命」的施策を相次いで打ち出した。それは，宗主国からの入植者
の財産や経済活動の自由が脅かされることを意味していた。加えて，上記勢力
とアンゴラ全面解放民族同盟（UNITA : União Nacional para a Independência Total de
Angola），モザンビーク民族抵抗運動（RENAMO : Resistência Nacional Moçambica-
na）といった他の勢力との間で激しい武力抗争が繰り広げられるようになると，
両地域は部分的に無政府状態に陥った。このような背景から，ポルトガルの軍
隊や政府機関が撤退を開始したのに合わせて，大部分の人々が宗主国または他
国への移住を望むようになった[14]。

　すでに宗主国国内では，ポルトガル領インド（ゴア）からの入植者の引揚が
1960年代初頭に生じて以来，政府内に支援グループが設置されており，アフ
リカ植民地からの帰還者に対する一定の支援体制が整えられていた。しかし，
アフリカ植民地から引揚を希望する者の数は当初の想定を大幅に上回ることが
判明したことから，1975年3月，新たに専門機関「国民帰還支援院（Instituto

14）独裁体制崩壊後，独立交渉を行うべくアンゴラに赴任したコウティーニョ（António
　　Rosa Coutinho）によれば，アンゴラの場合，アンゴラ解放人民運動に交渉の主導権を与
　　えたことが短期間での多数のポルトガル人の引揚をもたらしたという。「アンゴラ解放
　　人民運動はポルトガルと真の連携のある唯一の組織であった。（…）指導者の大部分は
　　宗主国で学び，生活し，基盤を創り出していた」。しかしその後，ソ連との協力関係を
　　強化し，計画経済体制を導入するため，早期完全独立を主張するようになった（Dacosta
　　2013 : 42）。

de Apoio ao Retorno de Nacionais)」が創設されることとなった。

　国民帰還支援院は，軍部や TAP ポルトガル航空の協力を仰ぎ，宗主国と植民地の間の航空便を用意した。たとえばアンゴラでは 17 万人以上が同便を利用し，リスボンへと無償で移動した[15]。それ以外の手段により移住した者と合わせると，1976 年末までに同地域からの引揚者は少なくとも約 28 万人にのぼったと見積もられている。同時期，モザンビークからも約 16 万人が移住した。また，宗主国への引揚を望まなかった者も，南アフリカをはじめとする諸外国へと国際移住したため，1974 年 4 月のクーデターから数年のうちに 90％以上の宗主国出身の移住者がアフリカ植民地を去ったと言われている（Kalter 2017）。

引揚後の社会的統合

　植民地独立戦争や石油危機の影響により，1974 年の独裁体制崩壊後のポルトガル経済は停滞局面に入った。また，クーデター直後に発足した暫定体制下では，実権を掌握していた軍部の間で外交や経済政策の基本方針のあり方をめぐって対立が深刻化し，社会は未曾有の混乱に見舞われた。ゆえに，引揚者のみならず，当時，宗主国内に居住していたポルトガル人の大部分は，社会経済生活の安定化において少なからぬ苦難を経験した。それにもかかわらず，相当程度の引揚者が短期的には居住，就労，衛生等，さまざまな側面において苦境に立たされながらも，最終的には新たな職への就労等を通じ，かねてより宗主国で生活していた人々との間にあった格差を縮小させることができたと言われている（Pires 2003）。

　引揚者の宗主国経済への統合を相対的に円滑なものとした要因として，クーデター後に台頭したポルトガル国内の主要政治勢力の間で，植民地問題の平和的解決を図ることについては全面的に合意がなされていたことが挙げられる。宗主国出身者を早期かつ平和裏に帰還させることは，移行期正義の観点から新体制下における最優先課題に据えられていた[16]。ゆえに先に挙げた国民帰還支

15）"Repartição do Gabinete do Estado-Maior do Exército, Informação Número 40/75," FO/7/A/31/50/1, Arquivo Histórico Militar, Lisboa.

16）ただし，具体的な措置をめぐっては意見の不一致が見られた。暫定体制下において初代

138 第II部 欧　米

援院は，他の機関から高度に独立した権限を与えられ，暫定的な住居の提供，就職支援，社会保障サーヴィスへの登録等の行政支援のほか，事業を開始する一部の者に対する資金の貸付など，さまざまな対策を講じることが可能であった[17]。また，ポルトガル政府のみならず，赤十字社をはじめとした国内外の組織も手厚い支援を実施した。

　加えて，引揚者の社会的地位の高さも労働市場への参入の際の障壁を低下させる効果をもった。上述のとおり，引揚者の多くは平均的なポルトガル人よりも高学歴であり，植民地において公務員や現地企業における管理職等，比較的熟練を要する職に就いていた。ゆえに引揚後の彼らの就労先には，自由業者，公務員，技術者といった熟練労働職が高い割合で含まれていた。一例を挙げれば，国や自治体の公務員を主とする行政職に就いた者の割合は，全労働人口のうち10％強であったのに対し，引揚者の場合，全労働人口の約25％を占めていた。反対に，農業，漁業等のいわゆる非熟練労働職に就いていた人の割合は，ポルトガル人全体の平均よりも低かった（Pires 2003）。

　さらに，引揚者の多くが「第一世代」の入植者であったため，移住前のネットワークを維持している者も少なからず見受けられた。ブラジルや欧州諸国への移住が農村地域からも多数行われていたのとは対照的に，アフリカ植民地への移住者の主要な出身地は，首都リスボンおよびその近郊をはじめとした都市部であった。それゆえ，自らが有していた教養やネットワークを活用し，大きな困難を伴うことなく首都圏において居住先や就労先を見つけることも珍しくなかった（Lebukeman 2003）。

　とはいえ，上記一連の指摘はあくまでも長期的な視点からのものであり，なおかつ成功事例を恣意的に強調しすぎている嫌いがある。引揚直後においては，

　　　大統領に就任したスピノラ（António de Spínola）率いる保守派は，一部植民地（カボヴェルデ）の支配の継続を志向した。これに対し，ゴンサルヴェス首相を中心とした革新派は，すべてのアフリカ植民地の即時独立を主張した。最終的に革新派が優位に立ったことから，5つの旧ポルトガル領アフリカ植民地諸国が誕生することとなった（Ferreira 1994）。

17）Diaz（2017）によると，事業に対する貸付については，「対帰還者融資省庁間委員会」による審査を経て実施された。1981年までに8,350件に対して支援が行われた。

彼らの大部分は，苛烈極まりない生活を余儀なくされ，待遇の改善を求めるデモ活動も展開された。旧アフリカ植民地諸国の独立から数年間は，空港等，リスボン市内のいくつかの公共施設において，幼児を含む多くの引揚者がいわゆる「路上生活者」として暮らしていた。また，既述のとおり，引揚者の中で最終的に高度な経済的安定を手にした者は一部に過ぎず，苦しい生活を強いられ続けた者も多数存在した（Peralta et al., eds. 2017）。「帰還者」と総称されたものの，そのなかには宗主国での生活を経験したことのない「第二世代」以降の人々や，アフリカ系の人々も含まれていた[18]。それらの人々が宗主国社会で生活を安定化させることは決して容易ではなかった。加えて，「未開地域の出身者」や「アフリカ人を搾取した者」と罵られることもしばしばであった（Rosales 2015）。

このような背景から，ポルトガル政府は国連難民高等弁務官事務所（UNHCR）に対し，引揚者を事実上の「難民」とみなし，支援してほしいと訴えていた（Kalter 2017）。その意味において，ポルトガルにおけるアフリカ植民地からの引揚者の社会的統合は，不況到来時に短期間で行われた大規模な引揚であったにもかかわらず，甚大な問題を抱えることがなかったと語られがちであるが，実態としてはより複雑な様相を呈していたと言える（Lebukeman 2005）。

3　引揚がポルトガル社会に及ぼした影響

以上のような形で展開されたアフリカ植民地からの引揚は，その後のポルトガル社会に種々の変化をもたらした。その一つとして，移民受け入れ国への変容を導いたことが挙げられる。植民地帝国の時代にポルトガルに移住してきた外国人の数はごくわずかに過ぎなかった。1960年に2万900人，1974年に3万2000人を記録しているが，これらの数字はいずれもポルトガルの全人口の

18）出生地や肌の色に加え，アフリカ滞在時の職業や学歴により判別される「階級」の相違に基づき，宗主国社会において種々の社会的差別を受ける人々も見受けられた。この点については Lebukeman (2003) が詳しい。

140 第 II 部 欧 米

1％にも満たなかった。ところが，帝国崩壊からしばらくすると，外国人数は1980年に5万人，1990年に10万7,000人と年を追うごとに増加した。反対に，ポルトガルから他国への移住は独裁体制崩壊以降もしばらく続いたものの，その数は次第に減少した。

　すでにふれたとおり，法令第308-a/75号によりポルトガル政府は国籍制度に抜本的な変更を加えた。1976年に民主主義体制へと移行したのち，政治経済が安定期を迎えると，旧ポルトガル領アフリカ諸国の国籍を選択した人々も次第に旧宗主国への入国を希望するようになった。旧ポルトガル領アフリカ植民地諸国以外の国からも移民の流入が確認されるようになり，ポルトガルは移民受け入れ国の一つとみなされるようになった。このような移民の増加に対処すべく，同国政府は1981年の法令第264-B/81号や，1993年の法令第59/93号等の法律を制定した。これら法令の主な目的は，外国人の新たな入国や滞在に関する規則を整備し，厳格化することにあった。

　しかしながら，そうしたポルトガル政府の移民政策の厳格化には一つの例外が存在した。それは旧アフリカ植民地諸国出身者に対する処遇である。アフリカ植民地諸国の独立直後に旧宗主国と旧植民地諸国のうちいずれか一方の国籍を選択させたことにより生じる国際移動上の問題を緩和すべく，ポルトガル政府は旧植民地諸国との間における人の移動に関して幾多の施策を講じてきた。たとえばポルトガル政府は，1976年2月，独立して間もないアンゴラ政府との間に「協力に関する一般協定」を締結した。その第4条では，一方の領土内における経済活動を希望する他方の国民を支援するための仕組みについて検討することなどが約束されている[19]。

　また，1990年代，ポルトガル政府は，すでに雇用を獲得しているなど，一定の基準を満たしている非合法移民に対して2度にわたり特別合法化措置をとった。それにより，合計でおよそ4万5,000人の非合法移民に対して居住許可証が発給されることとなった。これら特別合法化措置は21世紀に入ったのち

---

19) ポルトガルに滞在する旧ポルトガル領アフリカ植民地諸国出身の移民の大多数が低賃金の非熟練労働に従事していることから，これら国際移住に関する「協力」を新植民地主義の兆しと見る向きもある（Eaton 2003）。

もたびたび実施されたが，いずれの際においても合法化の対象は主として旧植
民地諸国出身者であった。このことは，合法化を可能にした規則の一つである
法律第 17/96 号の条文の中で，同法制定の目標は「必要な法的許可を得ること
なしに領土内に居住しているポルトガル語公用語圏諸国の出身の人々を特別に
合法化すること（第 1 条第 1 項）」にあると記されている点からも明らかであろ
う[20]。

　さらに，旧植民地諸国出身の移民は，国籍取得の点でも他の国々からの移民
よりも優遇されていた。1994 年に制定された法令第 25/94 号により，ポルト
ガル国内で出生した外国人を両親としてもつ者がポルトガル国籍を取得するた
めには，最低 10 年間ポルトガル国内で生活することが義務づけられた。しか
し，同法令には，両親のうちいずれかがポルトガル語圏アフリカ諸国出身者の
場合，6 年間ポルトガルで生活するだけで国籍を取得できるとの特別条項が同
時に設けられていた[21]。このほか，人の国際移動に関するポルトガルと旧ポル
トガル領植民地諸国との間の協力は，ポルトガル語諸国共同体（CPLP : Comuni-
dade dos Países de Língua Portuguesa）という国際機関においても進められている
（西脇 2017）。

　その結果，2015 年の時点でポルトガル国内において生活を営む外国人の数
は 38 万 8,000 人であったが，ポルトガル国内に滞在する外国人のうち旧ポル
トガル領アフリカ植民地諸国出身者の割合は 20 ％以上にのぼる。このうちア
ンゴラ出身者は約 1 万 8,000 人，モザンビーク出身者は約 3,000 人であった。
カボヴェルデ出身者（3 万 8,000 人）には及ばないものの，すでにポルトガル国
籍を取得している者が上記の数字から除外されていることを考慮すれば，南部
アフリカからも多数の移民が入国していることが理解されよう[22]。引揚時にお

20）旧ポルトガル領アフリカ植民地諸国からの移民に対するポルトガルの移民政策について
　　ふれた論文の一つに Marques（2012）がある。
21）ただし，2006 年に制定された基本法第 2/06 号により，こうした国籍取得に関する旧
　　ポルトガル領植民地諸国に対する特恵的な措置は廃止された（西脇 2012）。
22）独裁体制期から宗主国への多数の移住者を送り出していたカボヴェルデは，独立後，ポ
　　ルトガルとの間に移住に関する協力協定をただちに締結した。"Relações Política de Por-
　　tugal com Cabo Verde : Acordos Celebrados entre os Governos das Repúblicas de Portugal e do

142 第 II 部 欧 米

ける国籍法の変更がもたらした問題に対処すべくとられた旧ポルトガル領アフリカ植民地諸国出身者の移住に関する特別待遇が，1980 年代以降のポルトガル国内における移民の増加に寄与したのである。

さらに 21 世紀に入ると，それまで比較的安定した成長を遂げてきたポルトガル経済は不況局面に突入し，その結果，一度は減少していたポルトガルから外国への移住が再び増加を示した。主要な移住先には，イギリスやスペインといった欧州諸国ばかりでなく，アンゴラやモザンビークも含まれており，2014 年の時点でアンゴラに約 12 万人，モザンビークに約 3 万人のポルトガル人が移住している（Peixoto et al. 2016）。

このうち，モザンビークに移住したポルトガル人に関しては，アンケート調査の結果，回答者の一部（9.6％）はモザンビークにて出生したのち，ポルトガルに渡ったものの，内戦の終結や経済の安定化が確認されたことからモザンビークに再移住したことが明らかとなっている。また，経済的機会を求めて移住した者（82.7％）が大多数であったが，家族または友人とのネットワークを有していることを移住の動機としている者（17.3％）も少なからず存在していることが判明した[23]。以上のことから，近年著しい増加が見られるポルトガル人の旧ポルトガル領南部アフリカ植民地諸国への移住も，帝国期のアフリカ植民地への入植を含む過去の人口移動の影響を強く受けていることが示唆されよう。

おわりに

本章では，ポルトガルにおける引揚者をめぐる状況について検討を加えた。1950 年代以降，急激な増加が見られた南部アフリカ植民地への帝国内移動や，

Cabo Verde," PAA/141/981,941/Geral/Acordos（1975-1978），Arquivo Histórico Diplomático, Lisboa.
23）Ferreira et al.（2016）の中で実施された，モザンビークに在住するポルトガル移民 415 名に対するアンケート調査。詳細については同論文を参照。

第 5 章　ポルトガル帝国の崩壊と引揚　**143**

伝統的に展開されていたブラジルや欧州諸国への国際移動は，学歴や職業の点
においてそれぞれ異なる性質の人々により行われていた。同時期，独裁体制下
のポルトガル政府の主導のもと，ポルトガル帝国としての宗主国と植民地の一
体性を強調し，諸外国からの植民地主義に対する批判をかわすべく，南部アフ
リカ植民地の開発に力が注がれた。同地域への人の移動はそうした文脈から奨
励されたものであった。移住先で用意されていた職も欧州諸国やブラジルで得
られるものと同一ではなく，帝国領域内において宗主国出身者としての特権を
有した形での移動であった。

　ただし，同国から諸外国への国際移住は過去の世紀から絶えず行われてきて
おり，特に 1950 年代から 70 年代中盤に至るまで最盛期を迎えていた。アフリ
カ植民地への入植者の多くがそうした国外移住の気運の高まりを受け，帝国内
移住を決意したこともまた事実である。人口規模に比して大規模な帝国内移住
が短期間のうちに発展したのは，国際移住という同国が辿ってきた歴史に誘発
されたからにほかならなかった。

　その後，アフリカ植民地諸国の独立が確定すると，南部アフリカ植民地から
宗主国への大規模な引揚が生じた。その際，ポルトガル政府は新たな国籍法を
制定し，ポルトガル国籍所持者を限定した。

　帝国崩壊から数年後，ポルトガル語圏アフリカ諸国の国籍を選択した人々が
ポルトガルへの移住を希望するようになった。その際，ポルトガル政府は，旧
ポルトガル領アフリカ植民地諸国からポルトガルへの移住者を優遇する措置を
とった。その結果，20 世紀終盤，ポルトガルは欧州における新興移民受け入
れ国の一つとして歩み出すこととなった。すなわち，1980 年代以降に見られ
た同国の移民送り出し国から移民受け入れ国への変容は，1970 年代半ばの帝
国崩壊直後に見られたアフリカ植民地からの引揚という歴史的な経路に依存し
て展開したものであった[24]。

　さらに引揚は，21 世紀以降のポルトガルから旧ポルトガル領南部アフリカ

24）本章は植民地帝国崩壊後の旧宗主国の社会に焦点を当てているが，Mahoney (2010) は，
　　植民地帝国から独立した国家の社会的発展も帝国時代の支配制度や習慣のありように強
　　く規定されると議論している。

144 第Ⅱ部 欧 米

諸国への移住の増大とも関連性を有していた。このように，ポルトガルにおけるポルトガル領アフリカ植民地への入植および入植地からの引揚は，同国をめぐる国際移住の流れの影響を受ける形で生じ，のちの旧宗主国社会において国際移住の波を形成するという歴史的な「因果連関」を惹起していたのである。

参考文献

西脇靖洋（2012）「国籍政策と対外関係史の関連性——ポルトガルの事例から」陳天璽・小森宏美・佐々木てる・近藤敦編『越境とアイデンティフィケーション——国籍，パスポート，ID カード』新曜社

西脇靖洋（2017）「ポルトガルの移民政策と旧植民地諸国」納家政嗣・永野隆行編『帝国の遺産と現代国際関係』勁草書房

フレイレ，G.（2005）『大邸宅と奴隷小屋——ブラジルにおける家父長制家族の形成　上・下巻』鈴木茂訳，日本経済評論社

Castelo, Cláudia（1998）*O Modo Português de Estar no Mundo, O Luso-Tropicalismo e a Ideologia Colonial Portuguesa 1933-1961*, Afrontamento.

Castelo, Cláudia（2007）*Passagens para África, O Povoamento de Angola e Moçambique com Naturais da Metrópole 1920-1974*, Afrontamento.

Castelo, Cláudia（2012）"Colonial Migration to Angola and Mozambique : Constraint and Illusions," in Eric Morier-Genoud and Michael Cohen, eds., *Imperial Migrations, Colonial Communities and Diaspora in the Portuguese World*, Palgrave Macmilan.

Dacosta, Fernando（2013）*Os Retornados Mudaram Portugal*, Parsifal.

Dias, Nuno（2017）"'A Mão Esquerda' do Estado Pós-colonial, O Papel do IARN nas dinâmicas de Incorporação das Populações Retornadas," in Elsa Peralta et al., eds., *Retornar, Traços de Memória do Fim do Império*, Edições 70.

Eaton, Martin（2003）"Portugal's Lusophone African Immigrants, Colonial Legacy in a Contemporary Labour Market," in Stewart Lloyd-Jones and António Costa Pinto, eds., *The Last Empire, Thirty Years of Portuguese Decolonization*, Intellect.

Ferreira, Bárbara et al.（2016）"A Atual Emigração Portuguesa para Moçambique : Identidades Complexas no Quadro de um Movimento Norte-Sul em Contexto Pós-colonial," in João Peixoto et al., *Regresso ao Futuro, A Nova Emigração e a Sociedade Portuguesa*, Gradiva.

Ferreira, José Medeiros（1994）*História de Portugal VIII, Portugal em Transe*, Estampa.

Kalter, Christoph（2017）"Gente Pós-colonial, Quem Eram os Retornados ?," in Elsa Peralta et al., eds., *Retornar, Traços de Memória do Fim do Império*, Edições 70.

Keese, Alexander（2012）"Imperial Actors ? Cape Verdian Mentality in the Portuguese Empire under the Estado Novo 1826-1974," in Eric Morier-Genoud and Michael Cohen, eds., *Imperial Migrations, Colonial Communities and Diaspora in the Portuguese World*, Palgrave Macmillan.

Lains, Pedro (2003) *Os Progressos do Atrassos, Uma Nova História Económica de Portugal*, Imprensa de Ciências Socias.

Lebukeman, Stephan C. (2003) "Race, Class, and Kin in the Negotiation of 'Internal Stangerhood' among Portuguese Retornados 1975–2000," in Andrea L. Smith, ed., *Europe's Invisible Migrants*, Amsterdam University Press.

Lebukeman, Stephan C. (2005) "Unsettling the Metropole, Race and Settler Reincorporation in Postcolonial Portugal," in Caroline Elkins and Susan Pederson, eds., *Settler Colonialism in the Twentieth Century*, Routledge.

Mahoney, James (2010) *Colonialism and Postcolonial Development : Spanish America in Comparative Perspective*, Cambridge University Press.

Marques, M. Margarida (2012) "Postcolonial Portugal, between Scylla and Charybdis," in Ulbe Bosma et al., eds., *Postcolonial Immigrants and Identity Politics, Europe, Russia, Japan and the United States in Comparison*, Berghahn Books.

Newitt, Malyn (2015) *Emigration and the Sea, An Alternative History of Portugal and the Portuguese*, Oxford University Press.

Nunes, Rosana Barbosa (2000) "Portuguese Immigrants in Brazil, an Overview," *Portuguese Studies Review* Vol. 8, No. 27.

Oliveira, José Gonçalo Correia de (1961) *A Livre Circulação de Mercadorias e o Sistema de Pagamentos Inter-regionais no Espaço Português*, Presidência do Conselho.

Oliveira e Costa, J. P., ed. (2014) *História da Expansão e do Império Português*. A Esfera dos Livros.

Peixoto, João, et al. (2016) *Regresso ao Futuro, A Nova Emigração e a Sociedade Portuguesa*, Gradiva.

Penvenne, Jeanne Marie (2005) "Settling against the Tide, The Layered Contradictions of Twentieth-Century Portuguese Settlement in Mozambique," in Caroline Elkins and Susan Pedersen, eds., *Settler Colonialism in the Twentieth Century*, Routledge.

Peralta, Elsa et al. eds. (2017) *Retornar, Traços de Memória do Fim do Império*, Edições 70.

Pinto, António Costa (2001) *Fim do Império Português*, Livros Horizonte.

Pimenta, Fernando Tavares (2008) *Angola, Os Brancos e a Independência*, Afrontamento.

Pires, Rui Pena (2003) *Migrações e Integração, Teoria e Aplicações à Sociedade Portuguesa*, Celta.

Rocha-Trindade, Maria Beatriz (2015) *Das Migrações às Interculturalidades*, Afrontamento.

Rosales, Marta Vilar (2013) "Rotornos e Recomeços, Experiencias Construídas entre Moçambique e Portugal," in Fernando Rosas et al., eds., *O Adeus ao Império, 40 Anos descolonização Portuguesa,* Vega.

Rosas, Fernando (1994) *História de Portugal VII, O Estado Novo*, Estampa.

Santos, Vanda (2004) *O Discurso Oficial do Estado sobre a Emigração dos Anos 60 a 80 e Imigração dos Anos 90 à Actualidade*, Alto-Comissariado para a Imigração e Minoria Étnicas.

第6章

難民支援戦略の起源
——アメリカによるインドシナ介入——

佐原彩子

はじめに

　多くの一般市民が戦争に巻き込まれることとなった 20 世紀において，難民
——移動を余儀なくされた人々——の移動はそれまでになかった規模で引き
起こされた。それはアジアでは，第二次世界大戦後，大日本帝国崩壊とともに
未曾有の規模で起こった（本書第 1 章参照）。さらには 1947 年のインドとパキ
スタンの国家分離にともなう推定 1400 万人の難民化，1949 年の中華人民共和
国建国にともなう香港への難民流入，1950 年の朝鮮戦争にともなう国内避難
民の発生など，各地で大規模な人口の流動化が生じた（国連難民高等弁務官事
務所 2001：59）。

　しかし，国連難民高等弁務官事務所（UNHCR）が設立される前には，国際
社会は難民問題に地球規模で取り組めるような機関やシステム，そしてそれら
について規定する国際的なルールを確立していなかった（国連難民高等弁務官
事務所 2001：2）。また，UNHCR の設立や難民条約の起草に際しても，欧米各
国が想定していたのは共産主義政権から逃れてくる難民であり，UNHCR の活
動範囲は主に西ヨーロッパに限定されていた（国連難民高等弁務官事務所 2001：
5）。それは 1951 年の「難民の地位に関する条約」が，国際社会が保護すべき
難民を，1951 年以前にヨーロッパで発生した事態に付随するものと限定して

いたことからも明らかである[1]。そのため，アジアにおける人の移動は，国際社会が取り組むべき難民保護の埒外に置かれてきたといえる。

　このような状況の中，アメリカ合衆国（以下，アメリカと表記）政府やアメリカを拠点とする非政府団体は，ヨーロッパだけでなくアジアにおける人の移動にも積極的に介入した。それは，1951 年の「難民の地位に関する条約」が定めた「人種，宗教，国籍，政治的意見または特定の社会集団に属するなどの理由で，自国にいると迫害を受けるかあるいは迫害を受ける恐れがあるために他国に逃れた」人々という定義に当てはまるものの，地域的に除外されていた人々にも援助を行うことでもあった。つまり，アメリカ政府や非政府団体の一部には，当時ヨーロッパに限定されていた難民の定義を，アジアにも拡大していくことに積極的な人々がいた。その取り組みについて，人道主義的な救済の拡大としてのみだけでなく，当時の冷戦構造の中でどのような意味をもったのか，という点から分析することが本章の大きな目的である。それゆえ，本章では「難民」概念の定義の変化そのものを問題にする。

　難民問題への取り組みの歴史をふり返れば，この問題をめぐる解決策は，第二次世界大戦後から冷戦期にかけて，「祖国」帰還を目指すものから第三国定住へと大きく転換した。共産主義圏から逃げてくる人々が自由主義圏へ脱出し，その人々の第三国定住が必要視されるようになると，難民は，自由主義圏の国々にとって，共産主義圏に対抗するうえでの政治・軍事的重要性を有する存在と認識されるようになった。

　この一例として，本章は，フランスのインドシナ撤退と，それにともないフランスとの協力で実施されたアメリカによるヴェトナム「難民」輸送を取り上げる。本書第 4 章が指摘するように，1954 年，第一次インドシナ戦争の敗北によって，フランスは植民地であったインドシナを喪失した。また，フランスはインドの一部植民地も同時期に失い，フランスによるアジアの支配地域は消滅した（平野 2002 : 293）。それはアジア各地での脱植民地化を加速させる契機となるはずであったが，インドシナ半島では，アメリカが軍事・政治介入を進

---

[1] 1951 年の「難民の地位に関する条約」については，次のウェブサイトを参照のこと。
http://www.unhcr.org/jp/treaty_1951（2019 年 9 月 30 日最終アクセス）

148 第 II 部 欧 米

めるきっかけとなった[2]。つまり，フランスの引揚とアメリカの介入は表裏一体だったのである（吉沢 1999 : 29-30）。

　今まで多くの先行研究ではアメリカの軍事・政治介入の明らかな暴力性に注目が集まり，アメリカによる「難民」退避はその暴力性とは関係が薄いと考えられてきた。アメリカは，北から南へ移動するヴェトナム人を「難民」と呼び，難民援助政策としてその移動および南ヴェトナムへの定住を支援した。その詳細については，ジェシカ・エルカインドがアメリカ政府による南ヴェトナム建国事業の文脈から説明し，対南ヴェトナム政策の根幹に関わる政策であったことを示している（Elkind 2016）。本章はこのような新しい研究を反映させ，フランスのインドシナ撤退にともなうアメリカの「難民」輸送および援助を，引揚と冷戦政策の継続性，および冷戦戦略への転換という観点から位置づけなおす。従来の「引揚」研究の射程は，戦後処理の過程にその重点が置かれる傾向が強かったが，本章では，フランスのインドシナからの撤退が，アメリカに人道支援を通したインドシナ介入の契機を提供したことを明らかにする。

　第一次インドシナ戦争中のアメリカによる対仏援助が，その後アメリカがヴェトナム戦争の泥沼に入り込んでいく発端となったことは，すでに多くの研究が指摘してきた。この戦争は，フランス植民地政府とヴェトナム民主共和国（ヴェトミン）との間で戦われたものの，フランスがアメリカの軍事援助に負うところは大きかった。1950 年 5 月 9 日，ディーン・アチソン（Dean Acheson）米国務長官は，対インドシナ軍事援助開始の声明を発表し，同年 8 月 2 日には35 人からなる米軍事援助顧問団（MAAG : Military Assistance Advisory Group）がヴェトナムのサイゴンに到着した。それは，フランスの戦争に助言と支援を与えるためであり，1954 年までにアメリカは，フランスの戦費の 3 分の 1 にあたる 27 億ドルを負担した。そして 1955 年から 61 年にかけて，アメリカはゴ・ディン・ジェム（Ngo Dinh Diem）政権に 70 億ドル以上と言われる軍事・経済援助を与えた（松岡 2001 : 15；吉沢 1999 : 36）。

　本章では，アメリカ政府による対仏援助の中でも特に北から南への「難民」

---

2 ）本書第 4 章で説明されているように，北アフリカの植民地と比べ，インドシナがフランスにとってそれほど重要でなかったことがアメリカの介入を招いたといえる。

避難を実施したことを，難民支援が軍事戦略的観点から冷戦政策として運用されていく起点と捉えたい。アメリカによる難民退避作戦は，人道的援助が冷戦下における新たな心理戦争（psychological warfare）の戦略として積極的に利用された例として考えられるべきであろう。心理戦争とは，実際の軍事戦闘ではないが東西冷戦の力関係に影響を及ぼすさまざまな心理的作戦の総称であり，政治・軍事的戦略として対外政策において重要な役割を果たした。アメリカにとって「難民」は，心理戦争において東西冷戦を有利に進めるために必要とされた存在であったといえよう。

　そのため，本章では，アメリカがなぜ，そしてどのように難民退避を実施したのかを中心に論じ，難民退避実施にいたるドワイト・アイゼンハワー（Dwight Eisenhower）政権内での議論を分析する。それにより，アメリカの対外政策において，「難民」に対する人道支援が重要な役割を獲得していく経緯も明らかにする。

1　難民退避作戦が浮上する冷戦の文脈

　1954年5月，ヴェトナム北部でのディエン・ビエン・フーの戦いによって，フランスの敗退が決定的になり，ジュネーヴ協定（同年7月21日発効）は，北緯17度線による南北ヴェトナム分断と，2年後の統一選挙，300日を期限とする市民の移動の自由を定めた。そこで，アメリカ政府は「自由への道作戦（Operation Passage to Freedom）」と名付けた軍事作戦を実行し，10ヶ月間で北から南へと移動する約80万人の「難民」への救援を行った。しかし，この人々を「難民」と呼ぶことは難民条約の規定からは逸脱している。なぜならば，自国の国境内で避難している人は国際法上の「難民」とは見なされないからである（国連難民高等弁務官事務所 2001：2）。

　撤退にともなう「難民避難」を定めたジュネーヴ協定の条項14(d)は，アメリカ政府の提案によるものであった（Catton 2015：331-358）。この条項は，アイゼンハワー政権にとって，民間人にも移動の自由を保障することによって，

150　第II部　欧　米

米仏による北ヴェトナムの放棄に対する国際社会からの批判をかわすことを目的としていたという（Catton 2015 : 358）。この作戦をヴェトナム人に対しての「初めての主要な人道主義的試み」と考える研究者もいる（Frankum 2007 : 14）。さらに，共産主義圏の北から自由主義圏の南へと流入してくる「難民」のイメージは，アメリカ国内において南ヴェトナムを支持する世論を高めることとなった（Jacobs 2004 : 134-171）。

　しかしながら，このような難民避難を含めたインドシナへの介入は，冷戦政策の一環，アメリカによる第二次世界大戦後の世界戦略の一部として位置づけなおされる必要がある。なぜなら，アジアにおける人の移動に対するアメリカの介入は，1954 年に始まったものではないからである。アメリカ政府は戦後処理の一環として，それ以前よりアジアにおける人の移動に介入してきた。第二次世界大戦終結後，アメリカは日本と旧植民地の分離を推進するため，日本人の引揚に介入した。1945 年 8 月に日本政府は，日本外務省を介して海外公館向けに，海外にいる日本人をなるべく「現地に残留・定着させよ」との方針を発表していたが，翌年 3 月 16 日「引揚に関する基本司令（SCAPIN 822）」により，1946 年 8 月までの 1 年間で 900 万人に達する占領地の日本人と旧植民地出身者が故郷へ送還された（李 2015 : 65, 103）。

　本書第 3 章が明らかにしているように，第二次世界大戦終戦前から，アメリカの戦後構想においてアジアでの人口移動についての検討は始まっていた。フランクリン・ローズヴェルト（Franklin Delano Roosevelt）政権での構想は，ハリー・トルーマン（Harry Truman）政権にも引き継がれ，第二次世界大戦後，アジア復興はヨーロッパ復興に不可欠であると考えられた。トルーマン政権は，アジアの復興のため，人の移動を安定させることと，特に東南アジア（インドネシア，インドシナ，マラヤ）の情勢を安定させることを重視した（McMahon 1999 : 14-42）。そのため，1951 年相互安全保障法（Mutual Security Act of 1951）による海外援助プログラムの開始は，ヨーロッパ復興を主眼としたアジア復興を目標としていた。基本的には技術援助を第一とし，1950 年から 71 年までにアメリカは，2000 億ドル以上の経済援助をアジアで行った[3]。

　これは，ヨーロッパでも実施された復興援助がアジアに拡大されていったも

のである。アメリカは第二次世界大戦後，欧州復興計画（ERP : European Recovery Program）の一部として，ドイツ，イタリア，オーストリアを中心として，永住権や市民権をもたない 800 万人以上の人々の移動に介入した。たとえば，アメリカ政府は連合国救済復興機関（UNRRA : United Nations Relief and Rehabilitation Agency）に多額の拠出を行い，UNRRA はそれらのうち 600 万人以上の人々を，しばしば無理やりに彼らの「祖国」へ帰還させた（Tempo 2008 : 21-22）。そうした人々は劣悪な環境の難民キャンプに収容されるなどの状況に置かれたため，1945 年 12 月にトルーマン大統領は，大統領令を出してヨーロッパから 4 万人余りの難民を受け入れることを決定した。その後，アメリカ連邦議会は 1948 年「流民法（Displaced Persons Act）」を成立させ，トルーマン政権下でアメリカへの難民受け入れは拡大することとなった（Tempo 2008 : 22）。

　トルーマン政権が 1952 年 3 月に開始したアメリカ避難民プログラム（U.S. Escapee Program）は，人口移動問題を経済問題から政治問題へと変質させるきっかけとなった。このプログラムを通して，ドイツ，イタリア，オーストリアを中心に滞留していた，永住権や市民権をもたない人々の「祖国」への帰還は，「避難民（escapee）」問題となり，人道的問題であると国際的に認知されるようになったからであった（Carruthers 2005 : 911-942）。そしてアメリカ政府は「ヨーロッパ諸国に対して，マーシャル・プランに基づく経済支援の裏書きを与えながら，その国内に滞留している難民の受入れを求めるように」なった（本間 2001）。

　こうした対欧州政策と連動して，アメリカ政府は，アジアにおける人口移動への対処をも変質させていった。たとえば，「難民化している朝鮮人を放置すれば共産党側に利用される」と考えたアメリカ政府は，1946 年 8 月に 1 万 5,000 人規模の在中国朝鮮人の本国送還措置を講じようとするなど，反共主義にもとづく政治的立場から難民問題に対処し，人の移動を冷戦政策に組み込んでいった（田中 2013）。

　さらに，1949 年の中華人民共和国成立を契機として大陸から香港へ移動す

　3）1950 年からの「ポイント・フォー計画」の一部として実施された（Cullather 2010 : 6）。

152　第 II 部　欧　米

る人々に対し，アメリカ政府はアジアにおける「難民」呼称を拡大していった。
1949 年から 51 年にかけて，大陸から香港へ約 70 万人の人々が流出したが，
香港政府は，香港の社会政治秩序を乱す存在としてこれらの人々を「難民兵士
(refugee soldiers) ／国民党難民（Nationalist refugees)」と呼び，1949 年 10 月には
「植民地への脅威」をもたらすとして強制排除の対象とした（Madokoro 2016：
44-45)。しかし，西側諸国で難民問題への関心が高まったことを受けて，アメ
リカ政府はその排除に反対した。特にアメリカの人道援助活動家たちは，流入
避難民は「難民」であり，中華人民共和国成立を望んでいない人々であると考
えた（Madokoro 2016：55-95)。共産主義圏から逃げてくる人々は援助されるべ
き「難民」であるとの主張は，イデオロギーにより保護するか否かの境界線を
引くこと，そして，その援助の対象を共産主義に抗う人々に限定することを意
味していた（Mark 2007：1145-1181；Davis 1998：127-156)。

　アメリカにおける国民党支持派も，香港での難民問題へ関心を寄せ，アジア
において移動を強いられた人々をヨーロッパと同様に「難民」と呼ぶべきだと
し，香港における難民援助活動を展開していった。たとえば，連邦下院議員ウ
ォルター・ジャッド（Walter Judd）を運営に含めて，中国知識人難民援助組織
(Aid Refugee Chinese Intellectuals, Inc.) が 1952 年 2 月に設立された（Hsu 2014)。
その目的は，香港に避難している 1 万人以上の中国人教育者，科学者，技術者
への物資援助および再定住支援であった。また，アメリカを拠点とする CARE
(Cooperative for American Remittances to Europe) という団体は，ヨーロッパの難民
に救援物資を供給するために 1942 年に設立されたが，1954 年にはその香港支
所を「赤化する大陸からの何千もの中国難民を援助する」目的で設立したとい
う（Madokoro 2016：43)。朝鮮戦争によって朝鮮半島でも人の動きが流動化し，
1951 年までに半島南部だけでも 530 万人の難民が発生したと言われる状況下
で，アメリカの慈善団体も援助活動を行った（Gatrell 2013：182)。このように
して，アジアにおいても共産主義圏から逃避する人々を「難民」として取り上
げる諸活動が展開していったが，その主張には明確な反共主義のロジックが見
られた[4]。

　アジアにおけるアメリカによる難民支援活動はまた，アジアからアメリカへ

の「難民」受け入れをもたらすことにもなった。たとえば，1953年難民援助法は，「極東」からの難民5,000人を含む，20万9,000人に特別入国許可を与えた。これは，香港での「難民」問題への関心の高さを示す，象徴的な受け入れ枠であったといえる（Hsu 2014）。アジアからも難民を受け入れたことは，従来，アジア人が非白人として入国を制限されていたのに対して，冷戦政治が人種を超えた受け入れを促したことを意味するからである。19世紀末から人種化が顕著となり，20世紀初頭にはアジアからの人々を帰化不能外国人と見なすにいたった，アメリカのアジア移民排除の歴史に鑑みれば（Ngai 2004），アジアからの受け入れを認めた意味は大きい。また，アジアからの移民に対する規制が，1954年のマッカラン・ウォルター法，そして1965年移民法を経て徐々に緩められていった経緯を考慮すれば，難民にアジア出身者が含まれていくことと，アジアからの移民の受け入れが拡大していくことは連動していたと見なすことができる。

　しかしながら，アジアの難民や移民の受け入れ拡大は冷戦によってもたらされたものであり，普遍的な拡大，つまり人種主義の克服とまではいえない。なぜなら，たとえばマデリン・スーが分析するように，ヨーロッパからの移民および難民と異なり，その受け入れ数も限られており，知識人，ビジネスマン，留学生などの選ばれた一部のエリート層のみがその恩恵に浴することができたという点では，受け入れ対象が階級によって限定されていたからである（Hsu 2015 : 205）。

　以上のように，第二次世界大戦からヴェトナム戦争にいたる時期に生じたさまざまな引揚やそれらの移動によって生み出された難民は，アメリカの冷戦政策という視点から見れば相互に連関している。そして，アメリカによるアジア域内での難民援助活動は，アジアからアメリカ国内への「難民」受け入れを少数ながらも促したと指摘することができよう。

4）本書第1章で明らかにされているように，冷戦構造が先鋭化していくなかで在日朝鮮人は日本国内で問題視されていった。一方で，冷戦構造はアジアにおいてアメリカによる難民保護が行われるという矛盾した状況を生み出した。

154 第Ⅱ部 欧 米

2 フランス撤退にともなう難民退避

1954 年のジュネーヴ協定の発効によって，フランスの撤退とヴェトナムの南北分断が実行され，アメリカ政府はフランスの撤退に対して軍事援助も含めた援助を行った。そして，同年 8 月から「自由への道作戦」と称された軍事作戦で，北ヴェトナムから南ヴェトナムへの「難民」退避を支援し，彼らの定住援助を実施した（Frankum 2007 : 16-17）。これにより，香港での難民支援開始から間もなく，ヴェトナムでは，香港を超える規模の「難民」支援が行われることとなった。

アメリカが北から南へ移動するヴェトナム人を「難民」と呼ぶこと自体に，当時の冷戦政治の論理が反映されている。なぜならば，分断されたばかりのヴェトナムを移動する人々を「難民」と呼ぶことは，南北ヴェトナムを異なる国としてその国境を固定化し，共産主義国から自由主義国への移動に国際社会の注目を集めようとした試みであったからである。また，アメリカは北ヴェトナムからの「難民」を自国に受け入れるのではなかったからこそ，北から南へ移動する人々を「難民」と呼び，積極的に移動を勧めた可能性がある。

フランス撤退回避の模索

しかし当初からアイゼンハワー政権は「難民」支援を重視しておらず，フランスが撤退する場合に，避難民をいかに南へ退避させるかについては計画を立てていなかった。代わりに模索していたのは，ヴェトナム独立を求めるヴェトミン側に対してフランスおよびその保護下にあったヴェトナム国側が優勢になる可能性についてであった。1951 年に，トンキン・デルタからのフランス撤退の際にアメリカによる援助がどのように実施されるか，選択肢について米仏軍間で話し合いが行われたが，当時，フランス側はインドシナ放棄の可能性を議論することに意味を見いだしておらず，フランス軍が撤退することになれば，フランス軍とヴェトナム国関係者は全員ヴェトミンに虐殺されるだろうと考えていた[5]。そのためアメリカ側も，フランスがインドシナを放棄する可能性を

ほとんど考慮にいれていなかった。

1954年に入ると，フランスの撤退を回避し戦況を有利にするため，アメリカ側はヴェトナム国の指導者の「より良い」候補を切望するようになった。それは，たとえば，1954年2月4日の国家安全保障会議でアイゼンハワー大統領が，情熱をもった「よい仏教徒の指導者を探すことができるかどうか」について質問したことにも表れている[6]。ジョン・フォスター・ダレス（John Foster Dulles）国務長官も「李〔承晩〕のような特徴をもった指導者」がヴェトナムに現れることを切望していた。このような指導者像を求めた背景には，アイゼンハワー政権が，ヴェトナムの人々がヴェトミンを支持している状況に落胆していたことがあった。

リチャード・ニクソン（Richard Nixon）副大統領は，何よりも問題なのは戦場から悪いニュースが継続的に入ってくることであると述べ，これが米仏における「敗北主義的態度」を強めていると苦言を呈した。そこで，アメリカ連邦議会が軍事援助追加よりも人道援助への追加支援に積極的であることから，人道援助の枠内でアメリカ情報局（USIS : United States Information Service）や海外事業局（FOA : Foreign Operations Administration）によって実行可能な政策を模索することを提案した[7]。このようにして，人道援助の文脈から，「難民」退避の可能性が模索されるようになった。

新たな防衛戦の策定

しかしながら，「難民」退避は，1954年5月のディエン・ビエン・フー陥落以後，フランスの撤退が不可避であると明らかになっても，アイゼンハワー政権にとって最優先課題ではなかった。実際に，最も重視されたのは，インドシナを守るための新たな防衛線の策定であった。米海軍大将ロバート・カーニー（Robert Carney）は，もしトンキン・デルタが共産主義者の手に落ちるならば，インドシナを守ることが極端に難しくなるであろうと述べ，最悪のシナリオの

---

5 ）*Foreign Relations of the United States (FRUS)* (1952–54), doc. 516 : 987–988.

6 ）*FRUS* (1952–54), doc. 534 : 1014.

7 ）*Ibid.* : 1015–1017.

156　第 II 部　欧　米

中でもまだ受け入れられるものは，共産主義勢力との境界線をヴェトナム中部であるアンナンの細いウエスト（ヴェトナム全国土のうち中央近くの最も細くなっている部分）に設定することであるとの考えを示した[8]。

　アイゼンハワー政権が完全な撤退ではなく新たなインドシナ防衛線の策定に躍起になったのは，共産主義勢力拡大への恐怖からである。たとえば，ダレス国務長官はすでに 1954 年 3 月には，インドシナのおよそ「3000 万人の人々」が自立した政府を求めているのに，共産主義者はその独立への希望を悪用しており，そしてもし共産主義者が独立を成功させれば「過酷な共産主義独裁へ人々を服従」させるだろうと述べていた[9]。インドシナの共産主義者を批判した背景には，1945 年のヤルタ会議でアメリカ政府が東ヨーロッパへのソ連の影響を承認したことが，その地域の人々の民主的自由を制限する結果となってしまったことへの反省があった[10]。そのため，インドシナで共産主義政府が成立すれば，東ヨーロッパでの失敗を繰り返すことになると認識しており，その成立を容認するわけにはいかなかった。それゆえ，アイゼンハワー政権は，トンキン・デルタの喪失を「その地域の自由な人々にとっての災厄」であると捉えていた[11]。このような自由主義 対 共産主義という世界観の中で，共産主義に取り込まれてしまう人々を見捨てるということは，自由世界に助けを求める人々への裏切りであるとアイゼンハワー政権は考えていたといえる（Catton 2015 : 336）。

　ジュネーヴ協定締結前の時点で，フランス側から国務省へヴェトナム人民の保護要請が寄せられていたことから，アイゼンハワー政権はこの人々の存在を把握していた。要請は，「人民の支援を得るために，最も重要な問題である，特に避難させられた村民へのケア，ヴェトミン側から脱走したり逃げたりした人々の緊急的なケースに関して，ヴェトナム政府はさらなる経済・技術援助を必要」としているというものであった[12]。ここで重要なのは，「人民の支援を

---

8 ）*FRUS* (1952-54), doc. 980 : 1714-1715.

9 ）*Department of State Bulletin* 30 (1954) : 539-542.

10）*Ibid.*

11）U. S. Senate (1977), 6 : 165-166.

得るため」に，ヴェトミン支配地域から避難してくる人々に対する援助が重要であると主張されている点であろう。

　このような戦略的視点からの人民保護について，ヴェトナム国国家元首バオ・ダイ（Bao Dai）もその必要性を認識しており，ヴェトミンとの戦いを有利に進めるためには，「トンキン・デルタの住民，最大400万人までを避難させること」が必要であると主張していた。また，定住先があるならば，人々は喜んで避難するであろうとも彼は述べ，大量の住民移動を非常に単純に考えていたことが読み取れる[13]。このことはまた，バオ・ダイがヴェトミンの影響力を楽観視していたことも示唆している。ヴェトミンの対仏戦争における戦略は，フランスの圧倒的な軍事力と直接的に対決しないよう，大規模な戦闘を避けるもので，地域住民を巻き込んだゲリラ戦となっていた。その地域の住民を移動させることによって，ヴェトミン側の兵力および戦略に大幅な変更を迫ることを，ヴェトナム国はゲリラと戦ううえで効果的な戦略と見ていたのであろう。地域住民を移動させることで，ヴェトミンとフランスおよびヴェトナム国との正面対決が実現すれば，圧倒的軍事力から後者が勝利するとバオ・ダイは予想していた。

人材源の確保を求める声

　フランスの撤退が不可避であることが明らかになった後，ヴェトナム国首相であったブー・ロック（Buu Loc）は，トンキン・デルタの運命を深く憂慮し，その不安をドナルド・ヒース（Donald Heath）アメリカ大使に伝えていた。同時にブーは，トンキン地域が「この国の人材の倉庫」であるため，軍事的撤退の決断は戦争を継続する能力に深刻な影響を与えることになるだろうと指摘した。そして，撤退の決定によってデルタの一定地域が維持できなくなるならば，「少なくとも人々を再定住のためにどこかへ移動させる努力がなされるべきであろう」と続けた。家族の再定住や大量の人々を移動することは実践において，大変な難しい問題をもたらすかもしれないが，これによりヴェトナム国軍は

---

12) *FRUS* (1952–54), doc. 574 : 1065.
13) *FRUS* (1952–54), doc. 575 : 1068–1069.

158　第 II 部　欧　米

「人材源」を確保することができるだろうとも述べた[14]。つまり，フランス軍のトンキン・デルタからの撤退が避けられないものとなったとき，ブーは地域住民の移動と再定住が軍への人材確保をもたらすと考えたのである。

　このような人材源としてのトンキン・デルタの重要性は，フランスからベトナムに到着したばかりのゴ・ディン・ジェムとその弟ゴ・ディン・ニューにも共有されていた。それゆえ，彼らは，フランス軍のトンキン・デルタからの撤退に非常に失望していた。特に，トンキンのファットジェム（Phat Diem）郡とブイチュ（Bui Chu）郡からの撤退を主張するフランス軍の決断に深く絶望しており，フランスが北からの撤退をやめる方法を模索していた。撤退すれば，ヴェトナムの主要な人材源が共産主義者の手に渡り，取り返しのつかないことになると彼らは述べた。そして，ジェムたちは，「フランスがトンキン・デルタを諦めないことが明らかになるまでは新たな政府を樹立しないこと」を強調した[15]。ジェムは戦況がいかに悪化していたかを知らなかったため，トンキン・デルタを喪失するということに激しく動揺していた。ジェムは実際に，仏軍大将ラウル・サラン（Raoul Salan）に，「少なくとも，南ヴェトナム政府が組織され，軍事状況が回復するまではファットジェムとブイチュからの撤退を停止するよう」求めたが，サランは「撤退を継続するよう，フランスからの明らかな指示を受けた」として撤退を止めることはなかった[16]。

　この動揺をアメリカ側に理解させ，状況の好転を図るために，ジェムが主張したのは，ヴェトナム民族の地域差，特に北部ヴェトナム人の優秀さと南部ヴェトナム人の劣等さであった。ジェムは，「もしフランスがハノイを諦めたら」アンナン（中部）とコーチシナ（南部）だけで国家を建設することは不可能だと繰り返し主張した。ジェムは，「コーチシナ人〔南部人〕は，兵士になるにも，共産主義者による転覆を拒むにも気楽すぎる」として，ハノイ陥落が国家存亡の危機をもたらしかねない「甚大な心理的効果」を与えるとして問題視していた。こうした発言は，ジェムが抱いていた南部人に対する偏見を明らかに

　14）*FRUS* (1952–54), doc. 981 : 1718.

　15）*FRUS*, (1952–54), doc. 1004 : 1762–1764.

　16）*Ibid.* : 1763.

第 6 章 難民支援戦略の起源 **159**

するのみならず，ジェムが新生国家にとって北部人の確保が肝心であると考えていたことを示している。ジェムは，それゆえに，「インドシナ，そしてすべての東南アジアを救う唯一の方法は，アメリカの介入である」と強調した[17]。

一致しない思惑

ジェムの主張する北部人の優秀さは，ダレス国務長官にも認識されていた。そのため，戦況が悪化するなかで，「この状況の最悪な点は，最も男らしいヴェトナム人はトンキン・デルタに住んでいることである」と発言していた。しかし，ダレスがジェムと異なるのは，フランスがトンキン・デルタを保持することを望んでいなかった点にある。ダレスは，「〔トンキン・〕デルタの住民の少数を非共産主義地域へ移動することは可能かもしれない」が，その数は多くはないと踏んでいた[18]。つまり，フランスの北部放棄を予想し，それにともなう北部からの人の移動も考慮してはいたが，その規模は限定されたものにとどまるであろうと考えていたのである。

フランス軍撤退に関するアメリカ側の懸案事項は，「アメリカがインドシナへ送った大量の兵器について」であり，フランスによるトンキン・デルタ地域の放棄そのものについてではなかった。「フランス軍が惨敗すれば，ヴェトミンはこの武器のほとんどを手に入れ，その結果として，彼らの軍隊はアジアで最も整備されたものとなる」と考えられていたからである[19]。「仏軍はインドシナから脱出することを切望している」ため，たとえばダレス国務長官は，フランスに戦争をやめさせることがおそらく最善であると考えていた[20]。アイゼンハワー政権は，フランスによるトンキン・デルタ地域の放棄は不可避であると認識し，その放棄にともなう新たな防衛線確定を盛り込んだ撤退計画を策定する必要に迫られた。

フランスの撤退にともない，トンキン・デルタからの人の移動を実行するこ

17）*FRUS* (1952-54), doc. 1030 : 1793-1794.
18）*FRUS* (1952-54), doc. 1057 : 1840.
19）*FRUS* (1952-54), doc. 980 : 1716-1717.
20）*FRUS* (1952-54), doc. 981 : 1717.

160 第II部 欧 米

とを，アイゼンハワー政権は限定的ながらも考慮していたが，ジェムは大規模
な移動の実施を求めていた。ジェムの希望は，アメリカが避難援助と再定住支
援を約束することを条件に，100万人から200万人程度の北部出身者を南側で
保護することであった。彼は，南ヴェトナムとフランスだけではそのような規
模の難民問題へ対処することはできないだろうが，アメリカの人道的支援があ
れば大規模な避難民の移動が実行可能であると主張した[21]。このことは，北か
らの大量の「難民」の移動と南への受け入れをジェムが強く要求し，当初より
アメリカにその管理運営を求めたことを示している。

　1954年12月の時点で，フランス側は，「フランスが避難させる民間人の数
が30～40万人にのぼる」と推測していた。そしてこの合計は，「フランス人家
族と扶養家族，そして(1)親仏勢力と見なされておりヴェトミンが勝利した際
には安全でないことが明らかであり，(2)避難することを望むヴェトナム人を
含む」とされていた[22]。同年5月，ディエン・ビエン・フー陥落の際に，米海
軍大将カーニーは，大規模な撤退は非常に難しく，その場の状況の変化に即し
て行われなければならないだろうと言及していた。米軍関係者には撤退の規模
はそのときの状況に左右されると考えられていたわけである。もし秩序が維持
され，フランス軍が機能するならば，撤退計画が実現可能であるが，そうでな
ければ不可能であるとの予想であった。つまり，規模の大きい撤退を実行でき
る可能性そのものが疑問視されていた。

　実際に退避した難民の数は，ジェムの要求した数には及ばなかったが，多く
のカトリック教徒の人々が迫害を恐れて南へ移住したため，その数はフランス
側の想像を上回るものとなった。ピーク時には毎日3,000人の難民が南に到着
し，その60％はカトリック，40％は仏教徒であった（Smith 2002 : 94）。結果
として，約10ヶ月の間に80万人ほどの難民が北から南へ流入し，国務省傘下
のFOAはその救援を実行しなければならなかった（Frankum 2007 : 16-17）。き
わめて大規模な援助のために，FOAはさまざまな慈善団体からの支援を必要
とし，国際救済委員会（IRC : International Rescue Committee），CARE，メノナイ

21）*FRUS* (1952-54), doc. 1082 : 1872-1873.

22）*FRUS* (1952-54), doc. 1360.

ト中央委員会（Mennonite Central Committee），アメリカ赤十字などの団体が 1954 年 10 月には FOA と連携して活動を始めた[23]。

3　慈善団体の介入とヴェトナム・ロビーの設立

　場当たり的な退避計画であったために，すでに 1954 年 8 月 17 日には，難民退避が問題を抱えていることがサイゴンのアメリカ大使館から国務省に伝えられていた。それによれば，航空輸送および米仏海軍の船舶などで難民が数日中にはサイゴンへ流入してくる予定であったが，「サイゴンに建設予定の 5 つの難民キャンプのうち 1 つしか建設が始まっておらず，このキャンプには 30 のテントしか立っていない」状態であった。その翌週からは，1ヶ月あたり平均 10 万人の難民輸送を実行するために米海軍の輸送船が到着する予定ではあったが，「難民」が北で乗船して南で下船し，南でその人々を受付所へ移送する計画を実行するためには，南での「難民」の移動支援，食糧，医療所などが不足していることが明らかとなった。このような状況について，FOA 傘下の特別技術経済任務（Special Technical and Economic Mission）に従事しヨーロッパや極東での難民援助経験をもつリチャード・ブラウン（Richard R. Brown）は，「北ヴェトナムでの状況は，戦争終結時のドイツを含めて，今まで経験した中で最悪のものである」と述べた[24]。

　アメリカ政府の公式援助だけでは対応に限界があり，民間団体の協力は難民保護の実施に不可欠となった。こうして，アメリカの慈善団体が政府による援助作戦に参加したのである。その一つである IRC は，ナチから逃れる人々を救済するために 1933 年に設立された団体であり，現在も難民救援事業に携わっている。同団体は 1946 年以来，東ヨーロッパからの難民に対して人道的支援を行う「鉄のカーテン難民」というプログラムを実施し，アメリカ国内で資金を募り，難民に食糧，医療やその他の援助を提供した[25]。その経験を買われ

23）Joseph Buttinger Papers (1954), "Letter to Leo Cherne from Harold Stassen".
24）*FRUS* (1952-54), doc. 1132, 1952.

162　第 II 部　欧　米

て国務省から参加を要請された IRC は，難民援助を通して，その後のアメリ
カ政府による南ヴェトナム政府支援に重要な役割を果たすこととなった
（Morgan 1997）。

　IRC は，1954 年 9 月からヴェトナムで，ヨーロッパで実施していたものと
類似のプログラムを実施することを決定した。IRC の運営委員から FOA のヴ
ェトナムでの作戦に参加しようという提案があり，インドシナで IRC が行動
する可能性を議論した結果であった。1951 年から IRC の会長であったリオ・
チャーン（Leo Cherne）は，その実施に何の自信もなく，ほとんど何も知らな
い地域に関わろうとしていたことはわかっていたが，それでも国務省にその計
画を提案したと回想している[26]。FOA の調査旅行への助成を受けて，チャー
ンは 1954 年 9 月 9 日にサイゴンを訪問した[27]。

　アメリカ政府が，ヴェトナムでのさまざまな活動を実行するために慈善団体
を必要とした理由は，慈善団体による支援が，政府間のものよりも，アメリカ
の民衆が援助するという形をとるゆえに国際的にきわめて大きな影響力をもっ
ていると，政府が認識していたためであった。また，チャーンが国務省の慈善
対外援助・助言委員会（Advisory Committee for Voluntary Foreign Aid of the State
Department）のメンバーであったことも関係していた。チャーンは，第二次世
界大戦後にアメリカ社会でも寄付の重要性が認識されたことで，慈善団体は豊
かな資金に恵まれ，アメリカ社会および国際社会で，さまざまな活躍を担うこ
とができたと述べている[28]。IRC と政府の関係に見られるように，政府事業で
慈善団体が積極的に活用される背景には，冷戦文化外交の影響がある[29]。政治
家や政府関係者は，政策を実施するためには世論からの支持が必要であると見
なし，政府事業に慈善団体を利用することは FOA，ひいては国務省に利益を
もたらすと考えていた。また，慈善団体は政府と民間をつなぐ役割を積極的に

25）Papers of International Rescue Committee (1954) "An Iron Curtain Refugee".

26）Leo Cherne Papers (1954) "Oct. 6, 1954 after LC Return from Vietnam for IRC".

27）Leo Cherne Papers (1954) "Cable to Members Research Institute from Leo Cherne".

28）Leo Cherne Papers (1954) "A Letter to Lessing J. Resenwald from Leo Cherne".

29）冷戦文化外交については以下の文献を参照のこと。Dudziak (2000)；Borstelmann
(2001)；Klein (2003)．

引き受けることを使命とし，団体の規模を拡大した。

　すでに 1954 年 7 月に，非政府組織「自由なアジアのための委員会（CFA：Committee for Free Asia）」は，100 万人以上の非共産主義者のヴェトナム人が南へ向かうことで甚大な難民問題が生起するだろうと予測していた。それを解決するために CFA が担った役割は，救援物資の提供ではなく，「難民」の登録受付，再定住の支援，生活の再建，同化であった。CFA はアジアでの反共主義を強化・拡大することを目的とした団体であり，ヴェトナムでは 1956 年に南北統一選挙が行われる予定であったため，「難民」を反共主義の側に投票する重要な「有権者」と見なしていた。しかし一方で，「難民」は，その処遇が悪ければ，南部社会の不満分子となり，南部人口を共産主義へ導きかねない存在であるとも考えられていた。つまり，彼らは再定住と生活再建の如何によって選挙動向を大きく揺るがしかねない不安要素としても認識されていた[30]。IRC のチャーンも 1954 年 9 月の時点では，自由選挙が行われれば共産主義が勝利するだろうと予想していたが，さまざまな資金を使って「難民」を南に定住させることで，南ヴェトナム政府を維持強化し，反共勢力を結集して政治勢力を形成すれば，統一選挙は，アメリカ政府が望むように反共主義の勝利となるとの見通しをもっていた[31]。

　CFA や IRC のような団体は，一般的なヴェトナムの人々が共産主義に傾倒しがちであることに危惧を抱いており，南ヴェトナムでの再定住に CFA や IRC が影響を及ぼすことで初めて「民主主義」に投票する人々を増やす機会が得られると想定していた。これら諸団体は，非政府団体でありながら南ヴェトナムに民主主義政権を樹立するために尽力し，「難民」を反共主義の政治の道具として利用しようとしていた。「難民」を反共主義の支持基盤として利用し，北ヴェトナムに対する心理戦争を有利に展開することを狙って，定住を援助した可能性を推察できよう。

　チャーンは IRC の事務所を設立するために，前述した「鉄のカーテン難民」

---

30) Asia Foundation Papers (1954) "Memorandum of Committee for Free Asia, from Colin D. Edwards to Mr. Gard".
31) Leo Cherne Papers (1954) "Cable to Members Research Institute from Leo Cherne".

164　第II部　欧　　米

プログラムをヨーロッパで計画運営した立役者であった，ジョセフ・バッティンガー（Joseph Buttinger）をサイゴンに派遣した[32]。フランス語を話し，カトリックであるバッティンガーはこの計画に適役であると考えられた。1954 年 10 月にヴェトナムへ向かった彼は，ヴェトナムのことを何も知らなかったうえに，1956 年の統一選挙における南ヴェトナムの勝利もありえないと考えていた[33]。しかしながら，特にハノイ大学の学生を含む北からの難民と接触してから，彼は「もし民主主義が根本的な社会変革の政策とともに実施されるならば，南ヴェトナムは生き残ることができる」と確信するようになった[34]。

　3ヶ月のヴェトナム滞在の後，バッティンガーはアメリカへ帰国し，南ヴェトナムのための支援運動を始めた。アメリカでの南ヴェトナムやその政府に対する否定的なメディア報道に失望した彼は，ヴェトナムについて間違った情報を広めていると自らが見なした記事に対して反論するために活動を開始したのである[35]。バッティンガーは IRC のメンバーでもあったが，南ヴェトナム政府支援を盛り上げ，そしてヴェトナムの政治状況へのよりよい理解を広げる活動を，IRC とは異なる組織で行うべく，別団体の立ち上げに乗り出した[36]。そして，1955 年 12 月 1 日，チャーンなどの IRC メンバーも加わり，米越友愛会（AFV：American Friends of Vietnam）が設立された。この AFV を通して，アメリカ国内でジェム政権支援活動が展開し，アメリカ政府はヴェトナムへの介入を加速させていくこととなった（Morgan 1997）。AFV はヴェトナムへの支援を訴えるヴェトナム・ロビーとして認知され，やがてヴェトナム反戦運動の高まりとともに批判の矢面に立たされることとなる。

　フランスの引揚にともなう「難民」退避および「難民」援助は，慈善団体の活動を必要とし，AFV のような南ヴェトナム政府支援団体を生んだ。北ヴェトナムからの「難民」は，共産主義の残虐さを示す存在として，その後，トマ

---

32) Leo Cherne Papers (1954) "A Letter from Leo Cherne to Dr. Daly C. Lavergne".
33) Joseph Buttinger Papers (1954) "Joseph Buttinger, Personal Recollections about the So-called Vietnam Lobby".
34) Ibid.
35) Joseph Buttinger Papers (1955) "Letter to Nguyen Phuoc Dang from Joseph Buttinger".
36) Ibid.

ス・ドゥーリーの著作などによってアメリカ国内外で注目されることとなった（Dooley 1956）。彼は，IRC および AFV の活動と関わっており，「自由への道作戦」に参加した経験をもとに，作戦の意義と難民の置かれた状況の悲惨さを強調し，アメリカによる支援が必要であることを訴えた。それによって南ヴェトナム政府支援活動は，北から南への「難民」をアメリカによる医療支援や公衆衛生向上によって救うことを目的としたものであり，アメリカでの支援者が資金を提供する「慈善事業」であるとアメリカ国内で認知されることとなった。しかしながら，それ以後のヴェトナム戦争の展開に鑑みれば，北からの「難民」の再定住は，定住先である南ヴェトナムに大きな問題を生み出し，南ヴェトナムの政治状況を不安定化させることにつながったともいえる。そして，アメリカ政府は，その後 20 年近くにわたり，ヴェトナムの泥沼へとはまり込んでいくこととなったのである。

おわりに

　アメリカは，国際条約的には「難民」とは呼べない，フランスの引揚にともない北ヴェトナムから南ヴェトナムへ移動した人たちをも「難民」と呼び，積極的な援助を行った。避難支援だけでなく，南ヴェトナムでの定住支援も行い，首都サイゴン近郊には流入してきた人びとのための住居，病院，学校などが建設されたが，流入の規模に見合う十分な支援ではなかった（Frankum 2007：192-193）。アイゼンハワー政権は，フランスの撤退とヴェトナムの南北分断が不可避と考えたうえで，北から南へ移動する人々を南ヴェトナム政府発足に不可欠な人材だとみなした。そしてこの難民退避およびその援助を契機として，アメリカ政府は積極的に南ヴェトナムへと介入していくことになった。

　アイゼンハワー政権が北から南への避難民を積極的に「難民」と呼んだ背景には，資本主義陣営 対 共産主義陣営の対立という冷戦政治の文脈の中で，フランスによるインドシナ撤退が起こり，それにともなってヴェトナム難民退避が行われる必要が生じたという事情があった。ジュネーヴ協定締結前には，ど

れくらいの数の人々が北ヴェトナムから南ヴェトナムへ移動するのか未知数であったが，ゴ・ディン・ジェムなど南ヴェトナム建国に関わる人々は，トンキン・デルタの人々の輸送を強く望んでいた。このような状況の中で，第一次インドシナ戦争におけるフランスの敗北と「難民」問題への介入は不可分なものとなり，「難民」援助政策が慈善団体とアメリカ政府の協力のもと実施された（Elkind 2016）。

　本章では，アメリカが冷戦政策の一環としての戦後復興のためにアジアやヨーロッパにおける人の移動に関わっていたことを指摘するとともに，第二次世界大戦後の日本の引揚やヨーロッパの難民，インドシナ戦争後のヴェトナム難民など，時代も地域も異なる人の移動が，アメリカの対外戦略という視角を通して見ると連関していること，東ヨーロッパにおける人の移動に対する介入の形式がインドシナに拡大されたことを明らかにした。特に，第二次世界大戦後のアジアにおける地域秩序編成において，フランスのインドシナからの撤退がアメリカに介入の機会を提供したことは重要である。つまり，1954 年に起こったフランスの北ヴェトナムからの撤退は，インドシナにおける「帝国」的秩序を消失させたのではなく，アメリカ政府および慈善団体による援助を展開させ，新たな秩序再編が進行する契機を提供したといえる。アイゼンハワー政権は，その後，難民問題と南ヴェトナム建国事業を結びつけ，市場経済発展を主眼とした「東南アジア」地域秩序の再編を図っていくことになった。それが可能となったのは，インドシナからのフランス撤退にともなう「難民」退避が，冷戦下の「人道的難民支援」政策へと転換したことによるといえよう。

　冷戦下において，共産主義圏から自由主義圏へ移動する「難民」は，アメリカ政府の支援のもと，自由主義圏における新たな反共主義勢力としての役割を期待された。歴史的観点から難民の定義そのものに批判的考察を促すピーター・ガトレルは，近現代の難民像が，非政府組織が体現しようとする人道主義によって，受け身な存在とされ，他国の介入を必要とする対象とされてきたことを指摘しているが，本章はこの一例を示したといえるだろう（Gatrell 2013：8）。さらに本章で扱ったケースでは，難民援助が軍事戦略として浮上し，冷戦戦略の重要な政策となった。そして，アメリカ政府および慈善団体による難民

への援助に，アメリカ一般社会の人々が募金などを通じて協力していくことにより，援助が冷戦戦略としての心理戦争の役割も果たしていくにもかかわらず，非政治的で人道主義的なものだと認識されていったことも明らかとなった。

　アメリカによる「東南アジア」秩序の再編は，1975年に南ヴェトナムが崩壊したことで限界を迎えたと考えられてきたものの，それ以後1990年代まで継続したインドシナ難民問題をめぐる国際社会の連携によって，一定の維持が図られることとなった。つまり，フランスによる引揚が端緒となった難民問題は，20世紀を通してアメリカとインドシナ地域の関係を規定するものとなったといえよう。アメリカは，1954年に北から南への難民援助をきっかけにインドシナ地域へ介入し，1975年に完全な撤退を余儀なくされたものの，国際機関などとの連携によって難民問題解決に尽力する主要国として，その後も当該地域に関わり続けたのであった。

参考文献

①一次史料

Department of State Bulletin 30（1954）"The Threat of a Red Asia," April 12.

Foreign Relations of the United States, 1952-54, vol. XIII, part 1.

Foreign Relations of the United States, 1952-54, vol. XIII, part 2.

Asia Foundation Papers, Hoover Institution.

　（1954）"Memorandum of Committee for Free Asia, from Colin D, Edwards to Mr. Gard," July 27, File : Preliminary Approach to an Indochina Program, Box P-147.

Joseph Buttinger Papers, Harvard-Yenching Library.

　（1954）"Joseph Buttinger, Personal Recollections about the So-called Vietnam Lobby," File : Vietnam, Position Papers, Box 1.

　（1954）"Letter to Leo Cherne from Harold Stassen," Oct. 6, File : Letters Re : Vietnam, Box 3.

　（1955）"Letter to Nguyen Phuoc Dang from Joseph Buttinger," Jan. 2, File : Vietnam-out, 1954-55, Box 6.

Leo Cherne Papers, Howard Gotlieb Archival Center, Boston University.

　（1954）"A letter from Leo Cherne to Dr. Daly C. Lavergne," October 13, File : IRC-Vietnam Correspondence 1954-1957, Box37.

　（1954）"A Letter to Lessing J. Resenwald from Leo Cherne," December 18, File : IRC Viet Nam 1954-1957, Box 37.

　（1954）"Cable to Members Research Institute from Leo Cherne," Sep. 13, File Ramparts, Box 17.

168　第Ⅱ部　欧　米

(1954) "Oct. 6, 1954 after LC Return from Vietnam for IRC," Oct. 6, File : Transcript of Board Meeting, Box 28.

Papers of International Rescue Committee, Hoover Institution.

(1954) "An Iron Curtain Refugee," File : Minutes, Box 2400.

U. S. Senate (1977) *Executive Sessions of the Senate Foreign Relations Committee*, 6.

②二次文献他

国連難民高等弁務官事務所 (2001)『世界難民白書——人道行動の 50 年史』時事通信社

田中隆一 (2013)「在中国朝鮮人の帰還——中国国民党の送還政策を中心に」蘭信三編『帝国以後の人の移動——ポストコロニアリズムとグローバリズムの交錯点』勉誠出版

平野千香子 (2002)『フランス植民地主義の歴史——奴隷制の廃止から植民地帝国の崩壊まで』人文書院

本間浩 (2001)「日本の難民保護制度——国際法の立場から」難民問題研究フォーラム編『難民と人権——新世紀の視座』現代人文社

松岡完 (2001)『ベトナム戦争——誤算と誤解の戦場』中央公論新社

吉沢南 (1999)『ベトナム戦争——民衆にとっての戦場』吉川弘文館

李淵植 (2015)『朝鮮引揚げと日本人——加害と被害の記憶を超えて』舘野晳訳，明石書店

Borstelmann, Thomas (2001) *The Cold War and the Color Line : American Race Relations in the Global Arena,* Harvard University Press.

Catton, Philip E. (2015) "It Would Be a Terrible Thing if We Handed These People over to the Communists : The Eisenhower Administration, Article 14 (d), and the Origin of the Refugee Exodus from North Vietnam," *Diplomatic History*, Vol. 39, No. 2.

Carruthers, Susan (2005) "Between Camps : Eastern Bloc 'Escapees' and Cold War Borderlands," *American Quarterly*, Vol. 57, No. 3.

Cullather, Nick (2010) *The Hungry World, America's Cold War Battle against Poverty in Asia*, Harvard University Press.

Davis, Michael G. (1998) "Impetus for Immigration Reform : Asian Refugees and the Cold War," *Journal of American-East Asian Relations*, Vol. 7, No. 3-4.

Dooley, Thomas (1956) *Deliver Us from Evil : The Story of Viet Nam's Flight to Freedom*, Kessinger Publishing.

Dudziak, Mary (2000) *Cold War Civil Rights : Race and the Image of American Democracy*, Princeton University Press.

Elkind, Jessica (2016) *Aid Under Fire : Nation Building and the Vietnam War*, The University Press of Kentucky.

Frankum, Ronald B., Jr. (2007) *Operation Passage to Freedom : The United States Navy in Vietnam, 1954-1955*, Texas Tech University Press.

Gatrell, Peter (2013) *The Making of Modern Refugee*, Oxford University Press.

Hsu, Madeline (2014) "Aid Refugee Chinese Intellectuals, Inc. and the Political Uses of Humanitarian Relief, 1952-1962," *Journal of Chinese Oversea*, Vol. 10, Issue 2.

第 6 章　難民支援戦略の起源　　169

Hsu, Madeline (2015) *The Good Immigrants : How the Yellow Peril Became the Model Minority*, Princeton University Press.

Jacobs, Seth (2004) *America's Miracle Man in Vietnam : Ngo Dinh Diem, Religion, Race, and U. S. Intervention in Southeast Asia*, Duke University Press.

Klein, Christina (2003) *Cold War Orientalism : Asia in the Middlebrow Imagination, 1945-1961*, University of California Press.

Madokoro, Laura (2016) *Elusive Refuge : Chinese Migrants in the Cold War*, Harvard University Press.

Mark, Chi-Kwan (2007) "The 'Problem of People' : British Colonials, Cold War Powers, and the Chinese Refugees in Hong Kong, 1949-62," *Modern Asian Studies*, Vol. 41, No. 6.

McMahon, Robert (1999) *The Limits of Empire : The United States and Southeast Asia Since World War II*, Columbia University Press.

Morgan, Joseph (1997) *The Vietnam Lobby : The American Friends of Vietnam, 1955-1975*, University of North Carolina.

Ngai, Mae (2004) *Impossible Subjects : Illegal Aliens and the Making of Modern America*, Princeton University Press.

Smith, Andrew F. (2002) *Rescuing the World : The Life and Times of Leo Cherne*, State University of New York Press.

Tempo, Carl J. Bon (2008) *Americans at the Gate : The United States and Refugees during the Cold War*, Princeton University Press.

Wiesner, Louis (1988) *Victims and Survivors : Displaced Persons and Other War Victims in Viet-Nam, 1954-1975*, Greenwood Press.

第 III 部

日　　本

第7章

性暴力被害者の帰還
——「婦女子医療救護」と海港検疫のジェンダー化——

山本めゆ

はじめに

　敗戦を前にした関東軍の撤退とソ連軍の侵攻，戦後の引揚援護政策の遅延などにより，満洲や朝鮮半島北部に残された民間人は剝き出しの暴力に晒された。とりわけソ連兵などからの性暴力は酸鼻をきわめ，現地では女性たちの自死も頻発するなど数々の悲劇をもたらした。性暴力被害者たちが上陸した引揚港の周辺では，性病の治療とともに，当時は違法であったはずの人工妊娠中絶が相当数行われたことが知られている。

　従来この組織的な中絶に関しては，引揚港やその周辺施設で活動した医師らの献身の物語，もしくは優生保護法の前史として描かれる傾向にあった。こうした報道や研究で十分に検討されてこなかったのは，これが移動する女性に対して，検疫の一環として実施されたということである[1]。

　「検疫（quarantine）」の語源はイタリア語の「40」にあり，14世紀のイタリ

1）加藤聖文は，中絶が引揚港だけでなく奉天の満洲医科大学においても実施されていたことを指摘している（加藤 2013：29）。「胡蘆島出張報告」によれば，1946年5月ごろの葫蘆島や奉天からの報告として「不法娠婦ハ相当多キ模様ナルモ満大始メ各機関ニ依テ有料又は無料ヲ以テ処置セラレツツアリ大体ハ片付クナラント（医師談）」とある。資料についてご教示くださった加藤聖文先生に御礼申し上げる。

アでペスト検疫のために入港船を 40 日間係留したことに由来する。つまり検疫とは外部から到来した「異物」の処遇が決まるまでの期間，その国であってその国でないようなわずかな間隙にそれらを留めおき，人としての基本権をも宙吊りにする出入国管理のプロセスということになる。「日本」や「日本人」の境界が大きく揺らいだこの時期，再定義された「国民」から除外された人びとを朝鮮半島へと送還したのも引揚港であり（第 11 章参照），旧植民地から帰還した民間人を精査し，そののち「国民」へと再統合する役割を果たしたのもまた引揚港だった。そして性暴力被害者を「救護」するための窓口が各引揚港の検疫局のもとに開設されたということは，彼女たちの帰還がとりわけ強い警戒をもって受けとめられていたことを物語っている。

　本章では，性暴力被害者のための医療救護が検疫という公衆衛生および入国管理業務の一部であったことを重視しながら，引揚港という国土の外縁に位置する空間において性暴力被害者の身体が「日本人」の境界をいかに動揺させ，また再画定に寄与したのかを検討していく。検討にあたっては，一次資料・二次資料に加え，筆者が行った聞き取り調査で得られたデータを使用する。聞き取りを行ったのは，九州帝国大学医学部産婦人科教室の医局員として博多港での検診や福岡療養所での中絶手術を担った石濱淳美（2004 年 10 月聞き取り），日本赤十字社経由で二日市保養所に勤務した看護師の村石正子（2004 年 8 月聞き取り），雑誌『婦人之友』の読者組織「友の会」会員として佐世保引揚援護局や佐賀の中原療養所で相談員を務めた福士房（2004 年 10 月聞き取り）の 3 名である（聞き取り協力者への敬称は以下省略）。

　以下，第 1 節で先行研究と検疫という観点について検討したのち，第 2 節では GHQ による検疫強化の要請と，厚生省・引揚援護院・各地方引揚援護局が一体となって実施された「引揚婦女子医療救護」体制を確認する。第 3 節では実際にその任に当たった医師や相談員らの姿を粗描する。第 4 節では聞き取り調査で得られた語りを手がかりに，性暴力によってもたらされた「児」が医療救護の場面でいかに他者化され，それが組織的な中絶の実現といかなる関係にあったのかを検討する。

174 第 III 部 日 本

1 先行研究と検疫という観点

　引揚港と性暴力，中絶という問題系に関して先鞭をつけたのはジャーナリズムだった。先駆者となったのは福岡のテレビ局のディレクターであった上坪隆である。上坪は，福岡市郊外に開設された二日市保養所（後述）の存在を掘り起こすことで，引揚史に埋もれていた性暴力被害の痕跡を浮かび上がらせ，1970 年代後半にテレビドキュメンタリー「引揚港水子のうた」「引揚港博多湾」と，それらの取材記録を下敷きにした『水子の譜（うた）』という金字塔的作品を残した（上坪 1979）。ただし，上坪作品は引揚港や二日市保養所等で医療救護にあたった人びとの証言をもとに構成されており，現場の人びとの人道主義的献身が「中央」の無策と対置されることで，結果的にこの中絶を地域史の中に閉じ込めることになった。

　学術研究において論及されるようになったのは 1990 年代以降のことである。近年でも樋口恵子，美馬達哉，松原洋子，柘植あづみなどが優生保護法との関連で引揚女性を対象とする医療救護を論じている（藤目 1997；荻野 2008；坪田＝中西 2011；同 2013；加藤 2013；樋口 2018；美馬 2019；松原 2019；柘植 2019）。とりわけフェミニストのあいだでは，この中絶が日本人女性の性と生殖に関わる健康と権利をめぐる歴史の一幕として言及されることが増えた。しかしこうした報道・研究では，引揚女性に対する医療救護が検疫という入国管理のプロセスに組み込まれていたこと，さらにはその検疫が 19 世紀以来の人の移動の活性化と深く結びついていたことはほとんど検討されてこなかった。

　人類史上最も集中的に人が移動した 19 世紀中葉から 20 世紀初頭は，その反作用として，世界各地で国境管理の技法が創出・拡充・洗練された時期でもある。国籍・身分を保証するパスポートや査証の制度，個人識別のための指紋法，教育水準に応じて入国希望者を選別するための識字テストなど，今日のわれわれにも馴染み深い技術の多くが，この時期の人の移動の活性化に対する防衛的反応として導入され，のちに主権国家体制の標準装備となっていった（McKeown 2008）。

海港検疫も同様である。その発祥は 14 世紀以降ペスト禍に苦しめられてきた地中海地域にあるが，今日の検疫制度の起源は 19 世紀のインドを起源とするコレラのパンデミックや，その対策として開催された国際衛生会議にある。この会議は 1851 年から 1938 年まで全 14 回にわたって開催されており，1903 年の国際衛生条約成立をもって検疫制度の国際標準化が進んだ。また中国・雲南起源といわれる腺ペストは，19 世紀末に香港で流行したことから各地の港湾都市へと伝播していったが，日本の検疫制度も 19 世紀初頭のコレラ対策を基礎とし，19 世紀末の腺ペスト流行を通じて確立されたものである（脇村 2008；飯島 2017）。人の移動によりパンデミックが引き起こされ，その対策として海港検疫が整備されていったという点で，海港検疫の標準化は上記のような移動の管理・監視の制度化と通有の現象といえる。

　ジョン・トーピーがパスポート法の成立史を通して論じたのは，個人の移動を掌握する移民行政と近代国家の存立との関係だった。国民国家を「想像の共同体」としたベネディクト・アンダーソンの議論によって，人びとのアイデンティティを主観的なものと捉える主観主義的なアプローチが広く浸透したが，トーピーはこれに異議を唱える。そして「法的な登録，身分証明の書類，法律」といった出入国管理の規制と監視，つまり誰が国家に所属し，誰が所属しないのか，誰の往来を許し，誰の往来を許さないのかを決定する諸制度に目を向ける必要を主張した（Torpey 2000=2008 : 21-23）。これを敷衍するなら，引揚港における検疫もまた，上陸者の掌握や管理・監視を通して，誰が「日本」に所属し，誰がしないのかを画定する実践の一翼を担っていたといえるだろう。

　敗戦と帝国崩壊にともなう引揚とは，総人口の約 1 割に相当する日本人が還流するという未曾有の帰還移動であり，それは受け入れ側の社会にも強い不安をもたらした。1946 年春の集団引揚開始を前に，女性解放運動の中心人物でもあった久布白落実は次のように語っている。「戦争と性病は切っても切れない関係にあるが，日本民族の将来のためにぜひなんとか喰め止めなければならないと思い，復員省，厚生省にたびたび進言している，満州の婦女子も，脱走者の話によると四割位は混血児を生む運命を背負っているらしい」[2]。ここでは性暴力被害者が性病と「混血児」という二つの脅威の宿主とみなされ，女性

たちよりも「日本民族」の未来を守るために検疫の強化が叫ばれている。次節では，GHQ や厚生省，引揚援護院によって整備された引揚援護の体制において，女性たちの身体にいかなる関心が向けられていたかを検討する。

2　引揚女性に対する検疫と医療

GHQ 主導の検疫の強化

　敗戦直後の日本の検疫体制には，GHQ や厚生省，引揚援護院，地方引揚援護局など複数の機関の思惑が複合的・多層的に織り込まれていた。ここからは，GHQ 主導で検疫体制が整備された 1945 年 9 月を起点に，引揚女性に対する救援と医療がどのように確立されたのかを振り返る。

　GHQ は終戦直後より日本側に海港検疫の強化を指示している。1945 年 9 月22 日に GHQ は「公衆衛生対策に関する件」という覚書で検疫強化を指示，厚生省はすぐに衛生局に臨時防疫課を設置した。翌月には臨時防疫局に格上げされ，そのなかに検疫課が置かれた[3]。10 月 7 日には引揚港に「リセプション・センター」を創設せよとの正式指令があったが，港によっては 9 月中旬に進駐した占領軍部隊からすでにその命を受けていたところもあった。10 月 13 日，日本の各省の代表者は，GHQ より引揚に関する担当官庁を決めるよう命じられたが，そこで「どうも総司令部の腹は厚生省指定にあるらしい」と察したという。10 月 18 日の会議の席上で日本政府は厚生省を責任官庁とする旨の回答を行い，11 月 22 日に厚生省社会局内に引揚援護課が誕生した[4]。

　GHQ は 10 月 7 日に陸海軍省宛ての「引揚日本人受入れのため上陸地事務局創設の件」，つづいて 10 月 15 日に日本政府宛ての「日本における帰還引揚者に対する受入施設の件」の覚書を通し，検疫施設の設置と出入港検疫の実施を打ち出した。10 月 20 日には引揚者の検疫に関する最初の単独指示である「帰

---

　2 ）『朝日新聞』1946 年 4 月 24 日。
　3 ）厚生省公衆衛生局編（1980：73-74）。
　4 ）厚生省 20 年史編集委員会編（1960：444-446）。

還に関する上陸及び港湾衛生に対する医学，衛生学的処置に関する件」の覚書が出された。そこでは伝染病患者，しらみ保有者およびその他危険な疾病の患者を発見するための検査の実施や隔離などが求められているが，その概要からは発疹チフスやペストを強く警戒していたことがうかがわれる。これを受け，厚生省は海港検疫法を基礎に「海港検疫実施要領」を作成し，12 月 15 日に引揚援護局検疫所長会議に提示した[5]。

　引揚者の窓口となったのは，地方引揚援護局である。8 月 30 日，政府は次官会議において「外地（樺太を含む）及外国在留邦人引揚者応急援護措置要綱」を決定，これに基づき「引揚民事務所」が設置され，地方引揚援護局の原型となる。11 月 24 日の「地方引揚援護局官制」の公布によって地方引揚援護局が設置され，援護業務は厚生省のもとで統一される。地方引揚援護局が置かれたのは，すでに GHQ の覚書等により引揚港としての使用許可が下りていた浦賀，舞鶴，呉，下関，博多，佐世保，鹿児島の 7 局と，横浜，仙崎，門司の 3 出張所で，その後，函館，大竹，田辺，唐津，別府等にも設置された[6]。

　1946 年に入ってアメリカ軍から約 200 隻に及ぶ輸送船が貸与され，第一次集団引揚が開始される。1946 年 3 月 13 日，引揚援護院が厚生省の外局として誕生し，臨時防疫局もここに統合され，医務局は検疫局と改められた。3 月 16日には受け入れ・送り出し業務の根拠法規となった「引揚に関する基本指令」が GHQ より示された。この基本指令は数度にわたって追加修正を加えられているが，従来の海港検疫の対象疾病はコレラ，ペスト，痘そう，発疹チフスおよび黄熱に限られていたのに対し，引揚者に対する検疫ではその他の法定伝染病，結核，らいおよび炭疽の検診，さらにしらみの有無についても検査することが指示された。第一次集団引揚を前に，海港検疫体制が一段と強化されたことがわかる。この時期すでに法定伝染病の中に性病が含まれていたものの，その指令の内容からは，GHQ が強く警戒していたのはコレラ，ペスト，天然痘，発疹チフス，黄熱などであったことがうかがわれる[7]。

---

　5 ）厚生省公衆衛生局編（1980：75）。
　6 ）厚生省 20 年史編集委員会編（1960：446-448），厚生省社会・援護局 50 年史編集委員会（1997：144-148）。

178　第 III 部　日　本

　次項で示す「婦女子医療救護」とは別に，1947 年 8 月より函館・舞鶴・宇品・佐世保という 4 つの港の検疫所で，男性も含めたすべての帰還者を対象とする梅毒検診が始まっている。その理由としては，引揚者は帰郷後も精神的・経済的な苦境に置かれるため，罹患していても顕著な症状が現れるまで受診しないこと，女性については「生活困窮のため売春婦に転落する者が出ているがこの傾向は外地において売春行為をおこなっていた者が強」く，このような女性たちは梅毒の罹患率が高いので，発見・治療が重要であることなどが説明されている[8]。

厚生省による「引揚婦女子医療救護」計画

　本項は，引揚女性に対する組織的な中絶の実施を国家事業としての引揚医療救護史の文脈に位置づけた松原（2019）の見取り図に依拠しながら，厚生省によって整備された「引揚婦女子医療救護」体制を確認する。

　引揚者に対する医療業務において重要な役割を果たしたのは，1945 年 12 月に厚生省外局として新設された医療局だった。医療局は国立病院や国立療養所を所管した組織である。GHQ の覚書により，陸海軍病院や傷痍軍人療養所がそれぞれ一般国民を対象とする国立病院と国立療養所に再編され，復員者や引揚者の治療や収容などを重点的に担うことになった。地方引揚援護局や国立病院・療養所の連携のもとで遂行された厚生省の引揚医療救護体制を基盤として，引揚女性に特化した医療救護が構想された（松原 2019）。

　医療局は 1946 年 4 月 15 日に「引揚婦女子医療救護実施要領」を各医療局出張所，国立病院・療養所，引揚援護局，揚陸地検疫所に発布し，それを踏まえて引揚援護院は 4 月 26 日に「満鮮引揚婦女子の医療救護に関する件」を通達している。

---

7 ）引揚援護庁長官官房総務課記録係編（1950=2000：3-6），厚生省公衆衛生局編（1980：76-83）。

8 ）引揚援護院検疫局（1952）＝加藤聖文監修・編（2001：73）。なお，引揚援護院検疫局による検疫局史および各地方引揚援護局の局史は，加藤聖文監修・編（2001）に収録されており，本章でもそれらを参照している。以下，検疫局史および各引揚援護局史の引用は同史料集成に拠り，頁数についてもこの集成のものを掲げることとする。

それらによると，引揚援護院（各地方引揚援護局）が救護相談および指導，医療局（国立病院・療養所）が診察，収容，治療を担当し，両者が連携して要医療救護者を収療することが計画された。収療経路としては，引揚船内に設置された婦女子救護船内出張所において相談，問診，指導を実施，次に上陸地の検疫所内に設置された女子救護相談所で相談，問診，指導を経たのち，必要に応じて医療局が管轄する第一次婦女子病院に送致，さらに治療継続が必要な場合は第二次婦女子病院に転送したうえで帰郷させることが定められた[9]。検疫所内の相談所では検疫所長が相談所長を兼務し，医師，女子社会事業家，国立病院・療養所，日本赤十字社救護班の婦長級看護婦などの適任者が相談所員を務めること，要救護者の特定にあたっては，本人からの申し出，本人への質問，家族に対する聞き込みのほか，ポスターの掲示やリーフレットの配布などによって自発的な相談を促すことなどが指導され，医療救護を要する婦女子を「徹底的に抽出し保護に洩るるものなき様努力する」よう求められた[10]。

第一次婦女子病院としては，佐世保，唐津，博多，仙崎，舞鶴，新潟の各上陸地付近の国立病院・療養所が指定された。第一次婦女子病院に勤務する皮膚泌尿器科，産婦人科，小児科専門医の派遣については，1946 年 6 月に医療局長官より東京・京都・九州の各帝国大学医学部長および岡山医科大学長宛てに教授，助教授，講師，助手等を当該病院に派遣することを依頼し，また派遣を

---

9 ）厚生省医療局（1946：10-11），厚生省医務局編（1955：155-164）。

10）厚生省引揚援護局（1961：253）。配布されたリーフレットの文面は以下の通り。「引揚婦女子の皆様へ　このたび，懐かしの故国に無事にお帰りになる運びとなりましたことを心からお喜び申し上げます。（…）終戦後起きた生活環境の激変のために心身共に受けられたご苦労はさぞかし想像に余りあるものがありましょう。皆様の内には，そのために精神的にも肉体的にも随分悩まれておられる方が多いことと思います。私どもはこのことを考えるとき国を挙げて真剣にお救い申さねばなりません。そこでこの度国立病院内に婦女子のための病院を新しく設立し，病気によっては温泉療養施設をも整えて，一切国費で治療申し上げることになりました。手続きは，上陸地に設けてあります婦女子相談所または同船内出張所にお出になれば親切に教えてくれます。引揚婦女子のお方は一応一人残らず相談所までお越しください。そして病気その他，身体上のことについては遠慮なくお話になって適当な指導をお受けになるようお薦め申します。相談所から病院までの輸送その他一切の面倒は当方において用意しておりますし，入院や治療は一切無料です。内地は目下一般は施設や薬品がかなり不足しておりますために，治療が不

180　第 III 部　日　本

受けた場合の身分，手当支給基準等についても各婦女子病院に通知した。そこでの診察内容は「一般診療」と「特殊疾患の治療」であり，後者は「花柳病」と「妊娠」を指している。「妊娠」については，女性が「心身疲憊」の状態であるか「諸種の事情のため正規分娩不適」であった場合には「極力妊娠中絶を実施すること」とされている[11]。

　松原が示しているように，医療局はすでに 1946 年 3 月上旬に婦女子病院に配備すべき医薬品や衛生材料，医科機器につき厚生省衛生局長に依頼している。この医科機器等のリストが中絶手術を想定したものであることを考えると，厚生省が中絶の実施を前提に「引揚婦女子医療救護」を構想していたことは明らかである[12]。

　ただし，引揚援護院長官の斎藤惣一は 1947 年に行われた天皇への上奏において，「混乱時の犠牲となりました気の毒な婦人たちの問題」として，「中原病院と二日市保養所」がその専門の施設であり，また全国の病院においても無料で問題解決にあたっていると報告しており，上記の 6 つの港以外の地域でも規模の差こそあれ同様の対策が取られていた可能性もある。たとえば下川正晴は，関東の元海軍病院に勤務していた看護師で，1946 年夏ごろに満洲や朝鮮半島北部からの引揚者の中絶手術にたびたび立ち会ったという女性の記録と証言を紹介している[13]。

　　十分となりがちです。安心して完全な治療しなさるには，この国立婦女子病院を利用されることがいろいろの点で一番好都合かと思います。病気ほどご自身にとっても，一家一国にとっても不幸なことはありません。今後の皆様の再起の資本でもあり，再建日本の原動力ともなるのは健康です。一人一人が皆健康で頑張らなければ，日本復興は不可能です。この際，精神的にも肉体的にも，完全な健康体になられてからご帰国なさることを切にお薦めいたします。厚生省　医療局　国立病院　国立療養所　全　引揚援護院　地方引揚援護局」（厚生省医療局 1946：1）。

11) 厚生省医務局編（1955：155-164），厚生省医療局（1946：6-7）。
12) 松原（2019：63-64），厚生省医務局編（1955：160-162）。松原は，厚生省が中絶の準備に着手したのは二日市保養所の開所よりも早かったことを指摘している。
13) 厚生省援護局編（1977：544），下川（2017：81-83）。

第 7 章　性暴力被害者の帰還　　181

引揚援護院による相談所の開設

　引揚援護院は 1946 年 4 月 26 日に各地方引揚援護局に対して「満鮮引揚婦女子の医療救護に関する件」を通達，それに基づき各引揚港に婦人救護相談所が開設された。ここからは各地方引揚援護局の局史等をもとに，相談所開設の経緯とその展開を概観する。

　博多引揚援護局の「博多検疫所女子健康相談所」は 1946 年 4 月 25 日に開設され，またそれに先立って 3 月 25 日に二日市保養所も開設されている。さらに「埠頭のみでは不徹底なところがある」ために 5 月 15 日に松原寮内に，7 月 25 日に大塚寮内に相談所を増設，それらの相談所から福岡療養所と二日市保養所に該当者を送致した。福岡療養所に送致されたのは「不法妊娠」「淋疾」などの患者だが，患者の 31.2 ％が「不法妊娠」，15.0 ％が「淋疾」だった。また二日市療養所に収容された患者の総数は 380 名で，そのうち「不法妊娠」が 213 名，正常妊娠が 87 名，性病 35 名，その他が 45 名だった。「不法妊娠」とは，先述の「諸種の事情のため正規分娩不適」と判断されるような妊娠を指す呼称で，各地の援護局で使用されていた。

　佐世保援護局の「婦人相談所」は 5 月に開設された。15 歳から 50 歳までの女性を対象とし，性病や「不法妊娠」その他の疾病をもつ女性の治療および入院の措置を施していた。被害者や患者と推測される女性については引揚者団体の責任者などから情報を聞き出して内密に相談を行うなどしていたが，帰郷を急ぎ問診にも「頬冠り主義」をとる人もあったと記されている。「要人工流産」とされた女性は，1946 年 10 月には 47 名にのぼった。

　仙崎引揚援護局では，「北鮮・満洲方面の引揚婦女子はほとんど脱出者であって当該年齢の婦女子の大部がソ連・中国・朝鮮人の暴行を受けた結果，身体に異常をきたしており，これら特殊婦人に対する診療および精神的慰安には国家的見地より最大の関心をもって万全の策を講ぜねばならない」ことから，埠頭に「婦女子特殊相談所」を設け，検疫所長のもとで医師らが「治療及び処置」について相談に応じたとしている。該当者の発見のためには引揚船内でリーフレットを配布し，また引揚引率者からあらかじめ被害者の情報を得ておいて，入港と同時に船内で「井出・村田反応検査を実施して花柳病患者を検出」

した。

その他，宇品引揚援護局は「婦人救護相談所」を設置し，「引揚婦女子の皆様」と題するリーフレットと検診票を 15 歳以上 50 歳未満の女性に配布した。鹿児島引揚援護局は，満洲からの引揚船が入港する際に「満鮮引揚婦女子特殊疾患相談所」を置いた。樺太などからの引揚者が多い函館引揚援護局は，1947年 5 月から 12 月の間に「婦人相談所」を設置，市内の「婦人特志者」の協力を得て，女性の健康に関する相談と診察を行った。また，舞鶴引揚援護局は，上述の「満鮮引揚婦女子医療救護に関する件」によって相談所開設が指示される以前に，中央の指導により 1946 年 3 月の釜山引揚間宮丸の入港時に合わせて婦人救護相談所を開設し，13 歳以上 55 歳までの女性を対象とする業務をすでに始めていた[14]。

本節では，戦後まもなく GHQ の指揮により整備された検疫の枠組みに，厚生省・引揚援護院が接木するかたちで，引揚女性に対する医療救護体制が確立されていったことを示した。また，博多港に上陸した女性たちへの救援に関しては，二日市保養所を設立した京城帝国大学の関係者がその代表格のように描かれてきたが，実際には博多港における「婦女子医療救護」のインフラ部分は厚生省と引揚援護院によって供給され，二日市保養所は患者の移送先のひとつとして重要な役割を果たしていたことも明らかになった。

3　医療救護のアクターと活動内容

第 2 節でも述べた通り，上坪の『水子の譜』では，性暴力被害者たちの窮状に胸を痛めた医師らが自発的に保養所を開設し，女性たちの救済に尽力したことが描かれた。しかし，引揚港で活動していた人びとの背景はけっして一様で

---

14) 博多引揚援護局局史係（1947：111-112），佐世保引揚援護局（1949，1951：102-103），仙崎引揚援護局（1946：145-147），宇品引揚援護局大竹出張所（発行時期不詳：118-119），鹿児島引揚援護局（1947：136-137），函館引揚援護局（1950：221），厚生省引揚援護局（1961：252-254），山本（2015）。

第7章　性暴力被害者の帰還　183

はない。本節では，聞き取り調査によって得られたデータを利用しながら，引揚港や療養所等で医療救護にあたっていた多様なアクターの活動に至る経緯や活動内容などを整理する。

九州帝国大学医学部の医師

　終戦直後に厚生省経由で引揚への対応を命じられたと証言しているのが，当時九州帝国大学医学部産婦人科教室に所属していた医師である。これまでに新聞，テレビ，雑誌記事，自著を通して7名の医師が匿名・顕名で関与を語っている。また作家の武田繁太郎は1985年に彼らへのインタヴューに基づいた小説『沈黙の四十年』を出版している[15]。

　当時医局長だった岩崎正の回想によると，戦後まもない1945年9月に厚生省の緊急招集を受け，木原助教授が上京した。その指示は，朝鮮半島や大陸からの引揚船への対応として，「日本民族の将来のためにも不幸は水際で食い止めなければならない」というもので，「外国の性病は強烈な伝播力を持っている，帰国した彼女たちがこの悪性の病菌をまきちらすと，国じゅうに蔓延して，亡国病になる危険がある。また，異民族のタネを宿した女性が，帰郷したさきざきで，目の碧い混血児を産むような事態になれば，日本民族の純血は汚され，忌まわしい国辱問題となるだろう」との内容だった。同様に上京していた新潟医科大学の教授は断って帰っていったものの，生体実験問題の負い目があった九州帝国大学は断りきれずに了承したという。岩崎は当時の経験について，「国の命令で不法な妊娠中絶をさせられた思い出の苦しさは忘れることができない」と振り返っている[16]。

　医局員のひとりだった石濱によると，彼らはまず博多港の倉庫の一角に婦人検診室を設営した。当初は女性本人から申告があった場合か，援護局の職員によって診察が必要と判断された場合にのみ検診を行ったが，それでは妊娠後期に入った妊婦しか発見できない。そこで，早期の妊娠を発見するために，港で

---

15)『東京新聞』1980年1月7日，武田（1985），岩崎（1987），『毎日新聞』1987年8月16日，石濱（2004）。
16)『東京新聞』1980年1月7日，武田（1985：15），岩崎（1987：215-216）。

は14歳以上の女性全員に診察を行い，子宮の肥大が見られた女性については
トラックで地元の福岡療養所や佐賀県の中原療養所に送って，さらに詳しい診
察を行う方針に切り替えた[17]。このとき石濱は，性病検査は実施せず，妊娠の
発見のみを命じられていた。それゆえに石濱は厚生省の思惑について「性病の
対策なんて名目だよ名目。性病なら男やるのがいいんだもん」として，「混血
児」の排除が真意であると理解していた。「青い目の，色の違った子どもが産
まれるのを防ぐために考えたんちがうかね，おそらく」[18]。

　その後，石濱は福岡療養所で中絶手術を担うことになり，指導書持参で療養
所に向かった。筆者が聞き取りを行ったところによると，若き石濱にとって堕
胎罪に問われる可能性がありながら中絶を行うという任務は理不尽そのもので，
精神的にも負担が大きく，木原助教授や産婦人科教室に迷惑をかけたくないと
いう一心でそれを務めていた。敷地内に埋めた胎児の亡骸を野犬に掘り起こさ
れた際は，そこで中絶を行っていることが世間の知るところになるのではと思
うと夜も眠れなくなり，体調を崩して寝込んだこともあった。また，当時博多
港に派遣されたことがあるにもかかわらず，石濱は京城帝国大学関係者の活動
をまったく認識していなかった[19]。

　1945年9月に厚生省に召集されたという岩崎の記憶が正しければ，GHQが
検疫の強化を命じた時期と合致する。この時点で産婦人科教室の教授が召集さ
れたということは，すでに性暴力被害の状況を耳にしていた政府が，GHQか
らの指示に性病や「混血児」への対策を滑り込ませて九州帝国大学側に要請し
たということになるだろう。しかし，政府がこの段階で，外地において発生し
た性暴力被害の規模と妊娠・出産の可能性についてどの程度把握・予測できて
いたのかという疑問も残る。これに対し，石濱は助教授が厚生省から協力を要
請されたのは1946年9月であったと記しており（石濱 2004：6），松原も産婦
人科教室の教授が空席となっていた時期から推測して，1946年7月以降とみ
るのが妥当であるとの見解を示している（松原 2019：75）。もし彼らが厚生省

17）石濱（2004：11）。
18）筆者聞き取り。
19）筆者聞き取り。

第7章　性暴力被害者の帰還　185

に召集された時期が 1946 年であったとすれば，第 2 節で示したように，厚生省の「引揚婦女子医療救護実施要領」に基づき「東京・京都・九州の各帝国大学医学部長および岡山医科大学長」に医師の派遣を要請したという内容と合致する。この点については今後の課題として残しておきたい。

京城帝国大学と二日市保養所の関係者

　同じ博多港を拠点としながら，九州帝国大学の医師とは異なる経緯で女性に対する医療救護にあたっていたのが，京城帝国大学医学部の関係者である。彼らが援護業務に関与した経緯については，京城帝大出身の木村秀明による『ある戦後史の序章』，また二日市保養所については上坪の『水子の譜』に詳しい（木村 1980；上坪 1979）。

　それらによれば，敗戦直後の京城の街には，敗戦直後より北朝鮮や満洲からの避難民がなだれ込んでいた。法文学部助教授であった人類学者の泉靖一は，1945 年 9 月，大学の山家総長から病院設立について相談を受ける。泉はその足で中学時代の同級生である衛生学教室の田中正四を訪ね，医学部長の今村豊，附属病院長の北村精一をも交えて病院の構想を話し合った。こうして「罹災民救済病院」が誕生し，病院長に北村，副院長に医学部助教授ですでに救療活動を始めていた須江杢二郎，庶務課に田中が就任することになった。彼らはさらに 10 月には移動医療局（MRU：Medical Relief Union）を発足させる。これは京城から釜山までの引揚列車内や上陸地までの引揚船内において患者とともに移動する救護班を編成する必要が生じたためで，さらに引揚者輸送における防疫体制を整備する目的があった。これが米軍政庁公認の組織となり，鈴木清教授が局長の任にあたった（木村 1980）。

　38 度線以南の引揚が一段落した 1945 年の暮れ，泉は博多に引き揚げて新しい組織の編成に着手する。外務省所管の在外同胞援護会からの援助を受け，全組織を在外同胞援護会救療部として再組織し，部長に今村，庶務課長に田中，会計課長に泉が就いた。本部は福岡市内の聖福寺境内に置いた。さらに救療部を発足させてまもない 1946 年 3 月，彼らは大宰府天満宮にほど近い二日市温泉郷に二日市保養所を開設する。引揚船から投身自殺をする女性が後を断たな

186　第III部　日　本

かったうえ，かつての教え子の死という出来事も，設立に向けた動きの大きな契機となったとされる。京城女子師範学校を卒業後に国民学校に赴任したその若い女性は，敗戦後に進駐してきたソ連兵に数回にわたって強姦され，博多に到着した際にはすでに腹部のふくらみが目立つほどになっていた。女性の両親から相談を受けた田中らは中絶を決断するが失敗，教え子は死亡してしまう。これにより田中，泉は中絶施設の必要を痛感した[20]。

　こうして始動した二日市保養所では，1947年秋に閉所になるまでの1年半ほどの間に400〜500件の中絶が行われた。日本赤十字社とも連携しており，後述する看護師の村石正子は，日本赤十字社朝鮮本部京城赤十字病院で教育を受けていたことから，日赤経由で二日市保養所に派遣された。また泉らは数度にわたって新聞広告を出していたが，「埠頭より直接送られた数と，一度故郷に帰り，本所を知って訪れた数とは相半ばし，北は東京，南は鹿児島に至っ」たという[21]。

「友の会」の有志たち

　佐世保引揚援護局の特筆すべき活動としてしばしば言及されるのが，「友の会」の協力である。引揚援護院長官の斎藤惣一が，旧知の間柄だった婦人之友社創立者の羽仁もと子に協力を依頼，それにより雑誌『婦人之友』の読者組織「友の会」の有志たちが，1946年4月より委嘱というかたちで活動を開始した。「友の会」に期待されたのは，口外できないような事情を抱えた女性たちへの支援だった。『引揚援護の記録』においても佐世保引揚援護局の寸描として，「「婦人友の会」がこれら婦人のために活躍した記録は引揚の歴史とともに忘れられないであろう」と記されている[22]。

　佐世保引揚援護局の婦人相談所では，まず該当年齢にある女性たちを100名単位で大部屋に通し，問診に当たっては自発的に応じるように伝えたあと，個室での個人相談を行ったり，団体の責任者から患者または被害者と思われる女

---

20)『西日本新聞』1977年8月1日，上坪（1979：173-175）。
21) 博多引揚援護局局史係編（1947：109）。
22)『婦人之友』1946年6月号：37，引揚援護庁長官官房総務課記録係編（1950=2000：65）。

性を聞き出したりした。「友の会」の人びとは個人相談を担当し，一度でも強姦されたことのある女性は①，性病の女性は②，妊娠している女性は③と分類して，①は診療所で検査を行い，②と③は佐賀療養所に送った。婦人相談所で活動していた西村二三子が記録をつけていた問診日誌には，女性たちが語った引揚の辛酸や家族を失った心境なども記されており，西村が相談員として深く信頼されていたことが読み取れる[23]。同時に，「友の会」の人びとは相談員以上の役割を果たすこともあった。西村は引揚援護局内で産み落とされた嬰児が注射を用いて「消滅」の処理をされたこと，まだ温かいその遺体を受け取った経験があることを語っている（上坪 1979：214）。

　「友の会」のメンバーのひとりである福士房は，1年3ヶ月にわたって活動に従事した。1946年5月に東京で開催された「友の会全国大会」に参加，そこで佐世保援護局からの報告を聞き，翌月にはさっそく佐世保に赴いた。当初は佐世保援護局で働き，次に中原療養所で生活指導員を務めた。性病治療などで長期療養を行っている患者の中には，心身ともに荒んでいる女性も多く，療養所周辺で「商売」をするなどして周辺住民から苦情が寄せられていたためだった[24]。

　筆者の聞き取りによると，中原療養所には九州帝国大学の医師が派遣されていた。患者は，日本軍の「慰安婦」として大陸に渡り，軍に捨てられたという女性や，長年にわたって母親の指示で売春を続けていた娘など，多様な背景をもっていた[25]。女性たちが負った精神的な傷は大きく，ひとりの女性が「向こうから赤ちゃんが見ている」と叫ぶと，まるで伝染するように他の女性たちも「見える」「声が聞こえる」と騒ぎはじめ，部屋じゅうの患者がパニックに陥るような場面もあった。福士は女性たちの表情が針仕事をしているときには和や

23）西村（1946），佐世保引揚援護局（1949，1951：102）。
24）筆者聞き取り。
25）佐世保引揚援護局の局史にも，「生活のために治安のために妾となり，慰問婦となって心身ともに荒み果てた」女性たちの惨状や，そのような女性たちが上陸後には「すて鉢気分の者が多く，局に対しても酒や煙草の支給を要求し「現地では一般婦女子の犠牲となったが，帰国すれば見返りもされない」とあばずれていた」ことなどが記録されている（佐世保引揚援護局 1949，1951：73-75）。

かになることに気づき，裁縫仕事を受注して皆で作業にあたるなど，女性たちの心を慰めることに専心した。また，「友の会」にはキリスト教の信仰をもつ会員も多かったが，関係者の間で中絶に対して不賛同を表明する声は大きくはなかった[26]。

　本節では，「引揚婦女子医療救護」に従事した人びとの横顔や経験の多様性に光を当てた。中絶を含む医療救護についての語りも一様ではなく，京城帝国大学の関係者と「友の会」会員はおおむね肯定的に表現してきたのに対し，九州帝国大学の医師からは苦痛や葛藤が強調されてきた。これまで自発的に活動を開始した前者のほうが多くの証言を残してきたが，全国規模でみればそうした人びとはむしろ少数派である可能性もある。前者の証言をもとに構成されてきた報道については，そのようなバイアスを念頭に読みなおされる必要があるだろう。

4　「児」の人種化

　ここからは，中絶の現場に立ち会った人びとの「児」に対する眼差しに注目し，それらが引揚港における組織的な中絶の遂行といかなる関係にあるのかを検討していきたい。

　1990年代以降，戦時性暴力の研究が各地で蓄積されるなか，戦時下・占領下の性暴力がもたらした「war child」の存在にも光が当てられるようになった。それによれば，この「児」らは，しばしばそれを宿した女性よりも加害者と同一視され，ときには被害の汚辱を繰り返し想起させる存在として嫌悪の対象となってきた。被害女性側のコミュニティ内で中絶が推奨されたり，その要件が緩和されたりした例も少なくない（Seto 2013）。

　たとえば第一次世界大戦開戦直後の1914年秋，ドイツ兵によるフランス人女性に対する性暴力が発生したが，その結果もたらされた「児」はフランスに

26）筆者聞き取り。

おいて「野蛮人の児」と呼ばれ，自民族に災いをもたらす危険な存在として声高に中絶を奨励する論者も現れた（Harris 1993）。また第一次世界大戦後にライン河左岸を占領したフランス軍にはアフリカ人兵が含まれていたが，彼らによるドイツ人女性への性暴力が大きく報じられると，ドイツでは「黒い恥辱」を煽り立てるキャンペーンが吹き荒れた。「児」は「民族の健康を肉体的にも精神的にも破滅させる」等と叫ばれ，のちにナチの強制的な不妊措置により1937年までに少なくとも385名が不妊手術を強いられた（弓削 2009：236-242）。さらに第二次世界大戦末期，ソ連兵による強姦が発生したベルリンでは，帝国内務相の布告を通じて，「人種的に望ましくない子孫」を確実に把握し中絶が行われるよう，警察や各省庁，医師会，保健所などに要請された。手術は妊娠のほとんど最後の月まで認められ，公費によって実施されていた（ザンダー／ヨール 1996：46-52）。その後も，1971年のバングラデシュ独立戦争では，パキスタン兵によって数十万人のベンガル人女性が強姦され，バングラデシュ政府は法的に禁じられていたはずの中絶を例外的に認めた。同時に，国際家族計画連盟や赤十字社，カトリック教会の支援により国際養子縁組も行われた（Seto 2013：30-31）。

　日本の引揚女性の「児」についても，加害者と同一視するような語りが数多く残されている。たとえば，二日市保養所に勤務していた医師の橋爪将は「はっきりとね，日本人ではない胎児もありました。皮膚が白いとか……。確かめたという記憶はないんだが，目の色が違うとか……」[27]と語っている。「友の会」の西村も，「ソ連兵に犯されて身ごもった赤ちゃんには私たちもびっくり。海坊主みたいです。頭に赤い毛がぽつぽつとはえていて体はまっ白でしょう」（上坪 1979：236）と表現する。

　「児」を異物化するような語りには，筆者も聞き取り調査の過程で遭遇したことがある。二日市保養所に看護師として勤務していた村石の証言によれば，妊娠7ヶ月とみられる女性が自然分娩で出産してしまった際には，指示されていたとおり，「児」を「心ならずも絞めて」，さらに医師が頭部にメスを入れる

───────────────

27)『西日本新聞』1977年8月4日。

190　第 III 部　日　本

という処置を行った。その「児」の姿は「もう日本人の 10 ヶ月の児と変わらない，丸々と太っててね，髪の毛がよくもう生えていて，少し赤毛で，指がとても長かった」という。そして，ひとまず容器に入れて手術室の隅に置き，その場を離れたものの，音が聞こえたのであわてて戻るとその「児」が泣いていて「ぞっとした。すごい生命力ね」。村石は当時の心境を，「その児らが憎いという気持ちまではなかったけど，成仏してねという気持ち」だったと語っていた[28]。

　ところが，同じ博多を拠点としていたにもかかわらず，石濱の「児」に対する語りは対照的である。厚生省から助教授へ，助教授から医局員へという上意下達によりこの任務をやむなく引き受けていた石濱は，実際に目の当たりにした「児」について，「みんな日本人みたいな顔だったよ，顔も色も。中国人だって満州人だってみんな東洋系だもん，ロシアだって顔わかんなかったよ」と語り，「僕が見た範囲では。眼の色も髪の色も日本人。なんの子どもとかわかんない，全然わかんない」と繰り返した[29]。

　両者の語る「児」の姿は，なぜこれほど対照的なのだろうか。村石らの語りにおいて「児」の異貌や強靭さが不気味なものとして表現されるのは，そこに性暴力の加害者＝ソ連兵の姿を重ねていたためであろう。あえて強調することで，上述のような仕事にともなう後味の悪さや罪悪感を軽減しようとしたのかもしれない。これに対し，厚生省のねらいは「青い目の，色の違った子ども」の誕生の阻止だったと考えている石濱が，「児」は「みんな日本人みたいな顔だった」と振り返るとき，そこには若き医師の葛藤と反発を読み取ることもできる。

　同時に，両者の対照的な語りが示唆するのは，これまで当然のように「日本人ではない胎児」と語られてきた「児」は，その容貌ゆえに他者化されてきたというよりも，観察者の心象が投影された結果として，彼らの眼差しのなかで人種化されていた可能性があるということである。

28）筆者聞き取り。
29）筆者聞き取り。

津島佑子は『葦舟，飛んだ』において，引揚港で中絶が実施されていたことを知った登場人物に，次のように語らせている。

言うに言われぬ事情の妊娠，そして出産は，本当のところ，いつでも起きている。

でも戦争の「敵」による赤んぼとなると，話がちがう。人種のちがう「敵」だったら，なおさらのこと。

おぞましい憎しみと殺意から「発生」しただけの「生き物」なのだから，当然，それは抹殺しなければならない。たとえ孤児としてでも，秩序正しくあるべき日本社会で生きることは許されない。

だけどこの時，無事生まれることさえできたら，自分で道を開いていく子供だっていただろうに。

たとえ「敵」による赤んぼでも，産むだけは産みたい，自分の手で育てられなくても殺すのはいやだ，と思う女性も混じっていたかもしれないのに。
(津島 2011：428)

津島のこの一節を引用しながら，美馬は引揚港での中絶において，出生前診断による選択的人工妊娠中絶とも通底する「児」の質的選別が作動していたことを指摘し，坪田＝中西美貴は日本人を母にもっていながら誕生することが許されなかった「児」に思いを馳せる（美馬 2019：30-31，坪田＝中西 2013：284-285)[30]。このような観点から問いなおすとき，あらためて，性暴力被害者たちの身体が「日本人」の定義を大きく動揺させるものであったことが浮かび上がってくる。アン・ストーラーは，オランダ領東インドにおけるヨーロッパ人と被植民者との性的な関係や「混血」が，ヨーロッパ社会の過剰な関心を掻き立て，帝国の人種主義を作動させたことを明らかにした（ストーラー 2010)。

---

30) 高崎節子『混血児』には，朝鮮半島北部でロシア兵に強姦された女性と，その女性から誕生した「義男」のエピソードが紹介されている。福岡県の遠賀川流域の小さな村に帰郷した女性は祖父の家で出産，人目を忍んで土蔵の2階に暮らすような生活を送っていたが，「義男」が学齢期に達したときに神奈川県大磯のエリザベス・サンダース・ホームに預けることを決断したという（高崎 1952：189-209)。

旧植民地で性暴力被害者となった女性たちもまた,「日本人」の境界に対するジェンダー化された想像力を喚起してやまない存在であり,それゆえに彼女たちの帰還は,当時の日本社会にとって看過できない出来事となったのだといえよう。

おわりに

　本章では,性暴力被害者を対象とする「引揚婦女子医療救護」について,従来はほとんど関心を払われてこなかった移動と検疫という観点を重視しながら検討を加えてきた。資料上の制約が残っているものの,現時点での知見をまとめておきたい。

　まず,満洲や朝鮮半島から帰還する性暴力被害者の捕捉と医療救護は,GHQ の指揮により強化され厚生省と引揚援護院が弾力的運用を行った海港検疫の枠組みゆえに可能になったといえるだろう。引揚援護の主管官庁が厚生省でなければこれほど組織的で大規模な中絶は実現しなかった可能性もあり,あらためて厚生省が中心的役割を担ったことが日本の引揚行政の特徴のひとつであることも確認された。

　敗戦および帝国崩壊にともない,「国民」とは誰であり,誰であるべきかが問いなおされていた時期,旧植民地において「他者」と接触があった女性の身体は,その境界を動揺させうる存在として危険視された。そして引揚港の現場で活動した人びとの犠牲的な献身,暴力に対する義憤,さらには「児」に男性側の姿を重ね合わせる父系血統主義的な眼差しもまた,「国民」の再画定に寄与したことになるだろう。性暴力被害者の帰還とそれを迎え入れた引揚港という舞台については,「日本人」の外縁をめぐる交渉史に再配置しながら,さらに検討を進めていく必要がある。

第 7 章　性暴力被害者の帰還　　193

参考文献

①一次史料

宇品引揚援護局大竹出張所（発行時期不詳）『援護局史』＝加藤聖文監修・編（2001）『海外引揚関係史料集成 7』ゆまに書房

鹿児島引揚援護局（1947）『局史』＝加藤聖文監修・編（2001）『海外引揚関係史料集成 11』ゆまに書房

厚生省医療局（1946）『引揚婦女子医療救護実施要領』浦頭引揚記念平和公園引揚記念資料館所蔵

厚生省医務局編（1955）『国立病院十年の歩み』厚生省医務局

厚生省援護局編（1977）『引揚げと援護三十年の歩み』厚生省

厚生省公衆衛生局編（1980）『検疫制度百年史』ぎょうせい

厚生省社会・援護局 50 年史編集委員会（1997）『援護 50 年史』ぎょうせい

厚生省 20 年史編集委員会編（1960）『厚生省二十年史』厚生問題研究会

厚生省引揚援護局（1961）『舞鶴地方引揚援護局史』＝加藤聖文監修・編（2001）『海外引揚関係史料集成 4』ゆまに書房

「胡蘆島出張報告」博多港引揚資料目録番号 351-6

「佐世保・博多に還る人々——女性の手をまつ引揚援護事業の一分野」『婦人之友』1946 年 6 月号

佐世保引揚援護局（1949, 1951）『佐世保引揚援護局局史（上）（下）』＝加藤聖文監修・編（2001）『海外引揚関係史料集成 10』ゆまに書房

仙崎引揚援護局（1946）『仙崎引揚援護局史』＝加藤聖文監修・編（2001）『海外引揚関係史料集成 8』ゆまに書房

博多引揚援護局局史係（1947）『局史』＝加藤聖文監修・編（2001）『海外引揚関係史料集成 9』ゆまに書房

函館引揚援護局（1950）『函館引揚援護局史』＝加藤聖文監修・編（2001）『海外引揚関係史料集成 1』ゆまに書房

引揚援護院検疫局（1952）『引揚検疫史 第 2 巻』＝加藤聖文監修・編（2001）『海外引揚関係史料集成 12』ゆまに書房

引揚援護庁長官官房総務課記録係編（1950）『引揚援護の記録』厚生省引揚援護庁＝厚生省編（2000）『引揚援護の記録』クレス出版

②二次文献

飯島渉（2017）「ペスト・パンデミックの歴史学」永島剛・市川智生・飯島渉編『衛生と近代——ペスト流行にみる東アジアの統治・医療・社会』法政大学出版局

石濱淳美（2004）『太田典礼と避妊リングの行方』彩図社

岩崎正（1987）「国が命じた妊娠中絶」『日経メディカル』1987 年 8 月 10 日号

荻野美穂（2008）『「家族計画」への道——近代日本の生殖をめぐる政治』岩波書店

加藤聖文（2013）「引揚者をめぐる境界——忘却された「大日本帝国」」安田常雄編『社会の境界を生きる人びと——戦後日本の縁』岩波書店

194 第 III 部 日 本

上坪隆（1979）『水子の譜──引揚孤児と犯された女たちの記録』現代史出版会

木村秀明（1980）『ある戦後史の序章──MRU 引揚医療の記録』西日本図書館コンサルタント協会

ザンダー，H. ／ B. ヨール（1996）『1945 年・ベルリン解放の真実──戦争・強姦・子ども』寺崎あき子・伊藤明子訳，現代書館

下川正晴（2017）『忘却の引揚げ史──泉靖一と二日市保養所』弦書房

ストーラー，A.（2010）『肉体の知識と帝国の権力──人種と植民地支配における親密なるもの』永渕康之・水谷智・吉田信訳，以文社

高崎節子（1952）『混血児』同光社磯部書房

武田繁太郎（1985）『沈黙の四十年──引き揚げ女性強制中絶の記録』中央公論社

トーピー，J.（2008）『パスポートの発明──監視・シティズンシップ・国家』藤川隆男訳，法政大学出版局

坪田＝中西美貴（2011）「引揚援護活動と二日市保養所」蘭信三編『帝国崩壊とひとの再移動──引揚げ，送還，そして残留』勉誠出版

坪田＝中西美貴（2013）「引揚援護活動と女性引揚者の沈黙──二日市保養所を中心として」蘭信三編『帝国以後の人の移動──ポストコロニアリズムとグローバリズムの交錯点』勉誠出版

柘植あづみ（2019）「生殖管理の戦後──優生保護法成立前の中絶と主体をめぐって」坪井秀人編『ジェンダーと生政治』臨川書店

津島佑子（2011）『葦舟，飛んだ』毎日新聞社

西村二三子（1946）『問診日誌』個人蔵

樋口恵子（2018）「引揚女性の「不法妊娠」と戦後日本の「中絶の自由」」上野千鶴子・蘭信三・平井和子編『戦争と性暴力の比較史へ向けて』岩波書店

藤目ゆき（1997）『性の歴史学──公娼制度・堕胎罪体制から売春防止法・優生保護法体制へ』不二出版

松原洋子（2019）「引揚者医療救護における組織的人工妊娠中絶──優生保護法前史」坪井秀人編『ジェンダーと生政治』臨川書店

美馬達哉（2019）「優生学的想像力──津島佑子『狩りの時代』を読む」坪井秀人編『ジェンダーと生政治』臨川書店

山本めゆ（2015）「生存者の帰還──引揚援護事業とジェンダー化された境界」『ジェンダー研究』第 17 号

弓削尚子（2009）「ドイツにおける戦争とネイション・「人種」──「黒い恥辱」を起点に考える」加藤千香子・細谷実編『暴力と戦争』明石書店

脇村孝平（2008）「国際保健の誕生──19 世紀におけるコレラ・パンデミックと検疫問題」遠藤乾編『グローバル・ガバナンスの最前線』東信堂

Harris, Ruth (1993) "The 'Child of the Barbarian': Rape, Race, and Nationalism in France during the First World War," *Past & Present*, Vol. 141.

McKeown, Adam (2008) *Melancholy Order: Asian Migration and the Globalization of Borders*, Columbia University Press.

Seto, Donna (2013) *No Place for a War Baby : The Global Politics of Children Born of Wartime Sexual Violence*, Ashgate Publishing Company.

第 8 章

引揚者と炭鉱
—— 移動と再移動，定着をめぐって ——

坂田勝彦

はじめに——引揚者にとって炭鉱はいかなる場所だったか

　本章は，第二次世界大戦の敗戦にともない旧植民地などの「外地」から日本の「内地」へと帰国したいわゆる「引揚者」にとって，帰国後の重要な行き先の一つであった炭鉱に注目する。そして，彼らがそこに行き着いた経緯とその後の経験について検討する。

　周知のとおり，第二次世界大戦の敗戦にともなう大日本帝国の崩壊とともに，約 700 万人の人々が旧植民地や戦地などの外地から内地へ移動することになった。そのプロセス自体，引揚者にとって困難を極めたが，加えて帰国後に彼らが直面したのが，自らの居場所をいかに確保するかという問題だった。内地での人間関係や社会資源に乏しかった引揚者のうち，そもそも帰国後に戻る場所がある者は限られていた。また，身を寄せる場所があった者も，生活苦や周囲との軋轢から，そこに定着するのは困難なことが多かった。

　そうした状況の下，日々の生活の糧を求めて，引揚者は行き先を探した。都市へ流入し都市雑業層になった人々もいれば，開拓地へ入植し営農化を模索した人々もいた。そして，炭鉱も引揚者にとって重要な行き先の一つだった。

　筆者は数年前から石炭産業の歴史について，九州・佐賀県でかつて操業した杵島炭鉱と同炭鉱が立地した杵島郡大町町をフィールドとして調査・研究を進

めている[1]。その中ではしばしば、引揚経験をもつ元炭鉱労働者や、外地で育ち、敗戦後、家族とともに産炭地へ身を寄せた方々と出会った。そして、戦後の炭鉱という場所において、労働者として、地域の生活者として、引揚者がさまざまな足跡を残してきた事実に気づくこととなった。

　引揚者と炭鉱のこうした関係を考える際、経済評論家の寺島実郎（1947年生）による次の回想は示唆に富む。幼少期を炭鉱のある町で育った彼は、著作でたびたび、当時の記憶が政治や経済といった社会の構造を考えるうえでの基礎にあると綴っている。その中に以下のような一節がある。

> 戦前、大日本帝国の大陸進出の橋頭保であった満州や、植民地の朝鮮半島、台湾などに多くの日本人が渡っていた。それらの人々は、敗戦で仕事も住む場も財産もすべてを失った。着の身着のままで日本本土に帰還した人々は「引揚者」と呼ばれたが、今日的に言えば難民である。（…）引揚者や復員兵の受け入れ先として、労働力を吸引するシステムとなり機能したのが炭鉱だった。
>
> （寺島 2016：3）

ここで寺島は、炭鉱が「すべてを失った」引揚者を「労働力として」吸引するシステムであると同時に、「難民」である彼らを受け入れる「緩衝材（バッファー）」として終戦直後の日本社会で機能していたと説明する。ほかにも、歴史学者の木村由美は、終戦直後の千島や樺太地域からの引揚者の動向について検討するなかで、樺太からの引揚者には北海道内の産炭地へ移動した人々が一定数存在したこと、また、彼らのそうした移動や選択の背景には、「職と住まいが同時に手に入」るという炭鉱の特徴があったことを指摘する（木村 2014）。

1）筆者は2011年8月から現在（2019年10月末）まで、杵島炭鉱（1969年閉山）について調査・研究を進めている。具体的には、同炭鉱の元炭鉱労働者（計17名。元鉱員11名、元職員6名）とその家族（計18名）、および、炭鉱時代を知る大町町在住の関係者（区長経験者、公民館館長経験者、元役場職員など）にインタヴュー調査を実施している。なおインタヴューでは、許可の得られた場合はその内容を録音し、それ以外の場合は許可が得られた範囲でメモをとって記録している。また、並行して佐賀県公文書館、佐賀県立図書館、佐賀市立図書館、大町町公民館、九州大学記録資料館産業経済資料、東京都立中央図書館、大阪労働資料館等で資料調査を進めている。調査にご協力いただいた皆様、特にHさんとSさんに、この場を借りて御礼申し上げます。

以上の指摘からは，内地での人間関係や社会資源に乏しかった引揚者にとって，炭鉱は帰国後の行き先として重要なものの一つであったことが窺われる。

　近年，引揚者の経験については，歴史学・社会学の分野を中心に研究が蓄積されつつある。そこで課題となっているのが，引揚者の「戦後の暮らし」，つまり，彼らがそれぞれの転入地でいかに生き，いかなる「新たな社会空間」を作り出してきたかを問う作業である（島村 2013：2）。この「引揚者の戦後経験」を考える上で，引揚者と炭鉱というテーマは重要な手掛かりとなるはずである。

　そこで本章ではまず，引揚者が終戦直後，いかなる状況や経緯から炭鉱へ移動したかについて，統計資料や行政機関の記録をもとに整理する。その上で，炭鉱に身を寄せた引揚者の経験から[2]，彼らがそこでどのように生き，いかなる社会空間を作り出してきたか，その一端を明らかにする。

1　送還と引揚の交錯点としての炭鉱

　本節ではまず，戦前・戦後の石炭産業と労働者の状況について概観する。第二次世界大戦の敗戦と大日本帝国の崩壊は，炭鉱とそこで働く人々のありようにも劇的な変化をもたらした。結論を先取りして言うと，引揚者はそうした変化に関わる重要なアクターだった。

　近代以降の日本社会において，石炭産業は財閥資本の本源的蓄積の土台として，あるいは地位や場所を超えて人々が集合離散するトポスとして，その社会のあり方と深い関係を結んできた。過酷な地下での労働が主となる産業であっ

---

2 ）本章では，引揚者で，敗戦後，杵島炭鉱が存在した大町町へ移り住んだ経験のある 2 名の人物へのインタヴューデータを適宜資料として用いる。両名のプロフィールについては本文に記載の通りである。H さんへのインタヴューは計 3 回（2013 年 12 月 17 日，2014 年 8 月 27 日，2017 年 9 月 25 日），第 1 回目は公民館で，第 2 回目と第 3 回目は同氏の自宅で行った。また，S さんへのインタヴューは計 3 回（2014 年 3 月 11 日，2015 年 8 月 14 日，2016 年 8 月 20 日），第 1 回目は同氏在住自治体の社会福祉協議会事務所で，第 2 回目と第 3 回目は同氏の自宅で行った。

第8章　引揚者と炭鉱　**199**

表 **8-1**　戦時中の炭鉱労働者の構成

(人)

	一般労働者	短期労働者	朝鮮人労働者	中国人労働者	捕　虜
1942 年 3 月末	234,541 (81.8)	8,198 (2.8)	44,067 (15.4)	—	—
1943 年 3 月末	259,638 (69.3)	13,064 (3.5)	102,061 (27.2)	—	—
1944 年 3 月末	241,860 (61.6)	22,571 (5.8)	124,131 (31.6)	541 (—)	3,279 (1.0)
1944 年 9 月末	230,748 (57.5)	32,804 (8.2)	128,146 (31.9)	3,703 (0.9)	6,131 (1.5)
1945 年 6 月末	232,555 (58.6)	21,336 (5.4)	124,025 (31.3)	9,077 (2.3)	9,719 (2.4)

出所）運輸省鉄道総局総務局統計調査課編（1947：120-121）より筆者作成。
注）「一般労働者」とは，日本人の長期労働者を指す。「短期労働者」とは徴用労働者をはじめとして，学徒動員や応援隊，報国隊などの臨時労働者を指す。また「朝鮮人労働者」には内地の「既住朝鮮人」を含む。括弧内の数値は全体に占める割合（%）。

た炭鉱には，慢性的な労働力不足を背景に，三池集治監の「囚人」労働者をはじめ，農山漁村の「過剰人口」と呼ばれた成人男性労働者や，植民地からの渡航労働者など，社会の周縁に置かれるさまざまな人々が政策的な誘導に促されて吸引された。そして，戦時体制に入ると，全国各地の炭鉱は銃後の兵站基地として位置づけられ，より多くの人々が集められた。その際，成人男子の軍隊招集による労務者の補充難に加えて，炭鉱労働者もまた戦地に送られる状況下，外地から多数の人々が代替労働力として動員・徴用された。

　表 8-1 は戦時下での炭鉱労働者の構成を整理したものである。ここからは当時，炭鉱労働者が定着的な長期勤続者層と流動的な短期勤続者層，朝鮮人労働者を中心とした動員・徴用労働者層から成り立っていたことがわかる（市原 1997：280）。そして，戦局とともに動員・徴用労働者層の割合は大きくなった[3]。1939 年の「朝鮮人労務者の内地移住に関する件」以降に本格化するこの動員・徴用は本来，2 年契約の短期雇用であるはずだったが，彼らの移動は厳しく制限された。戦時体制下での労働力不足を，動員・徴用労働者で埋め合わせることで，石炭生産体制の維持と強化が図られていたのである（外村 2013：64）。

　しかし，敗戦により石炭産業を取り巻く状況は一変する。変化をもたらしたのは，戦時体制下で炭鉱労働者の多くを占めた動員・徴用労働者たちの「解

3）「朝鮮人労務者の内地移住に関する件」以降，植民地からの労働者の動員・徴用が本格化しており，朝鮮人労働者は 10,181 人（1939 年 6 月）から 34,337 人（1940 年 6 月）へと大幅に増加している（運輸省鉄道総局総務局統計調査課編 1947：120）。

200　第 III 部　日　本

放」だった。植民地から動員・徴用された朝鮮人労働者や中国人労働者，連合軍の捕虜たちは，圧政と搾取から解放された喜びを味わうとともに，それまで彼らを虐げてきた炭鉱関係者への責任追及や蜂起を展開した[4]。

　そして，占領政策の下，旧植民地から徴用・動員された人々の母国への「送還」が順次進められた。その結果，表 8-2 が示すように炭鉱の労働者数は激減した。深刻な資材・食糧不足，坑内の荒廃，労働者の激減が重なり，石炭産業の生産体制は壊滅的な状態に陥った。

　この「石炭危機」はたちまち鉄道輸送や電気・ガスなどのライフラインに深刻な影響を及ぼした。そのため，政府は「石炭緊急増産対策」に着手する。その端緒が「炭砿労務ノ緊急充足ニ関スル件」（1945 年 10 月閣議決定）であり，そこで戦時体制下の動員・徴用労働者にかわる労働力として注目されたのが，戦災罹災者や復員者，引揚者だった。

　しかし，炭鉱労働者の募集は容易でなかった。まず，戦時中の乱掘によって坑内は荒廃しており，劣悪を極めた労働環境への忌避感は広く社会に流布していた。加えて，GHQ の指示で従来の「強制配置」が禁止された労働行政は，民主的手続きによる「自由募集」への移行をめぐって混乱していた[5]。そのため，当初，労働者の募集は芳しい成果を上げられなかった。

　こうした状況を打開するため，炭鉱労働者の募集に向けて当時では異例の資源が動員されていくことになる。労働者に対して日に米 5 合以上，その家族に対しても米 3 合以上の配給が打ち出されたのをはじめとして，炭鉱住宅への入居の保障や，賃金の一般労務者比 8 割の増額などが，労働者の募集のために次々と提示された。それらは，当時試験的に導入されたばかりの「サウンドト

4）敗戦後に動員・徴用労働者が行った責任追及や蜂起などの集合行為は，戦時体制の暴力性や炭鉱という場所の存立の機制について考える際，重要なテーマである。この問題の概略については，林えいだいによる一連の著作を参照のこと（林 2010 ほか）。

5）敗戦直後に喫緊の問題となった炭鉱労働者の確保については，職業安定行政の担当者による回想や記録からその様子が確認できる。たとえば，敗戦直後の混乱状況の中，労務者の確保が思うように進まないこと自体が被占領国の官僚の怠慢として GHQ から指弾され続けたこと，労務者の確保に際しては GHQ から徹底して旧来の「徴用」が禁じられたことなどの問題があった。詳細は労働省職業安定局編（1958：29-44）を参照のこと。

第 8 章　引揚者と炭鉱　　201

表 8-2　終戦直後の炭鉱労働者の構成と出炭量

(人)

年月末	労働者総数	内地人労働者	朝鮮人労働者	中国人労働者	捕　虜	出炭量（千 t）
1945 年 8 月末	329,778	222,431 (67.5)	102,198 (31.1)	4,063 (1.2)	1,086 (0.2)	1,673
1945 年 9 月末	271,776	203,003 (74.7)	67,160 (24.7)	1,613 (0.6)	―	850 (−49.2)
1945 年 10 月末	228,672	190,028 (83.0)	37,211 (16.3)	1,433 (0.7)	―	594 (−30.1)
1945 年 11 月末	211,820	193,280 (96.1)	18,161 (3.8)	379 (0.1)	―	554 (− 7.8)
1945 年 12 月末	231,223	230,450 (99.7)	773 (0.3)	―	―	856 (+54.5)

出所）『石炭労働年鑑』昭和 22 年度版：第五表および 76-80 より筆者作成。
注）括弧内の数値は全体に占める割合（％）。「出炭量」の括弧内の数値は前月比（％）。

ラック」や，新聞広告などを通して，引揚港や都市部などさまざまな場所で発信された（労働省職業安定局編 1958：29-44）。

　以上，敗戦と大日本帝国の崩壊が石炭産業に与えた影響を概観してきた。外地からの動員・徴用労働者に大きく依存していた戦時下の生産体制は，彼らの解放と母国への送還により破綻した。そうしたなか，内地へ引き揚げてきた人々が新たな労働力として注目された。炭鉱はこのとき，母国へ送還される人々と外地から引き揚げてきた人々とが交錯する場となったのである。

2　炭鉱に集う引揚者──一時的に身を寄せる場所として

炭鉱を目指した引揚者

　上記のような背景のもと，引揚者の中から炭鉱を訪ねる人々が現れた。満洲で生まれ育ち，両親とともに引き揚げてきた H さん（1934 年生まれ）はその一人である。祖父の代に満洲へ渡り，以降，そこで生計をたてていた H さんの家族・親族には，満鉄などの政府系機関で働く人もいた。満洲の比較的裕福な生活環境の中で，彼は幼少期を過ごした。

　H さんの父親もまた満洲で生まれ育ち，青年期に内地の工手学校で学んだ人物である。その後，満洲に戻ってからは税関の建築技師としての勤務などを経験し，終戦時は一家で旅館を経営していたという。

　だが敗戦で H さんの日常は一変する。住む場所から財産まですべてを失った H さん一家は，約 1 年に及ぶその後の満洲での生活を生き延び，内地へ帰

202　第 III 部　日　本

国した。「私たちの世代は皆そうだと思いますが，世の中への見方が変わりました」。H さんはその間の体験を短くそう表現する[6]。

　その後，H さんたち一家はまず福岡の本家へ身を寄せた。だが，彼らがそこで経験したのは，日々の食べるものにも事欠き，周囲からの冷ややかな視線に苛まれる，「針のむしろの上でのような生活」だった。そんなとき，先に引き揚げていた親族が H さんの父に勧めたのが炭鉱だった。「風呂はタダ，電気もタダ，なんでもタダ」で，「からだひとつあれば〔大丈夫〕」。そんな言葉を頼りに，一家は佐賀県内で最大の炭鉱が操業していた大町町へ移り住むことになった。当時 30 代半ばだった H さんの父は，そこで炭鉱の坑内大工として働いた。

　当時，H さんたち一家のように，生活の糧を求めて炭鉱を目指した人々は少なくなかった。たとえば，炭鉱労働者は 1947 年 3 月末には約 48 万人に達し，終戦前の水準を超える状態まで回復したが，その時点で，前職が引揚・復員者となっている人々は炭鉱労働者の 12.3 ％を占め，特に採炭や掘進などの坑内労働者に占める割合は 19.7 ％に及んだ（日本石炭協会編 1950：164-165[7]）。敗戦後の困窮の中，引揚者にとって炭鉱は，住居と仕事が保障されていた点で，「行けば何とかなる」場所と認識されていたのである。喫緊で労働力を必要とした国家や企業，住む場所と仕事を希求する引揚者，それぞれの利害が一致したがゆえに，終戦直後，炭鉱は引揚者や復員者が集うトポスとなったといえる。

引揚者が炭鉱にもたらした変化

　外地から動員・徴用された労働者が母国へと送還された一方で，外地から引き揚げた人々が新たに労働者として炭鉱に集ったことで，労働力構成に変化がもたらされると，必然的に労働者とその社会のありようも大きく変わることとなった。

6）H さんへの第 3 回目のインタヴューより（2017 年 9 月 25 日）。
7）日本石炭協会の『石炭統計総観』所収の「労務者前職調」より（1950：164-165）。ただし，北海道地区の炭鉱については引揚者・復員者の数値が記載されていないため，この数値は北海道地区の炭鉱を除いて算出されたものである。

たとえば，戦前から炭鉱で働き，戦時中は南方戦線に従軍したある人物は，敗戦後に帰国し，炭鉱へと戻ってきたときの驚きをこう振り返っている。

　　私がラバウルから炭鉱に戻って，驚いたことの一つは日常の言葉である。戦前知り合いの「小父さん，小母さん」は，ほとんどが「オドウ，オッカア」で頭に名字をのせるかどうかで親しさの度合いが分かる。子どもはすべて「どこどこのガキ・せがれ」で片づき，男女の差はイントネーションで判別する程度だから推して知るべしで，まだその調子は少し残っていたが，大方の人たちは「ガキ，せがれ」は「坊ちゃん，息子さん」に，「オドウ，オヤジ」は「ご主人，旦那」に昇格したことで，「奥さん」にいたってはなかなか馴染めなかったくらいのかわりよう，これは明らかに新しい編入者による言葉文化の変化であった。

（日本炭鉱労働組合編　1992 : 94-95）

　敗戦に前後して炭鉱に現れた，「言葉文化の変化」に象徴される状況は，当時広く炭鉱関係者の間で意識されたものだった。九州経済調査協会[8]が 1950 年に実施した石炭産業の実態調査では，終戦直後，炭鉱労働者をめぐって，(1) 労働者に占める農村出身者の比重が減少した一方で，(2) 引揚・復員者の比率が著しく増加したこと，(3) また労働力給源地が広がり，(4) 労働者の学歴構成が著しく向上したことが指摘されている（松岡 1953 : 21）。特に (4) の労働者の学歴構成について，この調査では 1933 年の全国の炭鉱労働者の学歴構成と 1948 年の九州地区のそれとが比較されているが，そこでは小学卒以下の割合が 70.4 ％から 24.4 ％へ低下する一方で，高小卒の割合が 22.9 ％から 56.9 ％へ，中学中退以上の割合が 1.1 ％から 15.9 ％へと上昇していることが報告された。

　以上を踏まえると，先の炭鉱労働者の回想は，第二次世界大戦の終戦後，炭

---

8 ）九州経済調査協会は九州・沖縄・山口の地域経済・産業に関する総合的調査研究と政策立案，それらに関わる事業を行うことを目的に，産学官の連携で 1946 年に発足した公益財団法人である（同協会のホームページ，http://www.kerc.or.jp/about/ ［2018 年 4 月 20 日最終アクセス］）。発足時に中心となったのは満鉄調査部の元メンバーであり，本章で引用する報告書の著者である松岡瑞雄はこの当時，同協会の理事長を務めていた。

鉱で働く人々の構成が大きく変化したこと，それにともない，言葉遣いをはじめ，炭鉱における暮らしや文化が大きく変わったことを示している。よく知られているように，戦後，炭鉱では他産業に先行して労働組合が発足し，積極的に活動を展開した。また，文芸サークルなど，多くの文化活動を担う集団が誕生した。その背景には，「炭鉱以外の経験・知識，見聞」をもつ新たな労働者の存在があったのである（日本炭鉱労働組合編 1992 : 95）。

　実際，Hさんの父は炭鉱で働き始めてしばらくすると，労働組合の事務所の仕事を手伝うことになったという。具体的には，他団体との文書のやり取りや，メーデーの際の組合旗やポスターの作成などを担当した。内地で教育を受け，外地で建築や設計の現場におけるさまざまな経験を積んだHさんの父の知識や技術は，当時結成されたばかりであった杵島炭鉱の労働組合にとって，とても魅力的なものだったにちがいない。文書の作成・管理をはじめ，組合活動には多くの知識や技術が必要であり，戦後まもないこの当時の炭鉱労働運動の成り立ちをめぐっては，Hさんの父のように一定の学歴や教養をもつ「新しい編入者」の存在が大きな役割を果たしていたのである。

炭鉱を去る引揚者たち

　だが，1950年代に入ると，戦後新たに炭鉱に集まった人々は再び，炭鉱を離れて他産業へと移動していくことになる。Hさんたち一家も数年後，父の転職を機に炭鉱街を後にした。かつて内地の教育機関で建築を学び，外地でもその知識や技術を活かして働いた経験をもつHさんの父は，その経験と能力によって新たな就職先を見つけたからである。

　Hさんはこの当時のことを，「引揚者の人たちは早く出ていきたい，ここから早く脱出したい，まずはそれ」だったと説明する[9]。引揚後，頼ることのできる身寄りや場所を内地にもたなかった引揚者は，まずは仕事と住まいを求めて炭鉱に身を寄せた。しかし，Hさんの父がそうであったように，引揚者の中には外地で一定の資産や職歴，学歴を築いていた人々が多数いた。そうした

9）Hさんへの第1回目のインタヴューより（2013年12月7日）。

人々にとって，過酷な労働環境はもちろんのこと，「流れ者」や「下罪人」などの蔑称がそこで働く者に向けられた炭鉱という場所に身を寄せている境遇は，自らの社会的地位の零落を強く意識させられるものだったのである。

　事実，敗戦直後から戦後復興期における石炭産業の労働者移動率（雇入率と解雇率を合算したもの）は高い水準を記録しており，解雇率の大半を占めたのが，勤続1年から2年未満の，戦後に炭鉱で働くようになった人々だった（北海道炭砿汽船株式会社編 1956；松岡 1953 ほか）。経済史家の市原博はこうした状況の背景に，「戦後の混乱期に炭鉱労働者優遇策に惹かれて入山」したものの，「炭鉱労働に適応できずに離職の意思を持つように」なった人々が多数いたことを指摘する（市原 1997：332）。1949 年のドッジラインによる財政緊縮化など，石炭産業への引き締めが次第に強まるなか，他産業での就業機会を見つけた人々は炭鉱を離れていった。Hさんの家族をはじめ，戦後の混乱期に炭鉱へ身を寄せ，その後そこから再び移動した引揚者の姿は，炭鉱という場所が彼らにとって，あくまで人生の新たな展望が拓けるまで一時的に身を寄せる「仮住まい」と意識されていたことを示唆している。

3　炭鉱に定着した引揚者──他者を包摂する機制

労働を基軸とした共同性

　前節では敗戦直後，どのような構造的条件の下で引揚者が炭鉱を目指したかを検討した。焦土と化した内地へ体ひとつで引き揚げてきた人々にとって，人生の再建に向けてまずは一時的に身を寄せる場所として，炭鉱は理解されていた。そして，社会が徐々に復興に向けて進んでいくなか，彼らの多くは次々と炭鉱を後にした。

　その一方で，引揚者の中には炭鉱に定着した人々も存在した。本節ではある人物の足跡を手掛かりに，こうした人々の経験を検討する。

　青年期に引揚を経験し，その後，炭鉱労働者となったSさんはそのような人々の一人である。1930 年に台湾で生まれた彼は，敗戦まで同地で育った。

家族は彼の出生以前に台湾へ移り住んでおり，父は雑貨商を営んでいたという。終戦時，Sさんは台湾の師範学校に在籍していた。すでに両親と生き別れていた彼やきょうだいはまず九州へ引き揚げ，その後，Sさんは佐賀県内の親族宅に身を寄せた。だがそこで，彼は周囲との間でさまざまな軋轢を経験した。

　まずSさんが直面したのは，「イモも食べられない」貧しさと，周囲からの疎外感だった。引き揚げてから身を寄せた親族の下で，彼らが「白いご飯をこう〔自分の目の前で〕食いよんさん〔食べていた〕」なか，Sさんは満足に食べるものも与えられず，空腹とみじめさに耐える日々が続いた。また，周囲の視線は絶えず彼を苛んだ。引揚以前，台湾で師範学校に在籍していたSさんは，帰国後，佐賀師範学校に籍を移していた。しかし，そのような彼の身分は周囲から強く指弾されたという。「引き揚げてきたやつは，学校なんかいかんで〔働け〕」。「引揚者のくせに，学校いきやがって」。彼はこうした言葉を，身近な存在であるはずだった親族から繰り返しぶつけられた[10]。

　前節で，引揚直後の本家滞在中のことをHさんの父が「針のむしろの上」で暮らすような毎日だったと吐露したように，さまざまな困難を経て帰国した引揚者の多くに向けられたのは，周囲からの冷ややかな視線だった。もちろん，外地から着の身着のままで引き揚げてきた人々を暖かく迎え入れた家族や地域社会が皆無だったわけではない。しかし，終戦直後の荒廃した社会状況にあって，彼らをおもんぱかる余裕など，ほとんどの者がもたなかった。むしろ，本土戦を経験しなかった外地での生活に対する揶揄や非難などが，周囲から引揚者に向けられた。引揚者と周囲の間に広く存在した軋轢や葛藤に，Sさんもまた直面したのである。

　こうした状況の中，Sさんは師範学校を中退し，親族のもとを飛び出した。そして，日雇い労働などで糊口をしのいだ後，18歳から県内でも広く知られた大手炭鉱である杵島炭鉱で坑内労働者（掘進夫）として働いた。「まあ見栄

---

10) Sさんへの第2回目のインタヴューより（2015年8月14日）。なお，Sさんへのインタヴューについては，引揚者と炭鉱の関わりを論じる本章とは別に，炭鉱労働者の閉山離職後の経験を検討した論考でも取り上げており，一部，重なるところがある。後者については坂田（2017）を参照のこと。

きってね。見栄ですよね。誰も知らん炭鉱に入って，坑内であれしとれば良かろうっていう気持ちですよね。若気のいたりちゅうんですかな」[11]。炭鉱で働き始めた当時のことを，彼はそう振り返る。自分のことなど誰も知らない世界で，すべてをリセットして人生をやり直したい。Sさんの回想からは，自らが直面した理不尽な状況への憤りや悔しさ，そして，若者ならではの反発心など，当時彼が抱いていた心情を窺い知ることができる。

　そして，そこで青年期の彼は多くを学び，成長する。たとえば，炭鉱の坑内で働いた初日のことだった。一日の仕事が何とか終わり，地上へ昇坑する際，地底の暗闇の中での労働の緊張が解け，一瞬気が緩んだSさんは思わず「吹けん口笛を吹いた」という。するとベテランの労働者である「先山」[12]に，「お前何で口笛吹くか」と彼は怒鳴られた。なぜなら，「炭鉱に入って口笛吹いたらね，悪魔を呼ぶ」という信仰から，炭鉱労働者の間ではその行為が厳しく禁じられていたからであった。「そうやってね，もうもの凄いやかまし言われた〔叱られた〕ことを思い出しますね」。Sさんはそう述懐する。

　戦前・戦後を通じて長きにわたり，炭鉱の坑内労働は排水など一部を除いて，その大部分を人力に依存した。そして，掘進，採炭，仕繰，運搬といった鉱夫たちの作業はいずれも，地底深くの，身の危険や死の恐怖と隣り合わせの中で行われた。そのため，彼らには肉体の頑強さはもちろんのこと，共に働く者との緊密な連携や信頼関係が何よりも必要とされた。そうした世界で，それまでの過去を振り切り，命がけで働くSさんを，周囲も次第に認めていくようになる。実は坑内での初日にSさんを叱った「先山」は，同じ町内で暮らす隣人であり，その後も長くSさんを気にかけてくれた。新入りの労働者の中でも特に若かったSさんは，職場や居住区で周りの大人にとても可愛がられた。そして，彼は炭鉱という場所に根を下ろしていった。

11）Sさんへの第2回目のインタヴューより（2015年8月14日）。

12）「先山」とは炭鉱の坑内労働で採炭作業に従事する熟練労働者を指す。対して「後山」とは「先山」が採掘した石炭を運搬する作業に従事した労働者を指す。地下の自然条件が変化する作業現場で両者は緊密な連携を必要とした。そのため戦前期の筑豊などでは夫婦や血縁者で「先山」と「後山」を組むこともあったという（島西 2018：54）。

208　第 III 部　日　本

　労働の中身はもちろんのこと，文化や生活習慣，気質まで，S さんにとって
炭鉱は当初，まったくの異世界だった。だが，彼はそこで必死に働くなかで，
自らの居場所を手に入れていった。それは翻って炭鉱が，土地の縁や血のつな
がりをもたないよそ者であっても，極限の環境で共に働く仲間であるかぎり，
受け入れる土壌をもつ世界であったことを示している[13]。引揚後，頼る存在も
なく，深い疎外感を経験した彼はそこであらためて他者と関係を築き，炭鉱労
働者として自己を形成したのである。

闘争の中で立ち現れる政治的共同性

　そして，S さんをはじめとして，当時 20 代から 30 代のこうした「新入山
者」の「青年」たちの中から，「炭鉱合理化反対闘争をになって活動」する
人々が現れた（宮本 2000：序）。

　先にみたように，敗戦後の混乱期に復興の基幹産業として位置付けられた石
炭産業は，1950 年代に入ると，石炭から石油へのエネルギー転換を背景に，
構造的な不況に直面した。そうした状況下，大量の人員整理を強行しようとす
る企業と労働組合との間で，激しい労使紛争が頻発した。

　S さんが働く杵島炭鉱でも会社と労組とが激しく対立した。発端は会社側に
よる全労働者の 20 ％弱（700 名）に及ぶ人々に対する解雇通告（1953 年）だっ
た。それまで「職場闘争の職の字も知らず，年に何回かある配給ストをこなす
だけ」だった杵島労組は，「つもり重なった憤りをいっぺんに爆発させ」徹底
的な闘争を展開した（杵島炭鉱労働組合 1958：3）。

　S さんもそうした時代の空気の中で組合活動に深く関わった。「政治活動を
するには，政治の勉強をしなければならない」。職場の先輩のそうした助言を
きっかけに，組合活動に関わるようになった彼は，居住区の委員就任を皮切り

13）全国の炭鉱で詳細な調査を進めている社会学者の嶋崎尚子によると，各炭鉱の閉山時に
　　離職者の再就職斡旋に携わった担当者がその過程で実感したのは，炭鉱が出身地や学歴
　　など多様な差異をもつ人々を「それぞれにあった仕事や作業」で雇い入れ統合した場で
　　あったことだったという。炭鉱のそうした土壌を，嶋崎は「炭鉱の包容力」と表現して
　　いる（嶋崎 2018：90）。

に，組合の若手活動家として頭角を現わす。

　杵島炭鉱の労働組合のこうした戦いは，「敵よりも一日ながく」をスローガンに展開した「杵島闘争」で一つの到達点に達した（1957年）。労組の完全制圧を図る会社側と，一歩も譲らぬ姿勢の組合とが全面衝突したこの闘争は，96日間に及ぶストの末，組合の勝利に終わる（杵島炭鉱労働組合編 1958）。「統一と団結で戦い抜いた」この闘いは，彼らの戦闘力を当時広く知らしめた。そして，日本の炭鉱労働組合の中で最も戦闘的な組合として知られた同労組の中心には，Sさんなど複数の引揚者がいた[14]。

　引揚者と炭鉱労働運動のこうした関わりを考える際，三井三池闘争や大正闘争など，同時代の炭鉱の労働運動に深く携わった詩人・思想家である谷川雁の洞察は非常に示唆に富む。谷川によると，戦後の炭鉱労働運動は，「代々の坑夫」や「農漁村からの出身者」に加えて，「戦後引揚者が相当量加わっている」点に大きな特徴があるという。そして，彼らは炭鉱に「論理的表現力を備えた合理主義の気風」と，「都市」や「植民地」の「小市民的感情」をもたらした。戦後の炭鉱労働運動はこうした諸要素の「対立・反発・相互浸透・妥協」の所産にほかならないと，谷川は指摘した（谷川 1961=1977：42-44）。

　本章のここまでの議論に引き付けるならば，Hさんの父や多くの引揚者が炭鉱とその労働運動にもたらしたものは，闘争の際に自分たちの怒りやその正当性を他者に主張するのに不可欠な「論理的表現力」であり，組織を運営し，闘争を系統立てて展開する「合理主義的」な思考様式だった。しかし，谷川によるとそれらは炭鉱に固有の「坑夫の土着的エネルギー」とは対極の性質をもち，互いに相いれないものだった。おそらく，戦後しばらくすると炭鉱を離れていった引揚者が当惑し，決して受け入れられなかったものの中には，谷川が「坑夫たちの体臭」（谷川 1961=1977：44）と表現したところの，炭鉱という場所に

---

14) Sさんや杵島炭鉱の労働組合運動に携わった元労働者によると，杵島炭鉱の歴代の労働組合長や幹部には，戦後引揚の経験をもつメンバーが一定数存在した。また，杵島炭鉱の場合，閉山まで主力鉱として稼働した第五坑が戦後新たに開抗され（1947年），引揚者をはじめ，戦後の新規入山者が優先的に第五抗に配置された。そのため，第三抗や第四抗とは異なる「独特の雰囲気」が第五抗には存在したという。

210　第 III 部　日　本

根付いた精神的・身体的風土があっただろう。

　その一方で，炭鉱に定着し，そこで労働運動に長くかかわるようになった S
さんの経験は，引揚者がその場所での生活や激しい労働運動を通して，自らの
身体や思考様式に大きな影響を受けてきたことを示唆している。若き日に自ら
の心身を捧げた労働運動について，彼はその経験によって「〔自分の政治的な〕
向きを変えてもらった」と振り返る[15]。炭鉱で働き，そこで労働運動に関わる
ようになる以前，彼は政治に深い関心をもっていたわけではなかった。だが，
彼は炭鉱で働くなかで政治に目覚め，結果，仲間とともに会社や自分たちを差
別する社会と幾度も激しく戦うことになった。

　一連の組合闘争について，杵島炭鉱の労働組合は後に，その経験を通して
「炭鉱労働者の土根性に自ら目覚め，闘いに大きな自信」を得たと総括してい
る（杵島炭鉱労働組合 1969）。S さんをはじめ，当時，杵島炭鉱の闘争に携わ
った人々の経験は，戦後の炭鉱労働運動がその闘争のプロセスで「坑夫の土着的
エネルギー」と呼びうる炭鉱固有の情動を自覚化したこと，そして，引揚者も
またそうしたエネルギーと出会うなかで自らの生き方に大きな影響を受けたこ
とを示唆している。

　以上，本節では S さんの経験を手掛かりに，戦後の炭鉱という場所と引揚
者との関わりについて検討した。そこからはまず炭鉱が，地下労働という協働
行為を基軸として，そこで働く者たちの間に深い人格的結合を促す場所であっ
たこと，そうであるがゆえに，引揚者のように縁もゆかりもない人々をも受け
入れる土壌を有していたことが明らかになった。

　また，S さんの組合活動をめぐる経験からは，激しい労使の緊張関係のなか，
炭鉱という場において強固な政治的共同性が生起していたことがわかる。加え
て，そうした場のありようには，戦後に炭鉱へと身を寄せ，そこで労働者とな
った若者たちが大きな役割を果たしていた。

　そして，炭鉱という場所と，そこに身を寄せた引揚者とのこうした関係は，
戦時体制期から敗戦後の混乱期にかけて日本社会で展開した多様な移動と定住

15）S さんへの第 2 回目のインタヴューより（2015 年 8 月 14 日）。

をめぐる試行錯誤の経験にも深く重なるものであった。たとえば，引揚者以外にも，在日朝鮮人や疎開者，開拓農民など，多くの人々が戦争と敗戦によって，それまでの生活空間とはまったく違う場所への移動を迫られた。移動をめぐってさまざまな試行錯誤を余儀なくされたそうした人々の存在に注目した歴史学者の安岡健一は，彼らが移動先の土地の文化や政治風土に確かな痕跡を残してきたことを丁寧に実証している（安岡 2014）。この安岡の視点を踏まえた上で，再度，本章でここまで検討した炭鉱と引揚者との関わりについて考えると，移動する「他者」が移動先の社会に及ぼしたインパクトと，移動する「他者」が移動先の社会で経験した自己の変化という，移動の主体と移動先とのダイナミックな相互作用のありようが浮き彫りになる。引揚者であり，炭鉱労働者として青年期を炭鉱で過ごした S さんの経験は，「敗戦後に続く民主化の過程で解放された人々の生み出した運動」（安岡 2014：177）に，引揚者が確かな足跡を残したことを現在に伝えているのではないだろうか。

おわりに

　本章はここまで，主に H さんと S さんという二人の人物のインタヴューを手掛かりに，戦後の混乱期から復興期にかけて炭鉱に身を寄せた引揚者の経験を検討した。最後に，引揚者と炭鉱の関わりについて再度整理する。

　本章ではまず，内地に頼るべき人間関係や社会資源を有していなかった多くの引揚者にとって，炭鉱が重要な行き先の一つになっていたことを確認した。その背景には，敗戦と大日本帝国の崩壊にともない，動員・徴用労働者層に労働力を依存していた炭鉱の生産体制が破綻したこと，そうした状況下で外地から引き揚げてきた人々が代替労働力として注目された状況がある。当時では異例の配給体制が打ち出されるなか，引揚者は炭鉱を目指した。

　そして，炭鉱は引揚者に，ときには一時的に身を寄せる「バッファー（緩衝材）」に類した場所として，また別の場合には，そこで働き暮らす居場所として理解された。たとえば，満洲から引き揚げてきた後に炭鉱へ身を寄せた H

さんたち家族の場合，炭鉱は前者として理解されていた。対して，青年期に台湾からきょうだいとともに引き揚げ，その後単身で炭鉱を訪ねたSさんの場合，そこは自らの新たな居場所として理解された。

　こうした炭鉱をめぐる引揚者の対照的な理解には，各々にそれなりの合理性があった。Hさん一家のケースが示唆するように，敗戦から数年が経過し，社会が復興へと進むにつれて，炭鉱に身を寄せた引揚者の多くは順次その場所を後にした。なぜなら，引揚者にとって炭鉱への移動は，空間的・物理的移動である以上に，以前の社会的地位からの階層移動として経験された側面が強くあったからである。Hさんの父のように，引揚者の中には外地において一定以上の学歴や職歴などに裏打ちされた暮らしを送っていた人々が多数いた。彼らにとって，炭鉱への移動は，社会的地位の大幅な下降として経験された。そのため，彼らはそこから再度這い上がり，新たな生活と人生を模索したのである。

　その一方で，Sさんのケースからは，どの年齢やライフステージに，いかなる境遇で（家族もちか，単身であるか，など）炭鉱にたどり着いたかが，炭鉱という場所をめぐる引揚者の理解を規定する大きな要因となっていたことがわかる。引揚後，周囲とのさまざまな軋轢を経験し，将来像の大きな変更を青年期に強いられた彼にとって，炭鉱は自らを受け入れてくれた場所であり，労働者として自己を形成していく基盤となる世界であった。そのことは，労働を基軸として形成された炭鉱が，縁やゆかりをもたない人々に対しても開かれた場であったことを示している。

　炭鉱に身を寄せた引揚者のこうした経験は，その再移動率の高さや定着をめぐる困難さにおいて，開拓地など，彼らが模索した他の行き先と共通する点が多々あるだろう。ただし，人々が流入と離散を繰り返す流動性の高い場でありながら，多様な人々が労働を基軸として深く結びついた場であったというその特質は，炭鉱が他の場所と異なる性質を帯びたトポスであったことを示唆している。そして，敗戦後の混乱から復興期，高度経済成長へと社会が急速に変貌するなかで，炭鉱は強力な政治的共同性の磁場を形成した。その只中には，そこに定着した引揚者の存在があった。そのような彼らの経験と記憶もまた，「引揚者の戦後」経験の一端を照らし出すものといえるはずである。

参考文献

市原博（1997）『炭鉱の労働社会史——日本の伝統的労働・社会秩序と管理』多賀出版

運輸省鉄道総局総務局統計調査課編（1947）『石炭鉱業の展望』（石炭調査 第五輯）

杵島炭鉱労働組合編（1958）『敵よりも一日ながく——統一と団結の九十六日』

——（1969）『斗いの思い出』

木村由美（2014）「戦後樺太からの引揚者と炭鉱——都市部と炭鉱都市を中心に」『北大史学』第 54 号

坂田勝彦（2017）「炭鉱の閉山に伴う広域移動経験者のライフヒストリー——生活と自己の再構築に着目して」『日本オーラル・ヒストリー研究』第 13 号

嶋崎尚子（2018）「炭鉱閉山と家族——戦後最初のリストラ」中澤秀雄・嶋崎尚子編『炭鉱と「日本の奇跡」——石炭の多面性を掘り直す』青弓社

島西智輝（2018）「炭鉱の歴史から学べること」中澤秀雄・嶋崎尚子編『炭鉱と「日本の奇跡」——石炭の多面性を掘り直す』青弓社

島村恭則（2013）「引揚者の戦後」島村恭則編『引揚者の戦後　叢書 戦争が生み出す社会 第二巻』新曜社

『石炭労働年鑑』（昭和 22 年度版）

谷川雁（1961=1977）「定型の超克」『戦闘への招待』潮出版

寺島実郎（2016）『中東・エネルギー・地政学——全体知への体験的接近』東洋経済新報社

外村大（2013）「日本帝国と朝鮮人の移動——議論と政策」蘭信三編『帝国以後の人の移動——ポストコロニアリズムとグローバリズムの交錯点』勉誠出版

日本石炭協会編（1950）『石炭統計総観』

日本炭鉱労働組合編（1992）『炭労——激闘あの日あの時』創広

林えいだい（2010）『筑豊・軍艦島——朝鮮人強制連行，その後』弦書房

北海道炭砿汽船株式会社編（1956）『石炭国家統制史』財団法人日本経済研究所

松岡瑞雄（1953）『戦後九州における石炭産業の再編成と合理化』日本学術振興会

宮本忠人（2000）『地底からの雄叫び——炭鉱労働運動戦後史』光陽出版社

安岡健一（2014）『「他者」たちの農業史——在日朝鮮人・疎開者・開拓農民・海外移民』京都大学学術出版会

労働省職業安定局編（1958）『職業安定行政十年史』雇用問題研究会

第9章

「引揚エリート」とは誰か
――沖縄台湾引揚者の事例から――

野入直美

はじめに

　本章では，沖縄台湾引揚者の中に，日本帝国期の台湾経験をひとつの資源として，米軍統治下の沖縄において戦後社会の復興を担った，「引揚エリート」ともいうべき人びとがいることに着目し，分析を試みる。

1　「引揚エリート」研究の対象と方法

アクターとしての引揚者

　外地引揚者は，苛烈な引揚を経た戦争犠牲者，引揚援護政策の対象として扱われ，戦後社会への包摂過程が研究されてきた（安岡 2014）。浅野豊美は，引揚の「労苦」に収斂する形での引揚体験の記憶化を問題視し（浅野 2004），そこでは引揚者の「戦後社会における自立性」（浅野 2004：278）が顧みられないことを指摘している。

　本章では，引揚者を，戦争犠牲や包摂の対象としてではなく能動的な主体としてとらえ，戦後社会を担ったアクターとしての引揚者の姿を抽出する。具体的には，沖縄台湾引揚者に，引揚にともなって水平的または上昇的な社会移動

を遂げた一定の層があることを明らかにする。さらに，充実した資料があり，戦前と戦後の自身のキャリアの一貫性について自ら言及している引揚者として，琉球民政府文化部で芸術課長を務めラジオ放送局を創設した川平朝申をとりあげ，引揚と戦後社会の連続性を考察する。

引揚と戦後社会の接続を問う先行研究としては，安岡（2014），小林ほか（2008）がある。そこでは，引揚者を包摂の対象として扱うことの問題性や，「移民政策の戦前から戦後への連続した人脈」（小林ほか 2008：21）の存在が指摘されてきた。しかし，引揚者を基本的には受動的な存在ととらえる枠組みの組み替えにまではいたっていない。

この章で用いる「引揚エリート」という用語は，引揚者自身による自称や自己認識ではない。「引揚エリート」とは，社会に包摂される受動的な存在ではなく，戦後社会を立ち上げるアクターとしての引揚者の，相対的な高階層とキャリアの継続性，能動性，そして彼らが戦後社会に与えたインパクトをとらえるための概念装置である。

沖縄台湾引揚者のすべてが「引揚エリート」なのでもなければ，「引揚エリート」が外地引揚者の典型というわけでもない。それでも「引揚エリート」という視点は，引揚研究が戦後を，記憶というアリーナ以外でも射程に収めていくために，一定の意味をもつと考える。「引揚エリート」という視点からする分析は，引揚者に対する認識枠組みに能動態をもちこみ，それによって引揚研究を，戦後社会との連続性へと開いていく試みである。それは同時に，引揚における空間移動を社会移動と結びつけ，階層性に着目して戦後の引揚者をとらえる，社会学的な視点からする試みでもある。

台湾引揚者と満洲引揚者——沖縄を中心に

ところで，なぜ「引揚エリート」を問うにあたって，沖縄台湾引揚者を扱うのか。

「引揚エリート」という言葉は，本書の編者でもある蘭信三氏から，沖縄の満洲引揚者には少数ながら，突出した高階層の人びとがいることをお聞きしているときに筆者が口にしたもの，蘭氏との対話を通じてその着想を育んできた

概念である。蘭氏が例に挙げた，卓越した企業家や大学教授は，「満洲引揚者であるにもかかわらず」ではなく，むしろ「満洲経験があったからこそ」のエリートであった（蘭 2010）。「引揚エリート」に着目すると，満蒙開拓団員の過酷な経験に代表される外地引揚者イメージから捨象されてきた，階層性という論点が浮かび上がるのである。

「引揚エリート」の着想は，沖縄満洲引揚者についての対話から得られたものだったが，筆者はやがて，満洲よりも台湾引揚者のほうに，母集団としての可能性を見出すようになった。理由は第一に，集団としての規模の大きさであり，第二に，植民地時代と戦後の両方においてホワイトカラー，フォーマルセクター層を多く含んだ就労構造であった。沖縄から台湾への渡航は 1920 年代から本格化し，1940 年時点では約 1 万 5000 人の沖縄出身者が台湾に居住していた（台湾総督官房臨時国勢調査部 2000）。そこには，教員や公官吏などのフォーマルセクター層が含まれており，戦後の沖縄において，水平的または上昇的な階層移動を遂げた人びとが少なくなかった。これに対し，沖縄満洲引揚者は約 3,000 人で，その半数は満蒙開拓団員であった[1]。

台湾引揚者を扱うと，個人だけでなく一定の層としても「引揚エリート」をとらえることができる。これは，沖縄満洲引揚者には見出すことの難しい特質であると言えるだろう[2]。

沖縄引揚者と本土引揚者——共通点と特殊性

次に，なぜ沖縄の引揚者を扱うのかということを考えてみたい。

戦後の社会において指導的な役割を果たした台湾引揚者は，沖縄だけでなく，本土にも見出せる。前述の屋良朝苗が，沖縄の本土復帰をめぐって日本政府と交渉したとき，当時総務長官の山中貞則もまた台湾引揚者であった。屋良は，

1）沖縄台湾引揚者は 17,048 人であったのに対し，在満沖縄人で，本土経由で沖縄に引き揚げたのは約 3,000 人であった（浅野 2004：64）。

2）ただし，沖縄満洲引揚者が「引揚エリート」を抽出する母集団たりうる可能性がないわけではない。たとえば満鉄関係者の戦後キャリアに関して，本土と沖縄の比較研究が待たれる。

山中との「特別な信頼関係」によって困難な交渉を切り抜けたと言われている[3]。

　日本本土への台湾引揚は，満洲引揚と比べて時期が早く，1945 年内，遅くとも 1946 年の 4 月には引揚を終えていた。台湾引揚者は，マラリアの罹病はあっても，満洲引揚者が経験した寒冷地における長距離の徒歩移動，戦禍，シベリア抑留などに比肩する過酷な経験は免れており，引揚過程における人的損傷と消耗は，相対的には軽度に抑えられた。そのため台湾引揚者は，引揚援護政策を要望する運動の主体としては，満洲引揚者ほどの凝集力をもたなかった。要支援者というよりは戦後復興の担い手となった台湾引揚者がいることについては，本土と沖縄は共通している。

　一方で，沖縄の特殊性も存在する。蘭は，沖縄戦による人的資源の喪失と，戦前の沖縄社会において中枢を占めていた本土「寄留者」たちの本土引揚によって，戦後の沖縄社会に人的な「空白」が生じていたことを指摘した（蘭 2010：105）。引揚者たちは，その「空白」を埋めていったと考えられる。

　引揚者が定住者に伍して，いやむしろ，しばしば彼らよりも有利に「空白」へと参入できたのは，日本統治下の外地，なかでも植民地都市では，内地の標準的な地域よりも社会的水準が相対的に高かったためであった（蘭 2018：190-191）。そして沖縄では，外地と内地の逆転現象，植民地都市との格差が特に著しかったと考えられる。沖縄は，ひとたびは日本帝国の南進拠点と見なされたが，日本による台湾領有後は，沖縄ではなく台湾こそが「帝国の南門」として集中的に開発された。高等教育機関について比べても，最高学府が師範学校であった戦前の沖縄と，帝国大学を擁する台北との格差は歴然としていた。

　引揚者の中には，沖縄よりも社会的水準の高い環境で，学歴と職歴を，本土本籍者たちと競合しながら築いてきた人びと，松田ヒロ子が指摘したように，もしアジア太平洋戦争がなければ日本帝国圏で活躍していたかもしれない人材

3）屋良朝苗日記には，「もし〔山中〕大臣でなければ今度の毒ガス移送も絶対不可能であっただろう」という記述がある（琉球新報社編 2017：178）。宮城修は，山中と屋良の間に，台湾経験に根ざした「特別な信頼関係」があったことを記している（琉球新報社編 2017：208）。

が含まれていた（松田 2013：117）。帝国崩壊と引揚の結果，彼らは戦後沖縄の「空白」に位置づいたのである。松田は医療，藤澤健一は教育の領域における台湾引揚者の沖縄社会への入り込みを分析し，戦後沖縄の医療は「植民地支配の遺産の上にある」こと（松田 2013：118），教育では特に宮古・八重山諸島において，台湾引揚教員が重要な担い手となってきたことを明らかにした（藤澤 2016）。

沖縄引揚の特殊な文脈——米軍統治下の沖縄への入域

　さらに，沖縄引揚の特殊性として，米軍統治下の沖縄への移動という，「祖国への帰還」とは言い難い特殊な引揚の文脈があったことを付け加えたい。それは，崩壊した日本帝国とは別種ではあるが，日本帝国と同様にきわめてコロニアルな空間への，帰還よりは入域と言うべき移動であったと考えられる。

　沖縄本籍者は，日本統治下の台湾に渡航し，外地国勢調査では「内地人」に分類されてきたが，引揚先の沖縄は，「日本から切り離された地域」であった（遠藤 2016）。領土としては日本に属しつつ施政権は合衆国にあるという両義性は，1972 年の日本への施政権返還まで継続した。沖縄台湾引揚者は，日本帝国下の台湾への移動，米軍統治下の沖縄への引揚という，いずれもコロニアルな空間の膨張，解体と編成の中でなされた二つの移動を生きてきたと言える。

　遠藤央は，帝国崩壊にともなう社会変動として，「日本人と，朝鮮人や琉球人などの非日本人とが分断され，その分断が制度化されていく」（遠藤 2016）過程の重要性を指摘した。また戸邉秀明は，戦後沖縄を，「帝国崩壊後／戦場後／占領下という三重の規定性が際立って強く表れていた時空間」（戸邉 2008：115）として抽出した。沖縄台湾引揚者は，そのような矛盾と葛藤をはらんだ社会変動の中で，戦後の復興を担っていくのである。

　沖縄引揚の特殊性は，それが沖縄でのみ現象したという例外性ではない。それは，「日本人／非日本人の分断と制度化」や，「脱植民地化の過程が新たな植民地化に接合していく」ポストコロニアルな社会変動などの，引揚研究における重要な論点が，米軍統治という特殊な状況下において，集約的に見出せる点にある。

2 沖縄台湾引揚者と「引揚エリート」

キャリアとしての台湾経験──『台湾関係人名簿』

　台湾引揚者には，台湾時代の専門性を活かして，公務や民間で地位を得た人が少なくなかった。ここでは，すべての台湾引揚者が富裕層となったわけではないことに留意しつつ，水平的または上昇的な社会移動を遂げた一定の層の位相を明らかにしていく。

　戦後社会において指導的な地位に就いた「引揚エリート」を層として可視化するために，台湾引揚者の名士録である『台湾関係人名簿』（大沢編 1959）を参照することができる。これは，横浜市に所在する愛光新聞社が創立 5 周年を記念して発行したもので，同年 9 月時点で全国 3,471 人の台湾引揚者の氏名，現職，「台湾関係」として台湾時代の職業，現住所が列記されており，はしがきには「台湾時代の懐かしい知己を見つけるために活用されたい」という文言がある。現職としては商工会議所会頭，企業経営者，国会議員，医師，弁護士などが連なり，台湾時代の職業としては台北帝大総長，市長，医師，弁護士などが並んでいる。「小学校教員」「銀行勤務」なども見られるが，多数の人びとはなんらかの「長」を冠した社会的地位を有している。

　筆者はこの非売品の名簿を，那覇市歴史博物館が保管している川平家資料として閲覧した。川平家資料とは，川平朝申の没後，弟の川平朝清氏によって那覇市歴史博物館に寄贈されたもので，川平朝申が執筆した戯曲やラジオドラマの脚本，論文，随筆などの原稿，川平が作成した新聞スクラップや収集資料，川平の人生遍歴を示す雇用証明書，川平家伝来資料など，全 2,187 件の分類項目から成る貴重な資料である。川平朝申が所持していたと思われる『台湾関係人名簿』には，おそらく彼自身の手によって，自身と家族を含む沖縄在住者に印がつけられていた。

　同名簿によると，3,471 人の台湾引揚者エリートのうち，およそ 3 分の 1 にあたる 1,113 人は，東京在住であった。沖縄在住は 102 人で，東京都外にいる 2,358 人の 23 分の 1 を占めていた。沖縄は，東京を除く道府県の中では，相対

220 第 III 部 日 本

的に多数の台湾引揚エリートを擁する地域であったと言える。

　キャリアに関しては，現職で最多は会社役員 26 人，次いで琉球政府などに
勤める公務員，開業医，企業経営者が各 15 人であった。政治家 5 人，民間企
業勤務 4 人，学校教員 3 人（1 人は校長），弁護士と大学教授は各 2 人であった。

　キャリアの継続性が顕著なのは医師で，台湾時代も医業に就いていた人は
15 人中 11 人であった。そのほとんどは，台湾時代には公営病院や診療所の勤
務医であり，引揚後に開業医になっている。他にもキャリアの継続性を示す例
として，警務課勤務→警察署長，水産課勤務→水産高校校長，納税課勤務→
銀行支店長などがある。これらはいずれも，台湾時代に公官吏だった人が，引
揚後，行政組織の長や経営権を有する役員クラスへと階層上昇している例であ
る。台湾時代のキャリアを活かした水平的または上昇的な社会移動が，一定の
規模と多様性をもって展開していたことが読み取れる。

　一方で，地域に着目すると，沖縄出身者が台湾時代から卓越したエリート層
であったわけではないことが見えてくる。沖縄在住者の台湾時代の職業として，
台北勤務が明示されているのは 102 人中 16 人だけで，台中，台南，高雄など
の勤務地が多かった。安村賢祐は，本土出身教員が長期にわたって台北のポス
トをほぼ独占してきたことを記している（安村 2012：45-51）。このような階層
化が教職以外にも存在したことを，『台湾関係人名簿』は示唆している。

　引揚後の沖縄においては，この名簿に掲載されている人びとの圧倒的多数が
那覇に集住していた。現住所は，那覇市が 102 人中 97 人であり，集中度は 95
％にのぼる。全国において，名簿に記載された台湾引揚者のほぼ 3 分の 2 が東
京に集中していたことと比べても，沖縄における那覇への集中度がそれを大き
く上回っていたことがわかる。沖縄台湾引揚者には，引揚後に社会の中枢に位
置づいていく，上昇的な社会移動を果たした一定の層があることがうかがえよ
う[4]。

　4）相対的に高い階層性は，台湾移住第二世代である「湾生」の人びとにおいても見出せる。
　　『台湾関係人名簿』の沖縄在住者 102 人のうち，「台湾関係」の欄に「○○校出身」と記
　　された，湾生と思われる人は 7 人であるが，いずれも台湾移住第一世代と遜色のないキ
　　ャリアと社会的地位を有していた。

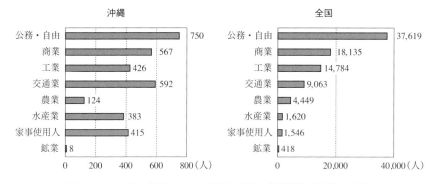

図 9-1　1930 年の台湾における沖縄本籍者の就労構造（沖縄・全国）

出所）1930 年「台湾外地国勢調査」データによる。出典は，台湾総則官房臨時国勢調査部（2000）。

帝国期台湾における沖縄本籍者の就労構造

　帝国期台湾における沖縄本籍者の就労は，ハワイやブラジルなどへの沖縄移民やフィリピンなどへの出稼ぎ・入植と比べると，移住第一世代から農業よりもホワイトカラー，それもフォーマルセクターにおける就労が多い点に特徴がある。ハワイやブラジルへの移民との大きな相違は，プランテーション労働の需要がプル要因となったわけではなく，都市における就学や就労の機会，さらには都市生活自体の豊かさが，沖縄の人びとを台湾へと引き寄せたことにある。在台沖縄本籍者たちは，本土出身者による差別はあったにしても，移住当初から植民地宗主国の成員として，プランテーション労働者となった海外移民や開拓農民となった満洲への移住者に比べれば相対的に高い階層に位置づき，海外移民のように外国語の習得や高学歴化，階層上昇に一世代を費やす必要もなかった。

　全国の就労構造と比べると，沖縄は「公務・自由業」の比率がやや低く，交通業，水産業，そして家事使用人の比率が高い（図9-1）。交通業では，台湾鉄道など，日本の植民地統治に関連した組織において，事務職と，線路の補修などを行う専門職の両方に沖縄出身者がいた。水産業では，糸満の漁業にルーツをもつ沖縄本島や八重山諸島の漁民が台湾に渡航し，沖縄漁民のコミュニティも形成されていた。家事使用人の多くは単身女性の出稼ぎで，日本人家庭に雇

222　第Ⅲ部　日　本

表 9-1　沖縄台湾引揚者の台湾における就労

（人）

	男性	女性	計
官公吏・雇傭員	593 (54.5)	26 (6.6)	619 (41.7)
教　　員	237 (21.8)	97 (24.5)	334 (22.5)
書　　記	199 (18.3)	97 (24.5)	296 (19.9)
医　　療	43 (4.0)	168 (42.4)	211 (14.2)
自由業	14 (1.3)	0 (0)	14 (0.9)
軍　　人	1 (0.1)	7 (1.8)	8 (0.5)
法　　務	1 (0.1)	1 (0.3)	2 (0.1)
合　　計	1,088	396	1,484

出所）沖縄県庁福祉保健部国保・援護課所蔵「引揚者在外事実
　　　調査票」より作表。琉球大学移民研究センター，宮内久
　　　光教授によりデータベース化された在外事実調査票・台
　　　湾引揚者のデータ 6,523 人分のうち，台湾における就労に
　　　ついて記述のある 1,484 人分を用いて作表した。
　　注）括弧内の数値は全体に占める割合（％）。

用されることが多かった。

　引揚者在外事実調査票に基づくデータを援用すると，公務・自由業において，
圧倒的に公務の比重が大きかったことが見えてくる（表 9-1）。こちらのデータ
からは，女性に看護婦や助産師などの医療関係者が多いこと，男女ともに教員
や書記（事務員）の数が多いことが読み取れる。ただし引揚者在外事実調査票
は，引揚者給付金を請求した世帯主のみが登録された，自己申告による情報で
あり，データの限定性には留意を要する。

戦後の沖縄における台湾引揚者の就労

　戦後の沖縄における台湾引揚者の就労については，引揚者在外事実調査票の
データが参照できる。1957 年時点における台湾引揚者（世帯主）の職業は，最
多が農業で 26 ％，次いで公務とサーヴィス業が 13 ％であった（表 9-2）。当時
の沖縄全体の就労構造と比べると，台湾引揚者の職業に占める農業の比率は 2
分の 1 であり，他方で公務の比率は約 4 倍も高い。

　このことから，沖縄台湾引揚者全体の傾向として，ホワイトカラー，フォー
マルセクター就労の比率が高いこと，台湾時代の就労構造の中にその土台とな
るキャリアが見出せることが指摘できる。

表9-2　戦後の沖縄における台湾引揚者の就労（1957年）

	引揚者在外事実調査票	沖縄全体
農　業	1,572 (26)	181,000 (54)
漁　業	284 (5)	5,000 (1)
建設業	136 (2)	16,000 (5)
運輸・通信業	135 (2)	13,000 (4)
製造業	102 (2)	19,000 (5)
金融・保険業	47 (1)	3,000 (1)
サーヴィス業	787 (13)	33,000 (9)
公務・教員	755 (13)	9,000 (2)
軍雇用	86 (1)	31,000 (8)

出所）表9-1に同じ，沖縄県『沖縄県統計年鑑昭和32年版』。
注）括弧内の数値は全体に占める割合（％）。

3　引揚遅延と「引揚エリート」

沖縄引揚の遅延と「琉僑」・「日僑」の区分

　沖縄台湾引揚者の高い階層性のもうひとつの背景として，引揚待ちの時期における沖縄出身者たちの互助活動が考えられる。

　旧軍人・軍属と民間の日本人が1945年12月から46年4月までに台湾から日本へ引き揚げたのに対し，沖縄への引揚は1946年10月から12月と，ほぼ1年の遅延が生じた。帝国崩壊後，台湾総督府の給付金が途絶え，沖縄からの疎開民は急速に難民化していた。それを受け，台湾に生活拠点をもつ定住者層，特に医師であった当山堅一・堅次兄弟がマラリア患者の治療と防遏に取り組んだことを端緒として（当山堅一 1997；当山堅次 1997），「台湾沖縄同郷会連合会」が編成され，難民救援，引揚準備，引揚待ちの子弟への教育を行う互助活動が始まった[5]。川平朝申は，幹部として，会の立ち上げと運営を牽引した。

　沖縄本籍者の引揚が遅延した背景としては，①引揚先となる沖縄の状況，②中華民国政府の「琉球」に対する政治的立場，③在台の沖縄本籍者自身が，本

5）松田ヒロ子は，台湾沖縄同郷会連合会における医師の重要性を指摘している（松田 2013：116）。

土でなく沖縄への引揚を望み，それが叶うまでの台湾待機を要望したことが挙げられる。

米軍統治下の沖縄は，日本政府の引揚援護政策の管轄外となっていた。沖縄本島は，米軍による艦砲射撃と地上戦を経て焦土となり，深刻な食糧不足と住宅難が生じていた。1946年時点にいたってなお，沖縄住民の中には米軍が設営した収容所に収監されている人もあり，引揚者を迎え入れる体制からはほど遠かった。

台湾では，中華民国政府が「日僑管理委員会」を設けて日本人の送還を管掌した。1946年2月の同委員会による調査では，在台「日僑人」（民間日本人）は38万8,332人，うち「琉僑」は1万3,917人であった。何義麟は，「沖縄県民と朝鮮人は日本人と区別させたことが最も注目すべきことである」と指摘し，その背景に，「琉球」の日本国領有を認めないという中華民国の政治的立場があったと述べている（何 2008）。

一方で，川平朝申は，彼ら台湾沖縄同郷会連合会の幹部たちが，日僑管理委員会に対して，本土ではなく沖縄への引揚を要望し，それが叶うまでの台湾での待機を願い出たと記している。

> 周夢燐委員長は，しばらく考えているようだったが，「では，沖縄人を琉僑とし，日僑が琉僑の中にまぎれこまないように確実な対策ができることが約束できますか？　それができるならよろしい。」と快く了解してくれた。
>
> （川平 1982：68）

中華民国政府が「日僑」と「琉僑」を区分するにあたって，「琉僑」自身による要望を巧みに位置づけていたことがうかがえる。台湾沖縄同郷会連合会は，中華民国政府当局の機能を実質的に補助して「琉僑」の名簿を作成し，「沖縄籍民たることを証す」証明書を発行した（松田 2011：98-99）。

また同会は，琉球列島米軍政府から財政部長のニール・ローレンス（Neal Lawrence）少佐を迎え，沖縄民政府の志喜屋孝信知事や当山正堅文化部長からの手紙を受け取り，そこで得られた情報をもとに，沖縄引揚までの計画を立てていった（川平 1982）。川平朝申は，引揚後，この時期にやりとりした当山文

化部長のもとで，沖縄民政府文化部の芸術課長となる。

G. H. カーと台湾の「沖縄人」

　川平朝申は，「私は台湾総督府官房情報課にいたので，中華民国前進指揮所との連絡がスムーズにできたし，米国副領事のジョージ・カー氏とも親しかったので，いろいろと協力してもらうことができた」と記述している（川平1982：67）。

　そのG. H. カー（George Henry Kerr）は，自著において，「沖縄人代表が〔台北〕アメリカ領事館に，連合国総司令部が沖縄人送還の交渉を再開したという噂の真偽を確かめに来た」と記している（カー 2006：190）。「沖縄人代表」は，沖縄人送還にかかわる情報提供と早期実現への助力，引揚待ち期間にわたる支援を求めに来たのであろう。しかしアメリカ政府は，中華民国政府に対し，非介入の方針を採っていた。カーによると，台北のアメリカ領事は「沖縄人代表」に，自分には沖縄人送還についての情報も，東京の軍司令部に注意を喚起する権限もないと伝えたが，沖縄人たちはその足で連合国救済復興機関（UN-RRA：United Nations Relief and Rehabilitation Administration）に赴き，必要最小限の救済措置を得たという。カーの言う「沖縄人代表」が台湾沖縄同郷会連合会の幹部であったことは，ほぼ間違いない。

　泉水英計は，台湾沖縄同郷会連合会の幹部がG. H. カーとの知遇によって，台北のアメリカ領事館や沖縄の米軍当局とつながっていった過程を明らかにしている（泉水 2012）。カーは，台湾史と沖縄史の研究者であるが，日本統治下の台湾で，英語教師として台北高等商学校に赴任した経歴をもち，第二次世界大戦中は台湾の専門家として合衆国の軍政学校で教鞭をとり，米軍の台湾侵攻の準備として『フォルモサ・ハンドブック』を作成するなど，米軍随一の台湾通として活動した。

　カーの沖縄についての主要な著作[6]は，沖縄の，日本本土とは異なる歴史

---

6) G. H. Keer (1953) *Ryukyu Kingdom and Province before 1945*. Pacific Science Board, National Academy of Science, National Research Council. 同（1956）『琉球の歴史』琉球列島米国民政府。同（1958）*Okinawa : The History of an Island People*. C. E. Tuttle Co.

226 第 III 部 日 本

的・文化的独自性を描き出した作品である。カーの沖縄関連著作は，彼の軍政
との関わりを背景として，しばしば，沖縄の施政権の日本からの切り離しと米
軍統治の正当性を根拠づける歴史研究と見なされてきた[7]。沖縄駐留軍のため
に執筆した『琉球列島民事ハンドブック』の影響は大きく，おそらくカー自身
の意図を超えて，米軍人たちは，「沖縄人」を日本の異民族支配から解放した
自負をもつようになったと評されている[8]。

　カーはこうして，沖縄の米軍統治政策に関しても小さからぬ影響力をもつよ
うになっていくのであるが，それ以前，1946 年には中華民国となった台湾に
合衆国副領事として戻り，日本統治時代に知己となっていた台湾沖縄同郷会連
合会の幹部たちと再会している。カーは彼らを，「今後，中華民国との交流に
介入したり，米国の沖縄軍政府へ仲介したりする可能性」のある「将来有望な
沖縄人リーダーたち」であると見なし，その見解を，南京のアメリカ大使館に
伝えた（泉水 2012）。泉水は，同会に在台沖縄人の実態調査をさせたのはカー
であった可能性が高いとしている。その調査によると，1946 年 10 月時点で残
留沖縄人は 1 万 132 人，うち留用 17％，旧軍人 10％，難民 24％，一般待機
者 48％であった（泉水 2012：6）。沖縄の軍政府当局は，この調査データによ
って「台湾の留用者はほとんど会社員，公官吏」で，「一般待機者にも公官吏，
教員，事務員が多い」ことを認識した。彼らは，調査を実施した「将来有望な

---

7) 吉原ゆかりは，カーの活動と業績を 1930〜50 年代における「環太平洋文化交渉」とい
　う文脈で俯瞰した。それによると，カーは「文化による外交」を通じて環太平洋地域と
　アメリカを双方向的な知的ネットワークで結ぼうとしたが，「それもまたアメリカの文
　化帝国主義の一装置として包摂されてしまう危険性」をはらんでいた（吉原 2016）。石
　原俊は，カーが 1953 年における「琉球の復帰に関する調査」プロジェクトの調査指揮
　者として活動していたことについて，「沖縄の民主化運動を「冷戦」の枠組みに沿って
　懐柔する」，「軍事基地を発展・維持する米軍の権利の保持」をめざしたものであったと
　指摘した。石原によると，カーの沖縄関連著作は，日本社会における「沖縄人」への人
　種主義を逆手にとって「沖縄人」に「自治」を与えるという「当初の製作意図」を超え
　て，沖縄人を日本人よりも低く見なす，人種差別・蔑視と強権的施策の根拠になってし
　まったという（石原 1999）。これらに対して，カーを，伊波普猷に始まる「沖縄学」の
　系譜を継ぐ歴史学者として，東恩納寛惇，島袋全発，比嘉春潮と並ぶ位置づけをしてい
　る研究もある（上間 2007）。
8) 川井（1993：48）。このような「自負」は，米軍統治の頂点に立つ歴代の高等弁務官た

沖縄人リーダーたち」が，大量のホワイトカラー，フォーマルセクター層を率いて沖縄に入域してくることを，あらかじめ知っていたのである。台湾沖縄同郷会連合会の幹部たちが引揚エリートとなり，台湾引揚者，特にホワイトカラー，フォーマルセクター層が，帝国期のキャリアをひとつの資本として相対的な高階層の中に位置づいていく下地は，引揚待ち期間に形成されていたと言えるだろう。

台湾沖縄同郷会連合会の幹部たち

　台湾沖縄同郷会連合会の幹部[9]には，引揚後，医療，政治，文化などの領域で中心的な役割を担った人びとがいる。彼らの活動の土台が，引揚待ちの期間に，台湾の地で培われていることは興味深い。彼らはもともと，日本帝国下の台湾で，宗主国の成員の中でも何らかの特権を有する層であったと考えられるが，引揚待ちの時期に台湾全土から台北に集まり，互助と引揚業務を担った。彼らはこの時期に，沖縄の米軍当局や沖縄民政府の中枢部とやりとりし，社会関係資本を増強しているのである。

　同会会長の与儀喜宣は，元台湾総督府の勅任技師であった。帝国期における沖縄出身者の出世頭のひとりである。与儀を会長に据えたことは，この会の性質をよく示唆している。彼らは，日本帝国時代の終焉を十分に理解し，同時に，帝国期に培った社会関係資本を最大限に活用し，増強しながら，沖縄引揚に備えていた。

　副会長の安里積千代は，帝国期には弁護士であり，引揚後，革新派の政治家となり，八重山群島政府，琉球政府での活動を経て衆議院議員となった。川平とともに同会で幹部を務めた宮城寛雄は，帝国期には台北工業学校の教諭であり，引揚後は政治家となり，立法院議員を務めた。

　　ちの間で広く共有されていた。宮城悦二郎は，1980 年代にアメリカで元高等弁務官たちの聞き取りを行い，彼らが 1980 年代に至るまで「沖縄の人びとを「非日本人」，少数民族としてみなしている」ことに衝撃を受けている。「(…)過去に抑圧されていた少数民族としての「沖縄人」である。アンガーは「民族的には日本人ではない」と言い切っている。ムーアもキャラウェイもそれに近い発言をしている」(宮城 1993 : 224)。
　9 ）ここで挙げている幹部の履歴は，川平（1982）と，台湾友の会編（1997）を参照した。

228　第 III 部　日　本

　前述した屋良朝苗は，台湾沖縄同郷会連合会の幹部ではないが，沖縄におい
て最も著名な台湾引揚者の政治家である。屋良は沖縄の日本復帰運動を牽引し，
初の公選主席，復帰後の初代沖縄県知事となった。台湾時代の屋良は，台北師
範学校の教授として，6 等 8 級，沖縄本籍者には 12 人しかいない高等官待遇
を授与されていた（安村 2012：144）。屋良が知事選で争った保守党候補，大田
政弘も台湾引揚者で，日本統治時代には澎湖庁長という顕官であった。

　これらの人びとは，特になんらかの政治理念や戦後沖縄の展望を共有してい
たわけではない。彼らの中には，引揚後に復帰運動を牽引した「革新派」政治
家も，「保守派」政治家もいる。彼らの政治理念や価値観は多様であった。台
湾沖縄同郷会連合会の幹部たちは，マラリア救護や食糧確保などの現実問題に
迫られ，無事に引き揚げるために互助組織をつくったのであって，特定の政治
理念によって凝集したのではなかった。

　彼らが引き揚げた後，1948 年の台湾において，中華民国国民党の援助のも
とに反復帰を唱えて琉球独立運動を行う「琉球革命同志会」が結成された（赤
嶺 2013）。同会は，台湾に残留した漁労民を中心とする沖縄本籍者たちの名簿
を作成し，琉球籍であることの証明書を発行した。しかし，台湾沖縄同郷会連
合会との活動との重なりは，名簿作成と証明書発行に尽きる。琉球革命同志会
は，沖縄と台湾を往還して情報収集と工作を行う政治結社であった。

　この同志会と比べると，台湾沖縄同郷会連合会は，すぐれて政治的な交渉を
行いつつも，組織的な政治理念をもたなかったことに特徴がある。特定の政治
理念をもたない組織のありようは，複雑に関係の絡まりあういくつもの当局と
交渉する上で，むしろ合理的に機能したであろう。そのことは，台湾沖縄同郷
会連合会が有していたある種の保守性，帝国期の社会関係資本を活用して社会
変動に対応するあり方につながっていた。ここでいう保守性とは「保守派」の
ことではなく，より広く，既存の権力関係を正面から否定してかからない態度
を意味する。それは引揚後，台湾時代のキャリアや社会関係資本とあわせて，
アクターとしての台湾引揚者を支えてきたように思われる。

　日本帝国の崩壊は，外地に出なかった沖縄定住者も，苛烈な戦争犠牲をとも
なう形で経験している。一方で，台湾にあって沖縄には存在しなかった過程は，

台湾人の「光復」，被統治者による主権の回復という脱植民地化であった。台湾引揚者は帝国崩壊を，統治者―被統治者関係の逆転，脱植民地化として経験し，帝国期の生活基盤を失い，引揚に至るのである。

「必ず沖縄は日本に還る。それまでは開拓移民のつもりで行くのです」（川平1975）。「50年に渡って台湾を領有した日本も，ついにその地を手放さざるを得なかった。世界の趨勢は，もはやいかなる形にせよ，他国の領土を永久に支配することを不可能としている。一時的にアメリカ支配下に置かれたとしても，いつかは必ず返還される」（屋良 1976）。

川平と屋良は，引揚前に，沖縄における米軍統治の終焉を確信していた点で共通している。それは，本土復帰を目指す政治理念というよりも，「光復」を経験した二人が，台湾生活のすべてを失うことと引き換えに得た，鮮烈な歴史認識であっただろう。

一方で，彼らは現実としての米軍統治体制を正面から否定してかからず，開かれた態度で対話し，ときには米軍当局と協力や協働を行った。

> むしろ鈍角的態勢がいいだろう。おおらかな気持ちで相手の立場も考えながら乗り越えていかねばならない。　　　　　　　　　　（屋良朝苗[10]）

> 沖縄の人は，美・仁・柔を処世訓としました。柔は，こと柔らかく（どんなことがあってもいらだたずにおだやかに話し合えるように）ということです。
> 　　　　　　　　　　　　　　　　　　　　　　　　　　　　（川平朝申[11]）

屋良が採ってきた自覚的な「鈍角さ」，川平が説いた「柔」の中に見出せるある種の保守性は，米軍統治の終焉を見通す革新的な歴史認識と矛盾することなく共存していた。その背景には，「光復」を生き延び，複数の当局との巧みな交渉によって引揚を遂行した，沖縄台湾引揚者としての経験があったように思われる。

10）琉球新報社編（2017：346-347）。
11）川平朝申「沖縄の心――美・仁・柔」那覇市歴史博物館，川平家資料，朝申氏自筆の「沖縄への想い」エッセイ 10-028 10000263.

230　第III部　日　本

4　川平朝申と二つの植民地

台湾引揚による沖縄復興

　川平朝申は，1909年に首里で生まれ，名門の県立第二中学校（現・那覇高校）に通い，1924年に単身で叔父を頼って渡台した。鉄道部の機関練習生や薬局勤務をしながら台湾で中学校を卒業し，台湾新聞の記者からキャリアを始める。台湾居住は，15歳からの24年間である。

　自身による略歴には，台湾でラジオ番組「子供の時間」の制作・指導・演出を手掛け，琉球史を放送したこと，台北大学で民俗学・人類学の研究に携わり，金関丈夫教授らと雑誌『南島』を編集したことが記されている[12]。戦時体制に入ると台湾総督府情報部に勤務することになり，「台湾の伝統文化の保護に当る」。復員後は，沖縄民政府文化部芸術課長となり，「首里城城壁の保護を叫び」，米軍政府情報部に出向，統計長，マスコミ監督官，放送（ラジオ）部長，琉球放送局および AKAR・KSAR 局長，県史及び那覇市史編纂委員，文化財保護委員，首里城復元期成会副会長を務めた。琉球放送局の民営化を図る米軍当局と衝突して放送の仕事を離れた後は，琉球結核予防会の事務局長となった。

　川平朝申は，文化行政，ラジオ放送と結核予防活動を軸として，きわめて多様な社会事業に関わってきた。沖縄県立博物館・美術館は，川平を，沖縄美術における台湾との関係にとって特筆すべき存在とし，「戦後沖縄美術の礎をつくった」と評している（豊見山 2017）。沖縄における「映画興行の再興者」（上間 2016）という評価もある。あるいはハワイやペルーの沖縄移民にとっては，川平は，彼らが故郷を想って詠む琉歌を添削してくれる，沖縄在住の指導教師であった（仲程 2006）。

　川平朝申の台湾引揚は，外地における財産を凍結され手持ち資産を制限された，多くの外地引揚者のそれとはかけ離れていた。

　　「図書館の蔵書はどうなっていますか。少しは残りましたか。」

12）那覇市歴史博物館，川平家資料，台湾関係文書類 10-004 10000691.

ローレンス少佐は首を振った。

「ノー。一冊もありません。」

　県立沖縄図書館が壊滅したこともはっきり知ることができた。私はそこ
で，沖縄県立図書館の復興と熾烈な戦場の中で生き残り虚脱状態のままで
いる同胞のために，情操陶冶のための芸術行政と健全娯楽の提供を考えな
ければなるまいと思い，ローレンス少佐の帰任するまでにいろいろな資料
を準備した。　　　　　　　　　　　　　　　　　　　（川平 1974：77-78）

　川平は，在台の沖縄出身者に呼びかけて本を募集し，自分の蔵書と台北帝国
大学の金関教授の蔵書を加えた沖縄関連書籍数千冊を沖縄に運び，沖縄県立図
書館の復興を支える貴重な資源とした。医師の当山堅一・堅次兄弟をはじめと
する台湾沖縄同郷会連合会の幹部たちも，持てる限りの医薬品や顕微鏡などを
沖縄に運んだ。引揚者の手持ち財産制限が機能していないのは，中華民国政府
の事情などの背景に加えて，それまでの台湾沖縄同郷会連合会の交渉の実績に
よるものが大きかったように思われる。

　川平の引揚準備は，戦後の混乱期から始まっていた。川平は，「敗戦国の日
本人が街頭で家財のたたき売りをしていた」時期に，友寄景勝に指示し，台北
帝国大学図書館の『歴代宝案』の写本で「16世紀以降の琉球の海外貿易の記
録，東洋全域の海外貿易史，琉球歴史の中でも極めて貴重な文献」の複写を始
めさせている（川平 1997：32）。このことからは，川平が台湾引揚の意味を，
沖縄の戦後復興という文脈でとらえていたことがうかがえる。それは，沖縄が
台湾引揚者を通じて，戦禍で失われた貴重な歴史資料の一部を回復するという
ヴィジョンである。さらに川平は，文化によって沖縄を復興すべく，引揚待ち
期間に，米軍当局とその諮問機関である沖縄諮詢会に向けて「不毛の地におけ
る文化行政，失われた郷土の文化財の採掘や無形の芸術文化財の復元や復興」
を訴える提言を行っている（川平 1997：51）。川平は帝国崩壊後の台湾におい
て，すでに戦後の沖縄社会の立ち上げを担うアクターとしての活動を始めてい
た。

　一方で，実際に引揚を果たし，沖縄民政府文化部芸術課長に迎え入れられた

直後，川平は，引揚者しかもっていない背広を着用している自分に向けられる
ある種のニュアンスを含んだまなざしを強く感じながら，「私は沖縄戦に参加
しなかったが，沖縄で尊い経験をされた皆さんのご指導によって任務を果たし
たい」（川平 1997：49）という新任挨拶を行った。実際には，川平は空襲によ
って妻と妹を失い，自身も顔面に重傷を負っていたのだが，「君は台湾で戦争
の苦労をしていない」という非難を受け入れた。このような経験を，松田ヒロ
子は，台湾引揚者の「他者化」と形容している（松田 2016）。

　しかし，このような「他者化」は，少なくとも川平にとっては，引揚直後の
通過儀礼に過ぎなかったように思われる。川平はやがて上司と衝突して民政府
を離れるが，米軍政府が彼を統計長として迎え，重用した。川平は後に軍政府
からも，ラジオ放送局の民営化をめぐる決裂を機に離れるが，いずれも台湾引
揚者という立場ゆえの排除ではない。むしろ，沖縄の復興を目指した川平が当
局と衝突した結果であり，能動的なアクターとしての行為がもたらした帰結と
とらえられよう。

文化行政におけるキャリアの連続性

　川平朝申が目指した沖縄復興は，戦前の状態の復旧ではなかった。彼が引き
揚げてきた沖縄は，艦砲射撃によって地形ごと変容し，フェンスと星条旗が立
つ，未知の故郷ともいうべき空間であった。「もう沖縄でもなく，日本でもな
い。我々は郷土に帰った！　という心やすさというものが不思議にも消えてい
た」（川平 1975：80）。

　戦前の沖縄の復旧は望むべくもない状況で，川平が描いたヴィジョンは，
「戦前よりも豊かな沖縄」であった。「米軍の施政権下にあるうちに，沖縄の文
化や経済を戦前以上に高めなければならない」（川平 1978：29）。文化による情
操陶冶，そして全琉をつなぎあわせて本土と沖縄を架橋するラジオ放送局を開
設し運営することが，川平のライフワークとなった。ここで，台湾総督府情報
部員としてのキャリアが戦後に接続してくる。川平は，帝国期と米軍統治期に
またがる自身のキャリアの連続性を，次のような言葉で表現している。

〔琉球政府〕文化部の仕事は，台湾総督府が支那事変勃発と同時に臨時情
　報部を総督官房に設置して，700万台湾島民に「公民化運動」を啓蒙運動
　したときと同じで，「民主主義思想」の育成と普及を図る文化行政であっ
　た。
(川平 1997：49)

　川平は，台湾総督府情報部に入る前から，台北帝国大学の民俗学，人類学の
研究室に出入りして沖縄の独自性や日本とのつながりを考察し，「おもろ草紙」
の研究に着手していた。台湾総督府情報部に入ったのは，台北帝国大学文政学
部部長であった移川子之蔵教授の推薦によるものであった（斎木・世良 2015：
33）。「川平君，台湾の植民地行政の誤りを是正するために君を総督府に派遣す
るのだよ。異民族を蔑視し，その民俗，土俗を踏みにじるようなことをさせて
はならない」（川平 1974：52）という移川の言葉を受けて，川平は台湾全島を1
ヶ月かけて調査し，台湾総督府に戻ると，民俗芸能の禁止や位牌の焼却命令を
やめるように主張した。「皇民化が民族圧迫であってはならない」。

　それと同時に川平が行ったことは，台湾総督府の高官たちに台湾の伝統芸能
を見せる鑑賞会の開催であった（川平 1974：52-54）。支配者の論理に正面から
対峙せず，文化で権力者を楽しませ，味方につけてしまうという手法は，米軍
統治下の沖縄においても川平によってたびたび採られることになる。川平は，
台湾総督府の長谷川清総督に台湾人形劇を見せて「なかなか愉快なものだ」と
いう賛辞を引き出し，民俗芸能の禁止を緩和したのと同じやり方で，米軍統治
の最高責任者であるジョセフ・シーツ（Josef Robert Sheetz）軍政長官に「ペル
リ提督と琉球」を観劇させ，「ブラボー」という賛辞と文化政策への後援を得
るのである（川平 1978：28）。

「ペリー提督」──沖縄コンプレックスと琉米親善

　川平が台湾と沖縄で行ったことは，当局による文化統治の「行き過ぎへの歯
止め」にとどまらない，積極的な啓蒙活動を含んでいた。台湾総督府と米軍当
局のどちらもが，巧みな演出で共感を引き出す川平の能力を評価し，コロニア
ルな統治における文化ディレクターとして彼を重用した。

234　第 III 部　日　本

　川平は台湾で，「サヨンの鐘」（1943 年）という，台湾原住民の「純情乙女」
が出征を見送ろうとして川に転落死するストーリーの劇映画を，台湾総督府と
松竹が共同制作した際，制作に関与し，見事ヒットさせている。そして沖縄で
は，「ペルリ提督と琉球」（1951 年）という，100 年前に首里城開門を迫ったア
メリカ人提督ペリーを琉米親善のシンボルとして描くラジオドラマの脚本を，
米軍当局の委嘱を受けて執筆している（三島 2016：50）。シーツ長官が観劇し
た芝居は，その劇場版である。

　東京からは沖縄学の泰斗である比嘉春潮が，「ペリーは帝国主義者だ」と批
判を投げかけたが，川平は気に留めなかった。琉米親善の記念日を，当初は米
軍による沖縄本島の侵攻日にするという冗談のような案が出ていたものの，さ
すがに反対があってペリーの沖縄上陸日に制定する（謝花 2014：189），そのよ
うな文化行政そのものがきわめてコロニアルであるが，川平はその渦中にあっ
て，文化を有効に用いて「国民情操の陶冶」を行うのである。

　川平にとってペリー提督は，琉米親善を演出する格好の素材であった。一方
で，戦前と戦後を通じて川平が払拭に努めてきた「沖縄コンプレックス」の文
脈においては，ペリーは，バジル・ホール（Basil Hall）英国海軍大佐の系譜に
連なる，琉球への客人（まれびと）という位置づけを有していたことも重要で
あると思われる。

　引揚前，川平は台北帝国大学の研究室で，須藤利一教授がバジル・ホール著
『大琉球島航海探検記』を翻訳するにあたって，装丁と沖縄側の文献調査・考
証を手伝った。同書は台北市の野田書房から出版されると，外地で出版された
沖縄関連書籍として注目され，高い評価を受けたという。それは川平にとって，
「高度な沖縄文化を認識する格好の著書」であり，いくらかの在台沖縄出身者
が囚われている「沖縄コンプレックスを吹き飛ばすに役立つ好著」であった
（川平 1973：36-37）。

　川平は，「表紙は紙銭用（打ちかび），背皮を芭蕉布」という厳選した沖縄産
の材料を用い，表紙の首里城正殿図と背文字を自ら木版し，「精魂を打ち込ん
で」箱入りの豪華本を製作した（川平 1974：50）。彼が，その出来栄えを須藤
教授が嘉したと真っ先に報告した相手は，父親の川平朝平であった。川平朝申

第9章 「引揚エリート」とは誰か　235

がラジオ放送で琉球芸能を紹介し，父親が三線を奏でたとき，喜びの反響とともに相当数の抗議文が在台沖縄出身者から寄せられ，「ただでさえ琉球人は内地生藩といわれ，純粋の日本人ではないと疑惑を持って見る内地人がいるのに，台北放送局から意味のわからない琉球音楽を放送されては困る」という批判にさらされたことがあり，父親は，琉球の素材で本を装丁しようとしている息子を案じていた。川平は，本の装丁に琉球文化の粋を注ぎ込むことで，沖縄コンプレックスに対峙する姿勢を打ち出したように思われる。

　川平は 1940 年，民俗調査のために久しぶりに沖縄へと帰省し，船から見える沖縄本島の風景を，バジル・ホールの風景描写に重ねて遠望する（川平1973：42）。川平にとってホールは，沖縄のすばらしさを海外に伝えてくれた紹介者であり，ペリー提督は，ホールの著作によって琉球を知り渡航してきた，ホールの系譜に連なる客人であった。

　川平が執筆した戯曲『ペルリ提督と琉球』には，日本に航海する前に合衆国の国務長官と会話するペリーが描かれている。

　　ペルリ：もし日本が頑迷に拒否を続け，条約が不能に終わったにしても，
　　　　南部大琉球諸島において数カ所の停泊港を確保することに自信があります。（…）この国の人びとは日本人と異なって実に人情の麗しい慈悲の精神に富んだ国民であります。（…）キャプテン，バジル・ホールが述べておりますように，すべての争いごとを否定し，平和を愛する彼らのことでありますから必ずや私たちを歓迎してくれることと信じます[13]。

　この戯曲では，ペリー艦隊の東亜遠征は，「あくまでも国際親善の確立と，人道主義文明開化のため」とされている。明らかに，米軍統治下の琉米親善という目的に沿った表象がなされているのだが，川平にとっては，ホールの著作がペリーを導いたという史実，「平和を愛する大琉球島」というセリフに込められた沖縄の誇りこそが重要だったのではないだろうか。川平は，きわめてコロニアルな文脈に則して琉米親善を演出すると同時に，そこに琉球の独自性と

13）川平家資料 10-097 10001675　芸能（沖縄芝居・演劇）戯曲『ペルリ提督と琉球』4。

236　第 III 部　日　本

いうもうひとつの文脈，精神性の高さと平和の希求というメッセージを巧みに
織り込むのである。

沖縄復興と本土復帰

　川平が，沖縄文化の継承・普及に，戦前から戦後にかけて尽力したことは疑
いをいれない。しかし同時に，川平が琉球語によるラジオ放送を求める米軍当
局を退け，標準語放送を貫いたこともまた，重要であると思われる。川平はこ
の判断について，1997 年の自著において，反省をもってふりかえっている。

　　私が方言の使用を全面的に否定したのは世論から支持されたと思うが，せ
　　めて一日一時間でも琉球方言で放送していれば，今日の若者たちに沖縄方
　　言を失わせずに済んだのではないか，という思いが私にある[14]。

　この記述には，「若者たちから方言と英語を奪った「愚かな世論」」という小
見出しが付されている。方言に続いて，英語教育をめぐる回顧がある。米軍当
局による小学校への英語教育の導入という提案に沖縄教職員会は反対したが，
「今日になってみれば，教職員会は視野の狭さを悔やんでいないだろうか」と
いう記述である。

　ここからは，川平朝申が文化の政治性というものを熟知していたことがうか
がえる。琉球語による放送と英語教育の導入は，確かに占領政策の一環であり，
当時の世論はそれを拒否する流れではあったが，そこには，半世紀後の若者た
ちの文化資本という長期的な視野が欠けていたことを川平は批判している。

　一方で，1947 年時点の川平には，琉球放送局によって沖縄と「祖国」を結
ぶ構想があった。川平は，「国民情操の陶冶」，「日本人教育」を理念として，
NHK の番組と自主制作番組の標準語放送に全力を尽くした。

14）川平（1997 : 242）。川平は，琉球語による放送を拒否した理由として，首里・那覇近郊
　　の 30 代以上の人しか琉球語を聞き取れないこと，琉球語では化学・学術の表現が難し
　　いこと，そして，沖縄における NHK 番組の放送によって「戦後生まれの子どもたちや
　　青少年たちに祖国日本を忘れさせないため」という点があったと回想している（川平
　　1978 : 30）。

祖国日本の新憲法は沖縄には及ばず，情報を遮断された私たちは，本土からの引揚者たちが持参する新聞や雑誌だけで祖国の様相を断片的に知るのみであった。このまま推移すると10年後には沖縄は祖国を忘れてしまうだろうと私は思った。　　　　　　　　　　　　　　　　　　　（川平 1997 : 138）

　川平は，NHK の番組を本土と沖縄が共有することを重視した。川平がのちに米軍当局によって離職を強いられたことには，当局が沖縄における NHK 放送を「反米・親日を煽る」と敵視したという点が小さからぬ意味をもっていた（川平 1979）。

　その川平も，1951 年の対日講和条約の調印をもって日本が国家としての独立を遂げ，一方で沖縄が日本から切り離されることが確定した瞬間には，「言い知れぬ思い」でマイクに向かわねばならなかった。

　　今こそ，北緯 29 度以南の南西諸島に住む日本国民である我々が，米軍政府と協力しアジアにおける恒久的平和の確立に努力すべきである。われわれは民族意識を捨て，世界一家を理想に施政権者に協力しなければならない。沖縄県民は日本国民として一時，米軍政府の施政権下に置かれることは，正常ではないがこの禍を転じて福ならしめるたとえもあり，この一時的に米軍政府による施政権下に置かれた間に，祖国日本よりも豊かで健康にして平和な文化生活が営まれるように積極的に活動しなければならない。我々は真に国際親善を，身をもって実践し，多くの信頼できる外国人を友に持つことである。第二次大戦で敗北した日本国民が過去を反省しその熱意が米国民はおろか国際連合に正しく認識された暁，必ずや米合衆国の意見によって国際連合は沖縄の施政権を祖国日本に返還することは疑いないことである。これはわれわれ日本人の態度，行動そして誠意に待たれるものである。　　　　　　　　　　　　　　　　　　　　（川平 1979 : 29-39）

　川平は，「われわれ日本人」という言葉を用い，「米軍政府との協力のもとに築かれる平和」というヴィジョン，「米軍統治下で祖国日本よりも豊かになる」という将来像に続いて，「国際親善」を訴えている。日本に切り捨てられた痛

238　第III部　日　本

覚を抱きながら，矛盾も葛藤もありのままに語り，描きうる限りの肯定的な未
来像を描き，そこへ向けて沖縄の人びとに積極的な関与を促す，祈りにも似た
時局解説である。

　一方で，熱を帯びていく祖国復帰運動には同調できない思いもまた，川平の
中には存在したように思われる。那覇市歴史博物館の川平家資料には，「日本
復帰を考える」[15]という手書き原稿の詩がある。

　　ぼくは日本人だ
　　ぼくの母も　息子も　妻も　そして弟たちとその一家も。
　　だのに　あの人たちは
　　声をからして日本復帰を叫んでいる。

　川平は，引揚前から米軍統治の終焉を確信していたが，施政権の日本返還を
目的化した政治運動には同調していなかったように思われる。むしろ，限られ
た米軍統治の期間に，戦前の沖縄よりも，また本土よりも豊かな社会を実現す
るというヴィジョンを描き，文化による沖縄復興を牽引してきた。

　「日本復帰を考える」という詩からは，川平が，施政権の日本返還に日本人
としてのアイデンティティの回復を重ねる祖国復帰運動の文脈には共感してい
なかったことがうかがえる。施政権の行方とは関係なく，さらに言えば台湾時
代も引揚後も，川平は一貫して「沖縄人であり日本人」であり続けた。一方で，
戦前の復旧はありえない沖縄にあって，「那覇に住みながら那覇を想う」[16]とい
う川平の故郷喪失感は，本土復帰後も変わらなかった。沖縄の復興を担った能
動的なアクターは，故郷喪失者でもあったように思われる。ひとりの沖縄台湾
「引揚エリート」の，職業履歴だけにとどまらない複雑で豊かな軌跡とキャリ
アが，戦後沖縄の社会変動の中に位置づくものとして見出せる。

15）那覇市歴史博物館，川平家資料，朝申氏自筆の「沖縄への想い」エッセイ 10-028
　　10000263.
16）前掲書。

おわりに

　本章では，沖縄台湾引揚者の中に，水平的または上昇的な社会移動を遂げた一定の層が存在したことを明らかにした。また，戦争犠牲と包摂の対象として，受動的な存在と見なして引揚者をとらえることが多かった引揚研究に，「引揚エリート」という視点をもつことで能動態を導入する意義を示した。

　事例としては，戦前・戦後を通じてコロニアルな時空間における文化行政を手掛けた川平朝申をとりあげた。川平は，皇民化と琉米親善，琉球文化の普及と標準語放送のすべてを射程に収め，植民地化／脱植民地化／再国民化が矛盾と葛藤をはらみつつ進行した変動期にあって，文化の政治性を巧みに発揮し，沖縄の復興を導いた。台湾総督府や米軍当局に協力を「させられた」というような受動態による理解がそぐわない，きわめて能動的な「引揚エリート」であったように思われる。

　今後の課題は，川平朝申や屋良朝苗のような存在を，引揚者における特異な例外と見なすのではなく，「引揚エリート」という枠組みによって引揚を戦後史に向けて開いていくことである。それは，現代に至る戦後社会の変動の中に，引揚者たちの位相と彼らが及ぼした影響とを適切に位置づけていくこと，すなわち，戦後史を引揚に向けて開いていくことにもつながっていくだろう。

参考文献

赤嶺守（2013）「戦後中華民国における対琉球政策──1945 年〜1972 年の琉球帰属問題を中心に」『日本東洋文化論集』第 19 号

浅野豊美（2004）「沖縄をめぐる引揚げ・送還」吉原和男ほか編『人の移動事典──日本からアジアへ・アジアから日本へ』丸善出版

蘭信三（2010）「東アジア近現代における人の国際移動」『ソシオロジ』第 55 巻第 1 号

蘭信三（2018）「満洲移民の生活世界──集団引揚げ，中国残留を中心に」日本移民学会編『日本人と海外移住──移民の歴史・現状・展望』明石書店

石原俊（1999）「ある〈占領経験〉の社会学的考察──沖縄軍政における住民統治の変容と民主化運動の諸様態」『京都社会学年報』第 7 号

上間創一郎（2007）「近代わが国の同化主義と沖縄の民族思想──「沖縄学」に関する社会

240 第 III 部 日 本

史的考察」『応用社会学研究』第 49 号

上間創一郎（2016）「レジャー産業におけるホスピタリティ経営──映画興行のローカルビ
ジネス史を通じて」『応用社会学研究』第 58 号

遠藤央（2016）「帝国日本と戦後日本の切断と接合──「日本人・非日本人」の歴史人類学
的研究序論」『総合社会学部研究報告』第 17 号

大沢貞吉編（1959）『台湾関係人名簿』愛光新聞社（那覇市歴史博物館，川平家資料，台湾
引揚関係資料 10-004 10000692）

カー，ジョージ・H.（2006）『裏切られた台湾』蕭成美訳，川平朝清監修，同時代社

何義麟（2008）「「脱植民地化」を巡る台湾と沖縄の相関性──戦後の在台沖縄人の問題を
出発点として」臺灣文化研究所會議論文，広島大学主催「東アジアの平和構築と日本」
ワークショップ

川平朝申（1973）「我が半生の記」(1)『沖縄春秋』第 6 号（6 月 30 日号）

川平朝申（1974）「我が半生の記」(4)『沖縄春秋』第 9 号（1 月号）

川平朝申（1975）「我が半生の記」(8)『沖縄春秋』第 13 号（10 月 25 日号）

川平朝申（1978）「我が半生の記」(23)『沖縄春秋』第 28 号（3 月 15 日号）

川平朝申（1979）「我が半生の記」(38)『沖縄春秋』第 43 号（9 月 15 日号）

川平朝申（1982）「異国化した沖縄へ」台湾協会編『台湾引揚史──昭和 20 年終戦記録』

川平朝申（1997）『終戦後の沖縄文化行政史』月刊沖縄社

川井勇（1993）「戦後沖縄教育「再建」の意識と構造」『沖縄大学紀要』第 10 号

小林英夫・柴田善雅・吉田千之輔編（2008）『戦後アジアにおける日本人団体──引揚げか
ら企業進出まで』ゆまに書房

斎木喜美子・世良利和（2015）「川平朝申の文化活動に関する一考察(1)──日本統治下にお
ける映画とのかかわりを中心に」『福山市立大学教育学部研究紀要』第 3 号

謝花直美（2014）「「ペルリに重ねる「復興」と「親善」──占領下沖縄人の主体性をめぐる
政治」『日本学報』第 33 号

泉水英計（2012）「在台湾沖縄人引揚げに関する覚書」『神奈川大学紀要』第 25 号

台湾総督官房臨時国勢調査部（2000）『外地国勢調査報告 第五輯──台湾総督府国勢調査
報告』文生書院（原書は台湾総督官房臨時国勢調査部『国勢調査報』）

台湾友の会編（1997）『回想蓬莱島──琉球官兵顛末記追補』沖縄建設新聞

当山堅一（1997）「私の台湾戦後史」『回想蓬莱島──琉球官兵顛末記追補』沖縄建設新聞

当山堅次（1997）「台湾沖縄県人会連合会」『回想蓬莱島──琉球官兵顛末記追補』沖縄建
設新聞

戸邉秀明（2008）「沖縄「戦後」史における脱植民地化の課題──復帰運動が問う〈主権〉」
『歴史学研究』第 885 巻

豊見山愛（2017）「彷徨の海──南風原朝光と台湾・沖縄・東京」沖縄県立博物館・美術館
『彷徨の海──旅する画家・南風原朝光と台湾，沖縄』

仲程昌徳（2006）「『Hawaii Pacific Press』紙に掲載されたペルーの琉歌」『移民研究』第 2 号

藤澤健一（2016）『移行する沖縄の教員世界──戦時体制から米軍占領下へ』不二出版

松田ヒロ子（2013）「近代沖縄の医療と台湾──沖縄県出身者の植民地医学校への進学」

『移民研究』第 9 号

松田ヒロ子（2016）「植民地台湾から米軍統治下沖縄へ」『文化人類学』第 80 巻第 4 号

松田良孝（2011）「台湾沖縄同郷会連合会の実態と今後の研究課題——「台湾疎開」に焦点
　　を当てて」『白山人類学』第 14 号

三島わかな（2016）「ラジオドラマと音楽——川平朝申の脚本集を事例に」『ムーサ　沖縄
　　県立芸術大学音楽学研究誌』第 17 号

宮城悦二郎（1993）『占領 27 年　為政者たちの証言』ひるぎ社

安岡健一（2014）「引揚者と戦後社会」『社会科学』第 44 巻第 3 号

安村賢祐（2012）『日本統治下の台湾と沖縄出身教員』大里印刷

屋良朝苗（1976）『屋良朝苗回顧録』朝日新聞社

吉原ゆかり（2016）「1930 年代〜50 年代のジョージ・H. カーと環太平洋文化交渉の地政学」
　　『文芸言語研究』第 70 巻

琉球新報社編（2017）『一条の光——屋良朝苗日記』下巻，琉球新報社

第 IV 部

日本帝国圏

第 10 章

帝国後の人の移動と旧宗主国・植民地間の相互作用
—— 日本とヨーロッパの事例の比較から ——

崔　徳孝

はじめに

　日本は帝国の崩壊・脱植民地化というできごとをどのように経験したのであろうか。日本および英語圏における日本史研究では，長い間「脱植民地化過程の不在論」ともいえる認識が共有されてきた。植民地帝国日本は第二次世界大戦で連合国に敗れた結果，突如その植民地を失うことになったため，フランスが経験したアルジェリア独立戦争と脱植民地化のインパクト／トラウマのようなものは日本に存在しなかったと理解されている。歴史学者の荒井信一のことばを借りれば，「脱植民地化の過程は，欧米諸国の場合で言うと，さまざまな後遺症を本国社会の政治，文化，あるいは国民の意識の中に残していった」のであるが，「日本の場合にはそういうプロセスというものがほとんど存在しなかった」という[1]。またアメリカの研究者レオ・チンも，日本にとって脱植民地化は「他人に起きた関係のないできごと（a distant event that happened to other people）」になったと主張する[2]。ドイツの日本史研究者セバスチャン・コンラ

---

1 ）荒井（1995 : 72-73）。また，日本史研究者の三谷太一郎によると，「戦後日本においては，植民地化の研究は蓄積されてきたが，脱植民地化を自国の問題として省察することは，ほとんどおこなわれなかった」という（三谷 1993 : viii）。

2 ）Ching（2001 : 37）.

ッドは，こうした「瞬時の脱植民地化という物語（narratives of instant decoloniza-tion)」を問題視しながら，帝国の崩壊というできごとが日本社会に及ぼしたインパクトへの再照射を促している[3]。実際，近年の日本の引揚研究が示しているように（蘭編 2011, 2013；島村編 2013；Watt 2009)，帝国崩壊後の人の移動を通じて「帝国」の遺産や記憶が本国に召喚されるなかで，日本社会は脱植民地化というできごとに向き合わざるを得なくなったのではなかろうか。

　本章では，帝国崩壊後の人の移動の問題に対する考察を通じて，日本にとって脱植民地化のプロセスとはどのようなものであったのかを論じる。特に，日本敗戦直後の在朝日本人の日本への引揚と在日朝鮮人の朝鮮への帰還に焦点を当てながら，この大規模で双方向的な人の移動が生み出した両社会間の相互作用の様相を明らかにしてみたい。すなわち，日本にとって脱植民地化のプロセスとは，帝国の宗主国と植民地が分離されていきながらも双方向的な人の移動を通じて両社会が相互作用をおこす過程であったことを検証する。さらに，英語圏におけるヨーロッパの事例に関する近年の研究動向を紹介しながら，それらの事例との比較を通じて，日本帝国崩壊後の人の移動の事例が示す特徴と重要性を論じてみたい。

　こうした比較の試みの背景には，東アジアと英語圏の地域研究（area studies）に携わる筆者の次のような問題意識が横たわっている。すなわち，東アジア地域における脱植民地化の経験を対象とする歴史研究から，いかにして既存のヨーロッパ中心主義的な帝国史研究（脱植民地化研究も含む）の地平を広げていくことができるか，という問いである。近年，英語圏の歴史学および歴史社会学の分野では，ポストコロニアリズム理論の影響を受けながら「New Imperial History」や「New Imperial-colonial Studies」と呼ばれる新たな分野が誕生し，批判的帝国研究が発展しつつある（Burton, ed. 2003；Go 2009；Ghosh 2012)。しかしながら，ヨーロッパ中心主義的なまなざしや知の体系を批判したポストコロニアリズム理論の影響にもかかわらず，こうした新たな分野は主に欧米の帝国とその植民地の関係性を対象とした理論構築・一般化を志向している点で，

---

3) Conrad (2013 : 9-10).

246　第IV部　日本帝国圏

ある意味で「もう一つのヨーロッパ中心主義」を再生産してしまっているとも
いえる。それでは，日本という「非ヨーロッパ」の帝国，もしくは「有色の帝
国」（小熊英二）を経験した東アジア地域の事例からは，そこにどのような異
なる視点を導入できるのであろうか。本章ではこうした問いを念頭に，ヨーロ
ッパの事例との比較を通じて日本帝国崩壊後の人の移動の問題を考察する。

　ここで，日本の事例の特徴として「戦後（postwar）」と「帝国後（postimpe-
rial）」の交差をあげることができる。脱植民地化のプロセスが主に米国による
「戦後処理」の一環として展開されるなかで，日本帝国崩壊後の人の移動の問
題も米国の対日占領政策によって大きく規定されることになった。では，「戦
後処理」に関する米国の政策決定過程のなかで，在朝日本人と在日朝鮮人の引
揚問題はどのように扱われたのであろうか。本章では，米国の対日・対朝鮮占
領政策の立案過程での議論を考察しながら，「戦後」と「帝国後」の交差点と
しての両者の引揚問題が相互規定的な関係にあったことを明らかにする。

1　英語圏における研究動向

引揚研究

　ヨーロッパにおける引揚の問題を包括的に扱った先駆的な研究として，アン
ドリア・スミスが編集し 2003 年に刊行された論文集をあげることができる
（Smith, ed. 2003）。9 人の著者によるこの論文集は，フランス，オランダ，ポル
トガルの引揚の事例（アルジェリアからフランス，インドネシアからオランダ，ア
ンゴラとモザンビークからポルトガルへの引揚の事例）を対象にしながら，引揚
の過程と本国社会の受け入れ態勢，引揚者の記憶とアイデンティティ，引揚後
の経験と本国社会との葛藤など，幅広い問題を論じている。とりわけ重要なの
は，引揚者の歴史に光を当てるこうした引揚研究が，人の移動（移民）とその
後の経験に対する考察にとどまらず，植民者たちの「帰還」が帝国後のナショ
ナル・アイデンティティの再編に及ぼした影響まで視野に入れている点である。
たとえばポルトガルの事例を分析したリカルド・オヴァエ＝バーモンの論文は，

ポルトガル社会が1974年の革命により独裁体制と植民地帝国の終焉を迎える
なかで，植民地主義の過去を引揚植民者（retornados）たちに背負わせて周辺化
することで帝国と訣別していったという関係性を論じている[4]。

　また，スミスの論文集で提起された問題関心はバリンジャーとビュトナーの
研究でさらに深められている。バリンジャーは，第二次世界大戦後のアフリカ
植民地とバルカン半島からの引揚問題が人種や言語に基づく「イタリア人の境
界（boundaries of Italian-ness）」の再定義と密接に結びついていた点を，イタリア
人とアフリカ人との「混血者」やイタリア語を常用言語とする旧イタリア領ス
ラヴ人の帰属問題に対する考察を通じて明らかにしている（Ballinger 2007）。
また，ビュトナーの野心的な研究では，イギリス，フランス，ベルギー，オラ
ンダ，ポルトガルの引揚の事例を扱うなかで，旧植民地からの移民の事例をも
視野に入れて帝国後の人の移動を包括的に論じるだけでなく，こうした帝国の
遺産が旧宗主国社会にどのように刻みこまれているのかという問題も検証して
いる（Buettner 2016）。

　以上のように，ヨーロッパを対象とした近年の引揚研究では，引揚という歴
史現象を，帝国後の大規模な人の移動として重視するだけでなく，植民地帝国
の崩壊にともなうナショナルな境界の再編やナショナル・アイデンティティの
再構築という大きな問題との関係から位置づけなおしている。そして，引揚研
究のこうした試みは，帝国の拡張や崩壊というできごとが宗主国社会にもたら
したインパクトを再検証しようとする「New Imperial History」や新しい脱植民
地化研究と接点をもちながら，その地平を広げる重要な視座を提供していると
いえる。次にこの点を論じてみたい。

脱植民地化研究

　脱植民地化に関する歴史研究では，長い間「宗主国による植民地の放棄」と
「植民地による独立の獲得」という二種類のアプローチが分立していた。前者
はイギリス帝国史研究でよくみられるアプローチであり，おもに帝国本国の政

4）Ovalle-Bahamón（2003）。こうした解釈に対する批判的な観点からポルトガル社会と引揚
　植民者の関係を論じたものとして Lubkemann（2005）参照。

248　第 IV 部　日本帝国圏

治・外交に焦点を当てながら，本国政府が植民地の政治勢力・協力者に権力を
移譲していく過程や植民地放棄の政策決定過程を分析する。他方，後者のアプ
ローチではもっぱら植民地の政治社会が扱われ，現地の政治勢力が民族解放闘
争を通じて独立を勝ち取っていく過程や，独立後に問題となる植民地統治の遺
産が研究の焦点となる（Le Sueur 2003 ; Duara 2003 ; Shipway 2008）。すなわち，
既存の脱植民地化に関する研究では，帝国の宗主国と植民地が別々の分析単位
として切り離され，脱植民地化というできごとがもっぱら植民地の問題として
設定されてきたのである。

　これに対し，近年のイギリス帝国史研究では，本国社会における植民地主義
の遺産・痕跡，そして脱植民地化のインパクトを積極的に検証する試みが，既
存の過小評価の傾向（「帝国のミニマル・インパクト」論）に対抗する形で登場
している（Bailkin 2015）。これらの研究では，帝国の建設や脱植民地化が「帝
国の逆襲（the empire strikes back）」となって本国社会の制度と政治言説に一定の
影響を及ぼした事実だけでなく，社会心理にも作用して人々の人種意識・国民
意識を形成した点が強調されている。この脱植民地化のインパクトとナショナ
ルなものの再定義との関係という視点は重要であり，先に紹介した近年の引揚
研究の試みと重なり合うものである。

　たとえばイギリスの歴史学者ウェンディ・ウェブスターは，イギリスの支配
下にあったマラヤやケニアでの反英民族解放闘争が本国社会における黒人移民
へのまなざしとナショナル・アイデンティティに及ぼしたインパクトを指摘す
る（Webster 2001, 2005）。帝国の衰退期にあった 1950 年代のイギリスでは，
「黒人に侵食される白人社会」というイメージが植民地と本国社会の双方ので
きごとを通じて形成される。一方では帝国領土における植民地独立戦争，とく
にケニアでの「マウマウの乱」（1952 年から 56 年にかけてのケニア土地自由軍
［Kenya Land and Freedom Army］による反植民地権力闘争）が，本国のニュースメ
ディアや大衆映画の表象を通じて「黒人に襲撃される白人農場・白人植民者」
というイメージへとつながっていく。同時に，こうしたイメージがイギリス国
内で増え続ける黒人移民労働者の存在と重なり合うことになる。イギリス社会
は 1950 年代から 60 年代にかけて西インド諸島（特にジャマイカ）からの大規

模な移民労働者の流入を経験するが[5]，移民問題をめぐる言説では，しばしば黒人移民（男性）の存在が「犯罪（black criminality）」と結びつけられ，白人の「家庭性（domesticity）」や「純血」への「脅威」として位置づけられる。すなわち，帝国の植民地と同様にイギリス社会も異人種に侵食されているというイメージが形成されるにいたるのである。ウェブスターは，植民地独立戦争の表象と黒人移民に関する言説がこのように交差しながらイギリスの「ポスト帝国アイデンティティ（post-imperial identity）」の構築に影響を及ぼしたと論じる。

　以上，近年のヨーロッパの引揚研究と脱植民地化研究の動向を概観してみた。引揚研究では，帝国崩壊過程における人の移動というできごとが宗主国社会のナショナルな境界やアイデンティティの再編に重要な作用を及ぼした点が指摘され始めている。そしてこうした研究は，帝国の宗主国に刻印された脱植民地化のインパクトを浮き彫りにしようとする脱植民地化研究の新たな試みと接点をもちながら，その試みの地平を広げているといえるだろう。

　では，そこに日本の事例からどのような視座を提供することができるであろうか。以下では三つのことを試みる。第一に，引揚研究との関連から，ヨーロッパの事例との比較を通じて日本の特徴を浮き彫りにし，その中でも帝国崩壊過程における宗主国・植民地間の大規模で「双方向的」な人の移動とそのインパクトについて考察する。そして，ヨーロッパの事例では論じられてこなかった議論として，帝国崩壊過程における宗主国・植民地社会間の相互作用（inter-societal interactions）という視座を提示してみる。第二に，脱植民地化のインパクトを論じる近年の研究との関連から，日本の事例の特徴として「植民地の解放」と「内なる植民地解放」（在日朝鮮人の「解放」）の交差を明らかにする。第三に，日本の事例のさらなる特徴として「戦後」と「帝国後」の交差を浮き彫りにするために，帝国の遺産としての在朝日本人・在日朝鮮人の引揚問題が

　5）Peach (1967) によると，1952 年から 61 年にかけての毎年の西インド諸島からの移住者数は次のとおりである。1952 年＝2,200 人，1953 年＝2,300 人，1954 年＝9,200 人，1955 年＝3 万 0,370 人，1956 年＝3 万 3,400 人，1957 年＝2 万 7,620 人，1958 年＝2 万 0,710 人，1959 年＝2 万 2,390 人，1960 年＝5 万 7,170 人，1961 年＝7 万 4,590 人。

250　第 IV 部　日本帝国圏

米国の「戦後処理」政策の中でどのように扱われたのかを分析する。

2　引揚研究——日本とヨーロッパの事例の比較

　帝国後の人の移動の歴史をヨーロッパと日本で比較した際，日本の事例はその規模とスピードの面でヨーロッパの事例には見られない特徴を示す。ヨーロッパにおいて比較的短期間で大規模な引揚が展開された事例として，アルジェリアからフランスへの引揚と，アンゴラとモザンビークからポルトガルへの引揚がある。ジャン＝ジャック・ジョルディの研究によると，フランスにはアルジェリア独立戦争（1954〜62 年）終結前後の 1962 年の 1 年間に 65 万人以上の引揚者が流入し，そのうちの 60 万人以上の移動は，アルジェリア独立が約束されたエヴィアン協定締結後の 3 月から 12 月の期間に起きたという（Jordi 2003）。またポルトガルでは，独裁体制の転覆と新政権による植民地独立の約束がなされた 1974 年から 76 年のあいだに，約 80 万人がアンゴラとモザンビークから引き揚げてきた（Smith, ed. 2003）。すなわち両者の事例では，65 万人から 80 万人ほどの規模の引揚が 1〜2 年間かけて展開されたことがわかる。これに対して戦後日本では，320 万人の軍人・軍属を含む約 660 万の日本人が海外から引き揚げてきたのであるが，その約 3 分の 2 にあたる 430 万人もの人々が敗戦から 1 年のあいだに，500 万人以上が 1 年半のあいだに帰還した[6]。

　さらに，日本の事例の第二の特徴として，帝国崩壊の過程における人の移動が宗主国と植民地（おもに日本と朝鮮）のあいだで双方向的に生じたという点があげられる。ヨーロッパの場合，帝国崩壊後の人の大規模な移動はおもに植民地から宗主国への一方通行であった（たとえば，白人植民者の本国への引揚や

　6）統計委員会事務局，総理府統計局編（1949：126-127）。帝国崩壊の過程で生じた大規模な人の移動を概観した蘭信三の整理によると，「外地」から日本内地への引揚者数が350 万人以上，戦地からの復員兵が 320 万人，そして日本内地から外地への帰還者が160 万人，旧満洲と朝鮮半島のあいだの双方向的な人の移動が 100 万人と，当時 900 万人を超える膨大な数の人の移動が起きたという。蘭編（2011：6-7），同（2013：19-20）。

アラブ・ベルベル人フランス軍兵士「アルキ」の移動，そして旧植民地からの大規模な移民の流入など[7]）。日本の場合，1945 年から 47 年にかけて 70 万人の在朝日本人が日本へ引き揚げ，また同じタイミングで，敗戦当時 200 万人以上いた在日朝鮮人のうち少なくとも 150 万人が朝鮮半島へ帰還するという，大規模で双方向的な人の移動が同時進行で展開された[8]）。この双方向かつ同時進行的な人の移動を象徴的に表しているのが，在朝日本人の引揚と在日朝鮮人の帰還に博多＝釜山間と仙崎（下関）＝釜山間の連絡船が当初使われていた事実である。日本政府の最初の公式的な引揚として，連絡船の徳寿丸が釜山港から日本人 2,764 人を乗せて 9 月 3 日に博多港に帰港し，翌日には朝鮮人の軍人・軍属 2,552 人と民間人 16 人を乗せて釜山へと出港した（出水 1993；金 1997）。そしてアメリカ占領軍と日本政府による本格的な「計画輸送」が始まると，敗戦からわずか半年のあいだに少なくとも 47 万人以上の日本人（民間人）が朝鮮半島から日本へ引き揚げ，95 万人以上の在日朝鮮人が朝鮮へ帰還した[9]）。

　第三の特徴として重要な点は，こうした大規模で双方向的（および同時進行的）な人の移動という現象が，帝国崩壊の中で宗主国と植民地が分離していく過程にありながら両社会を密接に結びつける機能を果たしたことである。すなわち，在朝日本人の引揚／在日朝鮮人の帰還という現象は，単なる「帝国崩壊過程での人の移動」としてだけでなく，両社会間の相互作用（inter-societal interactions）を生み出す媒介として現れていたのである。以下では，この「人の移動を媒介にした社会間の相互作用」の様相を考察してみる。

7）アルキについては本書第 4 章および松浦（2011）を参照のこと。またフランスの場合，アルジェリア独立戦争時にフランス本国内のアルジェリア人の数は 21 万 1,000 人から 35 万人に増加し，アルジェリアの独立後も移民の流入は続いて 1968 年には 53 万人に達した（MacMaster 1997：189）。

8）在満日本人の中には満洲から朝鮮半島に脱出し日本へ引き揚げてきた者も多数いる。

9）"G-2 Periodic Report"（February 16, 1946）『美軍政情報報告書』Vol. 2, 56；森田（1964：367）。

3 在朝日本人・在日朝鮮人の引揚問題と社会間の相互作用

1945 年 8 月 16 日，日本の敗戦を告げる「玉音放送」が帝国版図に流れた翌日，朝鮮人独立運動家の安在鴻は植民地支配の終焉を告げる歴史的なラジオ演説を京城放送局から行った。安は解放の熱狂にわきたつ民衆に「朝鮮建国準備委員会」の結成を告げるとともに，まさに「新しい政治が古い政治にとってかわる」なかで過ちを犯さないよう，朝鮮人と日本人がともに「自主互譲の態度」を堅持することを訴えた。安は朝鮮人聴衆に向けて「40 年間の総督政治はすでに過去のこと」であり「日本人住民の感情を刺激することがないよう努めなければならない」と主張しながら，演説を次のように締めくくった。

> 諸君，日本にいる 500 万〔200～240 万〕の朝鮮同胞が日本国民と同じく受難の生活をしていることを思うとき，朝鮮在住の百幾十万〔70～80 万〕の日本住民の生命財産を絶対に保障する必要があることを聡明な国民諸君が十分に理解されることを疑いません。諸君の多大な注意を求めてやみません[10]。

安在鴻の演説は，脱植民地化の過程の中で在朝日本人と在日朝鮮人の問題が相互規定的な関係にあることを示唆している。解放された朝鮮民族が植民者集団の在朝日本人をどう扱うかという問題は，帝国の宗主国という圧倒的な支配者集団の社会で生活する在日朝鮮人の運命を左右しうる。同様に，日本社会が解放された在日朝鮮人をどのように扱うかは，コロニアルな権力関係がまさに転倒しようとしている朝鮮で日本人の生命財産がいかに保障されるかという問題と結びついている。すなわち，日本の敗戦・朝鮮の解放という歴史的局面を迎えて両社会が，エドワード・サイードのいう帝国の「重なりあう領土と絡まりあう歴史」（サイード 1998）から突如自由になったのではなく，帝国の領土が切り離されていきながらも相互が密接に結びついている関係にあったことを

---

10)『매일신보』1945 년 8 월 17 일（『毎日新報』1945 年 8 月 17 日）。

第 10 章　帝国後の人の移動と旧宗主国・植民地間の相互作用　253

安の演説は示唆している。

　事実，植民地解放の渦中にある在朝日本人にとって，日本の朝鮮人問題は自らの運命を直接左右しうるものとなっていた。解放された祖国・故郷への帰還を待ちわびる在日朝鮮人の苦難が朝鮮半島に伝わると，朝鮮総督府では朝鮮人の反感を鎮めるため，9 月 4 日にラジオ放送を通じて，「下関，門司等では朝鮮人労務者が何万と集って食うに食われず餓死者を出して居るとか内地人から非常に冷遇されているとか，内地各地で朝鮮人が迫害されているとか」は「全く事実無根」であると強調し，「悪質なデマに迷わされないことを切望する」と訴えなければならなかった[11]。また，慶尚北道から引き揚げてきた旧総督府官僚らは当時の状況を回顧しながら，「浮島丸事件が伝えられたころが，〔日本人に対する〕治安がもっとも悪かった」と述べている[12]。1945 年 8 月 24 日，青森方面で 3,735 人の朝鮮人労働者とその家族を乗せた海軍輸送船「浮島丸」が舞鶴へ帰港する際に機雷に触れ沈没し，少なくとも 500 人以上の朝鮮人が死亡したのであるが，日本の関係者がこの事件を 1 ヶ月以上も公式に報道しなかったこともあり，朝鮮人のあいだに意図的な爆破という噂話が伝わりもした。当時，忠清北道の清州で日本人世話会の活動をしていた斉藤多計夫によれば，9 月末に浮島丸事件のことが伝わると朝鮮人が慰霊祭をおこない，日本人世話会代表もこれに参加したのであるが，慰霊祭後に日本人を虐殺するというデマが流れたという[13]。こうした事件からは，在日朝鮮人の苦難・悲劇に対する日本への悪感情がそのまま在朝日本人にむけられていた構図を見て取ることができる。

　さらに，日本からの朝鮮人の帰還そのものが在朝日本人のおかれた境遇を条件づけることになった。戦時中の労務動員によって日本へ送られた朝鮮人労働者が帰還しはじめると，その者たちに対する日本での未払い賃金や補償の責任

---

11)　『京城日報』1945 年 9 月 6 日。1945 年 9 月 14 日付の『読売報知』によると，下関駅前ではおよそ 3 万人の朝鮮人が関釜連絡船を待っていたが，劣悪な環境の中で病人や死者が出ていたという。『読売報知』1945 年 9 月 14 日。
12)　森田・長田編（1979：428）。
13)　森田・長田編（1980：276）。

254　第IV部　日本帝国圏

を，在朝日本人が問われることになった。たとえば，全羅北道の群山で日本人
世話会副会長を務めた光富嘉八によると，9月中旬に突如1,000人ほどの朝鮮
人が群山府庁舎に押しかけ，府庁の日本人責任者に対して次のような要求を行
ったという。

> 我々が徴用で行く時には，府尹〔府知事〕は我々を名誉の産業戦士とおだ
> てて，日本に行けば相当の収入になる，待遇もよい，家族は心配するな，
> といっていたが，日本の働き場では酷使され，月末の給料は僅かしかくれ
> ない。帰る時の旅費もない。帰ってみても自分の家族は食うや食わずであ
> り，府尹は見舞にも来ない。中には死んだ者もいる。この損害を日本国に
> 要求する[14]。

　日本から戻った徴用労働者の集団は「府で払えぬなら日本人が払え」と迫り，
結局，要求された損害賠償は，府庁の責任者が日本人世話会を通じて群山に残
っていた日本人から金を集めることで支払わなければならなかった。朝鮮に帰
還した徴用労働者による未払い賃金・補償請求は他の地域でも生じたのである
が[15]，こうした事件からは，徴用先の「内地」企業が植民地からの労働者をど
のように扱ったのかという問題が海を越えて日本人植民者の生を規定していた
ことがわかる。同時に，植民地の戦時動員体制下でなされた労務動員の不正・
暴力という「過去」が，その被害者たちの大挙帰還によって植民者たちに現前
し，その責任が問われている構図を見て取ることができる[16]。すなわち，朝鮮

---

14) 前掲書：271。
15) 森田（1964：309-311）。
16) 責任を問われたのはもちろん日本人植民者だけではない。いわゆる「対日協力者」とし
　　て植民地戦時動員体制に加担した朝鮮人エリートや役人は特に，被害者たちの怨念・報
　　復の対象となった。たとえば，徴用されて新潟県に送られたある朝鮮人労働者は，戦時
　　中に故郷の役所（江原道淮陽郡淮陽面事務所）の労務係へ次のような手紙を送っている。
　　「(…) 僕等淮陽派に苦痛を嘗めさせるにも程がある筈だ。是程苦痛をさせるところが何
　　處にあるか。此處へ来て日本語を知らぬと殴るので班長にその話をしたところ警察署留
　　置場に三日間打込まれた。こう云うことが何處にあるだろうか。以後貴方達に逢えば許
　　さない心算であります。良く承知して居なさい（…）」。江原道警察部長「送出労務者よ
　　り脅迫文郵送越に関する件」1945年7月15日，朴編（1990：475-477）。

人徴用労働者の帰還というできごとは，帝国の植民地と宗主国の両方における日常の現場で発動した植民地主義の暴力に対する，総体的かつ具体的な告発の契機として朝鮮社会に表れたといえるであろう。

　他方，在朝日本人の問題も海を越えて日本社会における朝鮮人と日本人の関係を条件づけた。引揚に関する数多くの回顧録が証言しているように，満洲と朝鮮半島（特にソ連軍に占領された北朝鮮地域）からの日本人引揚は筆舌に尽くしがたい困難と悲劇をともなった過程であり，多くの日本人がすべてを失いながら生々しい苦難の記憶とともに帰還した。そして当時の日本社会では，引揚者の脱出・帰還を通じてそうした苦難の体験が広く知れわたることになった。たとえば，敗戦直後の9月中旬に平安南道から新潟へ帰還した元小学校教師の中山四郎は，地元の警察との面談の中で，朝鮮での体験を「暴動状況」として説明しながら，次のように伝えている。

　　（…）ソ連兵が恰も乞食の如く劣悪で日本人の生命財産は何等の保証もされてない。それに朝鮮人の保安隊なるものが組織され日本人と見れば暴行略奪の限りを盡すので（…）暴徒化して居る[17]。

　中山の体験談では朝鮮人保安隊が「暴徒」として語られているが，他の引揚者は異なる体験をしている。満洲から朝鮮半島を経て日本へ帰還した陸軍嘱託医の森下桂二は，引揚直後の1945年10月9日に書いた「宣川に避難せる満州疎開団の脱出記」の中で，8月16日に平安北道の宣川で目撃した朝鮮人保安隊の様子を次のように記録している。

　　街の情勢を偵察すれ〔ママ〕に「内地人に暴行する者は厳罰に処す」「内地人に暴行せば在内地鮮人同胞数百万の運命推して知るべし」との主脳者〔ママ〕の意向徹底しあり。内地人に対して旺盛なる反感を有するも暴行の虞なしと推定し稍々安心す[18]。

---

17) 十日町警察署長「朝鮮より引揚者の言動に関する件」1945年9月19日，朴編（1990：501-504）。

18) 森下桂二「宣川に避難せる満州疎開団の脱出記」1945年10月9日，加藤編（2002：449）。同様に，三世代家族とともに1946年夏に平安北道の新義州から38度線を越えて

256　第 IV 部　日本帝国圏

　朝鮮人保安隊の活動は地域と時期によって異なる様相を示したと考えられる
が，日本では中山の体験談のようにもっぱら否定的なかたちで伝わりイメージ
されたようである。たとえば，警察の記録によると，鳥取県では敗戦後まもな
く，「朝鮮に暴動が起きて日本人は苦しめられて居る」という噂が広まってい
た[19]。同時に，引揚者の生々しい苦難の記憶は新聞を通じて世間に伝えられも
した。1945 年 11 月 10 日の『朝日新聞』では，満洲を脱出し朝鮮半島を経由
して日本に帰還した引揚者の体験談を大きく掲載している。記事では「日本人
狩りに賞金，変装して恐る恐る買物（満州）」，「婦女子，拉致さる（北朝鮮）」
という見出しの下，日本人に対する所持品の没収や強姦，拉致などの被害の例
とともに「現在の満州，北鮮〔ママ〕は全くの暗黒界である」という引揚者の
声が紹介された[20]。重要なのは，植民地支配から解放された朝鮮で起きている
できごとが日本人に対する「暴動」や「暴力」として日本社会に伝わりながら，
ときに負の連鎖を引き起こしたという事実である。アメリカ占領軍の文書によ
ると，1946 年 4 月に山口県で，ある朝鮮人男性が日本人から暴行を受けた事
件が占領当局に報告されたのであるが，この日本人は朝鮮人男性を「朝鮮人が
日本人を虐待している」北朝鮮地域の出身者ということで問題にしたのだとい
う[21]。

　こうした負の連鎖は日本政府が敗戦後の早い段階から警戒するものであった。
内務省が 1945 年 9 月に作成した「終戦直後の情勢：参考資料綴」によると，

　　　南下し日本へ帰還した天城扶桑は，黄海南道の栗里という村で日本人の南下を助けてい
　　　た朝鮮人保安隊との遭遇を次のように回顧している。「保安隊の人が来て，「私達の同胞
　　　がまだ沢山日本に居りますから，あなた方お帰りになったら日本政府にその保護を願っ
　　　てください」と幾人も幾人も同じことを云って来ました。私たちは「よくわかりました。
　　　御伝言は必ず致しますから安心ください」ととても和やかな会話が交されました」。天
　　　城扶桑「新義州より引き揚げて」加藤編（2002：254-255）。
19）鳥取県警察部長「一般部民ノ動向ニ関スル件」1945 年 9 月 5 日，（旧）陸海軍関係文書，
　　T1490，Reel 220（国会図書館憲政資料室）。
20）『朝日新聞』1945 年 11 月 10 日。
21）Sensaki Liaison of ICR, United States Army Military Government in Korea, "Weekly Report
　　23-29, 1946" (April 29, 1946), Folder : Repatriation, Box 33, United States Army Forces in
　　Korea, XXIV Corps, G-2, Historical Section, Record Group 554, National Archives and Record
　　Administration, College Park, MD, USA.

第 10 章　帝国後の人の移動と旧宗主国・植民地間の相互作用　257

植民地の解放と日本人の引揚をめぐる負の連鎖が次のような形で認識され憂慮
されている。

　　又朝鮮現地の治安情勢の悪化，特に鮮人の内地人に対する不法圧迫の事実
　　が引揚内地人により流布せられあり。一方朝鮮人の独立に対する各種の不
　　良言動は内地人を刺激し居り，内鮮人□□〔判読不能〕対立抗争に対して
　　は厳に警戒を要するものあり[22]。

　この内務省の文書には，一方で植民地支配から解放された朝鮮の状況が「鮮
人の内地人に対する不法圧迫」として描写され，他方で朝鮮解放に対する在日
朝鮮人の熱狂が「各種の不良言動」として表現されている問題点がある。しか
しこの文書からは，解放された植民地朝鮮の現実と日本における朝鮮人の「解
放」という現象が，「交差」しながら新たな状況をつくりだしている様相を見
てとることができる。すなわち，解放された朝鮮の現実が引揚者の帰還とその
者たちの体験談を通じて日本社会に伝わるとともに，解放された民族の一員と
して朝鮮の「独立」を喜ぶ在日朝鮮人の姿が「内地人を刺激」する状況になっ
ている。そして，この朝鮮での脱植民地化と日本での「内なる植民地解放」
（在日朝鮮人の「解放」）というできごとの交差は，内務省の政策決定者をして
日本人と朝鮮人の「対立抗争」を憂慮せしめていたのであった。
　こうした敗戦／脱植民地化をめぐる二つの社会現象の交差は，前述したケニ
アにおける反植民地権力闘争とそのイギリス社会へのインパクトという構図と
類似するものがある。イギリスの場合，ケニアでのできごとがニュースメディ
アや大衆映画の表象を通じて「黒人に襲撃される白人植民者」というイメージ
に転化していくとともに，こうしたイメージが黒人移民労働者の流入と重なり
合いながらイギリス社会の人種問題に影響を及ぼすことになった。日本の場合，
解放された植民地でのできごとが引揚者の大挙帰還を通じて伝わり，ときに日
本人への「暴動」としてイメージされたのであるが，こうしたイメージは，解
放された新たな主体として現前した在日朝鮮人の存在と重なり合いながら悪感

22）大日本帝国政府「終戦直後の情勢：参考資料綴」1945 年 9 月，（旧）陸海軍関係文書，
　　T1554, Reel 229.

258　第 IV 部　日本帝国圏

情の連鎖を生み出したのであった。

　実際，朝鮮人徴用労働者による「解放」の実践は日本社会で「暴動」として
イメージされることがあった。たとえば，前述の内務省の文書によると，「玉
音放送」がなされたその日の夜，秋田県のある鉱業所で「飲酒酊〔ママ〕せる
朝鮮人労務者十数名」が寮事務所に押しかけ，日本人の指導員に対し「日本は
敗けた。今度はお前たちを使ってやる」と暴言を吐きながら「寮備品等を損壊
し暴行をなした」という。内務省の文書ではこうした朝鮮人徴用労働者による
「解放」の実践を「集団的騒擾事件」のひとつとして記録している[23]。類似の
事件は『北海道警察史』にも記録されている。歌志内にある炭鉱では，8 月 15
日に朝鮮人労働者約 600 人が炭鉱事務所を包囲し「戦時中の虐待強制労働に抗
議する」と訴えながら「傷害・暴行を働いた」という[24]。おそらくこうした類
似の事件が誇張されて世間に伝わるようになったのであろうが，敗戦直後の北
海道では「夕張方面では半島人が暴動を起した」という流言が広まり，富山県
では「各地で朝鮮人が暴動を起している」とまで伝えられた[25]。このように，
敗戦／脱植民地化と「内なる植民地解放」というできごとを契機に，日本では
朝鮮人に対する恐怖心と敵対心が過剰なまでに高まっていたのである。詳細は
別の機会に譲るが，敗戦直後の日本社会で前述の山口県での暴力事件にみられ
るような社会現象が広がっていたのは，この恐怖心・敵対心の表れであるとい
える[26]。

4　米国の「戦後処理」政策における在朝日本人・在日朝鮮人の引揚問題

　ここまで，在朝日本人と在日朝鮮人の引揚が生み出した両社会の相互作用の

23）前掲資料。

24）北海道警察史編集委員会編（1968 : 600-601）。

25）憲兵司令部「軍秩治安情報（第 37 号）」1945 年 9 月 5 日，（旧）陸海軍関係文書，
　　T1556，Reel. 229；富山県知事「大詔喚発後ニ於ケル流言蜚語発生状況ニ関スル件」
　　1945 年 8 月 28 日，（旧）陸海軍関係文書，T1490，Reel 220。

26）この問題に関しては筆者の博士論文で詳細に論じている。Choi（2013），chapter 1.

様相を浮き彫りにしてきた。以下では，在朝日本人・在日朝鮮人問題が米国の「戦後処理」政策の中でどのように位置づけられていたのを考察しながら，その相互規定的な関係を政策レヴェルの議論から明らかにしてみる。

戦後日本人の引揚をめぐる米国政府の構想を分析したローリー・ワットと川喜田敦子の研究によると，この問題は当初，戦時中にヨーロッパでの「ディスプレイスト・パーソン（DP）」問題が議論されるなかで具体的に検討されるようになったという（Watt 2017；川喜田 2019）。第3章でもふれられたように，1943年6月，国務省内に「移民再定住特別委員会（SCMR）」が設けられ，戦争終結時に予想される人口移動の問題，特に戦争捕虜や強制労働従事者，難民など DP の本国送還が焦眉の課題として取り上げられた。また，9月に設置された「部局間極東地域委員会（IDACFE）」では，1944年3月から5月にかけて日本占領にともなう諸問題が議論され，日本植民地・占領地に居住する日本人の処遇や引揚の問題が本格的に検討された。川喜田によると，米国の政策決定者たちはドイツ人の強制移住の構想と同様に，在外日本人の扱いに対しても1920年代のギリシア＝トルコ間の住民交換を先例として参照していたという。また，ワットは，戦略諜報局（Office of Secret Services）が戦後直後の8月20日に作成した報告書「在外日本人民間人（Japanese Civilians Overseas）」を分析しながら，植民地（朝鮮・台湾）在住の日本人が引揚以外の選択肢を与えられる可能性，すなわち，植民地解放後もそのままその地に残ることができる可能性が考慮されていた事実を重要な点として指摘している。

筆者が調査した国務省文書群（Record Group 59）のディーン・アチソン文書（Records of the Office of Assistant Secretary and Under Secretary of State Dean Acheson）の中の朝鮮半島問題に関する文書は，在朝日本人の引揚に関してより具体的な政策構想を提示している。IDACFE のメンバーであるロバート・フィアリ（Robert A. Fearey）が1945年4月27日に作成した「朝鮮：経済問題：在朝日本人の帰還（Korea : Economic Problems : Repatriation of Japanese Residents in Korea）」という報告書では，日本の敗戦後に在朝日本人を全員本国へ送還すべきかという問題が，朝鮮人と日本人の立場や朝鮮の治安の問題，日本経済への影響，そして日本人技術者の有用性などの観点から論じられている[27]。フィアリは第一に，

260 第Ⅳ部 日本帝国圏

在朝日本人の処遇に関し予想される朝鮮人の反応として，「平均的な朝鮮人が日本人に対して抱いている恐怖心と憎悪が徐々に和らぎ，また日本人の側でも朝鮮人を主従関係（master and servant）ではなく対等に扱えるようになった際に，朝鮮人は日本人が再び自らとともに生活するのを許容するかもしれない」と分析するが，戦争終結直後の数年間は日本人の大多数の送還を要求するであろうと結論づける。第二に，予想される在朝日本人の反応として，日本の経済状況が引揚・残留を決断させる要因になるかもしれないが，「朝鮮での特権的地位の喪失や朝鮮人に対する屈辱感，そして将来における朝鮮人からの差別的な扱いの可能性といった要素は，多くの在朝日本人をして帰国へと向かわせるであろう」と分析する。フィアリはさらに，在朝日本人の大量引揚が他地域からの引揚とともに日本経済へ及ぼす影響も考慮している。興味深いことに，在外日本人全体の引揚が日本経済に及ぼす影響は「おそらく 100 万人を超える在日朝鮮人の朝鮮への帰還によって大部分は相殺（largely offset）されるであろう」と評価している。また，一部の在朝日本人，特に専門的な技術・知識を有する労働者・管理職員を本人の希望により残留させる可能性とその有用性も論じている。フィアリは結論として，残留を希望する日本人の規模が朝鮮人の民族感情と治安の観点から許容できる規模をはるかに超えるであろうと判断しながら，「相当な数の在朝日本人を本人の意思に反して帰還させることが必要になるかもしれない」と分析する。

　1945 年 4 月 27 日に作成されたこの文書からは，国務省の政策決定者が在朝日本人の残留・引揚問題を検討する際に，予想される朝鮮社会の反応と日本経済への影響という双方の要素を考慮していた事実が見てとれる。特に，ワットと川喜田が明らかにしたように，米国の政策決定者がヨーロッパおよびアジアにおける戦後の住民移動を構想するにあたり「ギリシア＝トルコ住民交換」の前例をモデルとしていた事実に鑑みれば，在朝日本人と在日朝鮮人の引揚が相互規定的な問題として論じられていた点は重要である。

27）"(K-9 Preliminary) Korea : Economic Problems : Repatriation of Japanese Residents in Korea" (April 27, 1945), Box 12, Records of the Office of Assistant Secretary and under Secretary of State Dean Acheson, 1941-48, 1950, RG 59, NARA.

第 10 章　帝国後の人の移動と旧宗主国・植民地間の相互作用　　261

　実際，在朝日本人と在日朝鮮人の引揚問題は，対日占領政策の立案を担当した国務・陸軍・海軍調整委員会（SWNCC）で同時に検討されることになる。7月 10 日，SWNCC の極東小委員会（SFE）が日本帝国領土内の DP 問題に関する政策立案を勧告する文書を SWNCC に提出すると[28]，その後 SWNCC では在朝日本人と在日朝鮮人の引揚問題にかかわる重要な政策を決定していく。

　まず，7 月 10 日に極東小委員会が勧告とともに SWNCC に提出した文書「日本人民間人（在外日本人）の帰還（Repatriation of Civilian Japanese Nationals [Overseas Japanese]）」は，在外日本人の引揚問題一般に関し，「全体として（in general），日本人は全員できるだけ速やかに日本へ送還されるべきである」と規定する[29]。ただし，日本人技術者の存在が一時的に必要とされる場合や，引揚により不当な苦難が生じると判断される場合は例外として認めている。さらに，日本人の引揚は「秩序だった人道的な方法で行われるべきである」と主張する。この点は，川喜田が指摘するように，ヨーロッパの戦後処理と関連して秩序ある住民移動の実施を重視していた米国の姿勢が，日本人の引揚問題にも反映されていたことの表れであろう。

　そして，8 月 8 日に戦争難民局（War Refugee Board）のジェーン・ケアリー（Jane C. Carey）が極東小委員会に提出した DP 問題の政策起草案では，日本，朝鮮半島，満洲における引揚問題がそれぞれ具体的なかたちで論じられることになる[30]。まず，朝鮮半島における DP 問題対策を論じた文書では，在朝日本人の処遇問題に関して，当該の人々の多くが敗戦と同時に失業状態になるため本国への引揚を望むであろうという分析がなされている[31]。また，前述のフィ

28）State-War-Navy Coordinating Subcommittee for the Far East, "Politico-Military Problems in the Far East : The Post-Surrender Military Government of the Japanese Empire : Displaced Persons" (July 10, 1945), Records of Subcommittee for the Far East, 1945–1948, Reel 6.

29）"Politico-Military Problems in the Far East : Military Government : Displaced Persons" (July 10, 1945), Records of Subcommittee for the Far East, 1945–1948, Reel 6.

30）Carey to Benninghoff, "Politico-Military Problems in the Far East : The Post-Surrender Military Government of the Japanese Empire : Displaced Persons" (August 8, 1945), Records of Subcommittee for the Far East, 1945–1948, Reel 6.

31）"Politico-Military Problems in the Far East : The Post-Surrender Military Government of the Japanese Empire : Displaced Persons in Korea" (August 7, 1945), Records of Subcommittee for

262　第 IV 部　日本帝国圏

アリの議論と同様に，ケアリーの起草案も在朝日本人の大量引揚が日本経済に及ぼす影響について言及している。そのなかでケアリーは，引揚問題の相互規定的な関係を考慮しながら，「日本にいる朝鮮人労働者の朝鮮への帰還が在朝日本人の帰還を相殺する役割を果たすであろう（will serve to counterbalance）」と主張する。さらに，在朝日本人の残留の可能性については，「残留を希望する者たちを強制的に帰還させるべきかどうかは，朝鮮人への食糧供給（feeding of Koreans）を含む朝鮮の諸条件によって決まる」と結論づける。

　他方，ケアリーは日本の DP 問題を論じた別の文書の中で，日本在住の朝鮮人（および台湾人）の存在は「日本の物資と経済を消耗させるとともに社会混乱の種（source of disorder）になるであろうから，可能な限り速やかに帰還させる」べきだと主張する[32]。日本に長年在住している朝鮮人に関しても，「残留を望むかもしれないが日本経済の状況からすると好ましくない」とし，「日本人が許容できる者たちだけに残留を許可する」ことが適当だとする。興味深いことに，のちに極東小委員会でケアリーの起草案に修正が施された際，起草案にあった「日本人が許容できる者たちだけに残留を許可する」という文言が削除されている[33]。さらに，極東小委員会が 10 月 5 日に SWNCC に提出した起草案では，「台湾系中国人と朝鮮人を含む非日本人（non-Japanese nationality）のうち，帰還可能な者はすべて（all repatriable persons）できるだけ早い時期に帰還させる」という文言が「もし本人が希望するならば（if they so desire）できるだけ早い時期に帰還させる」に修正された[34]。すなわち，在日朝鮮人の引揚は強制的なものから，当事者の意志を尊重する方向へと重点がシフトしたことがわかる。米国政府内の在日朝鮮人政策論を詳細に分析した金太基の研究によると，

---

the Far East, 1945–1948, Reel 6.

32) "Politico-Military Problems in the Far East : The Post-Surrender Military Government of the Japanese Empire : Displaced Persons in Japan" (August 6, 1945), Records of Subcommittee for the Far East, 1945–1948, Reel 6. SWNCC 極東小委員会を含む米国政府内の在日朝鮮人政策論に関しては，金（1997）の第 1 章でより具体的な分析がなされている。

33) State-War-Navy Coordinating Committee for the Far East, "Displaced Persons in Japan" (September 26, 1945), Records of Subcommittee for the Far East, 1945–1948, Reel 6.

34) State-War-Navy Coordinating Committee for the Far East, "Displaced Persons in Japan" (October 5, 1945), Records of Subcommittee for the Far East, 1945–1948, Reel 6.

この修正は極東小委員会内の力関係の変化を反映したものであるという。極東小委員会では，それまで日本の経済安定を優先的に考えるいわゆる知日派が中心となっていたが，知日派のドゥーマン（Eugene H. Dooman）に代わり親中反日派として知られるヴィンセント（John Carter Vincent）が極東小委員会の議長になり，彼の提案により「もし本人が希望するならば」という文言が加えられた[35]。そして，こうした方針は最終的に米国の対日占領政策の一部（SWNCC 205/1 : U. S. Policy Regarding Displaced Persons in Japan）として承認されることになった。

　米国の対日占領政策において在日朝鮮人の強制的な引揚が基本方針として想定されていなかったのと同様，米国の対朝鮮占領政策においても当初，在朝日本人の強制的な引揚は政策方針として提示されていなかった。前述の8月のケアリーの起草案では在朝日本人の残留が許される可能性を否定しておらず，さらに9月1日にSWNCCに提出され10月13日に承認された朝鮮占領政策に関する包括的な政策文書（SWNCC 176/8）でも，在朝日本人の処遇に関して次のように規定している[36]。

　　日本人の民間人は，軍事占領の目的に反しない通常の活動であれば続けることを許される。また，朝鮮人の反日感情により引き起こされる不正行為を防ぐための処置が取られる。必要な場合，保護するために日本人を隔離してもよい[37]。

---

35) 金（1997 : 68-69）。

36) "Basic Initial Directive to the Commander in Chief U. S. Army Forces in the Pacific for the Administration of Civil Affairs in Korea South of 38 Degrees North Latitude"（September 1, 1945）; "Basic Initial Directive to the Commander in Chief, U. S. Army Forces, Pacific, for the Administration of Civil Affairs in Those Areas of Korea Occupied by U. S. Forces"（October 13, 1945）, *Foreign Relations of the United States 1945*（以下，*FRUS* と表記），Vol. VI（Washington : United States Government Printing Office, 1969），1073-1091.

37) 原文は，"Civilian Japanese may be allowed to continue their normal activities consistent with the objectives of the military occupation. Steps will be taken to prevent disorders due to any anti-Japanese feeling of the Korean people. If necessary, you may segregate Japanese for their protection."

264　第 IV 部　日本帝国圏

　だが，周知のとおり，米軍占領下の南朝鮮地域では最終的に在朝日本人全員の強制的な引揚措置が取られることになる。では，いつの時点でこの方針が決定されたのであろうか。

　ワットは在朝日本人の引揚が「1945 年 9 月初めまでには強制的なものであると宣言されていた（had been declared mandatory）」と主張する。しかし，当時，京城日本人世話会の活動に携わった森田芳夫の記録によると，日本人世話会長の穂積真六郎らが 10 月 17 日に朝鮮米軍政庁のホッジ（John R. Hodge）中将を訪ねた際に，ホッジが在朝日本人を「全部引き揚げさせるか，一部を残すかについては，なんらの指示もうけてはおりません」と伝えたという[38]。森田によると，朝鮮米軍政庁が在朝日本人全員の引揚方針を通告してきたのは 1946 年 1 月 2 日であるという[39]。また，浅野豊美の研究では，「日本降伏から間もない 1945 年以内において，日本人の残留は，その意思に任せられていたが，日本人の一斉引き揚げ方針がアメリカ占領当局内部で決定されたのは，1946 年 1 月〔15 日から 17 日〕の東京会議以後である」と分析する[40]。

　筆者が調査した SWNCC 極東小委員会の文書からは，在朝日本人の強制的な引揚方針が米国政府内で提起されたのは 11 月上旬の時点であると読み取れる。11 月 6 日と 16 日に極東小委員会に配布された文書「Displaced Persons in Korea」では，朝鮮占領政策の中の DP 問題に関する方針の修正が勧告されている。修正案では，上述の SWNCC 176/8 に明記された在朝日本人の処遇の取り消しとともに，新たな方針としてすべての在朝日本人の早期引揚が提示された[41]。そして，この新方針は 1946 年 1 月 15 日に SWNCC で正式に承認され（SWNCC 176/12），朝鮮米軍政庁に伝達されることになる。

38）森田（1964 : 354-355）。

39）森田の記録によると，「1946 年 1 月 2 日に，連合国軍総司令部の民衆情報課のモーア少佐が来城し，京城日本人世話会本部を訪れて世話会幹部と会談した際に，質問に答えて「外地にいる日本人は，全部強制的に引き揚げさせる意思である」と断言した」という。森田（1964 : 391）。

40）浅野編（2013 : 3）。

41）State-War-Navy Coordinating Committee, Subcommittee for the Far East, "Displaced Persons in Korea" (November 6 and November 16, 1945), Records of Subcommittee for the Far East, 1945-1948, Reel 6.

では，なぜ SWNCC は在朝日本人の強制的な引揚方針を取ることになったのであろうか。新方針を提起した極東小委員会の文書にはその理由が説明されていないため，政策決定者たちの意図を把握することは困難である。しかし，それまで米国政府内で提起されたこの問題に関する議論を総合的に捉えるならば，次のようなことが言えるであろう。すなわち，前述のフィアリとケアリーの議論では，在朝日本人残留の可能性を朝鮮の諸条件（朝鮮人の民族感情や食糧状況など）との関係から検討していた。11 月上旬に極東小委員会が在朝日本人全員の早期引揚方針を議論するようになった背景には，朝鮮の社会情勢が現地の占領軍を通じてワシントンの政策決定者へと具体的に伝えられるようになったことがあるといえる。一例をあげるならば，国務省派遣の政治顧問ベニングホフ（H. Merrell Benninghoff）が 9 月 15 日にソウルからワシントンへ送った報告書では，米軍占領下の南朝鮮地域の社会情勢を「わずかな火種でも爆発を起こしてしまう火薬庫（a powder keg ready to explode at the application of a spark）」のようであると描写しながら，米軍の到来にもかかわらず「即時独立」と「日本人の一掃」が成し遂げられていないことに朝鮮人が「大いに失望している」と伝えている。さらに，この報告書によると，米軍政庁のホッジ中将は「朝鮮に対する今後の政策の中に日本人全員の追放（removal of all Japanese nationals）を含めること」をマッカーサーに提案したという[42]。米国政府内で在朝日本人全員の早期引揚方針が決定された背景には，こうした現地占領当局による提案や朝鮮の社会情勢に対する認識があるものと考えられる。

おわりに

本章では在朝日本人と在日朝鮮人の引揚問題を考察しながら，ヨーロッパにおける帝国後の人の移動の歴史と比較することによって，日本の事例の特徴を明らかにした。日本帝国の崩壊過程においては，日本と朝鮮半島のあいだで短

---

42) "The Political Adviser in Korea (Benninghoff) to the Secretary of State" (September 15, 1945), *FRUS*, Vol. VI, 1049–1053.

期間に大規模な人の移動が双方向かつ同時進行的に展開されたのであるが，こうした現象は他のヨーロッパの事例には見られないものであった。また，こうした双方向的な人の移動は，帝国崩壊という宗主国と植民地が分離していく過程にありながらも両社会のあいだに直接的な相互作用を生み出した。日本の事例は，脱植民地化過程における宗主国と植民地の相互規定的な関係という新しい視座を提示しているといえる。さらに，帝国の宗主国における脱植民地化のインパクトという問題に関しては，植民者の帰還と「内なる植民地解放」の交差というユニークな現象を見てとることができる。在朝日本人の引揚によって解放された植民地の現実が本国の社会心理に織り込まれるとともに，朝鮮人徴用労働者による「解放」の実践というもう一つの脱植民地化の現実と重なり合ったことで，朝鮮（人）の解放に対する悪感情の連鎖を日本社会に引き起こしたのであった。日本の事例から導き出せるこうした二つの視座は，英語圏における脱植民地化研究と引揚研究の地平をさらに広げていくものであろう。また本章では，帝国の遺産としての在朝日本人・在日朝鮮人の引揚問題が米国の「戦後処理」政策の中でどのように扱われたのかを分析しながら，政策レヴェルにおける両問題の相互規定的な関係を検討した。

　最後に，本章で紹介した英語圏での研究が日本の引揚研究にどのような示唆を与えているか簡単に問題提起をしながら，本章を閉じることにしたい。前述のように，ヨーロッパの事例を扱った最近の研究では，植民地からの引揚というできごとが宗主国社会のナショナルな境界・アイデンティティの再編や人種問題に重要な作用を及ぼした点が指摘されている。では，日本の歴史的な文脈においては，こうした引揚のインパクトの重要性に関してどのような問題提起が可能であろうか。

　植民地帝国崩壊の過程とは，ナショナルな境界の根本的な再編（真の「国民」とは誰か，完全なシティズンシップを有するのは誰か）が国家の一大プロジェクトして立ちあらわれてくる歴史局面であり，この過程では，制度や表象によるある社会集団の他者化と排除，ないし従属的包摂が，同質的な「国民」の創造／想像と表裏一体の関係で展開される。戦後の日本は，それまでの「多民族帝国」（もしくは「混合民族」としての日本人の定義）から「単一民族国家」として

自己を再定義しナショナルな境界を再編していく過程を歩んだが，引揚者の帰還はこうした「想像の共同体」（ベネディクト・アンダーソン）の再編にどのような影響を及ぼしたのであろうか。また，引揚者の帰還は，帝国臣民の在日朝鮮人・台湾人が戦後「日本人の境界」から排除され完全に他者化されていく過程にどのような作用を及ぼしたのであろうか。引揚研究にこうした問いを導入していくことで，植民地帝国後（ポストコロニアル）の社会の再編成において作動する排除と統合，そして周辺化の，重層的かつ相互に絡まり合ったメカニズムを浮き彫りにできると思われる。

参考文献

浅野豊美編（2013）『戦後日本の賠償問題と東アジア地域再編』慈学社

荒井信一（1995）「戦後五〇年と戦争責任」歴史学研究会編『戦後五〇年をどう見るか』青木書店

蘭信三編（2011）『帝国崩壊とひとの再移動――引揚げ，送還，そして残留』勉誠出版

蘭信三編（2013）『帝国以後の人の移動――ポストコロニアリズムとグローバリズムの交錯点』勉誠出版

出水薫（1993）「敗戦後の博多港における朝鮮人帰国について――博多引揚援護局『局史』を中心とした検討」『法政研究』第 60 巻第 1 号

加藤聖文編（2002）『海外引揚関係史料集成』第 21 巻，ゆまに書房

金太基（1997）『戦後日本政治と在日朝鮮人問題』勁草書房

サイード，エドワード（1998）『文化と帝国主義』みすず書房

島村恭則編（2013）『引揚者の戦後』新曜社

統計委員会事務局，総理府統計局編（1949）『日本統計年鑑』

朴慶植編（1990）『朝鮮問題資料叢書』第 13 巻，アジア問題研究所

北海道警察史編集委員会編（1968）『北海道警察史』第 2 巻，北海道警察本部

松浦雄介（2011）「アルキとは誰か――フランスにおけるもう一つの〈引揚者〉問題」蘭信三編『帝国崩壊とひとの再移動――引揚げ，送還，そして残留』勉誠出版

三谷太一郎（1993）「まえがき」大江志乃夫ほか編『岩波講座 近代日本と植民地 8――アジアの冷戦と脱植民地化』岩波書店

森田芳夫（1964）『朝鮮終戦の記録』巌南堂書店

森田芳夫・長田かな子編（1979）『朝鮮終戦の記録 資料編第 1 巻 日本統治の終焉』巌南堂書店

森田芳夫・長田かな子編（1980）『朝鮮終戦の記録 資料編第 2 巻 南朝鮮地域の引揚と日本人世話会の活動』巌南堂書店

Bailkin, Jordanna (2015) "Where Did the Empire Go? Archives and Decolonization in Britain,"

American Historical Review, Vol. 120, No. 3.

Ballinger, Pamela（2007）"Borders of the Nation, Borders of Citizenship : Italian Repatriation and the Redefinition of National Identity after World War II," *Comparative Studies in Society and History*, Vol. 49, No. 3.

Buettner, Elizabeth（2016）*Europe after Empire : Decolonization, Society, and Culture*, Cambridge University Press.

Burton, Antoinette, ed.（2003）*After the Imperial Turn*, Duke University Press.

Chin, Leo T. S.（2001）*Becoming "Japanese" : Colonial Taiwan and the Politics of Identity Formation*, University of California Press.

Choi, Deokhyo（2013）*Crucible of the Post-Empire : Decolonization, Race, and Cold War Politics in U. S.-Japan-Korea Relations, 1945-1952*, Ph. D. dissertation, Cornell University.

Conrad, Sebastian（2013）"The Dialectics of Remembrance : Memories of Empire in Cold War Japan," *Comparative Studies in Society and History*, Vol. 56, No. 1.

Duara, Prasenjit（2003）*Decolonization : Perspectives from Now and Then*, Routledge.

Ghosh, Durba（2012）"Another Set of Imperial Turns?" *American Historical Review*, Vol. 117, No. 3.

Go, Julian（2009）"The 'New' Sociology of Empire and Colonialism," *Sociology Compass*, Vol. 3, No. 5.

Jordi, Jean-Jacques（2003）"The Creation of the Pieds-Noirs : Arrival and Settlement in Marseilles, 1962," in A. Smith, ed., *Europe's Invisible Migrants*, Amsterdam University Press.

Le Sueur, James D.（2003）*The Decolonization Reader*, Routledge.

Lubkemann, Stephen C.（2005）"Unsettling the Metropole : Race and Settler Reincorporation in Postcolonial Portugal," in C. Elkins and S. Pedersen, ed., *Settler Colonialism in the Twentieth Century : Projects, Practices, Legacies*, Routledge.

MacMaster, Neil（1997）*Colonial Migrants and Racism : Algerians in France, 1900-62*, Macmillan Press.

Ovalle-Bahamón, Ricardo E.（2003）"The Wrinkles of Decolonization and Nationness : White Angolans as *Retornados* in Portugal," in A. Smith, ed., *Europe's Invisible Migrants*, Amsterdam University Press.

Peach, G. C. K.（1967）"West Indian Migration to Britain," *The International Migration Review*, Vol. 1, No. 2.

Shipway, Martin（2008）*Decolonization and Its Impact : A Comparative Approach to the End of the Colonial Empires*, Blackwell.

Smith, Andrea, ed.（2003）*Europe's Invisible Migrants*, Amsterdam University Press.

Watt, Lori（2009）*When Empire Comes Home : Repatriation and Reintegration in Postwar Japan*, Harvard University Press.

Watt, Lori（2017）"The 'Disposition of Japanese Civilians' : American Wartime Planning for the Colonial Japanese," *Diplomatic History*, Vol. 41, No. 2.

Webster, Wendy（2001）"'There'll Always Be an England' : Representations of Colonial Wars and

Immigration, 1948–1968," *Journal of British Studies*, Vol. 40, No. 4.

Webster, Wendy（2005）*Englishness and Empire, 1939–1965*, Oxford University Press.

第11章

韓国における戦後人口移動と引揚者の初期定着
――戦後日本との比較史の観点からの試論――

李　淵植

はじめに

　人口移動とは，自然環境の変化のみならず社会的な矛盾が蓄積され現れた結果であり，新しい社会変化を導く原因として作用する。そして，その過程には人々の多様な体験がともなう。そのため，彼らが離れた場所と新しく流入し定着した場所のいずれにも，移動にともなう多様な痕跡が各種の「記録」と「記憶」そして「言説」として残り，社会的に拡大再生産される。このような人口移動は大規模な戦争と総動員体制により20世紀に爆発的に増加し，さらに第二次世界大戦の終結後には帝国の解体と旧植民地の独立などの脱植民過程において既存の移動の「方向」，「形態」，「性格」が大きく変化した。

　「戦後人口移動」は，旧帝国の解体によって新しく敷かれた国境や境界をまたいで行き来する「国際移動」に加え，定着地（本国／移動先）の中で起きた第二，第三の連鎖的な「国内移動」として現れた。その中でも「帰還・引揚（repatriation[1]）」は，それが戦争の直接的な結果であったゆえに，これら旧帝国各地に居留していた人々の移動は，新しい占領主体の利害関係により「包摂と

---

1 ）「repatriation」という用語は「送還」「帰還」「帰国」「帰郷」「引揚」などと翻訳される。本章では韓国の場合は「帰還・帰還者」，日本の場合は「引揚・引揚者」で統一する。ただし，団体や法律などの固有名詞は原史料通りに表記する。

排除」,「受容と拒否」,「救護と放置」といった新たな選別的論理に直面した。また，そこには旧居留地と新定着地の相互関係，移動の条件と環境，移動の統制に対する個人や集団の対応といった変数が結びついた。その結果，移動の形態と性格は地域と時期により「送還・追放・帰還」,「抑留・残留・留用」,「流離・逃亡・密航」などの多様な形態として，グラデーションをともないつつ現れることとなった。すなわち両地域間では，強圧的移動，自発的移動，当局の指令とシステムによる移動，管理・統制の弱い場所を衝いた無秩序で私的な移動が混在したし，時間的には「連続・断絶・遅延」の局面を内包する「複合的・重層的・多面的」な移動の性格を帯びた。これは全世界において普遍的な現象だったが，その中で最もドラマチックで大規模な人口移動を経験した地域が，戦争に敗れたドイツと日本および両帝国の旧勢力圏だった。両地域は，戦後人口移動のあらゆる形態と問題点が高度に圧縮されて現れた場であったと言える。

　戦後人口移動で注目すべき点は，海外居留民の移動が旧居留地と新定着地という終戦後に再編された新たな国民国家それぞれの内部だけでなく，両国家や地域をまたいで多様な問題を引き起こし，両者は新しい条件と環境を媒介として密接に連動したということである。しかし従来の研究は，戦後に再編された国民国家の立場からのみの狭い視野でアプローチした結果，構造の断片化を招いた。たとえば，居留民の強制送還と集団抑留，公・私有財産の処理，急速な人口流入と流出にともなう社会的変動，権力集団の交替および社会各分野別の人材の再配置，流入集団の難民化，既存の住民との社会的葛藤，住宅・食糧・就労環境問題の悪化などは，概して「一国的」な問題として認識された。しかし，これらの問題は過去の帝国の枠組みの中で両地域間の「長期的な関係」のもとに形成されてきたものであり，両地域は互いに新しい占領主体を媒介としながら相手方で発生した問題に継続的な影響を及ぼしていたので，実際には「国際的な性格」を帯びていた。したがって，戦後人口移動がもつこのような連続性・関連性・普遍性を無視したまま，戦後に再編された国民国家の「一国史的な文脈」と「閉鎖的な視野」の中で形成された「帰還・引揚」に対する断片的な認識は，根本的な限界を避けることができない[2]。

272　第Ⅳ部　日本帝国圏

　また，戦後人口移動は戦争という極端な暴力の結果だったために，大規模難民（refugee & IDP : Internal Displaced Persons）の発生は必然であった。そのため，終戦後に大規模な人口移動を経験した地域では例外なく，流入した人々の「応急救護」，「定着支援」，そして既存の住民との「社会的統合」が，戦後国民国家の再編と建設において重要な課題として登場した[3]。これは，「帰還過程」と「定着過程」を関連させて考察することの重要性を示唆する。したがって，旧宗主国と旧植民地の間の人口移動が戦後どのように展開し，これらの移動と定着が両地域の変化にいかなる影響を及ぼしたのかを比較の観点から多面的に考察すれば，戦後人口移動の普遍性と地域別の特殊性をよりいっそう明らかにすることができよう。

　東アジアに限定してみても，戦後人口移動の普遍的様相が 1945 年にそれぞれ「解放」と「敗戦」を迎えた朝鮮半島と日本列島においてどのように発現したのかに関する比較研究は少ない。日韓間の戦後人口移動に関する問題は，「旧宗主国」と「旧植民地」からの海外居留民の帰還がそれぞれどのような文脈で認識され展開されたのか，両者の間の共通点・類似点・差異は何か，そしてそれらが意味するものは何なのかを考察することができる格好の素材であり，比較研究が緊要なテーマである。特に，両地域間の移動とそれにともなう問題は，戦前・戦後を通じて形を変えつつ継続したため，よりいっそう重要である。たとえば「サハリン残留韓国・朝鮮人」，「在日韓国・朝鮮人」問題をはじめ，1959 年に始まった在日韓国・朝鮮人の「北朝鮮送還（帰国運動）」，韓国と北朝鮮に残った「日本人妻」とその家族の日本入国，大村収容所の韓国人と釜山収容所の日本人の相互送還問題[4]などに見られるように，過去の植民地支配と終戦直後の戦後人口移動の局面で発生し未解決状態にあった抑留や残留，送還の遅延などの問題が長期間にわたって，両国間あるいは多国間の外交懸案として登場した[5]。したがって日韓の戦後人口移動問題については，比較史・関係史

---

2 ）李（2014：231-232）。

3 ）李（2016b）第 2 章参照。

4 ）玄（2014）。

5 ）李ほか（2018：140-141）。

的観点から長期間にわたる考察が必要である。しかし戦後の両国は，戦前と戦後の連続性を見逃した結果，「自国史の文脈」にだけ埋没し，一国史的偏向を拡大再生産してしまった。

　幸いにも，近年このような問題点の克服に向けた積極的な動きが現れている。最近では両国において「言説」，「政策」，「実態」などの多様な側面からこの問題を立体的に考察することのできる史料インフラが拡充されている[6]。また少数ではあるが，「関係史」や「比較史」の観点を導入することによって，自国民の帰還問題を「相対化」しようとする動きも見られる。そして方法論的には，中央・中心ではなく各ローカル単位での微視的な事例研究が盛んになっているほか，定型化された文献資料の考察をこえて口述史・生活史的接近が試みられるなど，社会史的・文化人類学的方法などを統合した学際的研究も増加している[7]。このような変化は主に日本の学界で大規模な共同研究を通じて現れている[8]。

　本章は，今後韓国と日本，さらに進んでヨーロッパとアジアの比較研究がよりいっそう広がることを期待しながら，1945年の解放後に韓国で生じた戦後人口移動の主な特徴と帰還者の初期の定着実態を，戦後日本社会との比較の観点から考察する[9]。第1節では日韓間の主な差異と比較研究の問題について検討する。第2節では解放後の韓国の流入人口の規模と性格を簡単に整理し，第3節では海外帰還者の初期（1945～48年）の定着実態と米軍政の対応政策を整理する。そして最後に，まとめとして今後の比較研究の展望と課題を提示する。

---

6 ）特に注目すべき資料は，2004年に発足した韓国の政府委員会が2016年6月までに構築した膨大な資料群である。主な資料としては強制動員被害調査綴22万7,141件，強制動員名簿429件，動員から帰還までに関する一連の各種文書類3,228件，口述採録音声と映像ファイルなどの視聴覚資料4,801件，そして文献資料集と各種報告書が98件に達する。대일항쟁기강제동원피해조사및국외강제동원희생자등지원위원회（以下，「委員会」と表記）（2016）。

7 ）李（2016b：143-144）。

8 ）注目すべき成果としては，蘭編（2008）；蘭編（2013）；島村編（2013）；今泉・柳沢・木村編（2016）などがある。

9 ）朝鮮半島の帰還問題と関連しては，宮本（2016）の成果が注目に値する。

274　第 IV 部　日本帝国圏

1　日韓両国の差異と比較研究の問題

歴史的な「経験・条件・文脈」の違い

　両国の帰還・引揚問題を考察するにあたっては，まず第一に，両国間に存在する歴史的な経験・条件・文脈の違いをどのように考慮するかという問題がある。具体的には，1945 年 8 月以降に韓国と日本で構築された関連資料について，共通点，類似点，差異などを抽出し，それぞれが「植民者」の引揚と「植民地出身者」の帰還という異なる歴史的文脈とどのような関係にあるのかを解明する作業が必要になる。

　日本の場合，終戦直後の引揚と応急救護，1950〜60 年代の高度経済成長期以降の引揚者と他の国民との間の社会経済的格差の解消と統合，生活および定着支援を要求する引揚者の集団闘争と制度化過程（「引揚者給付金制度」法律 109 号，1957 年および「引揚者特別交付金制度」法律 114 号，1967 年），そして 1970〜80 年代における引揚者一世と二世の回顧録の「出版ブーム」および「社会に向けた発話や発信」の増加など，定着過程全般に対する長期的考察が可能である。しかし朝鮮半島では，母国に戻ってわずか数年のうちに「朝鮮戦争」（1950〜53 年）を迎えたため，帰還者と既存住民がおしなべて総体的な破壊と絶対的貧困を経験した。すなわち，戦後日本では海外帰還者と既存住民の間の社会経済的格差が朝鮮戦争特需と高度経済成長によって「解消の方向」へと向かった反面，朝鮮半島ではまさにその戦争により社会全体が破局を迎え，両者間の差異が見えにくくなってしまったのである。このように韓国の場合は長期的考察が困難であるため，本章では朝鮮戦争以前までの「初期定着」の実態（1945〜50 年）に焦点を合わせることとする。

帰還者集団内部の「多様性」と社会的表象の「均質化」

　第二に，引揚者は内部に多様な差異を抱えた重層的で混合的な集団であったが，定着過程で本国の既存住民により均質な集団のイメージを付与され，他者化された[10]。このような「実像」と「認識」の乖離，社会的表象の偏向と歪曲

という問題をどのように扱うかという点も重要である。

　海外帰還者内部の多様性は，帰還者を占領当局の送還および救護政策の「受動的対象」としてではなく，それとつねに拮抗関係にあった「行為主体」として捉える見方から接近するときにはじめて捉えることができる。

　実際に帰還者たちの間には，年齢，性別，学歴，職業，移住背景，居留期間，外地文化の習得程度，母国内の縁故と社会経済的ネットワークの有無，搬入できた在外財産の多寡，残留と帰還に対する考え方，帰還前後の植民観・母国観などで「個人差」が存在した。また，旧居留地ごとに異なる終戦状況，帰還環境，帰還時期，帰還方式などの「集団差」も存在した。そして，このような個人的・集団的な差異を生み出す要因がさまざまに組み合わさった結果[11]，各個人から見る帰還体験の内容や意味はもちろん，社会適応の期間・程度・方式までもが異なったかたちで現れた。したがって，海外帰還者に対する画一的なイメージ，言説，ナラティヴが社会的に広がったメカニズムに留意しつつ，流入集団内部の多様な差異とその要因を考慮することで，はじめて定着過程を精細に考察することができる。

　ただし，本章は限られた紙幅で「韓国の帰還者」と「日本の引揚者」という二大カテゴリーを主に比較の観点から論じるので，それぞれの集団内部の多様性は副次的に扱うほかないという点をあらかじめ付記する。

引揚言説の「文脈」と「ナショナル・ナラティヴ」の影響力

　第三に，帰還および帰還者問題と関連して両国民国家の「必要」と「志向」によってそれぞれ違った内容や形態で「加工」されたナショナルなマスター・ナラティヴの影響力をどのように扱うのか，またこの難点を克服するために比較の「層位」と「対象」をどのように設定するのか，そしてその結果をどのような「指標」で分析するのかに関して格段の工夫が必要になる。

　現実的に考えると，これについては現在の韓国および日本の学界の「研究成果」，「研究動向」，「研究史的文脈」の差異を総合的に考慮するほかない。たと

---

10) 李（2013：82-85）。

11) 李（2009a：第 3 章）参照。

276　第 IV 部　日本帝国圏

えば日本の場合，終戦後に流入した民間人（一般邦人）は「引揚」，軍人や軍属の場合は「復員」という別々のフレームで接近する傾向が強い。軍人・軍属は民間人とは異なりポツダム宣言第9条で本国送還の原則が明記されたし，GHQ の明確な送還ロードマップと指令（SCAPIN）により移動が行われ，1952年の恩給制度の復活を通じて政府が補償と援護の国家責任を明確にしたため，たしかに両者の区別は事案によっては必要であろう[12]。特に戦争に関連した外地経験の差異，帰還時期と過程，差別的な国家援護[13]，外地財産の処理問題などを扱う時には両者の区別は必須になる。もっとも，この区別は「社会定着および適応」という長期的な局面ではその意味が薄くなると思われる（この問題に関しては別途議論を要する）が，ひとまず日本では政府であれ学界であれ，これらの「軍人・軍属」と「民間人帰還者」を分けて扱う傾向が強いと言える。

　他方で韓国の場合は，軍人・軍属の「復員」と民間人の「引揚」を厳密に区分せず，これらを「植民地統治と強制動員の被害者の母国帰還」として「民族史」的な文脈でひとまとめに取り扱ってきた。日本で両集団の区別が集中的に明確化された主な契機は，恩給制度の復活と在外財産の処理問題であり，敗戦にともなう「戦争被害の社会的均分」および自国民に対する「差別的戦後補償体系の問題点」をめぐる全社会的な議論の過程だった。しかし朝鮮人の場合，海外在住の軍人・軍属は民間人に比べてごく少数であり[14]，「旧植民地出身者」の場合は民間人であれ軍人・軍属であれ日本国内の補償や賠償の議論から排除されたので，韓国では両者をあえて区別しなければならない動機や意味が相対的に弱かった。そのかわりに植民地支配から独立した韓国では，両者の区別よりは移動が発生した「根本的な原因」に重きを置く。つまり軍人であれ民間人であれ朝鮮人は，「帝国の植民地支配と人的動員の結果」として海外に居留することになったので，その「還流」は，植民地統治により奇形化された「民族構成の復元」という側面からなす「植民地残滓の清算」として，日本とはまた

---

12) 김명섭・김승배（2009：45-46）。
13) 第13回国会速記録，衆議院，厚生委員会公聴会第1号，昭和27年3月25日，早稲田大学の末高信の発言。
14) 李（2010：164-167）。

異なる形態の一国史・民族史的な文脈から読み取られてきた。その結果，韓国では主に海外臨時政府要人や有名な独立運動家の「還国」に注目したり，植民地支配の被害像を端的に象徴する歴史的事実として「海外強制動員被害者」の「帰還」に関心が集中した[15]。その一方，植民地支配下で生活難を理由に移住した集団，日本政府と朝鮮総督府の政策的誘引により移住した集団，そして留学や事業など個人のプロモーションのために自発的に移住した集団の帰還と母国定着過程に関する研究はほとんどなされなかった。その意味で，解放直後から1990年代の半ばまで韓国学界の重要な研究テーマの一つは「解放局面の新国家建設論」だったが，実際の国家建設における重要な要素である「国民の形成過程」については見落とされるという矛盾した状況が生じていた。1945年頃，南朝鮮の人口「1600万人」のうち，解放後に流入した人口が230〜250万人にのぼったにもかかわらず，その大部分の動向が見過ごされてきたのである。つまり，「植民地支配と終戦」に対する両国の経験と認識の差が，戦後人口移動に対する認識と解釈にも影響を及ぼし，「帰還」と「引揚」というそれぞれ異なった歴史像を鋳造して流布したのだ。

　このような両国の差異は，引揚・帰還とともに「抑留・残留」問題や移動に及んだ「冷戦の影響」からも考察できる。日本の場合，他の帝国圏への移民ではないかぎり，「中国残留孤児」，「朝鮮半島の日本人妻」などの例外はあるとしても，「旧日本帝国勢力圏」に居留した人々は終戦後にほとんどが本国に戻った。また旧居留地の抑留者・残留者も，日ソ国交回復・日中国交樹立過程で帰国を実現した[16]。他方韓国には，解放後の帰還者とほぼ同じ規模と推定される約「200万人」の残留者・抑留者が存在した。すなわち終戦後にも「在日韓国・朝鮮人」，中国東北地方の「朝鮮族」，中央アジアの「高麗人」，「サハリン残留韓国・朝鮮人」などの例で見るように，旧日本帝国圏を中心に膨大なディアスポラ集団が発生した[17]。

15）委員会（2016：1-2）の「강제동원의개념과피해유형（強制動員の概念と被害の類型)」を参照。
16）成田（2006：191）；李ほか（2018：88-89）。
17）임채왕・김혜련（2012：126-127）。

278　第Ⅳ部　日本帝国圏

　この旧日本帝国圏に残った膨大なディアスポラの存在とともに韓国の戦後人
口移動に見出せる特徴とは，「冷戦」の圧倒的な影響力と規定性である。日本
ではこれがソ連占領地域の「抑留者問題」として焦点化したが，朝鮮半島では
「南北分断」にともなう「越南民・越北民」の発生により「海外帰還」と重な
って「南北間の移動」が展開する。朝鮮戦争以前の「初期越南民」の規模だけ
で，海外帰還者（約230〜250万人）の約4分の1にのぼった[18]。これらは朝鮮
内部で発生した「国内難民（IDP）」だったが，「分断線」が事実上の「国境線」
として閉鎖されていく過程で「国境を越えた難民（refugee）」と同じイメージ
で理解されていった。特に1948年の政府樹立以前，韓国ではこれらの初期越
南民を，海外帰還者と同種の集団として認識する傾向が強かった。彼らは反体
制的な人々も一部含んでいたとはいえ，たいてい生活難を打開するために南下
したので，社会経済的地位や生活実態において海外帰還者と異なるところがな
かったためである。しかし「初期越南民」に対する社会一般の認識は，1948
年に南と北にそれぞれ政府が樹立され朝鮮戦争を経ると，李承晩から朴正熙へ
とつながる反共政権のプロパガンダによって形を与えられることになる。すな
わち，「朝鮮戦争期の越南民」と同じように韓国体制の優越性を象徴する「均
質的な反共集団」として広く宣伝された。ここからもわかるように，朝鮮半島
の戦後人口移動においては，約92万人に達する在朝日本人の「送還」と[19]
230〜250万人以上の海外居留民の「帰還」という「民族浄化」や「脱植民地
化」の文脈でなされた移動と，冷戦と分断の影響下で「理念浄化（ideological
purification）」の性格を付与された南北間の移動とが，交差しつつ同時あるいは
連続的に行われた。

　このように日韓両国は，「repatriation」をめぐって用語や概念，分析の枠組
み，歴史認識，研究史的な背景・文脈などを異にするので，比較のレヴェルと
対象を適切に設定するのが難しい。むしろ，そうした状況自体が，海外帰還お
よび定着問題と関連して旧宗主国と旧植民地の間の差異を端的に反映している
と言えよう。しかし，それと同時に，両国が米ソのうち米軍の占領地域であっ

---

18) 김귀옥（1999：41-42）。

19) 厚生省社会援護局援護50年史編纂委員会（1997：730）。

第 11 章　韓国における戦後人口移動と引揚者の初期定着　　**279**

たという共通点を有し，両国民の送還と初期定着の援護を担当した主体がそれ
ぞれ連合国軍総司令部（GHQ/SCAP）とその下部の駐韓米軍政（USAMGIK）だ
ったため，関連政策や帰還者への対応も類似の方式で展開されたという点に注
目する必要がある。本章ではまさにこれを「接点」とみなして，戦後日本との
比較の観点から韓国帰還者の定着実態を考察する。

2　解放後の人口流入規模と流入者の集団的性格

解放後韓国地域の流入人口

　表 11-1 で見るように，1940〜49 年の約 10 年間にわたって朝鮮半島と韓国
の人口変化を把握することができる体系的な統計資料はない。ただし，1942
年，1944 年，そして 1962 年の統計は正確と言われる[20]。とくに，朝鮮総督府
が 1942 年に「朝鮮寄留令」，1944 年に「兵役法」を施行し「根刮ぎ動員」の
ために実施した 1944 年 5 月の人口センサスは，植民地期の最後の人口調査結
果として全朝鮮半島の人口を正確に把握できる重要な数値である。

　朝鮮半島と韓国地域の人口変化を見ると，1944〜45 年の朝鮮半島全体の人
口は約「2500 万人」で，北朝鮮地域が約「900 万人」，韓国地域が約「1600 万
人」と推計される。ここに朝鮮半島外に居留した人口を約「500 万人」と推計
して加え，解放直後には通常「三千万同胞」と呼んだ[21]。駐韓米軍政の推算に
よると，解放以前の朝鮮半島人口の自然増加率は毎年 1.7〜2.5 ％の間であっ
た[22]。

　ところで表中資料 H によれば，1945〜46 年間に韓国人口は 20 ％も増加する
が，それは社会的増加によるものだと推定される。その規模は，資料 C およ
び E を通じて推計すると，1944〜46 年の間にそれぞれ約 347 万人，280 万人
程度が増加したことがわかる。これを人口学的補正方法を利用して 1945 年度

20）홍성태（2006：264-265）。

21）『동아일보』1945 年 12 月 30 日「金九，'삼천만동포에게고함' 이란제목으로방송」。

22）*Summation of U. S. Military Government Activities in Korea,* No. 32, 1948. 5, pp. 6-7.

280　第 IV 部　日本帝国圏

表 11-1　解放前後朝鮮半島および南韓地域の人口動向

(人)

年度	A	B	C	D	E	F	G	H	I
1940	22,954,563						15,034,246		
1941	23,913,063								
1942	25,525,409		26,361,041		16,876,745				25,525,409
1943	25,827,308								
*1944			15,890,110	16,574,868	16,565,317	25,120,174	15,955,284		*25,133,350
1945							*16,135,956	16,873,277	
*1946			19,369,270		19,369,270			19,510,783	
1947						17,800,187		20,049,927	
1948								20,564,245	
*1949		20,166,756		20,166,756			20,166,756	20,727,587	

出所）A. 南朝鮮過渡政府編『朝鮮統計年鑑』1948 年，16 頁。B. 大韓民國公報處統計局『大韓民國統計年鑑』1952 年，25 頁。C. 朝鮮通信社『朝鮮年鑑』1948 年，345-347 頁。D. 朝鮮銀行調査部『經濟年鑑』1949 年，I-155 頁と 159 頁。E. 朝鮮銀行調査部『朝鮮經濟年報』1948 年，I-3 頁と 4 頁。F. 內務部統計局『大韓民國統計年鑑』1953 年，8 頁。G. Tai Hwan Kwon, *Demography of Korea*, 1977, pp. 285-300. H. 白鳥社『南韓經濟實情』1950 年，108 頁。I. 孫貞睦『日帝強占期 都市化過程 研究』一志社，1996 年，258 頁。

の人口を推計した資料 G と結合して見れば，1945 年解放直後に最少で「260
万人」が，38 度線北側地域と海外から流入した人口と推定される。

　しかし，この統計の「母資料」を作成した米軍政も集計の不正確性を認めて
おり[23]，各資料は集計時点と集計方式も違うので「重複計算」と「調査漏れ」
の可能性を排除することはできない。また，韓国に流入してから北朝鮮や満洲，
日本に再び流出した人口もあり[24]，解放後には多くの食糧配給を得ようと家族
の数を虚偽で申告した「幽霊人口」[25]もあったため，正確な推計は不可能であ
る。ただし，上記の資料と新聞報道の人口記事の推移を総合して見れば，解放
後の韓国の人口は概ね「1600 万人」で，最小で「230〜250 万人」の人口が現
在の大韓民国領土の外部から流入したと推計できる。日本の場合，1945 年内
地の総人口が約「7200 万人」で[26]，戦後に流入した人口が概ね「630〜700 万
人」の間，すなわち本土人口の「9〜10％」程度だったことを考慮すれば，流

23）*Summation of U. S. Military Government Activities in Korea*, No. 30, 1948. 3, p. 5.
24）『漢城日報』1946 年 4 月 21 日；『獨立新報』1946 年 5 月 11 日；『朝鮮人民報』1946 年 7
　月 29 日。
25）『경향신문』1947 年 4 月 19 日，『서울신문』1948 年 6 月 13 日，『동아일보』1948 年 7
　月 31 日。
26）総務省統計研修所（2006：8）。

入人口の比率は韓国が「6〜7％」ほど高かったと見ることができる。これは日本に比べて韓国が帰還者の流入によりいっそう強い社会的衝撃を経験したことを示唆する包括的指標で，深刻な人口流出という植民地支配期の後遺症が，戦後に急激な人口増加という変形された形態で現れたことを意味する。

朝鮮半島の戦後人口移動の特徴と韓国流入人口の性格

朝鮮半島における戦後人口移動の主な特徴は，日本に比べて海外からの流入人口の比率が高かったという点，朝鮮半島の中で連鎖的に第二・第三の移動が活発に現れたが，特に38度線を境にした南北間の移動[27]が重要な意味を帯びていたという点である。これを流入人口の性格と関連づけて考察すると次のとおりになる。

植民地期の朝鮮人動員規模に関する2016年度韓国政府委員会調査結果[28]によれば，「延人員推計」は7,804,376人である。これを「朝鮮半島内」と「朝鮮半島外」に分けてみると，軍人は51,948人（内）と157,331人（外），軍属は12,468人（内）と48,200人（外），労務動員は6,488,467人（内）と1,045,962人（外）である。これは「延人員」の推計で，絶対人口としての意味はない。しかし，解放後の人口移動は朝鮮半島内外でほとんど同時に進行したし，それによって韓国社会が体感した社会的衝撃と混乱は「流入人口の実数」から想像しうるものよりも大きいものであったと推測することができる。

ここで注目すべきは，朝鮮総督府が1934年から満洲の後方軍需工業地帯として朝鮮半島西部と北部の開発を集中的に進めるにつれ，韓国地域の労働力が大規模かつ一斉に38度線以北へと移動・配置された事実である[29]。その結果，解放後には38度線以南出身者などが故郷へ戻ってきたが，韓国学界では1945〜50年間の「初期越南民」の規模を概略50〜60万人，1950〜53年の「朝鮮戦争期越南民」を45〜65万人と推計している[30]。また中国・延辺の朝鮮族

27）『獨立新報』1947年6月11日。
28）委員会（2016：135）の「강제동원피해현황（強制動員の被害現況）」参照。
29）안자코유카（庵逧由香）（2003：324-325）。
30）김귀옥（1999：41, 68）。

282　第 IV 部　日本帝国圏

人口推計に関する研究によると，1945 年 8 月以前の「216 万人」の在満朝鮮人
の中で，朝鮮半島全体への帰還者を 80 万人，その中で南朝鮮帰還者を 38 万人
と推計している[31]。これらの推計とその他の年鑑資料や新聞資料をあわせて見
積もると，概略 85～103 万人程度が 1950 年の朝鮮戦争以前に 38 度線を越えて
韓国に流入したと推定される。ただし米軍の場合，上記の帰郷者（returnee）を
越南民（refugee）や帰還者（repatriate）とときには一緒に，ときには別に集計し
ているので正確な数値はわからない。

　またそのほかに，北朝鮮から韓国に流入した在朝日本人もいた。日本の厚生
省統計資料では終戦後，朝鮮半島から日本に戻った約 92 万人のうち北朝鮮地
域からは約 32 万人，韓国地域からは約 60 万人と集計した[32]。その他にも
1945 年 8～9 月頃に満洲の新京と奉天に居留した日本人約 5 万人余りも，ひと
まず北朝鮮地域に流入した後，1946 年に上記の北朝鮮抑留日本人とともに韓
国を経由して日本に戻った[33]。

　したがって 38 度線以南の韓国地域は，短期間ではあるが北朝鮮や満洲から
日本列島へと戻る日本人たちの経路となることで，流入者統計から想像される
以上の社会的負担と混乱を甘受しなければならなかった。さらに，ソ連側が
「脱出の黙認」という形で北朝鮮抑留日本人の送還および救護に関する負担を
米軍政に転嫁したことによって，韓国帰還者と越南者に対する救護支援がそれ
だけ劣悪になったという点にも注目すべきである。

　また，流入人口の集団的な性格を理解するためには，海外韓国人の流入過程
が在満・在朝日本人送還問題と密接に連動し，終戦後に移動する中国人・韓国
人（朝鮮人）・日本人の間に「極度の葛藤と緊張状態」が続いた点に注目する
必要がある。たとえば 1946 年 10 月，中国の国民党占領地区で朝鮮人が「共産
主義者」として追い立てられて財産を没取されたまま強制追放されると，ソウ
ルに住んでいた華僑のうち解放後「旧日本人所有不動産」を多数買い取った者
に対して追放圧力が高まったことがある[34]。他にも，朝鮮に向かって航海して

31）김춘선（2004：181-182, 198-199）。
32）厚生省社会援護局援護 50 年史編纂委員会（1997：729-730）。
33）李（2009b：209-210）。

第 11 章　韓国における戦後人口移動と引揚者の初期定着　　283

いた帰還船「浮島丸」を日本人乗務補助員が故意に爆破して朝鮮人を虐殺した
という噂が広がるとすぐに，朝鮮人住民と海外徴用から帰ってきた朝鮮人が本
国送還を待っていた在朝日本人に報復威嚇を加え[35]，朝鮮総督府が居留日本人
に対する朝鮮人の報復を防ぐために朝鮮勤労動員援護会の活動を緊急に強化し
た一件[36]，北朝鮮地域から脱出して日本に戻った旧朝鮮総督府官僚がソ連軍と
朝鮮人保安隊員についての中傷を述べ，日本に居留している朝鮮人に報復を加
えようとしたことで，居留朝鮮人の韓国帰還が急がれることになった一件な
ど[37]は，当時の旧日本帝国勢力圏内で発生した移動が相互に拮抗した緊張状態
の中で成り立っていたことを示唆する。

　こうした事例は，終戦以前の帝国の拡大局面で行われた海外移住や異民族と
の混在状態の中で積もった日本人・中国人・朝鮮人の「排他的な民族感情」が，
各地域の新国家建設過程で「ナショナリズム」や「イデオロギー」に正当化さ
れつつ急激に広がり，それぞれの移動に強い影響を及ぼしたことを示している。
韓国の場合，38 度線を越えて南下した在満朝鮮人や初期越南民の間でこのよ
うな被害にまつわる言説がよく見られる。

　中国大陸から朝鮮半島に流入した者は農民が多かったために，土地の所有権
や耕作権さえ与えられれば現地に「残留」しようとする傾向が強かった。しか
し中国からの帰還者は，帝国崩壊後に急激に高揚した中国のナショナリズム，
すなわち「排韓感情」によって土地と財産を没収されたまま追放されたり，不
安の多い居留環境のために帰ってくるほかなかった人が多かった。このような
傾向はとりわけ蔣介石の国民党占領地区で頻発したが，共産党占領地区の中で
も食糧供出が苛酷な地域からは多くの人々が帰還してきた。その他にも，国共
内戦の過程で戦争被害をこうむった「戦災民」たちが大陸から南下して一部は
北朝鮮に定着し，残りは韓国に流入したと推定される。

---

34)『매일신보』1945 年 10 月 5 日；『조선일보』1946 年 11 月 16 日。
35)『부산일보』1945 年 9 月 18 日；『朝日新聞』1945 年 10 月 8 日「浮島丸事件の真相発表」。
36)『京城日報』1945 年 9 月 9 日「帰鮮応徴士等の援護に釜山へ職員派遣，下飯坂理事長も
　　上京打合せ」。
37) 李（2004：20）。

284　第 IV 部　日本帝国圏

　また，初期越南民の場合，解放直後から朝鮮戦争以前に，イデオロギーとは
関係なく「生活難」のために南側を選択した人々が多かった。しかし，例外的
に 1946 年上半期には土地改革，宗教弾圧，親日行為者の処罰など北朝鮮の社
会主義改革に「不満」を抱いた地主・宗教人・企業家・大商人・医師・法律
家・教師・植民地期の官僚など「高学歴の有力者集団」が大挙南下した[38]。
1947 年 7 月から北朝鮮の取締が強化され越南民の数は急減したが[39]，生活難
に直面した越南民流入の流れは朝鮮戦争直前まで続いた。これらの中できわめ
て少数ではあるが，1946 年上半期に流入した有力者集団の一部は米軍政と韓
国の「反共政権」に協力し政治的活路を見出したし，「旧日本人財産」を不法
な手段を通じて取得することによって経済的にも豊かになった。これは，韓国
に流入した多くの越南民が海外帰還者と同じように大都市の周辺で慢性的な
「要救護集団」として存在した様相とは非常に対照的な現象だった。

　一方，駐韓米軍政が公式送還港・帰還港に指定した釜山港とその付近の海岸
ルートでは，主に日本と太平洋方面で動員された人々の帰還が進められた。
GHQ/SCAP はその人数を，終戦直前に日本に居留した朝鮮人を被徴用者を含
めて概ね「200 万人」と推算した[40]。徴用など強制動員被害者の規模について
は多様な主張があるが[41]，解放直前の日本に居留した朝鮮人が約 200 万人に達
したという推計は概ね定説として受け入れられている。この中で 1948 年 3 月
までに韓国に戻った者は，密航船で流入した者を含めて約 140 万人と推計され
る[42]。そして日本に残った者は，1947 年 9 月の外国人登録結果を参照すると，
約 53 万人である。ここで若干の統計の誤差が発生するが，これには「密航船」
で流入し統計から漏れた者，日本で外国人登録を回避した者，そして海難事故
による死亡者などが含まれると推定される[43]。

38）李（1966）第 3 章；*Summation of U. S. Military Government Activities in Korea,* No. 24, 1947.
　　9, pp. 3-6；No. 26, 1947. 11, pp. 3-7；No. 34, 1948. 7, pp. 6-8.

39）USAMGIK, *G-2 Periodic Report,* 1947. 7. 19.

40）HQ/SCAP, *Summation of Non Military Activities in Japan and Korea,* September-October 1945,
　　p. 127；森田（1996：33）表 1 参照。

41）姜・庵逧（2016：126-129）。

42）朝鮮銀行調査部，経済年鑑，1949 年，（VI部）の 238-239 頁。

第 11 章　韓国における戦後人口移動と引揚者の初期定着　　285

　釜山港など南側海岸に流入した者には相対的に「強制動員」された人々が多かった。こうした人々はすでに解放直前である 1945 年の春から密航船などを通じて流入するなど「母国帰還」に非常に積極的だった。この点は，彼らが米軍の公式送還の以前から密航を通じて流入し，解放後も 2～3ヶ月以内という早い時点で大挙流入したこと，そして米軍政が在日朝鮮人の財産搬入規制を強化し「日貨預金令」を通じてすでに搬入した日貨の使用まで禁止すると，1946 年の 3～4 月頃を起点に日本で生活基盤を確保した者が帰還を保留したり諦めることによって流入人口が急減した現象からも確認される[44]。

　このように，韓国人口「1600 万人」のうち解放直後に流入した「230～250 万人」は，主に 38 度線を越えてきた在満朝鮮人と初期越南民，そしてアメリカの計画送還と密航で流入した人々であり，外地のナショナリズムやイデオロギーによる圧迫と追放，送還当局の厳しい制限の中で帰還した結果，応急救護が必要な疎外された人々として位置づけられる。

3　帰還者の初期定着実態と米軍政の対策

帰還者の定着環境と救護実態

　戦後日本で「戦災者」は，米軍の本土空襲・爆撃などで生命・身体・財産上の被害をこうむった民間の人々[45]を示す言葉だったが，解放直後の韓国では「海外帰還者」を指す用語として「転用」された。当時の韓国言論では，解放後も海外に残っていて困難に遭遇しつつあった朝鮮人の救護と送還を促し，社会的な関心を喚起するために，概して一般移住民と徴用や徴兵などの被動員者とを区別せずに「海外戦災同胞」や「戦災民」という用語を集中的に使い始め

43）朴（1965: 43-44）；USAMGIK, *G-2 Periodic Report* 1946. 2. 28 "Abroad Uncontrolled Shipping from Japan"；일제강점하강제동원피해진상규명위원회（2006）参照。

44）『漢城日報』1946 年 3 月 22 日。

45）池谷（2002）の第 2 章；『毎日新聞』（大阪）1945 年 10 月 27 日「引揚／戦災者優先，返還軍需衣料配分決まる」。

286　第 IV 部　日本帝国圏

た[46]。また，米軍政も流入した人々を示すときは「repatriates」の語を用いたが，これらの生活実態に関する記録では「refugee」または「war victims」と呼んだ[47]。これは，単なる用語の問題ではなく，実際に彼らは緊急の社会的救護が必要な「戦災民」と異なるところがなかったという「客観的な現実」によって広がり，固定化された。1946 年 12 月，帰還者と極貧者の越冬対策のために米軍政保健厚生部が「戦災同胞援護会中央本部」に委託して実施した生活実態調査によれば，帰還者は 230 万人，越南民は 48 万人と集計された。このうち住居がない者が 10 万世帯で，完全失業者が 150 万人，冬期の衣類さえない者が 200 万人に達した[48]。

　筆者が帰還者の応急救護に関する新聞記事 526 件のキーワードを分析してみた結果，「餓死」「凍死」「伝染病」「貧窮」「窃盗」「犯罪」「騒擾」「乞食」「土幕（土穴）」「防空壕」などが頻度数で上位を占めた。これらは，帰還者の生活実態を端的に反映する。また，報道の論調の変化を見ると，解放直後には「帰還者たちとともに新しい国家を建設しよう」という社会的歓迎の雰囲気が支配した結果，報道内容は「包摂」「包容」「同情」「救護」の文脈で構成された。しかし 1945〜46 年冬期以降，彼らの流入で社会全体の生活難が深刻化するとすぐに言説は「排除」「警戒」「疎外」「放置」の論調をはらむものへと変質し，帰還者は韓国社会の「二等国民」という「社会的烙印（stigma）」を押されることになった。植民地支配と戦後の混乱の被害者であった帰還者をめぐるこのような韓国の現実は，植民地支配の遺産と占領統治による新植民地的状況とが交差する空間で創出されたといえよう。

　これは，帰還者の食糧状況を見ても確認できる。1945 年末，韓国全体で確保可能な食糧は 210 万石であったが，労働者がゼネストなどで要求した 1 人当たり 3 合を配給するには 630 万石が必要だった[49]。このような食糧をめぐる危

---

46) 秘書処，南朝鮮過渡立法議員速記録第 152 号，1947 年 9 月 26 日，2 頁。

47) USAMGIK, *G-2 Periodic Report* No. 97，1945. 12.

48) 『동아일보』1946 年 12 月 10 日；『한성일보』1947 年 1 月 4 日；『독립신보』1947 年 2 月 15 日。

49) 金（1994：8-10）；부미선（2003：26-31）。

第 11 章　韓国における戦後人口移動と引揚者の初期定着　　**287**

機的状況にもかかわらず，米軍政が占領初期に米穀の「自由売買」を許可する決定的な失敗を犯すことによって，市中の米穀まで退蔵され闇市でも米を手に入れがたい状況が創出された。その結果，米軍政は再び配給制を導入し，公共事業労働者，越南民，帰還者には「特別配給」を約束したが，一般配給者への配給量も減らしていた状況であったため，計画は失敗に終わった[50]。

　その反面，米軍政が米穀の自由取引を許可した間に日本へと米を密輸出した人々は短期間に膨大な収益を上げた[51]。彼らが米を密輸出してその代価として輸入したものの中には，「倭柑」と呼ばれた「ミカン」が含まれた。これが報道されるとすぐに，米軍政の粗末な食糧統制と密輸業者に対する社会的非難が殺到した。帰還者はもちろん，既存の住民の間でさえも餓死・凍死が頻発するなかで，米をあえて富裕層の嗜好品の一つである「ミカン」に交換したことは，庶民の生命を売って富を得る反社会的な行為と認識された。このように自身の利益だけを追求する集団は「奸商輩」や「謀利輩」と呼ばれ，親日派とともに根絶すべき「社会悪」と見なされたが，彼らは密輸とともに不法に大規模な闇舟運輸業を営んだり，両国帰還者を相手に日本銀行券と朝鮮銀行券の両替を請け負うことによって莫大な収益をあげた。そしてその金であちこちに闇市を開設して，日本人送還者が乗船直前に投げ売りした物資を再び仕入れ，大規模な資本を形成するようになった。なお，これらが活用した「日韓間の密輸ネットワーク」[52]には，戦後朝鮮から日本に帰った元在朝日本人たちがパートナーとして関わったことから，「親日派清算」の世論が再び浮上したのみならず，その背後には米軍政の高位関係者がいるという疑惑まで提起され，反米感情が高まったりもした[53]。

50）『서울신문』，1947 年 5 月 7 日。
51）USAMGIK, *G-2 Periodic Report* 1945. 12. 27；『해방일보』1946 年 2 月 15 日；『중앙신문』1946 年 1 月 6 日。
52）USAMGIK, *G-2 Periodic Report* 1946. 12. 18；1947. 1. 31；1947. 9. 6.
53）李（2015：238-239）。

288　第 IV 部　日本帝国圏

旧日本人所有不動産をめぐる葛藤

　このような帰還者の劣悪な定着環境により食糧や住宅不足が社会問題として浮上したが，とくに新住宅建設計画と「旧日本人不動産」の公的活用問題が1945〜48年に大きな論争と葛藤を招いた。

　朝鮮における朝鮮人の住宅不足問題は日中戦争と前後して浮かび上がったが，1933年の京城府統計を見ると，「無住宅者」の比率は朝鮮人が在朝日本人に比べて約5倍も多かった[54]。さらに深刻な問題は，朝鮮総督府が1941年に「朝鮮住宅営団令」を通じてこの格差を遅まきながら改善しようと努力した後にも，住宅不足率の民族間格差は植民支配末期まで拡大し続けたという点である。主な理由は地価と建築費の上昇，そして戦争による物資不足であった[55]。

　このような住宅不足問題は，流入人口が増加し，これらが相対的に生計手段が多かった主要都市に集中することによっていっそう悪化した[56]。たとえば1944〜46年の間の全国平均流入人口増加率は22.4％だが，人口流入が生じる38度線に近いソウルは38.2％，釜山港を中心にした慶尚南道は37.4％を記録した。ここでまた注目すべき点は，在朝日本人が完全に送還されるまで韓国の場合は約6ヶ月，北朝鮮の場合は1年以上かかったという事実である。反面，越南民と海外帰還者が韓国に流入した時期を見ると，1945年8月から46年2月末までの約6ヶ月間に帰還者全体の約80％が集中している[57]。その結果，この時期は海外から流入した人口と韓国から引揚予定の日本人の「仮同居状態」によって，食糧と住宅が最も不足した時となった。

　旧帝国のブロック経済解体と南北の経済交易断絶によって産業施設の稼動が中断されていた状況もあいまって，結局，打開策は，都市人口を農村へと分散させ，ありあわせの材料で新築住宅の絶対供給量を増やすということだった。しかし，国内に縁故のない帰還者と越南民は，当局の統制網をかいくぐって都

54）京城日報社『朝鮮年鑑』1935年，83頁の「種族別人口表」。
55）李（2009b：215-216）。
56）朝鮮通信社『朝鮮年鑑』1948年，347-348頁。
57）USAMGIK, *G-2 Periodic Report* 1945. 10-1947. 2 "progress of repatriation"；*Summation of U. S. Military Government Activities in Korea*, 1945. 10-1947. 2 "repatriation"

第 11 章　韓国における戦後人口移動と引揚者の初期定着　　289

市に集まった[58]。そのうえ，上記のように住宅新築は資材調達の困難に加えインフレーションによる費用の急騰をも被り，建築財源の確保も難しい状況だった。そこで残った唯一の選択肢は，在朝日本人たちが残して帰った公共建造物および個人住宅を活用して住居難を軽減することだった。戦後の日本社会で台頭した「引揚者の在外残置財産に対する補償問題」が，解放後の韓国では緊要な「公共議題」の一つとしてまったく違う文脈で登場した。すなわち，旧日本人所有不動産が「帰属不動産（＝敵産家屋）」という「社会的公共財」に転じたことで，その公的活用が問題化したのである。

米軍政の政策──「仮設住宅建設」と「帰農斡旋」

　この敏感な問題と関連して駐韓米軍政は，「仮設住宅建設」と「帰農斡旋」を通して帰還者と貧民階層の住宅・食糧・失業問題を連係して解決しようと試みた。

　この問題と関連して米軍政は当初，軍政法令第 2 号「敗戦国所属財産の凍結および移転制限の件（Concerning Property Transfers, 1945. 9. 25)」（以下，「法令第 2 号」と表記）を公布して，日本人所有財産の売買を条件付きで許可した。しかし，3ヶ月後には法令第 33 号「朝鮮内日本人財産の権利帰属に関する件（Vesting title to Japanese Property within Korea, 1945. 12. 6)」と「管財令第 2 号（Custody Order No. 2)」を通じて売買を一律に禁止した[59]。その背景は以下の通りである。占領直後には海外に居留する民間人の送還と所有財産に関する処理方針が流動的だったため，法令第 2 号を通じて個人の所有権尊重という資本主義の原則によりこの問題に対応した。しかし，在朝日本人の安全と所有財産権の保護を主張する旧朝鮮総督府の主張と[60]，朝鮮に残った旧日本人の公私有財産はすべて朝鮮を侵略し朝鮮人を搾取して構築したものであるために，解放朝鮮が政府樹立後に「社会的共有」ないし「国有」の形態で管理すべき財産であり，すべての売買と個人間の取り引きを禁止しなければならないとする韓国の諸政党およ

---

58)『경향신문』1947 年 4 月 30 日；『독립신보』1947 年 7 月 9 日。
59) 米軍政庁官報（復刻版）Vol. 1, 원주문화사, 1993 年, 94-96, 166-168 頁。
60) 森田・長田編（1979：66-67)。

290　第 IV 部　日本帝国圏

び社会団体の強い反発の双方に直面した[61]。米軍政は，両者の間で曖昧な態度を取ったものの，1945 年 12 月にワシントンと GHQ/SCAP から，「すべての帰属財産」の処理は日本と旧植民地に今後樹立される政府間の協議を通じて行うとした指示に基づき，一切の売買と取り引きを禁止して現状を維持した状態で，この複雑な問題を 1948 年に樹立された韓国政府に委任することになったのである。

　しかし，米軍政が占領初期に自由売買を許可したため，1945 年 12 月の「法令第 3 号」が発令される前にすでに各都市の大規模社宅，高級住宅，病院，料亭，遊郭などの旧日本人不動産は，米軍政が指定した帰属財産管理人と結託した「朝鮮人ブローカー」たちによって，「名義盗用」や「書類捏造」などの不法な手段で買収されてしまった。彼らは，在朝日本人の送還および所有財産処理に関する最高レヴェルの情報を独占し，旧総督府と新米軍政に人的ネットワーク[62]を有した集団であった。これは頻発した米軍政官吏の賄賂授受事件[63]からも確認されるが，特に旧日本人所有の大規模料亭は「旧親日派・新米軍政派・反共的性向の越南民有力派」のブローカーと米軍政官吏との「密会のアジト」であり「不正の温床」となっていると指摘された[64]。朝鮮人ブローカーたちは当時，崩壊した権力である旧総督府と地方各行政機関はもちろん，新しい権力である米軍政をも買収することによって，上記の日本人不動産を 1945 年 8 月 15 日以前に購入したかのように処理したうえで入手し，莫大な収益をおさめた。そして，その代価のうちの一部を賄賂として上納し，一部は文化財や貴金属などに変えて送還予定の在朝日本人に支払うことによって，「三者の欲望」をいずれも，同時に実現することができたのである。

　このような状況を予防するために，解放直後から韓国の学界，政界，社会団体は繰り返し，日本人所有の現金および預金の凍結，所有不動産の売買禁止を米軍政に要求していた[65]。韓国社会の非難が激化すると，米軍政は不法な取引

61）『매일신보』1945 年 10 月 5 日「利敵行為를경고，일본인사재사지말라」。

62）김수자（1994：49）。

63）김남식외，韓國現代史資料叢書 10 巻，640 頁；『동아일보』1947 年 5 月 16 日。

64）『獨立新報』1947 年 1 月 14 日；『漢城日報』1947 年 1 月 17 日。

第 11 章　韓国における戦後人口移動と引揚者の初期定着　291

を取り消し，大型の旧日本人所有料亭や遊郭の公的開放などを通して直ちに不足した「戦災民収容所」の収容人員を増やすと約束したが，1946 年 12 月末に至っても約束は履行されなかった[66]。むしろそこに仮収容された帰還者および越南民を，米軍政が任命した管財人の申告により「不法占拠」という理由で追放することが常態化していた[67]。

　結局，旧日本人不動産の公的活用が難しい状態になる一方，社会的非難が高まると，米軍政は 1946 年 4 月から保健厚生部を通じて仮設住宅建設プロジェクトを進めたが，旧日本軍の在庫資材と非常援助物資がなくなると計画は中断された[68]。加えて，米軍政はずっと赤字財政での運営を行っていたため，募金や献金も動員して建築を再開したものの結局インフレーションと財政の逼迫に耐えることができず，1948 年の米軍政統治終了の直前にすべての新規工事を中止することによって政策の失敗を公認した。統計資料によると 1946〜48 年の間に概略 4 万戸の仮設住宅が建設されたが[69]，約束と異なり海外帰還者や越南民が支払いの困難な高い分譲価格を設定したため，彼らは入居できなかった。結局 1945 年の旧日本人所有不動産に続き，仮設住宅も投機手段に変質しブローカーの私腹だけを肥やすこととなった。建築過程からこのプロジェクトは多くの問題をはらんでいたが，分譲過程においてもまた，海外帰還者，越難民，既存の都市貧民に対する配慮はなかったといえよう。

　次に，全般的な産業不振の中で，人口の分散と生業斡旋の一環として推進された戦災民農場の建設を通した帰農斡旋事業の現況を見ると，帰農希望者 32 万戸に対して実際の帰農斡旋実績は約 3 万余戸で，10％内外に過ぎなかった[70]。これは米軍政が占領統治の不安要素として認識した「流入人口」を[71]，

---

65)『매일신보』1945 年 9 月 14 日。
66)『동아일보』1946 年 12 月 28 日。
67)『독립신보』1946 年 8 月 2 日；『한성일보』1947 年 7 月 3 日；『조선일보』1948 年 5 月 28 日。
68) *Summation of U. S. Military Government Activities in Korea*, 1946. 6, p. 478, "Welfare supplies"；1947. 11, p. 130, "Lowcost Housing" and "Refugee Housing".
69) 朝鮮銀行調査部（1949：IV-239 頁の表 262）。
70)『독립신보』1947 年 8 月 29 日；『조선일보』1947 年 5 月 29 日。
71) USAMGIK, *G-2 Periodic Report* 1945. 11. 11；1945. 12. 23；1946. 1. 24；1947. 7. 17；1947.

292　第IV部　日本帝国圏

「ゲットー」のような一定地域で集団管理できる有効な方策として立案された
ものだったが，帰農の前提条件である小作制廃止を含んだ土地改革の遅延，営
農に必要な農具や営農融資資金の調達失敗により，結局机上の空論に終わった。

　このように GHQ の帰還者救護政策をもとにして始まった米軍政の仮設住宅
建設と戦災民農場建設・帰農斡旋事業は，そもそも成功の見込みの乏しい政策
だった。3 年間の統治期間中を通して，米軍政の財政は莫大な赤字を抱え込ん
でおり，住宅建設と営農資金の融資は最初から不可能な目標であった。韓国の
「共産化防止」と「人口密集地の治安維持」が最優先課題であった米軍政は，
過渡的な占領機構として，社会構造変化と関連した根本的な政策には初めから
関心が薄かったため，複雑な行政と膨大な財政を要する住宅建設や帰農斡旋事
業を通した社会の安定よりは，直ちに効果のある農村食糧供出の強化と治安機
構の拡大に注力した。そして，食糧と住宅不足により治安が悪化するたびに，
一時的な食糧特配や臨時収容所の増設を通じて占領目標を遂行しようとしたの
である。

社会的救護の疎外集団──「無縁故者」・「女性」・「児童」

　朝鮮戦争直後の転入者調査結果[72]によると，ソウルと釜山が最大の転入者密
集地域だったが，傾向的には，故郷や縁故がある場合はたいてい南部の農耕地
帯に転入した一方，縁故がない帰還者は越南民と同じようにソウルなどの大都
市へと集中した事実が確認できる。

　これら無縁故者が頼れるところは，寺刹・空家・仮設住宅や臨時収容所しか
なかった。なお，米軍政が提供した臨時収容所は滞留期間の制限があり，衛生
状態や食糧の配給状況も芳しくなかったため，縁故者が見つかった者はすぐに
住み処を移した。しかも，収容所職員の救護品横領が日常化しており，帰還者
の不満が高まっていた[73]。

---

　　8. 8.
72) 内務部統計部，제 1 회간이총인구조사보고，1955 의「転入地分布」。
73)『독립신보』1947 年 2 月 12 日；『동아일보』1946 年 3 月 29 日；『경향신문』1947 年 1
　　月 16 日。

第 11 章　韓国における戦後人口移動と引揚者の初期定着　　293

　無縁故の帰還者たちは収容所から出ても，働き口が問題であった。男性はたいてい米軍政が発注する土木工事と日雇い労働に従事したが，これさえも不安定だった[74]。彼らが主に生計のために活動した場は「闇市」だったが，これも既存の商人たちが「管理人」であることを主張し，帰還者・越南民にコミッションを強要したり営業を邪魔することが多かった[75]。

　このような海外帰還者と越南民の急速な貧困集団化や下方階層分化を端的に象徴したのは，帰還女性の「売春」と児童の「窃盗罪」の増加だった。米軍政は 1946 年 5 月に「公娼」を廃止したが，生計型の売春業者や未成年女性は遊郭付近に増えていった[76]。1946 年，ソウルには約 50 ヶ所・400 人規模の淪落街があったが，1947 年にはこれが 118 ヶ所 850 人規模に増加したことはこれを反映したものと見られる。また，全体犯罪件数の中で貧困による「窃盗罪」が圧倒的に増加したが，犯罪者の年齢がますます低くなっており，釜山の場合は少年少女が「埠頭の新たな犯罪者」になっているという報道までされている[77]。

　帰還児童の困難は単に空腹だけで終わらなかった。日本や中国で生まれた児童は母国語を話せないので授業を理解できず，級友の「イジメ」が頻発したが[78]，帰還児童のための特別教育は期待することもできなかった[79]。韓国では，言語帝国主義[80]の追放と韓国語愛用運動の延長線上で，1945 年 9 月からは学校授業の「韓国語」専用[81]，10 月からは放送局の韓国語単一放送[82]と官庁の旧日本式地名および年号の廃止措置が行われた[83]。これは解放後の新国家建設

---

74)『한성일보』1946 年 12 月 15 日。
75)『독립신보』1947 年 7 月 3 日；『동아일보』1946 年 10 月 19 日。
76)『한성일보』1947 年 4 月 16 日；『독립신보』1947 年 4 月 19 日；『동아일보』1946 年 5 月 28 日。
77)『조선인민보』1946 年 7 月 11 日；『동아일보』1946 年 5 月 26 日；『독립신보』1946 年 5 月 20 日。
78) 재미한국인연합위원회,「해방조선（解放朝鮮）」김남식 외『한국현대사자료총서』10 권，734-735 쪽。
79)『동아일보』1946 年 5 月 26 日；『독립신보』1946 年 5 月 20 日。
80) 小熊（2005：75）。
81)『매일신보』1945 年 9 月 18 日。
82) 박순애（2005）の第 2 章参照。
83) 田中正四『痩骨先生紙屑帖』金剛社，1961 年 8 月（森田・長田編 1979：第 2 巻の 161

と民族主義の熱気が最も高まった時期の現象だった[84]。1947〜48年頃からは
大学生や知識人の間で日本から密輸入した専門書籍が出回り始め，日本映画や
日本語字幕が入った西洋映画の上映禁止措置に対して文化芸術家の間では極端
な愛国主義に対する不満が出たものの[85]，日本語に対して最も厳しい時期に帰
還した多くの帰還児童は苦労を甘受するしかなかった。これは文化方面の脱植
民地過程がいかに難しいことであったかを意味する。もちろん日本の帰還児童
も，海外の植民地都市で身についたアクセントや方言，異質な生活習慣や考え
方などにより排斥を受けたが[86]，韓国（・朝鮮）の帰還児童のように「母国語
自体」が理解できない場合は稀であった。同じ海外帰還・引揚といっても戦後
日本と韓国においては共通しながらもまた異なる文脈が交差することが，ここ
にも表れていると言える。

おわりに

　以上，解放後韓国帰還者の初期定着実態を考察したが，最後に日韓の比較研
究を拡大し研究の質を高めるために以下に課題と展望を提示したい。
　第一に，GHQ/SCAPと駐韓米軍政の占領体制下で成り立った両国の帰還
者・引揚者関連政策を，よりいっそう細かく比較する必要がある。占領体制下
の両国の救護政策は旧日本帝国期の制度を母体としながら変容したし，内容や
方式も類似性を帯びた。しかし冷戦の深化過程の中で，朝鮮半島と日本列島は
アメリカの戦略の中で異なる位相を占めた。また，占領統治といっても，日本
では制限的ではあるものの政府と議会が機能した一方，韓国では左翼の民主主
義民族戦線系は1946年末には政治弾圧で壊滅しており，右翼の過渡立法議院

　　頁）。
84）『중앙신문』1945年11月4日；『중앙신문』1945年12月10日。
85）『대한일보』1948年9月3日；『민주중보』1949年7月15日；『한성일보』1950年4月
　　2日。
86）山田（2015：16-17）；藤井（2014：80-81）。

は形式的な機構にすぎなかった。こうした両国間の歴史的・戦略的・政治的位相における差異が，海外帰還者・引揚者に関する政策決定にどのように反映されたのかを検討する必要がある。

第二に，研究を深化させるためには比較の「目的」，「レヴェル」，「対象」をどのように設定するかについての深い議論が必要である。特に，外地で植民者であった日本人と，帝国のヒエラルキーの末端で朝鮮外に居留した朝鮮人をどのように比較するのかに関する議論が求められる。たとえば，韓国人強制徴用被害者の外地経験を，日本帝国の動員として比較することが目的ならば，引揚者ではなく日本内地人の動員経験と比較する必要があろう。引揚援護団体の場合も政治的スペクトラムにより要求や主張が違ったので，単純な日韓比較を行うにとどまらず，このような差異をも考慮する必要があるだろう[87]。

第三に，海外帰還者の救護に関して日本で議論された内容を見ると，住宅問題，失業問題，長期更生支援，在外財産処理，母国民からの冷遇と差別など，韓国と類似した点が非常に多い[88]。これらの類似点の展開や解決のあり方を緻密に比較する必要がある。たとえば，日本の復興住宅・引揚者住宅建設などは韓国で実施された仮設住宅建設事業と類似するものとして，その過程・実績・効果などを比較することが有効と考えられる。同様に，日本が農地調整法改正を通して帰農を促進した過程を韓国の帰農斡旋事業と比較するならば，帰農推進策としての両者の間の類似点と差異点がよりいっそう克明に浮き彫りとなるだろう。

第四に，帰還者の流入にともなう「社会文化像」の変化を考察する必要がある。既存の研究では社会文化史的なアプローチが不足していた。近年，日本の学界では引揚文学をはじめ，音楽や美術分野などの引揚作家に対する研究が進められているほか，引揚者がもたらした食文化などにも関心が高まっている。

87）정혜경（2004）の第 3 章；李（2015b）の第 2 章と第 4 章。

88）『読売新聞』1946 年 11 月 20 日「引揚者問題のサボ」；引揚者団体全国連合会調査部「民主革命と引揚者：引揚者生活実態調査報告」1947 年（Prange Collection, ID：026240486）；衆議院第 1 回国会，本会議第 23 号（1947 年 8 月 18 日）；衆議院第 1 回国会，在外同胞引揚問題に関する特別小委員会第 2 号（1947 年 10 月 2 日）；第 10 号（1948 年 4 月 14 日）における北条秀一，中村常太郎，田村文吉，金岩伝一の発言。

韓国でも 1990 年代から中国の「朝鮮族」，中央アジアの「高麗人」，「サハリン永住帰国韓人」たちの多様なエスニック・サブカルチャーに対する関心が高まっており，これらの成果によって文化的側面の比較も可能になるだろう。

第五に，「移動する人々」と彼らの「体験と記憶」に注目する必要がある。たとえば，旧朝鮮総督府官僚や植民地朝鮮に進出した企業家の「功罪」には多様な評価があるが，これらは 1965 年の日韓国交樹立と韓国経済開発の過程に重要な影響を及ぼした。これを検討するにあたっては，彼らの朝鮮体験と記憶がどのような形で機能したのかに関する研究が必要だろう。また，旧日本帝国の動員を経験した韓国人帰還者は，戦後処理と関連して多様な社会的発言を行うことで，歴史の証言者として重要な役割を遂行している。これもまた論者により多様な評価があるが，具体的に彼らのどのような体験と記憶が彼らの戦後活動に影響を及ぼしたのかに関する研究も必要だろう。そして，日本人と韓国人の海外居留と母国帰還に対する体験と記憶の比較研究を拡大すれば，「自国史」を中心としたナショナル・ヒストリーの中で強固に定着した既存のメタナラティブを解体しうるとともに，それを再構成することによって相互間の接点を模索することができると思われる。

（金泰植　訳）

参考文献

蘭信三編（2008）『日本帝国をめぐる人口移動の国際社会学』不二出版

蘭信三編（2013）『帝国以後の人の移動——ポストコロニアリズムとグローバリズムの交錯点』勉誠出版

池谷好治（2002）「戦争犠牲者援護における一般戦災者の処遇」『アジア太平洋研究科論集』第 3 号

今泉裕美子・柳沢遊・木村健二編（2016）『日本帝国崩壊期「引揚げ」の比較研究——国際関係と地域の視点から』日本経済評論社

李淵植（2013）「戦後日本における引揚言説の構造」『日本思想』第 24 号

李淵植（2014）「在朝日本人の引揚問題をめぐる日本と韓国の認識」君島和彦編『近代の日本と朝鮮』東京堂出版

李淵植（2015a）『朝鮮引揚げと日本人』明石書店

厚生省社会援護局援護 50 年史編纂委員会監修（1997）『援護 50 年史』ぎょうせい

島村恭則編（2013）『引揚者の戦後』叢書 戦争が生みだす社会 II（関西学院大学先端社会研究所）新曜社

総務省統計研修所（2006）『日本の統計』

田中正四（1961）『痩骨先生紙屑帖』金剛社

内務部統計局（1953）『大韓民國統計年鑑』

成田龍一（2006）「引揚げと抑留」倉沢愛子ほか編『岩波講座 アジア・太平洋戦争4 帝国の戦争経験』岩波書店

朴慶植（1965）「太平洋戦争時における朝鮮人強制連行」『歴史学研究』第297号

玄武岩（2014）「日韓関係の形成期における釜山収容所・大村収容所の〈境界の政治〉」『同時代史研究』第7号

藤井和子（2014）「引揚げ者をめぐる排除と包摂——戦後日本におけるもう一つの〈他者〉問題」『関西学院大学先端社会研究所紀要』第11号

宮本正明（2016）「在日朝鮮人の帰国——1945〜46年を中心として」今泉裕美子・柳沢遊・木村健二編『日本帝国崩壊期「引揚げ」の比較研究——国際関係と地域の視点から』日本経済評論社

森田芳夫（1996）『数字が語る在日韓国・朝鮮人の歴史』明石書店

森田芳夫・長田かな子編（1979）『朝鮮終戦の記録（資料編）』第1〜3巻，巌南堂書店

山田美香（2015）「戦後名古屋市における引揚げ者の子供の教育」『アジア文化研究』第22号

姜萬吉・庵逧由香（2000）「해방직후 강제동원 노동자의 귀환정책과 실태（解放直後強制動員労働者の帰還政策と実態）」『아세아연구』第45巻第2号

김귀옥（1999）『월남민의 생활 경험과 정체성（越南民の生活経験とアイデンティティ）』서울대학교출판부

김명섭・김승배（2009）「20세기 전후보상 개념의 형성과 변용（20世紀の戦後補償概念の形成と変容）」『한국과 국제정치』第25巻第3号

김수자（1994）「미군정기（1945-1948）통치기구와 관리임용정책（米軍政期（1945-1948）の統治機構と官吏任用政策）」梨花女子大修士論文

金株希（1994）「미군정의 식량정책에 대한 일연구（米軍政の食糧政策に対する一研究）」漢陽大学校修士論文

김춘선（2004）「광복 후 중국 동북지역 한인들의 정착과 국내귀환（光復後の中国東北地域の韓人たちの定着と国内帰還）」『한국근현대사연구』第28号

南朝鮮過渡政府編（1948）『朝鮮統計年鑑』

大韓民國公報處統計局（1952）『大韓民國統計年鑑』

대일항쟁기강제동원피해조사및국외강제동원희생자등지원위원회（2016）『위원회활동결과보고서（委員会活動報告書）』

박순애（2005）「조선총독부의 라디오 정책（朝鮮総督府のラジオ政策）」『한중인문학연구』第15巻

부미선（2003）「1945〜1946년 미군정의 미곡시장 자유정책（1945〜1946年の米軍政の米穀市場の自由政策）」西江大学校史学科修士論文

孫貞睦（1996）『日帝強占期 都市化過程 研究』一志社

庵逧由香（2003）「총동원체제하 조선인 노동력 '강제동원'정책의 전개（総動員体制下に

おける朝鮮人労働力‘強制動員’政策の展開)」『한국사학보』第 14 号

小熊英二（2005）「언어제국주의란 무엇인가」『미우라 노부타카 외 편/이연숙 외 역, 돌베개』（小熊英二（2000）「日本の言語帝国主義」三浦信孝・糟谷啓介『言語帝国主義とは何か』藤原書店）

李文雄（1966）「도시지역의 형성 및 생태적 과정에 관한 연구——解放村地域을 중심으로（都市地域の形成および生態的過程に関する研究——解放村地域を中心に)」서울大学修士論文

李淵植（2004）「해방직후에 귀환한 어느 재일조선인 3 세의 경계체험（解放直後に帰還したある在日朝鮮人 3 世の‘境界’体験)」『한일민족문제연구』第 7 号

李淵植（2009a）「敗戰後韓半島에서 돌아간 日本人女性의歸還體驗——南北間의地域差를 中心으로（敗戦後朝鮮半島から戻った日本人女性の帰還体験——南北間の地域差を中心に)」『韓日民族問題研究』第 17 号

李淵植（2009b）「해방 후 한반도 거주 일본인 귀환에 관한 연구——점령군・조선인・일본인 3 자간의 상호작용을 중심으로（解放後韓半島居住の日本人帰還に関する研究——占領軍・朝鮮人・日本人の 3 者間の相互作用を中心に)」서울시립대학박사논문

李淵植（2010）「전후 해외 귀환자에 대한 한일 양국의 지원법 비교 연구（戦後海外帰還者に対する韓日両国の支援法の比較研究)」동북아역사재단『근현대 한일관계의 제 문제』

李淵植（2015b）「구 조선총독부 경찰관료와 사상범의‘식민지 조선’회고와 남북한 인식（旧朝鮮総督府警察官僚と思想犯の‘植民地朝鮮’の回顧および南北朝鮮認識)」『한일민족문제연구』第 28 号

李淵植（2016a）「해방 직후 우리 안의 난민・이주민 문제에 관한 시론（解放直後における国内の難民・移住民問題に関する試論)」『역사문제연구』第 35 号

李淵植（2016b）「종전 후 한일 양국 귀환자의 모국 정착과정 비교 연구——포스트콜로니얼 관점에서 본 식민자와 피식민지민의 전후실태 비교（終戦後韓日両国の帰還者の母国定着過程の比較研究——ポストコロニアル観点から見た植民者と植民地民の戦後生活実態比較)」『한일민족문제연구』第 31 号

李淵植외（2018）『책임과 변명의 인질극——사할린한인문제를 둘러싼 한・러・일 3 국의 외교협상（責任と弁明の人質劇——サハリン韓国人・朝鮮人問題をめぐった韓国・ロシア・日本の外交交渉)』채륜

일제강점하강제동원피해진상규명위원회（2006）『강제동원구술자료집第 3 卷——똑딱선 타고 오다가 바다귀신 될 뻔했네（強制動員口述資料集第 3 巻——小舟に乗って死線を越えて)』

임채완・김혜련（2012）「재외국민 참정권시대 재외동포정책 방향모색（在外国民の参政権時代，在外同胞政策の方向模索)」『재외한인연구』第 28 号

정혜경（2004）「특집——해방이후 강제연행 생존자의 사회적응과정（特集——解放以後強制連行生存者の社会適応過程)」『한국근현대사연구』第 29 号

朝鮮銀行調査部（1948）『朝鮮經濟年報』

朝鮮銀行調査部（1949）『經濟年鑑』

朝鮮通信社（1948）『朝鮮年鑑』

駐韓經濟協調處編（1950）『南韓經濟實情』白鳥社

홍성태（2006）「주민등록제도와 총체적 감시사회（住民登録制度と総体的監視社会）」『민주사회와 정책연구』第 9 号

Tai Hwan Kwon（1977）*Demography of Korea.*

第 12 章

残留の比較史
―――日ソ戦後のサハリンと満洲―――

中山大将

はじめに

　日本帝国崩壊後の人の移動に関しては，移動した人々だけではなく移動しな
かった／できなかった人々を対象とした研究も行われてきた。前者を広義の
〈引揚〉研究と呼ぶならば，後者は広義の〈残留〉研究と呼ぶことができよう。
〈中国残留日本人〉をはじめとして，日本帝国崩壊後の残留現象をめぐっては
地域・集団ごとに研究が深められてきた。〈サハリン残留日本人〉についても，
この 10 年ほどの間にパイチャゼ・スヴェトラナや玄武岩，中山大将らを中心
に研究が蓄積されてきた[1]ものの，他地域の残留現象との比較研究が充分に試
みられてきたとは言い難い。それは，サハリンにおける残留現象には他の地域
あるいは異なる時代に起きた残留現象と比してどのような特徴があるのか，と
いう検証を欠いてきたということでもある[2]。
　残留現象全般の比較をめぐっては，これまでも関心をもたれてこなかったわ

---

1 ）サハリン残留日本人の全体像の提示を試みた中山（2019），トランスナショナルの視点
　　からサハリン残留日本人や帰国者を分析した玄（2016），サハリン帰国者二世および三
　　世のアイデンティティ問題について論じたスヴェトラナ（2018）などのほかインタヴュ
　　ー集（玄ほか 2016）がある。
2 ）なお，近現代東アジアにおける境界変動にともなう残留現象の普遍性を考察した研究と
　　して中山（2019）の第 2 章がある。

けではない。たとえば，中国残留日本人を主題とした蘭編（2009a）には比較
の観点から他地域の残留現象に関する論考 5 篇が掲載されている。しかし，同
書全体として比較作業が深められているわけでは必ずしもなく，各地域の残留
現象が数多く論じられている蘭編（2013）においても，論考間の相互参照は必
ずしも深められているわけではない。ただし，杜穎（2010）は中国残留・帰国
日本人とサハリン残留・帰国日本人の直接比較を行なっており，後者と比較す
ることで前者における慈愛に満ちた中国人養父母の存在や日中友好への貢献な
どを指摘している。

　本章では，日ソ戦争[3]後にサハリン[4]で起きた日本人の〈残留〉と〈帰国〉
の特徴を，すでに相当の研究蓄積のある中国残留日本人[5]との比較を通じて明
らかにすることを課題とする。

1　日ソ戦争時の人の移動

　ソ連樺太侵攻は，各地で日本人住民の避難行動を惹起した。この避難行動が
満洲の場合とどのように異なり，それがその後の残留現象にいかに影響したの
かを本節では検証する。

　ソ連樺太侵攻は 1945 年 8 月 11 日以降に本格化し，これにともない日本側の
政・軍連携の下で実施された〈緊急疎開〉がソ連による宗谷海峡の封鎖によっ
て 23 日に停止される。この間，漁船等による〈自力脱出〉も含めて約 9 万人
が北海道へと移動し，その中心は高齢者，女性，子どもであった（中山 2019：
118，152）。ソ連樺太侵攻直前の樺太総人口が 38 万人前後（中山 2019：117，118）

---

3 ）具体的には，1945 年 8 月 8 日のソ連の対日宣戦布告以降に起きた満洲，樺太，千島に
　おけるソ連軍と日本軍の軍事衝突を指す。
4 ）なお，同じく日ソ戦の戦場となった千島列島でも，戦後には日本人住民の引揚や残留が
　発生し，冷戦期をサハリンで過ごす人々も存在していたが，本章ではこれらの人々も含
　めたかたちで論じる紙幅の余裕はないため別稿に譲る。
5 ）本来は，中華人民共和国成立以降，同国実効支配地域の残留日本人全体を指す言葉であ
　るが，本章では主に日ソ戦時に満洲国領内にいた人々を念頭に置いている。

302　第 IV 部　日本帝国圏

と見られることから，2 割超がソ連の占領が始まる前にすでに内地へと移動していたことになる。また北部から南部への避難，内陸部から港湾都市への移動など，島内で大規模な移動が発生していた（竹野 2016：242-244）。この時期には日本人同様に朝鮮人の避難も発生し，北海道まで渡った事例も見られる[6]。

　ソ連満洲[7]侵攻によって，人口が約 155 万人にまで増加していた満洲日本人社会は混乱に陥り，この段階で日本人が中国人家庭に入っていく現象も発生した。猪股（2009：30）によれば，この時期に日本人が中国人家庭に入った経緯は(1)遭難型，(2)困窮型，(3)就労型の 3 つに分類できる。遭難型は主にはソ連満洲侵攻にともなう逃避行の間に，困窮型は逃避行のすえ都市部にたどり着いたもののそこでの困窮から中国人家庭に養子や妻として入った場合を指し，就労型は生活再建の過程で同様に中国人家庭に入った場合を指す。

　中国残留日本人をめぐっては，ソ連満洲侵攻時点で 13 歳未満だった者を「中国残留日本人孤児」，それ以外を「中国残留邦人」，また後者のうち女性に限って「中国残留日本婦人」などという呼び分けがなされ（蘭 2009b：60），特に「残留孤児」はマスメディアでも中国残留日本人の表象として強調されてきた（蘭 2016：4）。

　一方で，サハリン残留日本人については，こうした呼び分けは一般的とは言えない。これは，サハリンでは満洲の場合ほど「孤児」が目立って発生しなか

6）たとえば，ソ連樺太侵攻時に東柵丹に居住していた李炳律（2008：71-72）は，母親が日本人らとともに緊急疎開のために島内を移動したことを記しているほか，ある残留朝鮮人は，ソ連樺太侵攻時に居住地であった上敷香から大泊まで成人男性を除く十数人の親族と移動し，そこから船で稚内，そして江別までいたったと語っている（中山 2019：122-123）。また，緊急疎開を経験した日本人の回想（中澤 2016：15-16）の中でも疎開船に同乗した朝鮮人の存在が言及されているほか，当時北部の初問集落に暮らしていたある引揚者は，避難の際に集落内の朝鮮人世帯も行動を共にしたと語っている（筆者によるインタヴュー，2017 年 11 月，北海道）など，ソ連軍の樺太侵攻の中で朝鮮人の大部分がソ連軍を〈解放軍〉として受け容れていたと考えるに足る証拠は見当たらない（中山 2019：122-123）。

7）本章では便宜上，ソ連軍撤退完了（1946 年 5 月）までの間については満洲国領域を〈満洲〉と呼称し，それ以後については，厳密に言えば領域に相違があるものの，〈中国東北部〉と呼称する。これは，たとえば〈ソ連中国東北部侵攻〉という表現が，ソ連による中華民国ないしは中華人民共和国への攻撃であるという誤解を避けるためである。

ったためと考えることができる。その理由としては，(1) 逃避行の距離と期間
が比較的短く，この時期の死亡率が満洲では 10 ％以上であるのに対して，サ
ハリンでは 1 ％程度にとどまっていた[8]こと，(2) 早期にソ連占領軍が避難民
に対して原地復帰を命令し多くの住民がそれに従ったこと（樺太終戦史刊行会
1973：473-478），(3) 非日本人を含めほぼ全住民が避難活動をしており安定的な
孤児の引き取り手がいなかったことが挙げられよう。

ただし，この時期にサハリンでも家族離散が発生していることは見逃すべき
ではない。上述の通り，緊急疎開の主な対象が老・女・幼であったため，世帯
内の 15 歳以上の男性とそれ以外の世帯員の行動が別々に，しかも相互の状況
がわからないまま，行われてしまった場合が見られるからである。さらには，
時間をさかのぼれば，戦時の応召のほか，1944 年には炭鉱労働者の九州の炭
鉱への配置転換などがすでに起きており，これら樺太を離れていた成人男性世
帯員の樺太への帰還が困難になったため，その他の世帯員との離散が固定化さ
れてしまった（中山 2019：170）。北海道からサハリンへ渡る逆密航は，その実
態には不明なところが多いものの，その中のある程度の部分はこれら離散を背
景としていると推測される[9]。

2　占領から前期集団引揚へ

サハリンではソ連軍が占領政策を開始し，1945 年 9 月には民政へ移行，翌
年 2 月には領有化宣言を行い，日本を占領していたアメリカとの協定に基づき

また，本章では〈中国〉と言う場合は，原則的に中華人民共和国を指す。
8 ）竹野（2016：247）。なお，義勇隊や報国農場を含む開拓団員 27 万人については，うち
約 7 万 2,000 人が避難過程で死亡したとされており（満洲開拓史復刊委員会編 1980：
506-507），約 27 ％という比率になる。また，樺太の死亡率には留萌沖でソ連軍により
撃沈された疎開船の犠牲者も含まれており，領域内での避難行動に限った犠牲者率で計
算すれば，その差はさらに大きくなる。
9 ）注 6 で言及した残留朝鮮人も，江別到着後に成人男性家族との再会を求めて逆密航を行
った（中山 2019：122-123）。

304 第 IV 部 日本帝国圏

日本人の前期集団引揚[10]（1946 年 12 月〜49 年 7 月）が実施される。満洲では当初占領施政を実施していたソ連軍が 1946 年 3 月から撤退を開始し，国民党政府や中国共産党に施政権が移譲され，日本人の前期集団引揚（1946 年 5 月〜49 年 10 月）が実施された。この過程において，両地域にどのような異同があり，それが双方の残留に影響したのかを本節では検証する。

戦後体制下の日本人住民の身分

　ソ連は 1946 年 2 月に南サハリンとクリル[11]の領有を宣言し，同時に樺太旧住民[12]に対する国内身分証（パスポルト）の発行にとりかかった。筆者の残留者に対する調査においては，当初は無国籍であったと本人たちが認識しており，当初に発行されたパスポルトには "БЕЗ ГРАЖДАНСТВА（無国籍）" という印が押され，その後のパスポルトでも民族籍欄には〈日本民族〉ないしは〈朝鮮民族〉と書いてあったという証言があるほか，後述する後期集団引揚・個別引揚およびポスト冷戦期帰国に関する公文書，支援団体内部文書においても，残留日本人が〈日本国籍〉を保有しているとソ連政府が認めている事例は見られない。前期集団引揚や後期集団引揚，個別引揚におけるソ連当局の出国可否の基準は，日本国籍の有無ではなく直接的にはソ連国内身分証の〈民族籍〉にあったと考えるのが妥当であろう（中山 2019：139-141）。

---

10) 以下，〈前期集団引揚〉〈後期集団引揚〉〈個別引揚〉については，厚生省（1977）や既往の中国残留日本人研究の用法に準じる。なお，中山（2019）は，サハリンの「前期集団引揚げ」と「後期集団引揚げ」は，外交上の交渉・決定主体や対象者の相違から両者を区別し，「後期集団引揚げ」を「冷戦期集団帰国」，「個別引揚げ」を「冷戦期個別帰国」と呼び分けて分析を行っている。

11) 〈南サハリン〉は地理的には〈樺太〉に該当し，〈クリル〉は現在の〈北方領土〉を含む千島列島全体を指す。なお，〈南樺太〉という表現は日本帝国期には〈北樺太〉との対比を除いては一般的に用いられていない。戦後のソ連側の公文書では "Южно-Сахалин"（直訳：南サハリン）という表現が一般的に用いられており，〈樺太〉の音訳としての "Карафуто" は会社名など固有名詞を除いては見られず，前者を布告文などで用いた際に〈南樺太〉と翻訳したことから，むしろ戦後に広まった表現であると考えられる。

12) ここで言う〈樺太旧住民〉とは，国籍や本籍地などを問わずソ連樺太侵攻以前に樺太に居住していた人々全体を指す。〈サハリン旧住民〉という表現を用いないのは，日ソ戦以前からソ連領であった北サハリンの住民との混同を避けるためである。

中国東北部において国民党政府は 1947 年 10 月の「日本人入籍処理瓣法」により，中華民国籍男性と婚姻した日本人女性に中華民国籍の取得申請義務を定めていたものの，当時は外国人の帰化が暫時停止されており，共産党側も日本人の国籍をめぐって明確な政策を打ち出していたわけではなかった（南 2009b : 123-124）。中華人民共和国が領内の外僑（外国人）の実態調査を本格的に実施して居留証の交付を実施したのは，1954 年の公安部通達「全国における外僑の総調査に関する指示」以降であるが[13]，この際には，すでに中国国籍が認められていた残留日本人孤児や中国人家庭の養子になっていた日本人孤児は外僑の対象外とされた。1959 年以降は外僑の中国国籍取得基準を緩和していったが，帰国願望をもつ残留婦人の中国国籍取得は進まなかったとされる（趙 2016 : 431-438）。

前期集団引揚

1946 年の米ソ引揚協定によるサハリンの前期集団引揚が始まる同年 12 月以前に，ソ連による逮捕撃沈の危険を冒しながら自力でサハリンから北海道沿岸へと移動していた人々が約 2 万 4,000 人おり，これは前述の自力脱出と区別して〈密航〉と呼ばれる（中山 2019 : 119）。引揚開始までにサハリンから北海道へ密航した住民は旧樺太住民全体の 1 割未満であり，大多数は前期集団引揚を待った。しかし，ソ連施政下ではサハリン内でさえ移動や通信の手段が不充分であったので，すでに就業年齢に達していたにせよ，別の地区に住んでいた親が機を見て密航してしまったために身寄りを失う若年層も発生する[14]など，家族離散が進行した。サハリンの前期集団引揚では約 30 万人が本国へ帰還した（中山 2019 : 121）。

サハリンの前期集団引揚終了時点で，約 1,500 人程度の日本人，約 2 万

---

13) ただし，中国東北部居住の朝鮮人については，1948 年 8 月に出された中共延辺地方委員会「延辺民族問題に関して」により，戸籍や財産のある者を「公民」，臨時往来者や戸籍のない者を「僑民」と定め，前者は後に成立する中華人民共和国の構成員とされ「中国朝鮮族」となり，後者は「外国人」として遇されていた（李海燕 2013 : 518-519）。

14) 中山（2013）の残留日本人 A がこの例にあたる。

306 第 IV 部 日本帝国圏

3,000 人の朝鮮人がサハリンあるいはソ連領内に居住しており（中山 2013：751-752），樺太先住民族の最大集団である樺太アイヌもそのほとんどが日本人とともに引揚を行っていた（田村 2008：463）。1949 年頃まで朝鮮民主主義人民共和国への朝鮮人の送還も検討されていたが，サハリン内の労働力需要と朝鮮戦争勃発から実現しなかった（ディン 2014）。1949 年 7 月の前期集団引揚終了時にサハリンに居住していた樺太旧住民の大部分は朝鮮人であり，米ソ引揚協定の対象に含まれていなかったことがその原因であった。このことはサハリン残留日本人の発生に大きく影響した。

　サハリン残留日本人は大きく分けて，(1) 朝鮮人世帯の世帯員，(2) 熟練労働者，(3) 前期集団引揚終了後に抑留・拘留を解除された者，の三種に分けられる（中山 2019：137）。家族離散は前期集団引揚開始後も発生していた。密航期と同様に，他の家族と異なる地区に暮らしていたために他の家族の引揚から取り残されて身寄りを失う若年層が発生したほか，前述のように，戦時応召や炭鉱労働者の配置転換，緊急疎開による世帯離散もすでに発生していた。このように身寄りを失った場合以外でも，結婚適齢期の日本人女性と朝鮮人男性の世帯形成が進んでいた。前期集団引揚では朝鮮人が除外されていたため，こうした日本人女性の中には新しい世帯での残留を選ぶ者が現れ，(1) に類する人々が発生した。

　ただし，(1) についてはこのように戦後に形成された朝日世帯が大半を占めているという認識が広く見られる[15]が，サハリン残留日本人女性の約 2 割がすでに日本帝国期から朝鮮人となんらかの世帯関係をもっていたと推計できるうえ（中山 2013：751），戦後に世帯形成をした場合も，日本帝国期からすでに同郷・同僚などの形で知り合いであった事例が見受けられる。これは，樺太では日本人と朝鮮人の居住区や労働市場などが重なっており[16]，同郷・同僚・同窓

---

15) 厚生省（1977：107）など。

16) もっとも，日本人同士でも生活空間が重なり合っているとは限らないことは看過すべきではない。父親が樺太庁に勤め，ソ連樺太侵攻時に豊原中学校に在学していたある緊急疎開者は，親の意向で当時の自身の活動範囲が官舎と学校周辺にのみ限定されていたことを回想しており，〈民族〉だけではなく〈階級〉による生活空間の分離が発生していたことを示唆している。

関係が広く見られた（中山 2013：743-744；中山 2015：16-18）ことに起因している。

　一方で，満洲では農村部でも都市部でも民族ヒエラルキーが存在し，日本人とそれ以外の人々との生活空間は必ずしも重なり合っていなかった。たとえば，1939 年に入植した泰阜分村大八浪分村開拓団は，現地住民を立ち退かせて入植地を確保したうえで武装して集住し，後には雇用労働力として現地住民を雇い入れ，労使関係を築いていた（今井 2018：146-147）。佐藤（2016：192）が，大連出身の日本人たちが 1980 年代以降に始めた往時の大連市街図の作成を「日本人に限定された記憶の集積であり，それ以外の人びとの記憶が忘却される過程」と評しているように，都市部においても日本人とそれ以外の人々とのあいだで生活空間は重なり合っていなかった。

　サハリン前期集団引揚では，日本人民間人でありながら，引揚を不許可とされた人々がおり，これらの人々も残留を強いられた。これが⑵の人々である。具体的な事例を見てみると，中国大陸，台湾，朝鮮半島などで見られたような工場技師や大学教員など高度技術者の〈留用〉というよりも，現場の監督者の裁量で引揚許可を先延ばしにしているうちに引揚が終了してしまったというのが，実態のようである（中山 2019：233-235）。女性がその代表として表象されがちなサハリン残留日本人であるが，実態としては女性はその 6 割であり，成人男性も一定程度存在しており，これらの中にはこうした熟練労働者が含まれていると推測される。また，後述する後期集団引揚も，これらの人々のみを対象にしていたわけではなく，後期集団引揚世帯の約 7 割は⑴に類する世帯であったと推計できる（中山 2019：170）。この点も中国の後期集団引揚とは異なっている。

　猪股（2009：36）は，中国東北部において前期集団引揚に加われなかった約 4 万人の日本人の主な事情として⑴情報不足，⑵中国人による妨害・説得，⑶家庭的・経済的事情をあげている。これはサハリンの場合，前期集団引揚だけではなく，後期集団引揚とその後の個別引揚についてもあてはまる（中山 2019）。

3 冷戦期からポスト冷戦期へ

　1949 年 7 月の前期集団引揚終了以降，サハリンに居住する日本人の日本との往来の機会はほぼ失われたに近かった。しかし，国交正常化などの国際関係の変化を契機に往来の機会が増し，ポスト冷戦期においては移動の一般性，双方向性，往還性も拡大していく。この流れ自体は中国東北部の日本人についても共通するものの，実態においては相違点が存在している。これらの点を明らかにすることで，残留者の国際比較を試みる。

国籍問題

　冷戦期において日本国政府は，サハリン残留日本人について基本的に日本国籍を喪失していないという立場をとっているものの，ソ連や北朝鮮の国籍を取得していない者がソ連国内で無国籍者扱いされているという認識があることは公文書や支援団体刊行物[17]からも明らかである。すなわち，サハリンの後期集団引揚や個別引揚，ポスト冷戦期帰国において，ソ連国内で無国籍者扱いを受けている者でも日本帝国期の内地籍が確認できる場合は，日本国内で日本国籍者扱いが可能であると日本国政府は認識しており，日本国以外の国籍（ソ連／ロシア，北朝鮮）をすでに取得している場合も，その離脱を表明している者の帰国は問題となっていない（中山 2019 : 170）。国籍取得の状況に目を向けると，1984 年時点のある資料によれば，名簿に記載されたサハリン残留日本人 143 人中女性は 92 人で，そのうち 31 人が北朝鮮国籍を有しているという情報があり（中山 2013 : 757），これらは朝鮮人世帯員あるいは自身の判断で北朝鮮国籍を取得した人々であった。2000 年以降のロシア国内居住者についてはほぼ全員がロシア国籍を有しているという状況（中山 2013 : 764）であった。

　婚姻による国籍の変更についても，サハリンの後期集団引揚開始の段階にお

---

　17) たとえば，小川（2005 : 122）はポスト冷戦期一時帰国開始時の日本国政府に対する「帰国手続き」の概要の中に「ソ連籍か無国籍で処理（担当）が違う。北朝鮮籍は認められぬ。」と記している。

いて，日本国政府は実質的な世帯形成の時期を問わずソ連発行の婚姻証明書は無効とし，事実婚（「内縁」）として扱った（中山 2019: 291）。これはソ連発行の婚姻証明書を有効とした場合，サンフランシスコ講和条約の影響で，朝鮮人と婚姻関係にある日本人女性が日本国籍を失う可能性があったからである。ただし，ポスト冷戦期帰国においては，日本帝国期に朝鮮人男性との法定婚により朝鮮籍へ転籍した女性は日本国籍を喪失したものと見なされ，実際に永住帰国が認められなかった事例が見られる。

　日本国政府の入国の可否基準は，一貫して本籍地が樺太を含む「内地」であるか否かであった。このため，サハリンの後期集団引揚においては，戸籍を基準とする日本国政府と民族籍を基準とするソ連政府との間で対象者の範囲に齟齬が発生し，自称日本人朝鮮人問題という形で表出した（中山 2019: 210）。

　中国残留日本人について中国政府は，「日僑」「中国籍日本人」「日本人孤児」を「三種人」と呼び，1973 年 10 月にはこのいずれかに該当する者に対しては戦後初めての，日本への一時帰国のための経費を援助するという通知を出した（趙 2016: 438）。冷戦期における日本国政府，ソ連政府の基準に照らせば中国側の対応は柔軟とも言え，2009 年 1 月時点の日本国厚生省の統計でも日本国政府側の認定残留孤児は 2,815 人で，うち 2,529 人が日本に永住帰国を果たしているのに対して，2000 年時点の中国当局の統計では東北地方の残留孤児は3,768 人とされており，張（2013: 785-786, 801）はこの差を，中国政府が認めても日本国政府が認めていない場合があるためと説明している。

　ポスト冷戦期のサハリン残留日本人永住帰国者の場合，日本国籍の回復にあたっては，国籍証明や就籍などの方法が採られ，なかでも就籍が多数派であるとされ，戦時死亡宣告の取り消しが一般的なわけではない[18]。一方で，中国残留日本人の場合，「「戦時死亡宣告」（一九五九年）に象徴的なように，中国に残った日本人たちは中国人と結婚したりその養子になって日本国籍を離脱したということで，また生死の確認が出来ないということで，日本という国家から排除されていった」（蘭 2009b:（47））とされ，とりわけ「戦時死亡宣告」が大き

18）筆者による小川峽一氏（元・日本サハリン同胞交流協会事務局長）への聞き取り調査による（2014 年 6 月，東京）。

310 第 IV 部 日本帝国圏

な問題として認識されている。

　また，日本国政府は1950年代末以降，中国人と婚姻した日本人女性に対する「自己意思残留認定」を，積極的に進めたとされている（南 2009a：126-128）が，外交資料を見る限り，サハリンの場合には同時期にそうした措置が積極的に進められた形跡は見られない。ただし，1965年以降サハリン帰国者の受け入れに日本国政府は消極的となり，1988年には国会答弁で厚生省援護局課長が「自己意思残留論」を持ち出している[19]。この自己意思残留論はその後のポスト冷戦期帰国運動に対する大きな障壁となった（中山 2019：225-226, 297）。

冷戦期の移動

　1957年から59年にかけて行われたサハリンからの後期集団引揚およびその後に実施された個別引揚によって，日本人884人，その朝鮮人家族1,839人が日本へと帰還した[20]が，1977年以降，日本への個別引揚は途絶えた。ただし，個別引揚のピークは日本国政府が個別引揚に消極的になった1965年であり，その後は毎年1〜2世帯程度であった。また，1950年代末から60年代前半にかけて朝鮮民主主義人民共和国政府はサハリン朝鮮人の同国への帰還や国籍取得を促進し，これをうけて移住や国籍取得に踏み切るサハリン朝鮮人が多く現れると，朝鮮人世帯員の国籍変更にともなって残留日本人が同国国籍を取得したり一緒に同国へ渡る事態も発生していた（中山 2013：757）。

　中国東北部では後期集団引揚（1953年3月〜58年7月）により，戦犯や留用者を中心に日本人の本国帰還が行われたが，その後も中国国内に残り続ける日本人が約1万人いた（猪股 2009：3-4, 29-37）。なお，日ソ戦前の両地域の日本人人口[21]のうちに前期集団引揚終了後の日本人人口の占める割合は，中国東北

19）国会会議録「第113回国会衆議院 沖縄及び北方問題に関する特別委員会（3号）（1988年12月14日）」。
20）中山（2019：168）。ここには，「旧軍人」（17人），「抑留漁夫」（38人）は含んでいない。また，ここで挙げた〈朝鮮人〉の人数は正確には「外国籍」者の人数であり，日本人世帯の世帯員として帰国した先住民族などもこの「外国籍」に分類されているのかは不明である。
21）ここでは，戦後に形成された世帯に生まれた人々は含めていない。

部が 2.60 ％，サハリンが 0.39 ％，後期集団引揚終了時については，0.65 ％と 0.21 ％であり，中国東北部のほうが数倍大きいが〈桁違い〉ではない。1972 年の日中国交正常化を契機に，民間団体の尽力などにより中国残留日本人の永住帰国が実現した。蘭（2016：7-10）は，1972 年以降の中国からの永住帰国を「初期：1972〜84 年」「本格期：1985〜91 年」「後期：1992〜2002 年」「終息期：2003〜2012 年」の 4 つに画期し，各期の規模や動機，傾向などを分析しているが，サハリン残留日本人研究では残念ながらいまだこれに比肩する深さの分析は提示されていない。

　冷戦期について移動という観点から比較すると，(1)サハリン後期集団引揚においては残留日本人側から問い合わせや要望があったにもかかわらず，公的支援を受けた一時帰国は公式には実現しなかった[22]のに対して，同時期に中国残留日本人は天津協定により一時帰国が可能であった，(2)サハリン後期集団引揚では非日本国籍者家族の日本入国が許可されたのに対して，中国の後期引揚では男性非日本国籍者の入国が困難とされ，そのことが残留者発生の重要な要因になった，(3)サハリン残留日本人の個別引揚とポスト冷戦期帰国の間に 15 年ほどの断絶があったのに対して，中国残留日本人の場合，日中国交正常化以降，ピークはいくつかあるものの帰国者が続いた，という点で大きく異なっている。以下，これらの相違点について詳しく論じる。

　中国残留日本人の場合，上述の通り，1956 年 5 月 29 日の天津協定に基づき主に「婦人」の一時帰国が実現したものの，その後 1 年間のうちに一時帰国した日本人女性 1,009 名のうちそのまま永住帰国へと移行した者は 110 名だけであった。その主な理由は，第一に中国籍の夫の呼び寄せが困難であり世帯離散を避けようとしたこと，第二に当時の日本社会での定着が困難であったこと，と考えられている（南 2009a：51, 59）。この困難さには当然ながら就労問題や，戦後 10 年，それ以前の生活も入れればさらに長い日本内地社会経験の空白に

---

22) なお，この時期にあっても日ソ間の民間人の移動それ自体が原則不可能であったわけではないので，実際に個人的に一時帰国を果たしている事例は散見される。ただし，日本国政府からは入国許可，ソ連政府からは出国許可を得る必要があるほか，旅費の工面も必要であるため，実現した数は限られていた。

312　第 IV 部　日本帝国圏

よる社会適応の問題などもあろうが，「中国人の家庭に嫁いだことは，戦時中の理想的な「日本人像」に対する裏切りとみなされていた」（南 2009a：51）という，戦後日本社会自体が有していた社会的風潮の存在を無視してはならないであろう。冷戦期のサハリンの場合も，朝鮮人と世帯形成した者については必ずしも戦後日本社会や日本の家族に歓迎されていたわけではなかった（中山 2019：219, 221）。

　サハリンからの第 1 次後期集団引揚（1957 年 8 月）[23]では，在日朝鮮人同様に法律第 126 号 2 条 6 項を適用して朝鮮人家族の入国を許可した（中山 2019：166）ものの，これは特例措置とも呼べるものであったため日本国政府は消極的であり，国会で追及されると当時の厚生大臣堀木鎌三は「日本側がソ連側に対し日本人の帰国を促進しておりまする立場から，一応この結婚を現地で引き離して，日本人だけ受け取るというのは，非常に人道上の見地から好ましくない」[24]と答弁している。

　外務省資料を見ても，サハリン後期集団引揚にあたって，その数年前に実施された中国後期集団引揚に関する言及が現れることはなく，両者の公平性の観点からの懸念あるいは反省に基づく制限の緩和が行われた形跡は見られない。外国籍世帯員を同伴させるかたちでの帰国の可否に差が生じたことの背景としては，(1)シベリア抑留者の送還を人道上の問題として国際舞台で追及し実施させ，その延長上でサハリン後期集団引揚も実現した以上，ソ連側からの人道上の問題追及が起きかねない措置はとれなかったこと，(2)同じ外国籍者でも中国人やソ連人と異なり，朝鮮籍者の場合，旧日本帝国臣民という法的身分に基づく特別な在留措置が可能であったことが考えられる。

　その後，サハリン残留日本人の個別引揚とポスト冷戦期帰国のあいだに断絶が生じた背景としては，帰国条件を備えていた人々が大方帰国してしまったこと，日ソ両政府が消極的になっていたこと，さらに 1970 年代中盤には韓国への帰国を希望した都万相や日本への帰国を希望した梅村秀子らがソ連当局によって北朝鮮への強制的移住を強いられるという事件が発生し，残留者の帰国希

---

23)「ソ連・樺太地域」としては第 12 次に相当する（厚生省 1977：108）。
24)「第 27 回国会参議院 社会労働委員会（6 号）」（1957 年 11 月 12 日）日本国国会会議録。

望の表明自体がリスクを負う行為になっていたことが挙げられる（中山 2019：270）。

　後期集団引揚および個別引揚の日本人たちには，帰国後に集団的な帰国促進運動などを起こす動きは見られず，前期集団引揚者や自力脱出・密航者などを主要な構成主体とする引揚者団体も，シベリア抑留された旧要人のソ連地域第11次後期集団引揚（1956年12月）による送還完了をもってソ連領内未帰還者集団問題が終結したと考え，日ソ国交正常化交渉に応じて領土返還運動に傾斜するなど，以後冷戦期において残留日本人の帰還をめぐる目立った社会運動は形成されなかった。しかし，その一方で，冷戦期帰国日本人女性の朝鮮人夫たちの中からは残留朝鮮人の帰還促進運動が発生した。この樺太帰還在日韓国人会の活動は日韓両国でサハリン残留朝鮮人問題の存在の社会的認知度を高めることとなり，1970年には韓国で「樺太抑留同胞帰還促進会」（のちの「中ソ離散家族会」）が発足，1975年にはサハリン残留朝鮮人を原告，日本国政府を被告とした「樺太裁判」が日本で始まるなど日本や韓国の社会にも影響を与えた（中山 2019：190-192）。

ポスト冷戦期の移動

　1989年にサハリン州の外国人立入禁止区域指定が解除され，一般の日本人もサハリンへの入域が可能となり，本国との交流が活発化したことで，民間支援により1990年には残留日本人の一時帰国が，翌1991年には永住帰国が再び実現した。さらにその後，サハリン残留日本人およびその家族の日本への永住帰国（ポスト冷戦期帰国）が実現し，50名を超える残留日本人と200人近い家族が永住帰国を果たした（中山 2019：129, 150）。サハリン帰国者も中国帰国者と同様，中国残留邦人等帰国促進・自立支援法の適用を受けている[25]。

　サハリン残留者のポスト冷戦期一時帰国においては，初期の一時帰国が第一世代の望郷や離散家族との再会などを主要な動機としていたのに対して，次第に子世代，孫世代の日本への興味が一時帰国の主要動機になっているような事

25）日韓におけるサハリン帰国者への支援の詳細については，玄（2016：281-287）。

314　第 IV 部　日本帝国圏

例も見られる[26]。ただし，永住帰国に関しては，介護問題や子世代，孫世代の日本社会への適応の困難さが予見されており，むしろ子世代や孫世代が第一世代の永住帰国に消極的態度をとるほうが一般的であると考えられる（中山 2013：764）。ポスト冷戦期帰国者においても望郷だけではなく，ソ連崩壊後の社会不安が複合的動機を形成する（中山 2013：765）など，機会主義的な側面が見られないわけではない。

　蘭（2009b：(40)）は，1970・80 年代の中国残留日本人の帰国が「望郷等を動機とする」「主体的な帰国」であったのに対し，1990 年代以降は中国国内の改革開放やグローバル化の影響を受け「ライフチャンスを目指す子世代や孫世代にせがまれての帰国へと転じていった」とする。しかし，サハリン帰国者の場合はこのような傾向が顕著であるとは言えない。

日本社会の中の帰国者

　サハリン残留日本人は，帰国者を含めても絶対数が少なく，隣接地域である北海道などを除けば社会的な関心の的にはほとんどなっていない。一方，1994 年時点で，中国国内には永住帰国を希望する中国残留日本人が約 2 万 5,000 人おり，同年の中国残留邦人等帰国促進・自立支援法以後は身元判明の条件が緩和された（大久保真紀 2009：304）。統計上，残留孤児については 91％が帰国しており，中国帰国者は，残留孤児 2,556 人，残留婦人 4,157 人とその家族含め総計 20,891 人とされ，さらに呼び寄せ家族も考慮するとその総数は 15 万人前後と推計されている（蘭 2016：6）。中国帰国者の増大にともない，本人や呼び寄せ家族の偽装，生活保護費の不正受給問題など，中国帰国者の負の側面も懸念されるようになり，アウトロー化する中国帰国者の次世代の表象が日本社会に登場していることも指摘されている（大久保明男 2009：362-365）。

　先述の中国残留邦人等帰国促進・自立支援法は 2007 年に改正されているが，この背景には 2002 年以降に中国帰国者を原告とした各地の国家賠償請求集団訴訟があった。原告である中国帰国者たちは，1980 年代以降に帰国している

26）2011 年から 16 年にかけての，筆者による帰国支援団体（日本サハリン同胞交流協会，日本サハリン協会）への聞き取りによる。

ため老後を迎えた際に年金などの社会保障を充分に享受できないことへの不安を当時強めており，そのことが訴訟の動機となったとされる（大久保真紀2009：287-290）。ただし，この訴訟に対しては，日本人支援者，特に早期から積極的に関わってきた人々との間で温度差が生まれ，「自分たちのやってきたことが否定されたように感じたボランティアがいた」（大久保真紀 2009：286）と言われている。蘭（2016：15）は，上記訴訟への参加者が少なかった長野県下伊那の事例を基に，ここに支援者側のパターナリズムの危険性を見出している。つまり，下伊那では「中国帰国者と地域社会との関係がとりわけ深く」，「熱心な支援者が嫌がる訴訟に参加することは出来なかった」というのである。また，このパターナリズムは訴訟への参加・不参加に限らず，帰国者への同化主義的な対応や，高校や大学への進学を「贅沢」とするような支援者の認識によって，中国帰国者を「サイレント・マジョリティ」に追い込んでいたと蘭は指摘する。

　サハリン帰国者については，残念ながら，蘭のように早期から関わり継続的に研究と発信を続けている研究者がおらず，筆者も含めて，実体験としては2010 年代以降の動向しか把握できていない。しかし，その限りにおいて，サハリン帰国者からは上記のような訴訟の動きは確認できず，支援者側の中にはむしろ，非自立世帯の自動車所有制限や大学院進学制限などを不当とする認識も広く見られた。また，そもそもポスト冷戦期永住帰国が本格化するのは1990 年代以降であり，永住帰国者の多くは老齢であったが永住帰国後の算段をつけてから帰国していることからこうした訴訟への関心は薄かったと考えられるほか，「孤児」が少なく帰国者本人の多くが日本帝国期の日本社会を経験し，日本語や日本式の所作を身に付けており，「同化」の圧力をさほど感じていなかったとも考えられる。しかしながら，サハリン現地の日本人団体において，また帰国後は日本の支援団体側において重要な役割を果たしてきたあるサハリン残留日本人が「わたしたちは，日本に来てお世話になっているような関係ですから，あまり主張できない立場ですけれども」（日本サハリン協会編2015：204）と発言していることに対しては，日本社会全体のパターナリズムというものを見出しうるかもしれない。

〈記憶〉をめぐって

　呉（2009：171-173）は，研究も含めた中国残留日本人問題への視点のあり方の問題点として，(1)過剰な同情，(2)養父母などへの配慮の欠如，(3)中国に定着した中国残留日本人への配慮の欠如を挙げているが，これは同時に，中国残留日本人に対する日中間の一般的な関心のもちようにおける差異を反映しているとも言えよう。冒頭で挙げた杜（2010）も，サハリン残留・帰国日本人と中国残留・帰国日本人との比較を通じて，後者における慈愛に満ちた中国人養父母の存在や日中友好への貢献を強調している。「中国残留日本人」は，中国においては，ナショナル・ヒストリーや外交の〈語彙〉に含まれている。

　その象徴が，「日本人公墓」や「和平友好記念碑」そして「中国養父母公墓」などが建立されている「方正県日中友好園林」である。趙（2016：475-495）は「記憶の場」という観点から同園を，「多くの日本人の開拓関係者にとってこの場所は犠牲となった家族・親族・同志を想起する場であり，満洲開拓による大きな犠牲の象徴の場」であると同時に，中国側にとっては「日本による侵略の歴史的記憶を記憶する場，そしてこの地区の青少年に対し愛国教育を実践する場」「残留婦人や残留孤児を養い育てたという中国人の寛容さを示す場」であるとしたうえで，「そのような満洲開拓をめぐる両者の歴史認識のずれを日中平和友好という回路につなげ，未来を模索する場である」と論じている。

　一方で，サハリンにおいては，「日本人公墓」や「和平友好記念碑」にあたる慰霊碑類は各地に建立されているものの，「中国養父母公墓」にあたるような慰霊碑は見当たらない[27]。これは，サハリンでは戦後に日本人孤児を朝鮮人やロシア人が保護・養育するような事例が，皆無であったと言い切ることはできないものの，その数は圧倒的に少なく，事例としても言説としても日本人「孤児」「婦人」を養育・保護したという〈記憶〉がまったく形成されてこなかったためと考えられる。中国残留日本人がシベリア抑留者同様に国家外交レヴェルの案件として扱われたのに対して，サハリン残留日本人がそのような形で日ソ／ロ双方の社会に認知されることはなかったと言える。

27）筆者によるサハリンにおける日本人，朝鮮人，先住民民族の慰霊碑・記念碑と日ソ戦関連記念碑の調査（2009年，2012年，2016年）による。

おわりに

　本章では，日ソ戦後のサハリンにおける日本人の残留と帰国について，中国残留日本人との比較を通して，その特徴について明らかにすることを課題とした。以下，比較によって得られた知見について振り返ったうえで，残留の比較史研究の意義と可能性について検討しておきたい。

　第一に，国際関係や法制度上の問題だけではなく，(a)情報不足，(b)世帯員を含む非日本人関係者による妨害や反対，(c)経済的・家庭的事情などが，サハリン残留日本人と中国残留日本人に共通する残留の要因としてみられる。

　第二に，中国残留日本人については，「孤児」が人数としても表象としても大きな比重を負っていたが，サハリン残留日本人についてはそれがあてはまらない。この理由として，サハリンでは日ソ戦時の混乱や被害が比較的短く甚大ではなく，日常の回復が相対的に早かったことが挙げられる。

　第三に，サハリンの前期集団引揚（1946〜49年）および中国の前・後期集団引揚（1946〜49年・1953〜58年）では，夫などの〈外国籍〉成人男性世帯員の出入域が認められなかったことが残留の要因になった点は共通している。ただし，中国残留日本人の場合は現地の中国人との世帯形成が主に戦後に発生していたのに対して，サハリン残留日本人の場合はすでに日本帝国期に朝鮮人と世帯形成をしていたと思われる人々が2割程度存在すると推計されており，この相違は日本帝国期における両地域の民族間関係のありようの違いから理解できる。

　第四に，数年先行していた中国の後期集団引揚では〈外国籍〉成人男性世帯員の日本入国が困難であったのに対して，サハリンの後期集団引揚では可能であった。同時期に中国からは残留日本人の一時帰国が並行して実施されていた一方で，サハリンでは原則的には実現しなかった。日本国政府の対応には地域間の差異があった。ただし，冷戦期に日本社会自体が〈外国籍〉男性世帯員の入国を必ずしも歓迎していなかった点は共通している。

　第五に，1972年の日中国交正常化以降，中国帰国者が恒常的に発生してい

318 第IV部 日本帝国圏

た一方で，1956年の日ソ国交正常化以降，後期集団引揚が実施された後，1959年以降は個別引揚に切り替えられて毎年1〜2世帯程度が帰国したものの1977年以降には途絶し，サハリンからの永住帰国が再開する1991年までの間の断絶が存在していた。

　第六に，日本国政府が中国残留日本人に対する「自己意思残留認定」を1950年代末以降積極的に進めたとされる一方で，サハリン残留日本人に対しては，1965年以降日本政府国内で受け入れに関して消極的意見が見られ，「自己意思残留論」が公式に持ち出されるにいたるのは1980年代末のことであり，時期にずれが見られた。

　第七に，日本社会において，残留が〈戦争の悲劇〉として認識され，同情や支援の対象として見られてきた点では共通しているものの，中国帰国者に見られた国家賠償請求集団訴訟のような運動や，偽装日系人問題，アウトロー化という負のイメージの形成は，サハリン帰国者に対してはほとんど見られない。

　第八に，中国社会において，中国人養父母の存在や日中友好への貢献などを通じて中国残留日本人を中国の道徳的優位性や日中外交の表象と見なす〈記憶〉が形成された一方で，サハリンにおいてはそのような現象は見られない。

　サハリン残留日本人の最たる特徴としては，第二の点（「孤児」の少なさ）が挙げられる。この点は，第七，第八の点や，あるいは第六の点にも通じていると考えられる。また，第三の点（日本帝国期の朝鮮人との世帯形成）も重要な特徴であり，〈残留〉がしばしば言われるような〈戦争の悲劇〉としてのみ理解されるべきものではなく，日本帝国期との連続性の中で理解されるべきものであることを示してくれる。また，この点は第二の点とも関連していると思われる。なぜならば，ソ連満洲侵攻後の避難行動がかくも悲惨なものになったことには，ソ連の軍事行動だけではなく民族間関係も反映していると考えられるからである。

　本章では紙幅の関係から，どのように残留という現象が生まれ，どのような日本への帰還の機会が生まれたのかという基礎的事項について比較するにとどまり，文化やアイデンティティ，帰国者二・三世の現状の比較はほとんど行えなかった。しかし，蘭（2016：7）が，残留者や帰国者を「戦後処理という言葉

でのみ表現することは，そのコロニアル，ポストコロニアルな側面を捨象しかねない」と指摘するように，当事者の〈生〉を含めた比較が今後要されよう。そしてまた，日本帝国という文脈から「植民地主義」（玄 2016）や「ポストコロニアル」（蘭 2016）などの観点で中国やサハリンの残留日本人を位置付けるだけではなく，これらの人々の経験を東アジア地域における社会主義体制下の，しかも当事者自身が日本帝国期やポスト社会主義，現代日本という比較軸をもつ人々の，マイノリティ経験として位置付けて比較し，理解していくことも可能なはずであり，それはヨーロッパにおける東側諸国において同様のマイノリティ経験をした人々との比較から，社会主義という人類史上の経験を再検証することにも益するはずである。東アジアにおいては，ヨーロッパと異なり民主集中制を堅持する国家が存続しており，〈社会主義〉が決して過去ではないことを考えればなおさらであろう。その場合，本章では紙幅の関係で言及しきれなかったサハリン残留朝鮮人や中国朝鮮族も重要な参照項となるはずである。

参考文献

蘭信三編（2009a）『中国残留日本人という経験——「満洲」と日本を問い続けて』勉誠出版

蘭信三（2009b）「課題としての中国残留日本人」蘭信三編『中国残留日本人という経験——「満洲」と日本を問い続けて』勉誠出版

蘭信三編（2013）『帝国以後の人の移動——ポストコロニアリズムとグローバリズムの交錯点』勉誠出版

蘭信三（2016）「多様化する中国帰国者——ポストコロニアリズムとグローバリズムの交錯点」『コスモポリス』No. 10

猪股祐介（2009）「満洲農業移民から中国残留日本人へ」蘭信三編『中国残留日本人という経験——「満洲」と日本を問い続けて』勉誠出版

今井良一（2018）『満洲農業開拓民——「東亜農業のショウウィンドウ」建設の結末』三人社

大久保真紀（2009）「中国帰国者と国家賠償請求集団訴訟」蘭信三編『中国残留日本人という経験——「満洲」と日本を問い続けて』勉誠出版

大久保明男（2009）「「中国残留孤児」のイメージと表象」蘭信三編『中国残留日本人という経験——「満洲」と日本を問い続けて』勉誠出版

小川岬一（2005）『樺太シベリアに生きる——戦後 60 年の証言』社会評論社

樺太終戦史刊行会編（1973）『樺太終戦史』全国樺太連盟

呉万虹（2009）「中国残留日本人の中国定着」蘭信三編『中国残留日本人という経験——

320　第 IV 部　日本帝国圏

「満洲」と日本を問い続けて』勉誠出版

厚生省援護局編（1977）『引揚げと援護三十年の歩み』厚生省

佐藤量（2018）『戦後日中関係と同窓会』彩流社

竹野学（2016）「樺太からの日本人引揚げ（1945〜49 年）——人口統計にみる」今泉裕美子
　　ほか編『日本帝国崩壊期「引揚げ」の比較研究——国際関係と地域の視点から』日本
　　経済評論社

田村将人（2008）「樺太アイヌの〈引揚〉」蘭信三編『日本帝国をめぐる人口移動の国際社会
　　学』不二出版

趙彦民（2016）『「満洲移民」の歴史と記憶——一開拓団内のライフヒストリーからみるそ
　　の多声性』明石出版

張嵐（2013）「〈異国〉を〈祖国〉として——今も中国で生きる残留孤児」蘭信三編『帝国
　　以後の人の移動——ポストコロニアリズムとグローバリズムの交錯点』勉誠出版

ディン・ユリア（2014）「戦後処理における未解決の問題——南サハリン朝鮮人の送還問題
　　（1945〜1950 年）」『北海道・東北史研究』第 9 号

杜穎（2010）「関于日本遺孤与中国養父母的関系問題——兼対中国日本遺孤与俄薩哈林日本
　　帰国者作比較研究」『西伯利亜研究』第 37 巻第 6 期

中澤恵美子（2016）『樺太からの引き揚げ』北海道機関誌印刷所（自費出版）

中山大将（2013）「サハリン残留日本人」蘭信三編『帝国以後の人の移動——ポストコロニ
　　アリズムとグローバリズムの交錯点』勉誠出版

中山大将（2015）「サハリン韓人の下からの共生の模索——樺太・サハリン・韓国を生きた
　　樺太移住韓人第二世代を中心に」『境界研究』第 5 号

中山大将（2019）『サハリン残留日本人と戦後日本——樺太住民の境界地域史』国際書院

日本サハリン協会編（2015）『樺太（サハリン）の残照——戦後 70 年近藤タカちゃんの覚
　　書』日本サハリン協会

パイチャゼ・スヴェトラナ（2018）「サハリン帰国者の若い世代の自己アイデンティティと
　　言語使用・学習に関する考察」『移民研究年報』第 24 号

玄武岩（2016）『「反日」と「嫌韓」の同時代史——ナショナリズムの境界を越えて』勉誠
　　出版

玄武岩／パイチャゼ・スヴェトラナ，後藤悠樹（写真）（2016）『サハリン残留——日ロ韓
　　百年にわたる家族の物語』高文研

満洲開拓史復刊委員会編（1980）『満洲開拓史』全国拓友協議会

南誠（2009a）「想像される「中国残留日本人」——「国民」をめぐる包摂と排除」蘭信三
　　『中国残留日本人という経験——「満洲」と日本を問い続けて』勉誠出版

南誠（2009b）「「中国帰国者」をめぐる包摂と排除——国籍と戸籍に注目して」『国立民族
　　学博物館調査報告』第 83 号

李海燕（2013）「中華人民共和国の建国と「中国朝鮮族」の創出」蘭信三編『帝国以後の人
　　の移動——ポストコロニアリズムとグローバリズムの交錯点』勉誠出版

李炳律（2008）『サハリンに生きた朝鮮人』北海道新聞社

第 12 章 残留の比較史 **321**

関連事項年表

年	サハリン残留日本人		中国残留日本人	
1905	11 月　ポーツマス条約発効			
	サハリン島北緯 50 度以南が日本に割譲（樺太）		関東州の租借権が日本に移行	
1920	3 月	尼港事件（北樺太保障占領へ）		
1925	2 月	日ソ基本条約発効，日本軍北樺太撤退		
1931			9 月	柳条湖事件（満洲事変へ）
1932			3 月	満洲国建国宣言
			10 月	第 1 次試験移民団神戸出港
1937			7 月	盧溝橋事件（日中戦争へ）
1938			7 月	張鼓峰事件
1939			5 月	ノモンハン事件
1945	8 月 8 日　ソ連対日宣戦布告			
	8 月 11 日	ソ連樺太侵攻開始	8 月 9 日	ソ連軍満洲侵攻開始
	8 月 13 日	緊急疎開開始，自力脱出による島外退去並行		
			8 月 18 日	満洲国皇帝溥儀退位
	8 月 23 日	ソ連軍豊原占領		
		緊急疎開停止		
		以後も，密航による島外退去続く		
	9 月 2 日　日本降伏文書調印			
1946	2 月	ソ連南サハリン領有化宣言		
			5 月 3 日	ソ連軍撤退完了（旅順・大連を除く）
			5 月 7 日	前期集団引揚開始
	12 月	前期集団引揚開始		
1948			秋	共産党が東北部掌握
1949	7 月	前期集団引揚終了（日本人約 1,500 人残留）		
			10 月	中華人民共和国成立
				前期集団引揚終了（日本人約 4 万人残留）
1951			ソ連が大連・旅順を中国に移管	
1952	4 月	サンフランシスコ講和条約発効		
		日本は樺太の領有権放棄		
1953			3 月	後期集団引揚開始
	11 月	ソ連地域後期引揚開始		
1956			5 月	一時帰国開始
	12 月	日ソ共同宣言発効		
		ナホトカ出港のソ連地域後期引揚終了		
		（総ざらえ引揚）		
1957	7 月	後期集団引揚開始		
		（ソ連・樺太地域後期引揚第 12 次）		
1958			5 月	長崎国旗事件
			7 月	後期集団引揚終了（日本人約 1 万人残留）
1959	9 月	後期集団引揚終了		
		個別引揚開始		
1966			文化大革命開始	
1972			9 月	日中共同声明調印
				永住帰国開始（中国帰国第 1 期[初期]）
1977		以後，個別引揚途絶	文化大革命終結宣言	
1985			（中国帰国第 2 期[本格期]）	
1989	3 月	サハリンの外国人立入禁止区域指定解除		
1990	5 月	ポスト冷戦期一時帰国開始		
1991	11 月	ポスト冷戦期永住帰国開始		
	12 月	ソ連解体宣言		
1992			（中国帰国第 3 期[後期]）	
1994	中国残留邦人等帰国促進・自立支援法制定			
2002			国家賠償請求集団訴訟開始	
2003			（中国帰国第 4 期[終息期]）	
2007	中国残留邦人等帰国促進・自立支援法改正			

出所）筆者作成。

終　章

国際人口移動の新たな理解のために

川喜田敦子

　本書の出発点は，第二次世界大戦後のアジアにおける日本人の引揚を国際的な文脈に組み込んで理解するためにはどうしたらよいかということにあった。

　日本で「引揚」と言えば，それが意味するところが理解されないということはないが，日本の外ではこのできごとはそれほど広く知られているわけではない。たとえば，同時期に同じように大規模な人の移動を経験したはずのドイツで，日本人の引揚について知る人は驚くほど少ない。同じことは日本についても言え，第二次世界大戦後にドイツで生じた類似の人口移動——「追放」——について日本のメディアで取り上げられるのを見るようになったのはそれほど古いことではない。日本の外の類似現象に長らく目が向かなかったというだけではない。日本における引揚の語りに見られるある種の視野狭窄は，その時期に移動していたのがあたかも日本人だけであったかのような語りという形でも表れる。

　誇張を恐れずに言えば，引揚は，世界史の流れから切り離され，そのようなものとして日本のなかだけで語られてきたと評することもできるかもしれない。この状況のなかで，本書が目指したのは，言うなれば，日本を中心に日本人の移動を考えるという引揚に対するイメージを，研究の最先端からどう変えていくかということだった。そのために本書がとったのは，国際比較という方法である。その際，比較の対象をどう選ぶかという点からは，二つの観点が考えられた。以下，それらについてあらためて振り返ってみたい。

1 第二次世界大戦後という時代——歴史学的観点からの連関の解明

　ひとつは，引揚が第二次世界大戦終結直後の現象であったという時代的コンテクストを重視して比較対象を定めるという観点である。その場合，比較対象としてまず視野に入ってくるのはドイツの事例である。アジアにおける日本人の引揚と，ヨーロッパにおけるドイツ人の「追放」は，第二次世界大戦の戦後処理の一環として，連合国のイニシアティヴの下に決定されたという意味で，その生起した時期，契機，決定者において共通する類似現象である。

　ヨーロッパにおけるドイツ人の移動とアジアにおける日本人の移動を中心に据えて第二次世界大戦終結直後の人口移動を考えるという観点から本書が特に重視したのは，アジアの引揚をヨーロッパの先行事例の連なりのなかにどう埋め込むかであった。そのために本書では，まず第1章において，民族マイノリティの追放と保護という世界史的な二つの大きな流れとその地域的な変奏のなかに，19世紀末から第二次世界大戦後にいたるまでのヨーロッパとアジアの諸事例を位置づけることを試みた。

　ヨーロッパ，とくに東中欧における複雑な民族構成を背景に生じた民族マイノリティの追放と保護という思想的系譜について詳述したのが，それに続く第2章である。この議論を見ることで，19世紀後半に保守的なナショナリズムの強まりとともに生まれた住民移動の思想潮流に始まり，大規模な住民移動を通じて同質的な国民集団の創出が試みられた第二次世界大戦前後の時期——ドイツ人の「追放」はまさにこの時期に行われた——を経て，冷戦終結後の再びの難民の急増にいたるまでの人の移動の全体像を，長い歴史的スパンのなかに位置づけて理解することができるだろう。

　この大きな流れを踏まえたうえで，本書が問うたのは，19世紀後半以降，ヨーロッパを中心に展開された住民移動・住民交換の思想と実践が，いつ，どのようにしてアジアに波及したのかということである。ヨーロッパとアジアの事例の連関を考えるうえで手がかりとなるのは，本書第3章で論じられたように，第二次世界大戦期の連合国の戦後構想においてヨーロッパとアジアの人口

移動が連関しつつ構想されていたという点であろう。ヨーロッパ近代の住民移動・住民交換の思想は，連合国の戦後構想を通じてアジアに持ち込まれ，その後，冷戦の文脈に規定された人口移動へと変容していくことになった。その冷戦期——ポスト「引揚」の時代——における人口移動の新しい論理は，本書では，アメリカによるインドシナ介入と難民支援を扱った第6章で描き出された。

2　国民国家の語りをいかに相対化するか

　ヨーロッパの住民移動の歴史のなかでも，第二次世界大戦終結直後は，住民移動・住民交換という発想が最も大規模に実行に移された時期である。この時期には，ドイツ人の「追放」だけでなく，多数の住民移動が同時並行的に生じた。ソ連に割譲されたポーランド西部領を離れてポーランド領内へ，さらにはドイツから割譲されて新たにポーランド西部領となった地域へと向かうポーランド人の動きに加えて，新生ポーランドから国外移住させられたウクライナ系住民，チェコスロヴァキアからハンガリーに追放されたハンガリー系住民，ユーゴスラヴィアからイタリアへ逃れた人々，ブルガリアからトルコへ追放された人々など，さまざまな人口移動が並行して生じたのである。

　近年のドイツでは，「追放」を見る際に，同時代的に生じていたこれらすべての人口移動に目を配りながら議論がなされるようになっている。当時，ヨーロッパのなかで移動していたのがドイツ人だけではなかったように，当時，アジアのなかで移動していたのも日本人だけではなかった。本書では，この点は，韓国における朝鮮人引揚者の定着を扱った第11章で焦点化された。朝鮮半島は，第二次世界大戦後のアジアにおけるさまざまな方向の人口移動が交錯する場所だった。朝鮮半島から引き揚げる日本人がいると同時に，日本列島からの人の流れと中国からの人の流れという大きな二つの人の流れが行きつく先が朝鮮半島だった。本書ではそこまで論じることはできなかったが，日本とドイツの比較が行われるのであるならば，複雑な人の流れの交錯という観点から，朝

鮮半島とポーランドの事例の比較検討も視野に入ってきてよいだろう。そのときには，朝鮮半島南部のみならず，北部の状況にも目を向けたうえで，ソ連というアクターが果たした役割をいっそう綿密に検討する必要が出てこよう。

　本書のなかではソ連勢力圏を扱ったのは，サハリンと満洲の戦後を論じた第12章である。この章は，同時に，戦後人口移動を扱う際に「移動する人々」に注目するあまり視野から抜け落ちてしまいがちな重要な視点にも注意を促している。それが，「残留」という選択肢の存在である。敗戦国の戦後人口移動が自国中心的な視点からばかり語られるなかで，残留した人々——特に外国人と結婚した女性や，当該地域をかつて領有していた国と新たに領有するにいたった国のいずれにも属さないマイノリティなど——は，そうした国民国家の語りからたやすくこぼれ落ちていく。そうした存在を歴史のなかから積極的に見つけ出し，国民国家の語りを相対化していくことが重要であろう。

3　脱植民地化の文脈のなかで考える——時代を超えた比較可能性

　ここまで見てきたように，第二次世界大戦終結直後という時代的コンテクストに着目し，アジアの人口移動とヨーロッパの人口移動を比較することからは多くの貴重な視点が得られる。他方，それぞれの地域において移動した最大の国民集団・民族集団が日本人とドイツ人であったとしても，日本とドイツは，「戦争」にまつわる歴史的経験のすべてを共有しているわけではない。違いのひとつとして挙げられるのは，日本における植民地支配の問題である。

　日本の引揚を，国際比較を通じて世界史の文脈に組み込んで理解する際に，比較対象を選ぶ二つ目の観点としては，植民地支配の終焉と脱植民地化という文脈に注目するというものがある。まさにその発想に立って，引揚を日本の脱植民地化のプロセスの一部としてとらえ，欧米の旧植民地宗主国の脱植民地化との比較のなかで理解しようとしたのが本書第10章である。

　脱植民地化という文脈を重視すれば，日本人の引揚から20年近く遅れて，アルジェリア戦争後のアルジェリアからフランスへの帰還が視野に入ってくる。

本書第4章で論じられる点である。本書において，第二次世界大戦後という時代的コンテクストを意識したときの主たる比較対象がドイツの人口移動であるとすれば，植民地支配の終焉と脱植民地化という文脈を意識したときの主たる比較対象はフランスである。本書第6章のヴェトナムの事例は，米国の政策を中心に描かれてはいるが，フランスの脱植民地化という文脈に位置づけることもできる。加えて，第5章では，ポルトガルと南部アフリカ植民地を事例として，フランスとはまた少し事情が異なり，植民地支配の終焉の後に再び築かれた旧宗主国と旧植民地のあいだの特別な関係とそれに基づく人口移動が描き出された。

　日本，ドイツ，フランスは，本書が試みる国際比較の三つの軸である。この三者は，武力衝突の結果としての領土（勢力範囲）の変更が人口移動を誘発したという点では共通するが，その他の条件においては，日独が第二次世界大戦の戦後処理と冷戦下の国際秩序再編の文脈を，日仏が脱植民地化の文脈を共有するという部分的な重なりを見せる。すなわち，ヨーロッパ近代の民族移住の思想が第二次世界大戦後の戦後秩序構想のなかでヨーロッパからアジアへと波及していく文脈と，旧宗主国の移住者が本国に引き揚げる脱植民地化の文脈という，20世紀の人口移動を規定した二つの大きな文脈が重なり合うその交点に位置するのが第二次世界大戦後のアジアにおける日本人の移動であると言える。本書はそのような形で日本人の引揚を世界史の文脈のなかに組み込もうと企図しているのである。なお，時代的コンテクストと脱植民地化の文脈の双方を共有していながら，従来，不当なまでに注目されることが少なかった対象がイタリアである。このように見てくると，イタリアとの比較もまた重要な課題であることを意識せざるをえない。

4　実証的な比較研究の深化に向けて

　時代的コンテクストと脱植民地化という二つの観点が，引揚を世界史の流れの中に位置づける際の大きな枠組みに関わる問題だとすれば，この先，引揚を

めぐる研究は，実証研究のレヴェルでのより丁寧な比較研究に向かう必要もあるだろう。日本の引揚をめぐっていくつかの興味深い側面を提示した本書第III部の議論には，そうした実証的比較研究の基盤形成という意味がある。

人口移動は異なる集団が接触する機会を避けがたく生む。なかでも戦時の人口移動においては，異集団間の接触が性暴力という極端な形をとることがある。戦後処理の一環としての領土変更にともなう住民移動であれ，植民地の喪失にともなう植民者の帰国であれ，異なる集団を分離することを企図して行われた人口移動において，異集団間の接触の究極の形態としての胎児がどう扱われたのか。引揚港における海港検疫に注目することで本書第7章が提起したこの問題は，日本，ドイツをはじめ，戦時の人口移動のさまざまな事例において比較の視座から検討する価値のある問題と言えよう。

また，引揚者の統合の局面に着目したのが本書第8章である。「炭鉱」という特殊な場が移住者の統合にもった意味，移住者の移動から定着にいたるまでの社会的・経済的移動の軌跡を戦後国家の社会的・経済的状況の全体と結び合わせて考える視点，移住者が受け入れ社会から受ける影響と受け入れ社会が移動者から受ける影響のインターアクションのなかで移住現象をとらえる姿勢は，同時期のドイツにおける被追放民の社会的・経済的統合を考えるうえでも示唆的であり，具体的な比較研究の発展につながる可能性を感じさせられる。

受け入れ社会において，移住者は一様な社会集団として認識されがちだが，細かく見ていけば，性別，年齢，教育程度，職業などによって，統合はそれぞれに異なる経過をたどる。社会集団別に統合の様相を明らかにするという関心から，本書第9章が注目したのは，戦後社会の復興を担うエリート層の一角を形成した沖縄の台湾引揚者である。引揚者の統合をめぐる研究は，戦後開拓については一定程度なされてきているが，炭鉱という場に集った人々，地域のエリート層など，多様な集団に光があたることで，本書が取り上げたドイツ，フランス，ポルトガルをはじめとして，その他の多くの事例との比較研究に向けて，より豊かな可能性が開かれることになるだろう。

日本の事例を国際比較のなかに位置づけて理解することは，日本の引揚に関する理解を深めるだけでなく，その他の各地の事例の理解をも深めることにつ

ながるだろう。それは最終的には，戦後人口移動のとらえ方の全体におのずと本質的な変更を促すことにもなるはずである。引揚の国際比較は最初の一歩を踏み出したにすぎない。本書を通じて見えてきた，これから取り組むべき多くの課題，研究のさらなる発展への期待と展望とともに本書の記述を閉じることにしたい。

あとがき

　研究の展開は偶然に訪れる。あれは，2011年11月5日のことだった。当時，「3・11東日本大震災」に関する論集を関西学院大学の荻野昌弘さんと共に編むため，追加の執筆メンバーを探していた私は，大阪大学での地域研究コンソーシアムの年次集会・一般公開シンポジウム「「情報災害」からの復興——地域の専門家は震災にどう対応するか」に参加した。そして，そこで川喜田敦子さん（当時大阪大学，現中央大学）に出会った。

　川喜田さんの報告は，ドイツにおける被追放者の戦後社会統合に関する刺激的な報告だった。私は，第二次世界大戦後のドイツ人の追放について少しは知っていたものの，詳細な報告を聞いたのは初めてだった。東アジアにおける引揚と比較しながら聞き，その明快な報告とドイツの戦後の被追放者の社会統合政策に感動した。興奮さめやらぬ私は，その場ですぐに川喜田さんを東アジアにおける引揚の共同研究会に誘った。この時が，本書のはじまりとなった。

　さっそく，長らく共同研究者として活動し，フランスにおけるピエ・ノワールやアルキの研究を掘り下げてきた松浦雄介さん（熊本大学）に報告・相談し，「東アジアの引揚とヨーロッパの追放／引揚」に関する共同研究会を準備した。幸いにも，2013年度科学研究費補助金・基盤研究(A)「二〇世紀東アジアにおける人の移動に関する総合的研究」（研究代表蘭信三［上智大学］・課題番号25245060）が採択され，その中心プロジェクトとして本共同研究を展開していった。

　当初は，それまで継続していた私たちの東アジアにおける人の移動に関する共同研究メンバーに川喜田さんを加えたチームを中心としていた。松浦さん，韓国の引揚研究の牽引者である李淵植さん（ソウル市立大学），沖縄における台湾引揚者研究を切り開いてきた野入直美さん（琉球大学），樺太からの引揚研究を推し進める新進気鋭の中山大将さん（当時京都大学，現釧路公立大学）が中

核をなしていた。しかし，それでは東西の比較研究が十分にできないので，ヨーロッパにおける引揚研究を担いうる西脇靖洋さん（山口県立大学），ヴェトナム難民研究に新生面を開いてきた佐原彩子さん（大月短期大学）に加入してもらった。

　ついで，東アジアの引揚研究に新展開をもたらしつつあった，引揚時の性暴力研究にジェンダーの視点から挑んでいる山本めゆさん（京都大学），炭鉱における引揚者と在日朝鮮人の交錯という古いテーマに新たな視点から切り込む坂田勝彦さん（東日本国際大学）を誘った。また，アメリカの日本研究ワークショップで知り合い，東アジアの引揚研究を世界的な視点でとらえなおしつつあった崔徳孝さん（英国シェフィールド大学）にも共同研究会に加入してもらった。そして最後に，日本における「戦争と民族問題研究」の大御所である広島平和研究所所長の吉川元さんを誘った。吉川さんが加入してくれたことで，本研究プロジェクトは扇の要を得て，万全の体制を整えたわけである。

　本プロジェクトは，ヨーロッパにおける追放／引揚研究との比較から，東アジアにおける引揚研究の視野の狭さを打破するために始めたもので，当初はドイツの追放やフランスの引揚と東アジアの引揚との国際比較を企図するにとどまる，どちらかといえば単純な比較研究であった。しかし，川喜田さんが，ドイツ人の追放政策と日本人の引揚政策が政策としての連関をもつことをローリー・ワット氏の 2017 年に刊行された論考（書誌については序章の参考文献参照）から明らかにしたことで，各事例の比較研究のみならず，それぞれの連関を意識した共同研究へと展開していった。しかも，吉川さんの長年の研究蓄積によって，引揚や追放が，近代ヨーロッパで繰り返されてきた戦争のなかで蓄積されてきた民族問題の長大な系譜に連なるものであることが明らかとなり，それは本書の分析枠組みの要となった。

　このように，本書はいくつかの段階で脱皮を繰り返し，ここまでやっとたどり着いたわけである。各執筆者が，連関というテーマを念頭におきつつどん欲に新展開・新視角を追い求めてきた結果，ヨーロッパと東アジアにおける引揚・追放・残留の比較研究の新展開をもたらしたのではないか，と予想している。それに，もちろん，従来の東アジアにおける引揚研究に国際比較や国際的

な関係史という斬新な研究視点を導入できたと自負している。

　この共同作業は，2000年に始まる私たちの長い共同研究の歴史とともに，川喜田さんとの邂逅，フレッシュな若手研究者との出会い，上智大学で長らく同僚として切磋琢磨してきた吉川元さんとのアカデミックな協力の賜物であった。そして，何よりも，この共同研究の成果を紡ぎ出していく作業を正面から受け止め，本書のもつ新視角を明確に指し示し，個々の論文に関する精確なアドヴァイスをしていただいた名古屋大学出版会の三木信吾さん，山口真幸さんの卓越したサポートのおかげである。とりわけ原稿が遅れがちな私の的確なリードオフマンとしてサポートもしていただいたことには，恐縮するとともに，深い感謝を申し上げる。

　最後に，私が研究代表を務める蘭科研の研究プロジェクトを長らく支えていただいた外村大さん，飯島真里子さん，上田貴子さん，坂部晶子さん，福本拓さん，木下昭さん，李洪章さん，八尾祥平さんには心からの御礼を申し上げる。そして，事務局を長らく担っていただいた上智大学大学院グローバル・スタディーズ研究科国際関係論専攻に所属していた大場樹精さん，松平（佐藤）けあきさん，伊吹唯さんの献身的なサポートに，心からの有難うを申し上げたい。今後の皆さんのご成功とご多幸を祈っております。

　なお，先に記したように，本書は科学研究費補助金・基盤研究(A)（課題番号25245060）の研究助成の成果の一部である。また，出版にあたっては上智大学総合グローバル学部研究成果報告助成を受けている。記して感謝申し上げたい。

　2019年10月20日，神戸にて

蘭　信三

索　引

ア　行

アイゼンハワー（Dwight Eisenhower）　149,
　154-156, 159, 160, 165, 166
アイデンティティ　4, 110, 115, 116, 121, 175,
　238, 246-249, 266, 300, 318
アサートン（Ray Atherton）　76
安里積千代　227
アジア・太平洋戦争　6
アチソン（Dean Acheson）　148, 259, 260
アメリカ／米国　3, 5, 6, 11, 12, 18, 29, 30, 32-
　34, 39, 42, 48, 53, 61, 62, 65, 70, 75, 76, 79-81,
　83, 85-96, 122, 147-156, 158-162, 164-167,
　177, 224-227, 229, 234, 237, 244, 246, 250,
　251, 256, 259-266, 285, 294, 303, 325, 327
アメリカ情報局　155
アメリカ赤十字　161
アメリカ避難民プログラム　151
アルキ　10, 101, 102, 106, 110-112, 118-121,
　126, 251
アルジェリア　4, 12, 100, 102-113, 116-124,
　246, 250, 251, 324
アルジェリア革命国民評議会（CNRA）　113
アルジェリア独立戦争　102, 244, 250, 251
アルジェリア民族解放戦線（FLN）　106, 117,
　123
アルメニア人　23, 24, 45, 49, 50
アンゴラ　12, 128-137, 140-142, 246, 250
アンゴラ解放人民運動（MPLA）　136
アンゴラ全面解放民族同盟（UNITA）　136
安在鴻　252
イギリス　24, 25, 58, 59, 76, 79, 82, 84, 89,
　100-102, 131, 142, 247-249, 257
石濱淳美　173, 183, 184, 190
移住評議所　132, 133
泉靖一　185, 186
イーデン（Anthony Eden）　66, 79, 82, 91
移動医療局（MRU）　185
今村豊　185
移民　6, 7, 11, 21, 33, 37, 65, 114, 121, 125, 128,
　129, 131, 133, 134, 139-143, 153, 175, 213,

215, 221, 229, 230, 246-249, 251, 257, 277,
　319
移民再定住特別委員会（SCMR）　77, 80, 83-
　87, 259
岩崎正　183, 184
イングーシ人　62
インド　101, 136, 147, 175
インドシナ戦争　103, 106, 147, 148, 166
ヴィシー政府　116
ウィルソン（Woodrow Wilson）　22, 26, 52,
　53
ヴィンセント（John Carter Vincent）　263
ヴェトナム　5, 103, 104, 147-150, 153-167,
　325
ヴェトナム民主共和国（ヴェトミン）　103,
　148, 154-157, 159, 160
ヴェルサイユ講和会議　61
ヴェルサイユ条約　52, 57
浮島丸事件　253, 283
ウクライナ人　46, 51, 61, 67, 68
移川子之蔵　233
梅村秀子　312
永住権　151
英領マラヤ　81
エヴィアン協定　108, 109, 111, 113, 118, 122,
　250
エジプト　100, 104
エストニア人　61
エチオピア　87
延辺朝鮮族　36
欧州復興計画（ERP）　151
大田政弘　228
沖縄諮詢会　231
オーストリア　22, 48, 52, 55, 57, 61, 65, 86,
　151
オーストリア・ハンガリー帝国　45, 50, 51
オスマン帝国　3, 20, 22, 23, 26, 45, 48-50, 53
オーデル・ナイセ線　65, 68, 74
オランダ領東インド（蘭領東インド）　80, 81,
　191

カ　行

カー（George Henry Kerr）　225, 226
海外県　103, 122, 131
海外事業局（FOA）　155, 160-162
海外フランス人の受け入れと再定住に関する法律（ブーラン法）　113
海外領土　102, 103, 105, 113, 118, 119, 122
階層　215, 216, 220, 221, 223, 227, 289, 293
階層移動　212, 216
開拓団　303, 307
カエタノ（Marcello Neves Caetano）　133, 135
華僑　7, 282
学歴　133, 138, 139, 143, 203, 204, 208, 212, 217, 221, 275, 284
カーニー（Robert Carney）　155, 160
川平朝申　215, 219, 223-225, 229, 230, 232, 234, 236, 239
川平朝平　234
カボヴェルデ　128-130, 134, 135, 138, 141
上坪隆　174
樺太　7-9, 13, 29, 30, 32, 33, 81, 177, 182, 197, 213, 301-306, 309, 312, 313, 321
韓国　9, 13, 37, 270, 272-286, 288-290, 292-296, 312, 313, 325
関東軍　172
記憶の義務　116
杵島炭鉱　196-198, 204, 206, 208-210, 213
北朝鮮（朝鮮民主主義人民共和国）　9, 31, 36, 37, 40, 41, 185, 255, 256, 272, 279, 280, 282-284, 288, 306, 308, 310, 312
北村精一　185
ギニア　104, 105, 132
ギニアビサウ　128, 130, 132, 135
九州経済調査協会　203
九州帝国大学　173, 183-185, 187, 188
境界　46, 47, 52, 53, 65, 152, 156, 173, 191, 192, 247, 249, 266, 267, 270, 300
共産主義　8, 36, 38, 39, 56, 61, 146, 147, 149, 152, 154-156, 158, 159, 163-166, 282
共産党（ソ連）　19, 26, 34, 35, 42
共産党（中国）　19, 26, 30, 34-37, 42, 68, 151, 283, 304, 305
強制収容　6, 22, 62, 77, 84, 91
強制労働　63, 77, 84, 90, 91, 111, 258, 259
極東小委員会（SFE）　81, 261-265
居留民　2, 35, 36, 271, 272, 278

ギリシア　3, 18, 23, 24, 48-50, 53, 54, 64, 82-84, 93, 94, 259, 260
ギリシア＝トルコ戦争　3, 23, 53, 94
久布白落実　175
クリミア・タタール人　62
グルー　81, 136
軍事援助顧問団（MAAG）　148
CARE　152, 160
ケアリー（Jane C. Carey）　261-263, 265
京城帝国大学　182, 184, 185, 188
ケニア　248, 257
検疫　13, 172-179, 181, 182, 184, 192, 326
強姦　186, 189, 191, 256
厚生省　173, 175-180, 182-184, 190, 192, 278, 282, 304, 306, 309, 310, 312
光復　229
国際衛生条約　175
国際救済委員会（IRC）　160-165
国際司法裁判所　52
国際法　91, 92, 95, 149
国際連合　237
国際連盟　2, 22-26, 50, 52, 54-57, 59
国籍　36, 38, 41, 52, 62, 77, 86, 92, 108, 112, 135, 140, 141, 143, 147, 174, 304, 305, 308-312, 317
国籍法　108, 142, 143
国民帰還支援院　136, 137
国民国家　2, 5, 13, 18, 20-22, 24-27, 29, 71, 82, 89, 94, 124, 175, 271, 272, 275, 326
国民党　30, 32, 35, 36, 152, 228, 282, 283, 304, 305
国民統合　24, 26, 42, 45, 50, 51, 56, 65, 69, 71, 120
国務省（アメリカ）　12, 76, 77, 80, 90, 156, 160-162, 259, 260, 265
国務・陸軍・海軍調整委員会（SWNCC）　81, 82, 84, 91, 92, 261-265
国連難民高等弁務官（UNHCR）　139, 146, 149
国境　1, 21, 22, 27, 37, 47, 49, 52, 53, 57, 60, 63, 65, 68, 74, 79, 86, 88, 89, 92-94, 149, 154, 174, 270, 278
国境変更　2, 11, 46, 47, 65, 68, 84, 88
ゴ・ディン・ジェム（Ngo Dinh Diem）　148, 158, 159, 166
ゴ・ディン・ニュー（Ngo Dinh Nhu）　158
混血児／混血者　110, 175, 183, 184, 191, 247

索　引　337

ゴンサルヴェス（Vasco Gonçalves）　135, 138

サ　行

在外同胞援護会　185
在外日本人　12, 18, 20, 29, 30, 80, 259-261
在朝日本人　30, 245, 246, 249, 251-255, 258-266, 278, 282, 283, 287-290
斎藤惣一　180, 186
斉藤多計夫　253
在日朝鮮人　5, 19, 20, 31, 38, 40-42, 153, 211, 213, 245, 246, 249, 251-253, 257-263, 265-267, 285, 312
在日本朝鮮人連盟（朝連）　40
サハリン　5, 9, 13, 33, 62, 272, 277, 295, 296, 300-319, 326
サラエボ事件　22
サラザール（António Oliveira Salazar）　130-133
サラン（Raoul Salan）　158
サンゴール（Léopold Sédar Senghor）　105
38度線　185, 255, 280-283, 285, 288
三種人　308
サントメ・プリンシペ　128, 130, 135
サンフランシスコ会議　64
サンフランシスコ講和条約　309
残留朝鮮人　33, 302, 303, 313, 319
残留日本人　5, 9, 33, 122, 300-302, 304-319
GHQ　8, 31, 38-42, 81, 82, 96, 173, 176-178, 182, 184, 192, 200, 276, 279, 284, 290, 292, 294
志喜屋孝信　224
ジスカール・デスタン（Valéry Giscard d'Estaing）　113
慈善対外援助・助言委員会　162
自治権　2, 50, 57, 131, 132
シーツ（Josef Robert Sheetz）　233, 234
失地回復主義　48, 49, 63, 65, 69, 70
市民権／公民権／シティズンシップ　31, 36, 41, 42, 108, 131, 151, 194, 266
社会移動　214, 215, 219, 220, 239
社会関係資本　227, 228
ジャッド（Walter Judd）　152
ジャマイカ　248
自由なアジアのための委員会（CFA）　163
自由への道作戦　149, 154
住民移動　19, 68, 74-76, 78, 79, 82-86, 88-90, 94-96, 157, 260, 261, 324, 325, 328

住民交換　2-4, 12, 18, 22-24, 45-48, 53, 54, 67-70, 82, 83, 86, 88-89, 93, 94, 324, 325
──（ギリシア＝トルコ間）　3, 4, 11, 18, 23, 24, 53, 54, 64, 82, 83, 88, 89, 93, 94, 259, 260
──（ギリシア＝ブルガリア間）　53
──（ブルガリア＝オスマン帝国間）　4, 53, 82
──（ブルガリア＝ルーマニア間）　88
──（ルーマニア＝ハンガリー間）　90
住民投票　25, 52, 58
収容所　224, 272, 291-293
ジュネーヴ協定　103, 104, 149, 154, 156, 165
ジュネーヴ条約　94
ショア／ホロコースト　25, 77, 96, 116, 117, 120
蔣介石　283
植民地帝国　6, 34, 105, 129, 131, 135, 136, 139, 143, 244, 247, 266, 267
ジョックス（Louis Joxe）　111
所有財産　289, 290
人権　36, 41, 47, 65, 70, 71, 89
人種主義　153, 191, 226
スエズ動乱　104
須江杢二郎　185
鈴木清　185
スターリン　24, 26, 45, 60, 61, 64, 87, 91
ズデーテン・ドイツ人　58, 59, 79
ズデーテン・ドイツ党　57, 58
須藤利一　234
ストラング（William Strang）　76
ストロング（George V. Strong）　81
スラヴ　22, 46, 60-62, 247
スロヴァキア人　58, 66-68
性暴力　1, 13, 74, 172-175, 182, 184, 188-192, 328
赤軍　74
石炭緊急増産対策　200
石炭産業　196, 198-201, 203, 205, 208, 213
セク・トゥーレ（Sékou Touré）　105
セネガル　105
セルビア　22, 48
戦災同胞援護会　286
先住民　4, 8, 132, 306, 310, 316
戦争難民局　261
戦争捕虜　61, 84, 259
戦略情報局（OSS）　88

相互安全保障法　150

ソ連　7, 8, 11, 13, 20, 26-30, 34, 35, 42, 45, 46, 56, 59-63, 65, 67, 68, 74, 75, 79, 89-91, 93, 95, 136, 156, 172, 181, 186, 189, 190, 255, 278, 282, 283, 301-306, 308, 309, 311-314, 318, 325, 326

タ　行

タイ　8

第五列　22, 27, 28, 57, 59, 63, 70

対外経済政策委員会（テイラー委員会）　77, 80

大韓民国　8, 41, 280

大ギリシア主義　53

第二次世界大戦　1-4, 6, 9-11, 13, 18, 22, 24, 25, 28, 29, 37, 42, 45, 47, 54, 59, 62, 63, 66, 68-70, 75, 76, 78, 79, 82, 83, 85, 89, 93-95, 103, 111, 131, 132, 146, 147, 150, 151, 153, 162, 166, 189, 196, 198, 203, 225, 244, 247, 270, 323-327

第二次バルカン戦争　53

大日本帝国　6, 7, 146, 196-198, 201, 211, 257

台北帝国大学　231, 233, 234

太平洋戦争　6, 47, 62, 217, 297

大量殺戮／ジェノサイド　3, 4, 22, 45-47, 49, 50, 60, 61, 63, 69

台湾　2, 4, 6-9, 13, 30-33, 80, 81, 87, 88, 197, 205, 206, 212, 214-233, 238, 259, 262, 267, 307, 328

台湾沖縄同郷会連合会　223-228, 231

台湾師範学校　206, 228

台湾総督府　32, 223, 225, 227, 230, 232-234

武田繁太郎　183

脱植民地化　4, 5, 100, 106, 107, 124, 135, 147, 218, 229, 244-249, 252, 257, 258, 266, 278, 326, 327

田中正四　41, 185, 186, 293

谷川雁　209, 213

多文化主義　47

ダラディエ（Edouard Daladier）　59

ダレス（John Foster Dulles）　155, 156, 159

ダン（James C. Dunn）　80

炭鉱　13, 38, 196-213, 258, 303, 306, 328

チェコ人　46, 58, 66, 67

チェコスロヴァキア　46, 51, 54-59, 64-68, 74, 75, 78, 79, 82-84, 86, 89-91, 93, 95, 323

チェチェン人　62

チェンバレン　58, 59

千島　81, 197, 301, 304

チャーチル　24, 25, 64, 79, 82, 83, 91

チャーン（Leo Cherne）　160, 162-164

中華民国　32, 33, 223-226, 228, 231, 302, 305

中国（中華人民共和国）　2, 5, 7-9, 19, 20, 29-37, 42, 81, 122, 146, 151, 152, 175, 181, 277, 281-283, 293, 295, 300-305, 307-312, 314, 316-319, 325

中国帰国者　313-315, 317-318

中国残留邦人等帰国促進・自立支援法　313, 314

中国人　30, 32, 49, 152, 190, 200, 262, 282, 283, 301, 302, 305, 307, 309, 310, 312, 316-318

中国知識人難民援助組織　152

中国朝鮮族自治区　19

チュニジア　104, 109, 118, 119, 122

朝鮮　2, 5-7, 9, 13, 19, 20, 29-31, 33, 35-42, 78, 80-82, 85, 88, 91, 95, 96, 111, 152, 172, 173, 180, 183, 186, 191, 192, 197, 245, 246, 250-257, 259-266, 272-274, 277-279, 281-285, 287-289, 291, 293-296, 304, 305, 307, 309, 312, 319, 325, 326

朝鮮建国準備委員会　252

朝鮮人　2-4, 8, 9, 13, 19, 20, 24, 27, 30, 31, 34-41, 49, 60, 151, 181, 199, 200, 213, 218, 224, 251-260, 262, 263, 265, 266, 272, 276, 277, 280-285, 288-290, 294, 296, 302, 305, 306, 308-310, 312, 313, 316-318, 325

朝鮮戦争　20, 37, 41, 42, 146, 152, 274, 278, 281, 282, 284, 292, 306

朝鮮総督府　253, 277, 279, 281, 283, 288, 289, 295, 296

徴用　37, 199-202, 211, 254, 258, 266, 283-285, 295

津島佑子　191

都万相　311

ディアスポラ　6-8, 27, 70, 102, 121-124, 277, 278

ディエン・ビエン・フーの戦い　149

ディスプレイスト・パーソン（DP）　84-87, 92, 259, 261, 262, 264, 272, 278

敵性民族　59, 60-62

テヘラン会談　79, 87

天津協定　311

ド・ゴール（Charles de Gaulle）　103, 104, 107, 114

索　引　339

ドイツ系住民　24, 25, 55, 57-59, 62, 64-67, 70,
　71, 74, 77-80, 82, 83, 86, 90, 93, 94
ドイツ人　2-4, 10-13, 18-20, 23, 25, 28, 29, 34,
　42, 46, 49, 51, 54, 57-62, 64-68, 70, 71, 75-80,
　82, 83, 87, 89, 91, 92, 96, 189, 259, 324-326
同化政策／同化主義　4, 51, 55, 65, 71, 314
東部総合計画　77, 94
東方植民　76
当山堅一　223, 231
当山堅次　223, 231
当山正堅　224
ドッジライン　205
友寄景勝　231
友の会　173, 186-189, 227
トルーマン（Harry Truman）　150, 151

ナ　行

内戦　22, 35, 36, 142, 283
内務省　113, 256-258
中山四郎　255, 256
ナセル（Gamal Abdel Nasser）　104
ナチズム　56, 77, 89
ナチ・ドイツ　2, 4, 11, 24, 25, 45, 57, 59, 61,
　66, 70, 77, 90, 91
ナンセン（Fridtjof Nansen）　23, 54
難民　1-3, 5-8, 12, 22-24, 31, 48, 49, 54, 70, 84,
　139, 146-155, 159-167, 197, 223, 226, 259,
　271, 272, 278, 291, 324, 325
難民の地位に関する条約（難民条約）　31,
　146, 147, 149
南洋委任統治領　80, 81
ニクソン（Richard Nixon）　155
日僑管理委員会　224
日系人　62, 83, 318
日ソ戦争　301
二・二八事件　32
日本　1-13, 19, 20, 23, 27-35, 37-42, 47, 60, 70,
　74-76, 78, 80-83, 85-88, 91-93, 96, 102, 103,
　111, 112, 124, 150, 166, 173-176, 179, 180,
　183, 187, 189-192, 196-198, 202-204, 209,
　210, 213, 214, 216-218, 221, 223-229, 231-
　233, 235-238, 244-246, 249-267, 270-285,
　287-291, 293-296, 300-319, 323-328

ハ　行

バオ・ダイ（Bao Dai）　157
パキスタン　146, 189

橋爪将　189
長谷川清　233
バッティンガー（Joseph Buttinger）　160, 164
ハプスブルク帝国　20, 22, 26
パリ講和会議　24, 26, 51-53, 83, 89, 90
バルカン半島　2, 20, 48, 247
ハワイ　7, 34, 221, 230
ハンガリー　22, 51, 55, 61, 65, 67, 68, 74, 75,
　83, 84, 88-91, 93, 325
反共主義　56, 151, 152, 163, 166
阪神教育闘争　41
反ユダヤ主義　61, 116
ピエ・ノワール　102, 110, 114, 115, 118, 121-
　123
比嘉春潮　226, 234
引揚援護院　173, 176-182, 186, 192
引揚援護局　173, 176-182, 186, 187
引揚援護政策　172, 214, 217, 224
引揚政策　9-13, 18, 29, 32-34, 42
引揚に関する基本指令　177
引揚婦女子医療救護　173, 178, 180, 182, 184,
　188, 192
ヒース（Donald Heath）　157
ヒトラー（Adolf Hitler）　57-61
避難民（escapee）　146, 151, 152, 154, 160,
　165, 185, 303
ヒムラー（Heinrich Himmler）　77
ヒルドリング（John Henry Hilldring）　80
ビルマ　81
ファシズム　56
フィアリ（Robert A. Fearey）　259-261, 265
フィリピン　6, 80, 81, 88, 221
フィンランド＝スウェーデン条約　55
フーヴァー（Herbert Clark Hoover）　70
部局間極東地域委員会（IDACFE）　80, 83,
　259
部局間国と地域委員会（CAC）　77, 80, 84,
　86-91
福士房　173, 187
フーシェ（Christian Fouchet）　111
二日市保養所　173, 174, 180-182, 185, 186,
　189
仏領インドシナ　81
ブラウン（Richard R. Brown）　161
ブラザヴィル会議　103
ブラジル　129-133, 138, 143, 221
フランス人引揚者への国民の感謝および国民的

負担に関する法律　118
フランス連合　103, 104
ブルガリア　3, 48, 53, 68, 325
フレイレ（Gilberto Freyre）　132
ブー・ロック（Buu Loc）　157
分離主義（分離独立）　46, 47, 50, 56, 65, 69
米越友愛会（AFV）　164, 165
ベニングホフ（H. Marwell Benninghoff）　261, 265
ベネシュ（Edvard Benes）　58, 64, 79
ベラルーシ人　51, 61, 68
ペリー（Matthew Calbraith Perry）　234, 235
ベルギー　66, 101, 247
ベルリン会議　49, 52
ベルリン条約（1878年）　48, 49
ペンス（H. L. Pence）　80, 81, 83, 87, 91
ヘンライン（Konrad Ernst Eduard Henlein）　57
澎湖諸島　81
方正県日中友好園林　315
亡命政府　25, 64, 66, 78, 79, 82, 93
ホー・チ・ミン（Ho Chi Minh）　103
ポグロム　48
ボスニア・ヘルツェゴヴィナ　48, 67
北海道　8, 33, 81, 197, 202, 205, 213, 258, 301-303, 305, 314
ホッジ（John R. Hodge）　264, 265
ポツダム会談　65, 80, 91
ポツダム協定　65, 74, 75, 80, 91
ポツダム宣言　276
穂積真六郎　264
ポーランド　2, 11, 21, 24, 25, 46, 51, 54, 55, 57, 59-61, 64-66, 68, 74, 75, 77-80, 82, 84, 87, 89, 91, 93, 95, 96, 325, 326
ポーランド人　46, 49, 60, 61, 68, 77, 90, 325
堀木鎌三　311
ホール（Basil Hall）　234, 235
ボルシェヴィキ　61
ポルトガル　5, 12, 13, 100-103, 128-144, 246, 247, 250, 327, 328
ポルトガル経済圏　133
ポルトガル語諸国共同体（CPLP）　141
ポルトガル熱帯主義　132
香港　146, 152, 154, 175

マ 行

マイアー（Konrad Meyer）　77, 78, 94

マイノリティ　1-6, 8, 10, 12, 13, 18-26, 28-30, 34, 37, 39, 41-43, 45-53, 55, 56, 59, 61, 63-67, 69, 70, 77, 79, 82-85, 88-90, 92, 93, 319, 324, 326
マイノリティ保護　24, 46-49, 51, 53, 55, 56, 59, 63, 69-71
マイノリティ保護条約　52, 55
マジャール人　51, 67, 68
マッカーサー（Douglas Mac Arthur）　39, 92, 265
マラヤ　81, 150, 248
満洲（満州）　2, 7, 9, 13, 19, 27, 29, 30-37, 60, 78, 172, 175, 180-182, 185, 190, 192, 197, 201, 202, 212, 216-217, 221, 239, 250, 251, 255, 256, 261, 280, 282, 301, 302, 307, 316, 318, 320, 326
満蒙開拓団　7, 78, 216
密航　3, 8, 9, 31, 271, 284, 285, 303, 305, 306, 313
光富嘉八　254
宮城寛雄　217, 227
ミュンヘン会談　25, 58, 59
ミュンヘン協定　59, 64, 66
ミュンヘンの教訓　25, 30, 59, 63, 70
民族移住政策　57, 60, 77, 85-87, 90, 93-95
民族強制移動　13, 45, 47, 54, 62-64, 66, 69, 70
民族自決　19, 22, 25-27, 42, 43, 47, 50-53, 58, 69, 89, 131
民族主義／ナショナリズム　6, 21, 22, 27, 28, 49, 50, 61, 69, 283, 285, 294, 325
民族浄化　3, 4, 13, 19, 22, 24, 46-48, 60, 63, 68, 69, 278
民族ドイツ人／ドイツ系住民　2, 77, 78, 85-87, 90, 93, 94
民族紛争　46, 47, 50, 52, 56, 65
ムスリム　23, 48, 49, 50, 53, 54
ムッソリーニ　58, 59
村石正子　173, 186, 189, 190
メノナイト中央委員会　160
モザンビーク　128-135, 137, 141, 142, 246, 250
モザンビーク解放戦線（FRELIMO）　136
モザンビーク民族抵抗運動（RENAMO）　136
森下桂二　255
森田芳夫　9, 251, 253, 254, 264, 284, 289, 293
モンテネグロ　48

ヤ 行

山中貞則　216, 217
屋良朝苗　216, 217, 228, 229, 239
ヤルタ会談　80, 83
優生保護法　172, 174
ユーゴスラヴィア　46, 51, 65, 67, 68, 84, 95, 323
ユダヤ人　25, 46, 48, 49, 51, 60, 61, 63, 68, 70, 77, 90, 108, 122
与儀喜宣　227
抑留　217, 271, 272, 277, 278, 282, 297, 306, 310, 312, 313, 316
四・三事件　9, 31

ラ 行

ラチキエヴィチ（Władysław Raczkiewicz）78
ラトヴィア人　49, 61
李承晩　278
リトアニア人　49, 61, 68
琉球革命同志会　228
琉球人　4, 8, 31, 33, 218, 235
流民法（Displaced Person Act）　151

留用　29, 30, 226, 271, 307, 310
ルーマニア　48, 51, 55, 67, 68, 83, 84, 88-90
冷戦　8, 11, 33, 37, 41-43, 46, 47, 70, 71, 147-151, 153, 154, 162, 165, 166, 226, 277, 278, 294, 301, 304, 308-315, 317, 324, 325, 327
レーニン　22, 26
連合国救済復興機関（UNRRA）　151, 225
ロイド・ジョージ（David Lloyd George）　51, 52
労働組合　203, 204, 208-210, 213
労働者　7, 38, 56, 76, 87, 133, 197-212, 221, 248, 249, 253, 254, 257, 258, 260, 262, 266, 287, 303, 306, 307
労務動員　253, 254, 281
ロカルノ条約　57
ローザンヌ（講和）会議　53, 82
ローザンヌ条約　3, 53, 64
ロシア革命　19, 22, 26, 61
ロシア人　26, 61, 67, 315
ロシア帝国　22, 26, 45, 48-50, 61
ローズヴェルト（Franklin Delano Roosevelt）　62, 64, 79, 80, 83, 87, 150
ローレンス（Neal Lawrence）　224, 231

執筆者一覧（執筆順，＊は編者）

＊蘭 信三 <ruby>蘭<rt>あららぎ</rt></ruby> <ruby>信三<rt>しんぞう</rt></ruby> 序章，第1章
　⇒奥付参照

<ruby>吉川<rt>きっかわ</rt></ruby> <ruby>元<rt>げん</rt></ruby> 第2章
　広島市立大学広島平和研究所特任教授。著書に『民族自決の果てに──マイノリティを
めぐる国際安全保障』（有信堂高文社，2009年），『国際平和とは何か──人間の安全を脅
かす平和秩序の逆説（中央公論新社，2015年）他。

＊<ruby>川喜田敦子<rt>かわきたあつこ</rt></ruby> 第3章，終章
　⇒奥付参照

＊<ruby>松浦雄介<rt>まつうらゆうすけ</rt></ruby> 第4章，終章
　⇒奥付参照

<ruby>西脇靖洋<rt>にしわきやすひろ</rt></ruby> 第5章
　静岡文化芸術大学文化政策学部准教授。論文に「ポルトガルの移民政策と旧植民地諸国」
（納家政嗣・永野隆行編『帝国の遺産と現代国際関係』勁草書房，2017年）他。

<ruby>佐原彩子<rt>さはらあやこ</rt></ruby> 第6章
　共立女子大学国際学部准教授。論文に「自立を強いられる難民──1980年難民法成立過
程に見る「経済的自立」の意味」『アメリカ史研究』Vol. 37，2014年，他。

<ruby>山本<rt>やまもと</rt></ruby>めゆ 第7章
　立命館大学文学部准教授。著書に『「名誉白人」の百年──南アフリカのアジア系住民を
めぐるエスノ−人種ポリティクス』（新曜社，2022年）他。

<ruby>坂田勝彦<rt>さかたかつひこ</rt></ruby> 第8章
　群馬大学情報学部教授。著書に『ハンセン病者の生活史──隔離経験を生きるというこ
と』（青弓社，2012年）。

野入直美 第9章
<ruby>野入直美<rt>のいりなおみ</rt></ruby>

琉球大学人文社会学部准教授。著書に『沖縄─奄美の境界変動と人の移動──実業家・重田辰弥の生活史』（みずき書林，2021年），『沖縄のアメラジアン──移動と「ダブル」の社会学的研究』ミネルヴァ書房，2022年）他。

崔　徳孝 第10章
<ruby>崔<rt>ちぇ</rt></ruby> <ruby>徳孝<rt>どっきょ</rt></ruby>

シェフィールド大学東アジア学部専任講師。論文に "The Empire Strikes Back from Within : Colonial Liberation and the Korean Minority Question at the Birth of Postwar Japan, 1945-1947," *American Historical Review* 126, no. 2（June 2021）他。

李　淵植 第11章
<ruby>李<rt>い</rt></ruby> <ruby>淵植<rt>よんしく</rt></ruby>

ソウル特別市人材開発院特任講師，ARGO人文社会研究所研究理事。著書に『朝鮮引揚げと日本人──加害と被害の記憶を超えて』（明石書店，2015年）他。

中山大将 第12章
<ruby>中山大将<rt>なかやまたいしょう</rt></ruby>

釧路公立大学経済学部准教授。著書に『サハリン残留日本人と戦後日本──樺太住民の境界地域史』（国際書院，2019年），『国境は誰のためにある？──境界地域サハリン・樺太』（清水書院，2019年）他。

訳者紹介

金　泰植 第11章　　九州大学大学院比較社会文化研究院特別研究員
<ruby>金<rt>きむ</rt></ruby> <ruby>泰植<rt>てし</rt></ruby>

《編者略歴》

あららぎ　しんぞう
蘭　信三
大和大学社会学部教授・上智大学名誉教授
主　著　『「満州移民」の歴史社会学』（行路社，1994 年）
　　　　『帝国のはざまを生きる──交錯する国境，人の移動，アイデンティ
　　　　ティ』（共編著，みずき書林，2022 年）他

かわきた　あつこ
川喜田敦子
東京大学大学院総合文化研究科教授
主　著　『東欧からのドイツ人の追放──20 世紀の住民移動の歴史のなかで』
　　　　（白水社，2019 年）
　　　　『ドイツの歴史教育』（新装復刊，白水社，2019 年）他

まつうらゆうすけ
松浦雄介
熊本大学大学院人文社会科学研究部教授
主　著　『記憶の不確定性──社会学的探究』（東信堂，2005 年）

引揚・追放・残留
──戦後国際民族移動の比較研究──

2019 年 12 月 10 日　初版第 1 刷発行
2023 年 4 月 20 日　初版第 2 刷発行

定価はカバーに
表示しています

	蘭　　信　三
編　者	川 喜 田 敦 子
	松 浦 雄 介
発行者	西 澤 泰 彦

発行所　一般財団法人　名古屋大学出版会
〒 464-0814　名古屋市千種区不老町 1 名古屋大学構内
電話 (052)781-5027／F A X (052)781-0697

ⓒ Shinzo ARARAGI et al., 2019　　　　　　　Printed in Japan
印刷・製本 ㈱太洋社　　　　　　　ISBN978-4-8158-0970-6
乱丁・落丁はお取替えいたします。

JCOPY 〈出版者著作権管理機構　委託出版物〉
本書の全部または一部を無断で複製（コピーを含む）することは，著作権法
上での例外を除き，禁じられています。本書からの複製を希望される場合は，
そのつど事前に出版者著作権管理機構（Tel：03-3513-6969，FAX：03-3513-
6979，e-mail：info@jcopy.or.jp）の許諾を受けてください。

塩出浩之著
越境者の政治史
―アジア太平洋における日本人の移民と植民―
A5・524 頁
本体6,300円

東栄一郎著　飯島真里子他訳
帝国のフロンティアをもとめて
―日本人の環太平洋移動と入植者植民地主義―
A5・430 頁
本体5,400円

小井土彰宏編
移民受入の国際社会学
―選別メカニズムの比較分析―
A5・380 頁
本体5,400円

S. カースルズ／M. J. ミラー著　関根政美／関根薫監訳
国際移民の時代［第4版］
A5・486 頁
本体3,800円

上　英明著
外交と移民
―冷戦下の米・キューバ関係―
A5・366 頁
本体5,400円

浅野豊美著
帝国日本の植民地法制
―法域統合と帝国秩序―
A5・808 頁
本体9,500円

関　智英著
対日協力者の政治構想
―日中戦争とその前後―
A5・616 頁
本体7,200円

若尾祐司／小倉桂子編
戦後ヒロシマの記録と記憶
―小倉馨のR. ユンク宛書簡―
四六・338/348頁
本体各2,700円

イヴァン・ジャブロンカ著　田所光男訳
私にはいなかった祖父母の歴史
―ある調査―
四六・416頁
本体3,600円

鶴田　綾著
ジェノサイド再考
―歴史のなかのルワンダ―
A5・360 頁
本体6,300円

川島　真／服部龍二編
東アジア国際政治史
A5・398 頁
本体2,600円